『十一五』國家重點出版規劃項目

主編 陳智超

陳垣全集

CHENYUAN QUANJI

第七册

史諱舉例　舊五代史輯本發覆

校勘學釋例　歷史文獻學論文

吴漁山年譜　雜著

北京师范大学出版集团
BEIJING NORMAL UNIVERSITY PUBLISHING GROUP
安徽大学出版社

圖書在版編目(CIP)數據

陳垣全集.第7册,史諱舉例、校勘學釋例、吴漁山年譜、舊五代史輯本發覆、歷史文獻學論文、雜著/陳垣著.—合肥:安徽大學出版社,2009.8(2021.3重印)

ISBN 978-7-81110-388-5

Ⅰ.①陳… Ⅱ.①陳… Ⅲ.①陳垣(1880～1971)—全集 Ⅳ.①C52

中國版本圖書館CIP數據核字(2009)第155337號

陳垣全集 第七册

史諱舉例　校勘學釋例　吴漁山年譜

舊五代史輯本發覆　歷史文獻學論文　雜著

陳　垣　著　陳智超　主編

安徽大學出版社出版發行

(合肥市肥西路3號 郵編230039 電話0551-65107716

網址 www.ahupress.com.cn)

合肥遠東印務有限責任公司印製

責任總編輯 楊應芹　彭君華

本册編輯 王先斌　　封面設計 孟獻輝

開本 880×1230　1/32　　印張 30.375　　字數 591千

2009年12月第1版　2021年3月第3次印刷

ISBN 978-7-81110-388-5

定價 2480.00圓(全二十三册)

摄于 1928 年

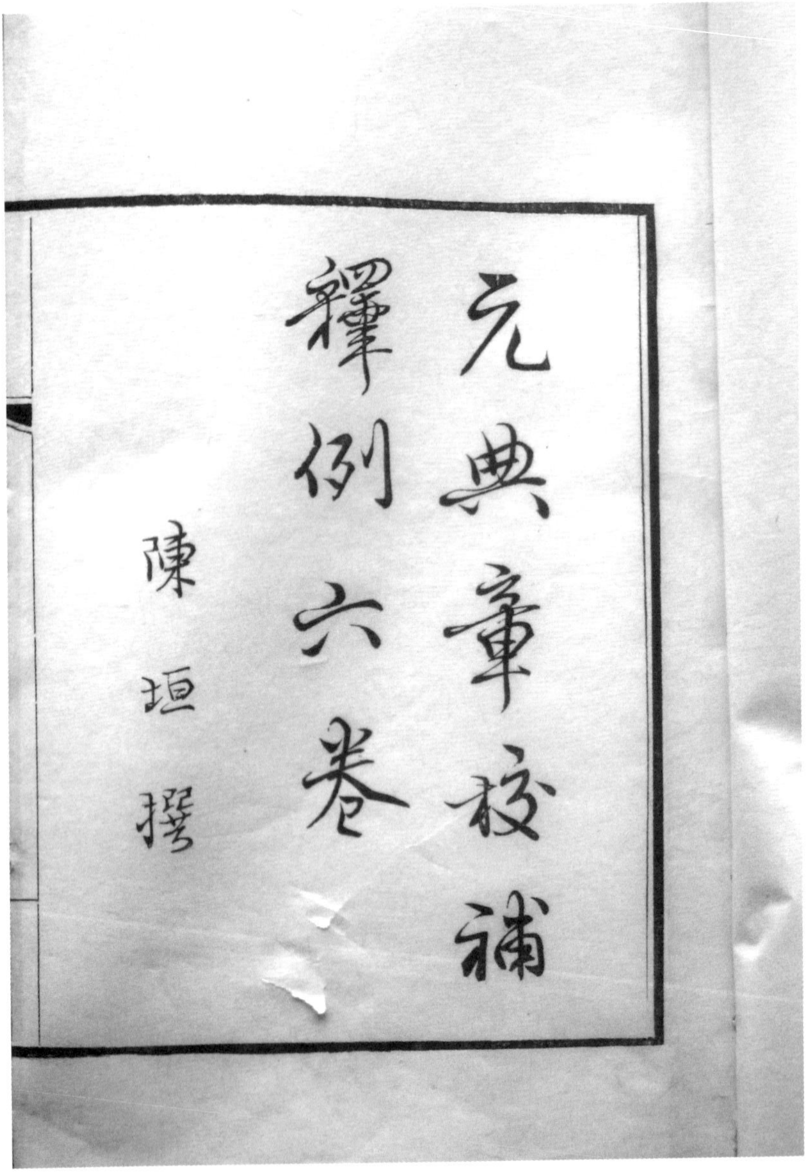

《元典章校補釋例》書影

目次

史諱舉例

校勘學釋例

吴漁山年譜

舊五代史輯本發覆

雜著……七六九

陳垣全集之十一

史諱舉例

安徽大學出版社

内容提要

避諱是我國古代所特有。辛亥革命前，遇當代帝王或所尊者之名，必須迴避。由於各朝所諱不同，避諱方法也不一致，因此史書上常有因避諱改易文字的地方，甚至改變前人姓名、官名、地名、書名、年號等，輒使古書淆亂不清。如沒有避諱學常識，研究中國歷史就會遇到一些困難，對某些問題也無法解決。懂得了避諱學，不但可以解決這些困難，且可利用它以辨別古書文物的真僞，並可以審定其時代。所以避諱學是研究中國歷史所不可缺少的知識。

本書所舉八十多例，分析並説明了歷代避諱的種類、所用的方法、如何利用，以及與避諱有關的諸問題。是一部避諱學總結性的著作，是歷史科學研究和教學工作的重要工具。

序

民國以前，凡文字上不得直書當代君主或所尊之名，必須用其他方法以避之，是之謂避諱。避諱爲中國特有之風俗，其俗起於周，成於秦，盛於唐宋，其歷史垂二千年。其流弊足以淆亂古文書，然反而利用之，則可以解釋古文書之疑滯，辨别古文書之真僞及時代，識者便焉。蓋諱字各朝不同，不啻爲時代之標誌，前乎此或後乎此，均不能有是，是與歐洲古代之紋章相類，偶有同者，亦可以法識之。研究避諱而能應用之於校勘學及考古學者，謂之避諱學。避諱學亦史學中一輔助科學也。

宋時避諱之風最盛，故宋人言避諱者亦特多。洪邁容齋隨筆、王楙野客叢書、王觀國學林、周密齊東野語，皆有關於歷朝避諱之記載。清朝史學家如顧氏日知録、錢氏養新録、趙氏陔餘叢考、王氏十七史商榷、王氏金石萃編等，對於避諱，亦皆有特别著録之條。錢氏廿二史考異中，以避諱解釋疑難者尤多，徒因散在諸書，未能爲有系統之董理。嘉慶間，海寧周廣業曾費三十年之歲月，爲避諱史料之搜集，著經史避名彙考四十六卷，可謂集避諱史料之大成矣。然其書迄未刊行，僅蓬廬文鈔存其叙例，至爲可惜。今肆上所通行專言避諱者，有陸費墀帝王廟謚年諱譜一卷，刊歷代帝王年表末，黄本驥避諱録五卷、周榘廿二史諱略一卷，分刊三長物齋及嘯園叢書中。此三書同出一源，謬誤頗多，不足爲典要。如開篇即謂「漢文帝名恒，改恒農曰弘農；漢和帝名肇，兼避兆、照」之類。人云亦云，並未深考。其所引證，又皆不注出典，與俗陋類書無異。其所記録，又只敷陳歷代帝王名諱，未能應用之於校勘學及考古學上發人深思，所以有改作之必要也。

茲編所論，以史爲主，體裁略倣俞氏古書疑義舉例，故名曰史諱舉例。爲例八十有二，爲卷八：第一避諱所用之方法；第二避諱之種類；第三避諱改史實；第四因避諱而生之訛異；第五避諱學應注意之事項；第六不講避諱學之貽誤；第七避諱學之利用；第八歷朝諱例，凡八萬餘言。意欲爲避諱史作一總結束，而使考史者多一門路一鑰匙也。糾謬拾遺，以俟君子。一九二八年二月十六日，錢竹汀先生誕生二百週年紀念日，新會陳垣。

史諱舉例卷一

避諱所用之方法

第一　避諱改字例

避諱常用之法有三：曰改字，曰空字，曰缺筆。

改字之例顯於秦，史記秦始皇本紀：「二十三年，秦王復召王翦使將擊荆。」正義曰：「秦號楚爲荆者，以莊襄王名子楚，諱之，故言荆也。」又秦楚之際月表端月注，索隱曰：「秦諱正，謂之端。」琅邪臺刻石曰：「端平法度」，「端直敦忠」，皆以端代正也。然史記李斯傳，趙高詐爲始皇書賜公子扶蘇，有曰「蒙恬與扶蘇居外不匡正」，是不諱正。李斯獄中上二世書，有曰「北逐胡貉」，是不諱胡。

漢承秦制，亦有改字法。漢書高帝紀注引荀悦曰：「諱邦之字曰國。」師古曰：「臣下所避以相代也。」其後各紀均引荀悦説。後漢書各紀注，自質帝以前，則引伏侯古今注説，各諱皆有一同義互訓之字以相代。故史記恒山作常山，微子啓作微子開，盈數作滿數。隸釋十四引漢石經殘碑：論語「邦君爲兩君之好」，「何必去父母之邦」，尚書「安定厥邦」，皆書邦作國。又周易蹇卦：「以正邦也。」釋文曰：「荀、陸本作正國，爲漢朝諱。」荀、陸，荀爽、陸績也。張遷碑：「詩云舊國，其命維新。」開母廟石闕，以開爲啓，則避諱改字之見於現存漢碑者。然隸釋引漢石經尚書殘碑，保字志字仍不避，其他東漢碑中之邦、盈、恒、啓等字尤數見，猶可謂建武以前，親盡不諱也。今將建武以後諸諱字之見於現存諸碑者列下：

建寧四年孔霓碑曰「叡其玄秀」，光和四年逢盛碑曰「苗而不秀」，中平五年張納功德叙曰「旌甄秀異」，是不避秀。

和平元年嚴訢碑曰「兆自楚莊」，延熹三年孫叔敖碑曰「莊王置酒以爲樂」，中平元年郭究碑曰「嚴莊可畏」，是不避莊。

延熹六年平輿令薛君碑曰「我君肇祖」，建安十年樊敏碑曰「肇祖宓戲」，是不避肇。

元嘉元年丁魴碑曰「隆平」，永壽二年韓勑碑陰曰「袁隆」，光和二年華山亭碑曰「大華優隆」，是不避隆。

建寧二年史晨奏銘曰「玄德焕炳」，是不避炳。

熹平四年帝堯碑曰「纘堯之緒」，熹平六年尹宙碑曰「克纘祖業」，中平三年張遷碑曰「纘戎鴻緒」，是不避纘。

建寧四年劉脩碑曰「志曒拔葵」，熹平三年婁壽碑曰「岐嶷有志」，中平二年曹全碑曰「先意承志」，是不避志。

建寧元年衡方碑曰「攬英接秀」，曰「肇先蓋堯之苗」，曰「□隆寬慓」，曰「保障二城」，於秀、肇、隆、保四字皆不避。

則漢時避諱之法亦疏，六朝而後，始漸趨嚴密耳。馬衡曰：「開母廟闕，亦廟名因避諱而改，後人因之，非書碑者避諱改字也。」然則張遷碑之「詩云舊國」亦所據傳本如此，非書碑時避諱所改。

第二　避諱空字例

有因避諱，空其字而不書，或作空圍，或曰「某」，或徑書「諱」字，其例亦古。書金縢曰：「惟爾元孫某。」孔傳：「元孫武王，某名，臣諱君故曰某。」史記孝文本紀：「子某最長，請建以爲太子。」某謂景帝啓也。史記漢書於漢諸帝紀皆不書名。許氏説文於禾部光武諱、艸部明帝諱、火部章帝諱、戈部和帝諱、示部安帝諱，皆注曰「上諱」，空其字不注。

南齊書爲梁武父順之諱，凡順字皆改爲從，遇順之名則空之。汲古閣本猶存其舊，於豫章文獻王嶷傳宋從帝下，注「北雍本作順，宋本諱」，其下載嶷上武帝啓，有「前侍幸□宅」語，□下注「順之，宋本諱」，此乃幸蕭順之宅，故子顯直空其字耳。魚復侯子響傳，蕭順之則作□，而其下注一順字，又加一圈云「宋本諱」，凡此今本皆直書，蓋據南史改。

宋書武帝紀，於書檄詔策等，稱劉裕名曰劉諱，而其間亦有稱裕者。數行之中，忽諱忽裕，皆後人校改。又永初元年六月，書「立彭城公義隆爲宜都王」，八月則書「荆州刺史宜都王諱進號鎮西將軍」。義隆，文帝也。忽稱義隆，忽稱諱，亦後人校改。

文帝紀，元嘉十三年九月，書「立第三皇子諱爲武陵王」。第三皇子，即孝武帝駿。孝武帝紀，孝建二年正月「以冠軍將軍湘東王諱爲中護軍」。湘東王即明帝彧，皆諱而不名。

順帝紀，昇明三年正月「新除給事黄門侍郎蕭諱爲雝州刺史」，謂文惠太子長懋也。同年三月「以中軍大將軍諱爲南豫州刺史」，謂齊武帝蕭賾也。蕭思話傳「南漢中太守蕭諱」，蕭諱者，蕭道成之父承之，追謚宣帝者也。略陽清水氏傳「思話使司馬蕭諱先驅進討」，亦謂承之。

舊唐書睿宗紀「臨淄王諱」，臨淄王即玄宗。舊唐書於太宗、高宗、中宗紀，皆直書高、中、睿三宗之名，此紀於玄宗獨稱諱。蓋五朝之史，成於玄宗之世，後史承襲其文，未及改正耳。

金石萃編摹刻碑文，遇清諱，輒書「廟諱」二字，令人暗索，有如射覆，甚不應也。

第三　避諱缺筆例

避諱缺筆之例始於唐。唐以前刻石，字多别體，不能定何者爲避諱。北齊顔之推家訓風操篇，言當時避諱之俗甚詳，亦祇云「凡避諱者皆須得其同訓以代换之」，可見當時尚無缺筆之例。今將唐碑中之與避諱有關者列下：

貞觀三年等慈寺塔記，稱王世充爲王充。

貞觀四年豳州昭仁寺碑，用世字凡五處。

貞觀五年房彦謙碑，有世字民字，惟書虎賁爲武賁。

貞觀十四年姜行本碑「慜彼蒼生」，避太宗諱，借慜爲愍。

貞觀十六年段志玄碑，文内王世充不避世字。

貞觀十八年蓋文達碑，有「世子」字。
永徽二年馬周碑「持書侍御史」，改治爲持。
顯慶四年大唐紀功頌，王世充俱作王充。
乾封元年贈泰師孔宣公碑，兩引「生民以來」，俱作生人。「愚智齊泯」，泯作汦。此爲唐碑避諱缺筆始見，以後缺筆之字漸多。
乾封元年于志寧碑，「世武」世字作卅。
儀鳳二年李勣碑，本名世勣，因避諱但名勣。而王世充世字特缺中一筆，未去世字。
萬歲登封元年封祀壇碑，虎字不避，葉作桒。
據右表，避諱缺筆，當起於唐高宗之世。册府元龜帝王部名諱門，載顯慶五年正月詔曰：「孔宣設教，正名爲首，戴聖貽範，嫌名不諱。比見鈔寫古典，至於朕名，或缺其點畫，或隨便改换，恐六籍雅言，會意多爽；九流通義，指事全違，誠非立書之本意。自今以後，繕寫舊典文字，並宜使成，不須隨義改易。」
由此可見顯慶初年已有避諱缺筆之事。舊唐書高宗紀：「顯慶二年十二月，改昬葉字。」十七史商榷七十，疑「宫」字爲「字」字之訛，謂：「必是以昬字之上民字、葉字之中世字犯諱，故改昬从氏，改桒从云。」其説近是。宫字蓋承上文洛陽宫而訛也。

野客叢書十七云：「世謂昏字合從民，今有從氏者，避太宗諱故爾。僕觀唐三藏聖教序，正太宗所作，褚遂良書，其間『重昏之夜』則從民，初未嘗改民從氏也。謂避諱之說謬矣，蓋俗書則然」云。然此正可證其時尚無缺筆之法，不得謂昏之從氏，爲非避諱。

雪堂校刊羣書叙録下云：「往在武昌，于楊星吾舍人許，見所藏古寫本春秋集解桓公殘卷，舍人跋稱是北齊人書。然觀桓公十八當作十六年傳，冬城向，注引詩『定之方中』及『此未正中也』，二中字作㞢，缺末筆之下半，避隋諱，乃隋寫本，非出北齊，舍人未之知也。」又跋敦煌本文選云：「王文憲集序內，衷字缺筆作哀，爲隋代寫本，尤可珍。」是須先考定唐以前有無缺筆之例爲主，似不能以六朝别體，或一時訛誤之字，爲避諱之證也。

第四　避諱改音例

避諱改音之説，亦始於唐。然所謂因避諱而改之音，在唐以前者多非由諱改，在唐以後者，又多未實行，不過徒有其説而已。

史記秦始皇本紀，正義曰：「正音政，周正建子之正也，後以始皇諱，故音征。」宋張世南游宧紀聞九，孫奕示兒編十一，均爲是説。然正本有征音，詩齊風：「猗嗟名兮，美目清兮，終日射侯，不出正兮。」釋文：「正音征。」小雅節南山，正與平寧爲韻，大雅雲漢，正與星嬴爲韻，其非爲秦諱明矣。

昭有韶音，唐人以爲避晉諱，亦非也。漢書韋玄成傳，顔師古注：「晉室諱昭，故學者改昭爲韶。」李涪刊誤下云：「按禮記：昭，明也，穆，美也。蓋光揚先祖之德，著斯美號。至晉武帝以其父名昭，改爲韶音，歷代已遠，豈宜爲晉氏之諱，而行於我唐哉！今請復爲昭穆。」郭忠恕佩觿上則曰：「李祭酒涪說，爲晉諱昭，改音韶，失之也。案說文自有佋穆之字，以昭爲佋，蓋借音耳。」說文繫傳佋字下亦云：「說者多言晉以前言昭，自晉文帝名昭，故改昭穆爲佋穆，據說文則爲佋。」音作韶，非晉以後改明矣。詩魏風汾沮洳釋文亦云：「昭，紹遥反，說文作佋。」然段玉裁乃信避諱說，至欲删說文佋字，實爲武斷。

甄之有真音，宋人以爲避孫堅諱，亦非也。莊綽鷄肋編中云：「甄，三國以前未有音之人切者。孫權即位，尊堅爲帝，江左諸儒爲吴諱，故改音真。」示兒編十八則云：「甄有二音，學者皆押在先韻，獨真韻反未嘗押。文選張華女史箴云：『散氣流形，既陶且甄，在帝包羲，肇經天人。』則已押入真韻矣。」張澍姓氏辯誤九駁之，謂：「女史箴在三國後，孫氏未詳考」云。今考晉書張華傳：「華，范陽方城人。始仕魏，司馬炎謀伐吴，華與羊祜實贊成其計。及吴滅，封廣武縣侯。」誠如鷄肋編言，則華固北人，與江左何涉！女史箴以甄與人爲韻，則河北早有是音，非爲吴諱矣。

者，或以威武爲義，或以回旋爲義，又爲植立之象，又爲姓氏，當各以其義類求之。以威武宋史一〇八禮志：「紹興二年十一月，禮部太常寺言：淵聖皇帝御名桓見於經傳義訓爲義者，今欲讀曰威；以回旋爲義者，今欲讀曰旋；以植立爲義者，今欲讀曰植；若姓氏之類，欲去木爲亘。又緣漢法，邦之字曰國，盈之字曰滿，止是讀曰國曰滿，其本字見於經傳者，未嘗改易。司馬遷，漢人也，作史記曰：『先王之制，邦内畿服，邦外侯服。』又曰：『盈而不持則傾。』於邦字盈字，亦不改易。今來淵聖皇帝御名，欲定讀如前外，其經傳本字，即不當改易，庶幾萬世之下，有所考證，推求義類，別無未盡」云。宋人苦於避諱之苛例，欲爲改讀之法，以救改字之失，其立意本善，然奈不能實行何。乃至曲解漢法以護其說，過矣！

茶香室續鈔三引葉名灃橋西雜記云：「雍正三年上諭：孔子諱理應迴避，令九卿會議。九卿議以凡係姓氏，俱加阝爲邱；凡係地名，皆改易他名；書寫常用，則從古體作𠀉。上諭：今文出於古文，若改用𠀉字，是未嘗迴避也。此字本有期音，查毛詩古文作期音甚多，嗣後除四書、五經外，凡遇此字，並加阝爲邱，地名亦不改易，但加阝旁，讀作期音，庶乎允協。按加阝作邱，至今通行，至讀期音，則世鮮知者。」可見避諱改音之例，始終未嘗實行也。

史諱舉例卷二

避諱之種類

第五　避諱改姓例

避諱改姓之例甚多，俗説相傳，有不盡足據者。通志氏族略云：

籍氏避項羽諱，改爲席氏。奭氏避漢元帝諱，改爲盛氏。

莊氏避漢明帝諱，改爲嚴氏。慶氏避漢安帝父諱，改爲賀氏。

師氏避晉景帝諱，改爲帥氏。姬氏避唐明皇諱，改爲周氏。

弘氏避唐明皇諱，改爲洪氏。淳于氏避唐憲宗諱，改爲于氏。

啖氏避唐武宗諱，改爲澹氏。

按元和姓纂一，弘氏避高宗太子弘卒謚孝敬皇帝諱，改爲洪氏，非避唐明皇諱也。

梁谿漫志三云：「閩人避王審知諱，沈字去水爲尤，二姓實一姓也。」然吴志陸遜傳有鄱陽賊帥尤突，則尤姓由來遠矣。

聞見後録廿一云：「文彦博本姓敬，其曾大父避石晉諱，更姓文，至漢復姓敬。入宋，其大父避翼祖諱，又更姓文。」

揮麈前録三云：「宋高宗中興之初，蜀中有大族犯御嫌名，而遊宦參差不齊，倉卒之間，各易其姓。仍其字而更其音者句濤也；加金字者鉤光祖也；加絲字者絇紡也；加草字者苟諶也；改爲勾者勾思也；增而爲句龍者如淵也。繇是析爲數家，累世之後，將不復别。」

第六　避諱改名例

避諱改名之例有三：一改其名，二稱其字，三去其名一字。

漢書孔光傳：「孔霸曾孫莽，元始元年封褒成侯，後避王莽，更名均。」

晉書鄧嶽傳：「本名岳，以犯康帝諱，改爲嶽，後竟名爲岱。」

南齊書蕭景先傳：「本名道先，建元元年乃改避上諱。」上謂蕭道成也。

魏書李先傳：「字容仁，本字犯高祖廟諱。」蓋本字宏仁也。

魏書尉羽傳：「名犯肅宗廟諱。」蓋本名詡也。

魏書高祐傳：「本名禧，以與咸陽王同名，高祖賜名祐。」

右改其名。

宋書王懿傳：「懿字仲德，叡字元德，兄弟名犯晉宣元二帝諱，並以字稱。」

宋書孔季恭傳：「孔靖字季恭，名與高祖祖諱同，故稱字。」

宋書向靖傳：「字奉仁，小字彌，名與高祖同，故稱小字。」祖下漏一祖字，應云「名與高祖祖同」。

宋書王景文傳：「名與明帝諱同。」明帝名彧也。

魏書崔玄伯傳：「名犯高祖廟諱。」高祖，孝文帝宏也。北史作「崔宏字玄伯」。

北齊書趙彦深傳：「本名隱，避齊廟諱，故以字行。」高歡六世祖名隱也。

北周書蕭世怡傳：「以名犯太祖諱，故稱字焉。」太祖，宇文泰也。

隋書文學傳：王貞字孝逸，與齊王暕，自稱字而不名，曰「孝逸生於戰爭之季」，避隋文帝祖名禎也。

新唐書劉知幾傳：「劉子玄名知幾，以玄宗諱嫌，故以字行。」

右稱其字。

南齊書薛淵傳：「本名道淵，避太祖偏諱改。」太祖，蕭道成也。

舊唐書裴行儉傳：「父仁基。」裴光庭神道碑避諱去基字。

新唐書裴矩傳，宰相世系表作世矩，蓋入唐後避太宗諱去世字也。

唐開元三年，嶲州都督姚懿碑云：「公後娶劉氏，今紫微令崇、故宗正少卿景之母也。」以唐表考之，則懿三子，曰元景，曰元之，曰元素，其單稱崇及景者，避玄宗尊號耳。

新五代史前蜀世家：「黔南節度使王肇。」本名建肇，避蜀主王建諱，止稱肇。

右去其名一字。

第七　避諱辭官例

有避正諱，有避嫌名。避正諱者，唐宋定制；避嫌名者，當時風尚也。

南史齊文惠太子長懋傳：「宋末轉祕書丞，以與宣帝諱同，不就。」宣帝，蕭道成之父承之，長懋曾祖也。范曄爲太子詹事，以父名泰，辭不拜。當時習尚如此，非定制。

北史叙傳：「李延實授侍中太保，以太保犯祖諱，抗表固辭。」延實祖名寶，而辭太保，亦一時風尚。

唐律職制篇：「諸府號官稱犯祖父名，而冒榮居之者，徒一年。」疏義云：「府有正號，官有名稱。府號者，假若父名衛，不得於諸衛任官，或祖名安，不得任長安縣職之類；官稱者，或父名軍，不得作將軍，或祖名卿，不得居卿任之類。皆須自言，不得輒受。」

舊唐書懿宗紀：「咸通二年八月，中書舍人衛洙奏狀稱：『蒙恩除授滑州刺史，官號內一字與臣家諱音同，按洙父名次公。請改授閒官。』勅曰：『嫌名不諱，著在禮文，成命已行，固難依允。』」舊唐書賈曾傳：「拜中書舍人，以父名忠，固辭。議者以爲中書是曹司名，與曾父名音同字別，於禮無嫌，乃就職。」新五代史劉昫傳：「太常卿崔居儉，以故事當爲禮儀使，居儉辭以祖諱蠡。」唐人風尚，相沿如此。李賀父名晉肅，時人謂賀不得舉進士，皆此類也。

第八　避諱改官名例

春秋左氏桓六年傳，申繻對問名曰：「名不以官，以官則廢職。晉以僖侯廢司徒，宋以武公廢司空。」杜注：「僖侯名司徒，廢爲中軍；武公名司空，廢爲司城。」此避諱改官名之最顯著者。後世有爲國諱改者，一朝定制也；有爲人臣家諱改者，則一時權宜之制也。

晉書職官志：「太宰太傅太保，周之三公官。晉初以景帝諱故，又採周官官名，置太宰，以代太師之任。」

通典職官篇：「隋改中書爲內史，侍中爲納言，大業十二年又改納言爲侍內。」注：「隋氏諱忠，故凡中皆曰内。」

又：「唐永徽三年，避皇太子名，改中允爲内允，改中郎將爲旅賁郎將。」當時太子名忠也。

舊唐書高宗紀：「貞觀二十三年六月，改民部尚書爲户部尚書，七月，改治書侍御史爲御史中丞，諸州治中爲司馬，治禮郎爲奉禮郎。」

金史五五百官志：「大宗正府，泰和六年避睿宗諱，改爲大睦親府。」

右以國諱改官名者也。

新唐書六七方鎮表：「天祐二年，賜昭信軍節度，號戎昭軍節度。」據舊書哀帝紀：「天祐二年十月，金州馮行襲奏昭信軍額内一字，與元帥全忠諱字同，乃賜號戎昭軍。」蓋全忠祖諱信也。

五代會要十三載唐長興四年九月勅：「馮贇有經邦之茂業，宜進位於公台，但緣平章字犯其父名，不欲斥其家諱，可改同平章事爲同中書門下二品。」此文有關官制，而歐史不及，略也。贇父名璋。

右以人臣家諱，致改官名以就之者也。

第九　避諱改地名例

晉語：「范獻子聘魯，問具敖之山，魯人以其鄉對，獻子曰：『不爲具敖乎？』對曰：

『先君獻武之諱也。』」蓋魯獻公名具，武公名敖，故申繻對魯桓公曰：「名不以國，不以山川，以國則廢名，以山川則廢主，先君獻武廢二山。」是也。其後秦避始皇父莊襄王子楚諱，改楚爲荆；漢避文帝諱，改恒山爲常山，其例至夥。

十駕齋養新録十一，有「避諱改郡縣名」一條可參據。唯其中避清諱，弘作宏，玄作元，胤作引，頗令人迷惑。如後魏獻文帝名弘，改弘農曰恒農，今養新録弘寫作宏，則與獻文之子孝文混矣。因獻文名弘，孝文名宏也。

又北魏獻文以前，只有弘農，無恒農，而廿二史考異以避清諱故，於續漢郡國志、百官志，三國志法正傳，晉書地理志、何無忌傳，宋書州郡志等各條下，弘農字皆作恒農。三史拾遺於漢書枚乘傳亦然，不可不正。

朱希祖曰：「胡欽華天南紀事，吴三桂帝滇，諱襄爲厢，諱三爲參，諱桂爲貴，遂改桂林爲建林府，桂陽爲南平州，桂東爲義昌縣，又遥改襄陽爲漢南府。」此書傳本尚少，附記於此。

第十　避諱改干支名例

唐高祖之父名昞，故唐人兼諱丙，凡丙多改爲景。如萬歲通天二年石刻浮圖銘，丙申作景申，丙寅作景寅，是也。晉、梁、陳、北齊、周、隋、南、北八史，皆修於唐，丙皆作景。今本多回改爲丙。其未回改者，晉、隋書、北史本紀仍作景，陳、周書、南史本紀則作丙，北齊書景丙互見，梁書皆作丙，而紀中大通四年二月景辰仍作景，則回改未盡者也。

新五代史梁本紀，開平二年三月戊寅注：「梁嘗更戊曰武，舊史悉復爲戊。」容齋續筆六云：「十干戊字，與茂同音，俗輩呼爲務，非也。吴中術者又稱爲武。偶閲舊五代史：『梁開平元年，司天監上言：日辰内戊字，請改爲武。』乃知亦有所自也。今北人語多曰武。朱温父名誠，以戊類成字，故司天諂之。」吴任臣十國春秋亦同其說。

今重修牆隍廟碑，碑末書：「大梁開平二年，歲在武辰。」金石文字記五謂：以城爲牆、以戊爲武者，全忠父名誠，曾祖名茂琳。城，誠之嫌名；戊，茂之嫌名。容齋續筆謂以戊類成故改，其說非。

第十一　避諱改經傳文例

據隸釋所引漢石經殘碑，論語、尚書邦字，多改爲國，避漢諱也。

梁書劉孝綽傳：「衆惡之必監焉，衆好之必監焉。」此引論語，改察爲監，姚思廉避其家諱也。

又蕭子恪傳：「殷鑒不遠，在夏后之代。」思廉修史在貞觀之世，於太宗偏名可不迴避。此文改世爲代，或高宗以後人轉寫迻易也。

北史宇文愷傳：「堂脩二七，博四脩一。」此引考工記，改廣爲博，避隋煬帝名也。下文引胡伯始注漢官，亦避廣，稱胡廣字。

唐石經：毛詩「洩洩其羽」，「桑者洩洩兮」，「無然洩洩」，「是紲袢也」，「俾民憂洩」，皆避世旁。「甿，刺時也」，「甿之蚩蚩」，「甿六章」，皆避民旁。

新唐書三十四五行志：「乃取其五事，皇極庶證。」證即徵字，宋人避仁宗嫌名改。

宋高宗御書石經，避諱字多缺筆，唯論語「欽事而信」，「温良恭儉遜」，「商因於夏禮」，「得見有常者」。孟子「無辭遜之心」，「掊克在位則有責」，「用下欽上」，則敬改爲欽，讓改爲遜或爲責，殷改爲商，然亦有不改者，蓋隨意所至，無定例也。孟子無唐以前石刻，此碑「有小民之事」，與今本作「小人」異，想唐以前古本如此。

第十二　避諱改常語例

顏氏家訓風操篇：「桓公名白，博有五皓之稱；厲王名長，琴有脩短之目。」

後漢書曹襃傳：「父充，持慶氏禮。」蔡邕傳注：「太伯端委以持周禮。」郅惲傳：「理韓詩嚴氏春秋。」或持或理，本皆治字，章懷避諱改。若侯霸傳「治穀梁春秋」，吴良傳「又治尚書」，則校書者轉改。

後漢書應劭傳：「夫時化則刑重，時亂則刑輕。書曰『刑罰時輕時重』，此之謂也。」注：「犯化之罪固重，犯亂之罪爲輕。」據漢書刑法志：「治則刑重，亂則刑輕，犯治之罪固重，犯亂之罪爲輕也。」説本荀子正論篇，此傳及注中化字，本是治字，章懷注改。張奮傳、曹襃傳「化定制禮」，王符傳「亂生於化」，「化國之日舒以長」，仲長統傳「亂世長而化世短」，「君子用法制而至於化」，「或以之化」，爰延傳「尚書令陳蕃任事則化」，皆是也。世改爲代，或改爲時，此傳「時輕時重」是也。

史通因習篇云：「范曄既移題目于傳首，列姓名于卷中，而猶於列傳之下，注爲列女、高隱等目。」范史本題逸民，此云高隱者，避唐諱，非誤記也。

續漢五行志：「建光元年，京都及郡國二十九。」京師作京都，避晉諱也。百官志間有作京師者，乃後人妄改。

三國魏志文帝紀：「黄初元年，京都有事於太廟。」或稱京都，或曰京邑。

晉書刑法志，「令景」即「令丙」，避唐諱。

南齊書王儉傳：「天應民順。」民順宋本作民從，蓋避梁武帝父順之諱。

南史到撝傳：「隨王子隆帶彭城郡，撝問訊，不修部下敬，爲有司舉免官。」按三國蜀志八，秦宓與太守夏侯纂書稱：「民請爲明府陳其本紀。」晉人法帖，多有自稱民者，南齊書撝傳，本稱民敬，南史避唐諱，故改稱部下。　劉凝之傳：「臨川王義慶、衡陽王義季，鎮江陵，並遣使存問。凝之答書曰頓首，稱僕，不爲百姓禮，人或譏焉。」宋書凝之傳本作民禮，亦是避諱改民爲百姓。

隋書盧愷傳「於是除名爲百姓」，亦避唐諱改。　隋書成於貞觀之世，其時二名不偏諱，而此傳及酷吏田式傳，並云「除名爲百姓」。

隋趙芬殘碑，文館詞林卷四五二全録其文。　以詞林與碑互校，多有異同。　碑「十一世祖融，字稚長」，詞林作「十一葉祖融」，無「字稚長」三字。　碑「公炳靈特挺」，炳，詞林作資。碑「治夏官司馬」，治，詞林作領。　或改或省，皆避唐諱。

隋開皇十三年東阿王廟碑，「黄中」作「黄内」，避隋諱。

舊唐書肅宗紀：「上元二年，上不康。」本云不豫，避代宗諱，改豫爲康。　禮儀志「上元年聖躬不康」，文宗紀「聖體不康」，「上不康」，皆豫字改。

舊唐書源乾曜傳：「恐代官之咸列。」代官謂世官，避諱改。

通鑑唐大中二年六月：「王皞曰：『憲宗厭代之夕，事出曖昧。』」厭代，本用莊子厭世語，唐人避諱改，通鑑因之。

老學庵筆記五：「田登作郡，自諱其名，舉州皆謂燈爲火。上元放燈，許人入州治遊觀，吏遂書榜曰：『本州依例放火三日。』」今諺「祇許州官放火，不許百姓點燈」，即源於此。

第十三　避諱改諸名號例

通鑑唐景雲元年十二月：「上以二女西城隆昌公主爲女冠。」隆昌，新唐書諸公主傳作崇昌，史家避明皇諱追改。

唐顯慶二年，河南偃師縣三藏聖教序碑，末云「奉勅弘福寺爲招提寺」，蓋避太子名改。

新唐書七十宗室世系表：「代祖玄皇帝諱昞。」代祖即世祖，避太宗諱。唐之代宗即世宗，宋之真宗即玄宗，皆避諱改。明有代宗，又有世宗，其意義與唐殊。

宋史一〇二禮志：「加上五嶽帝后號，中曰正明。」正明本是貞明，史家避仁宗嫌名改。

宋史一〇三禮志：「秦將王翦鎮山伯。」鎮山當是恒山，避諱改。石刻中嶽中天崇聖帝碑，本作貞明，可據。

宋史方技傳：「賀蘭栖真始居嵩山紫虚觀。景德二年，真宗作二韻詩賜之，號宗玄大師。」今石刻作宗真，則後來避始祖玄朗諱追改。

朱子四書集注，引白水劉勉之致中説，稱爲劉聘君。廼龢案：見論語雍也篇宰我問仁章。聘君即徵君，避仁宗嫌名改稱。

第十四　避諱改物名例

左傳桓六年，申繻對問名，有「名不以畜牲，不以器幣」之條，曰：「以畜牲則廢祀，以器幣則廢禮。」

史記封禪書：「野鷄夜雊。」注：「雉也。吕后名雉，改雉爲野鷄。」

鄴中記：「鄴中爲石虎諱，呼白虎旛爲天鹿旛。」

顔氏家訓八勉學篇：「蔡朗父諱純，遂呼蓴爲露葵。」

隋書劉臻傳：「臻性好噉蜆，以音同父諱，呼爲扁螺。」

舊唐書哀帝紀：「帝諱柷。天祐元年九月，中書奏太常寺止鼓兩字樂器，敌上字犯御名，請改爲肇，從之。」

野客叢書九：「錢王諱鏐，以石榴爲金櫻。楊行密據揚州，揚人呼蜜爲蠭糖。」

本草綱目廿七，薯蕷因唐代宗名豫，避諱改爲薯藥，又因宋英宗諱曙，改爲山藥。

有避諱改物名致二物混爲一物者，四庫全書禮記義疏考證，椇榛注：「羅氏：枳椇子一名木密。」説本古今注「枳椇子一名樹蜜」，而木密則生南方，別是一種。羅願宋人，避英宗嫌諱，改樹爲木，遂與木密相混。

亦有避物名而改名者，漢書平帝紀：「元始二年詔曰：皇帝二名，通於器物，今更名，合於古制，使太師光奉太牢告祠高廟。」注：「孟康曰：平帝本名箕子，更名曰衎。箕用器也，故云通於器物。」

又三國魏志：「甘露五年五月，北迎常道鄉公璜嗣明帝後。六月太后詔曰：古者人君之爲名字，難犯而易諱，今常道鄉公諱字甚難避，其朝臣博議改易列奏。」遂改名奐。此皆避物名而改名者。

第十五　文人避家諱例

司馬遷父名談，史記趙世家改張孟談爲張孟同，佞幸傳改趙談爲趙同。范曄父名泰，後漢書改郭泰爲郭太，鄭泰爲鄭太。

淮南王安父名長，故淮南子齊俗訓用老子「長短相形，高下相傾」語，爲「高下相傾，短脩相形」。

新唐書肅宗紀：「上元元年，山南東道將張維瑾反。」顏真卿書元結墓碑作張瑾，避父諱維貞，省維字也。

新唐書司馬承禎傳：「承禎謚貞一。」顏真卿書李玄靖先生碑作正一。玄靖先生父孝威，私謚貞隱，見張從申所書碑，顏書亦改作正隱。皆避其家諱，不得執碑以疑史。

宋史韓維傳，字持國，而司馬光傳家集稱其字曰秉國。光父名池，與持同音，故易之，不得據集以疑史。

齊東野語四：「王羲之父諱正，故每書正月爲初月，或作一月，餘則以政字代之。王舒除會稽内史，以祖諱會，以會稽爲鄶稽。李翶祖父名楚今，故爲文皆以今爲兹。杜甫父名閑，故杜詩無閑字。曾魯公父名會，避之者以勘會爲勘當。蔡京父名準，改平準務爲平貨務。」眉山蘇氏諱序，蘇洵文改序爲引，蘇軾爲人作序，改用叙字。

沈括夢溪筆談二十五述王君貺使契丹事，稱混同江爲混融江，括世父名同故也。然史記李斯傳「與宦者韓談」，滑稽傳「談言微中」，司馬相如傳「因斯以談」，不避談字。王念孫讀書雜志荀子天論「三者錯」條及下一條，兩引荀子原文，皆作「三者錯，無安邦」。王氏父名安國，因家諱而改古書也。

第十六　外戚諱例

蔡邕獨斷上云：「禁中者，門户有禁，非侍御不得入，故曰禁中。孝元皇后父大司馬陽平侯名禁，當時避之，故曰省中，今宜改，後遂無復言之者。」

晉書虞預傳：「本名茂，犯明穆皇后母諱，故改焉。」

新唐書地理志：山南道夔州，本名信州，武德二年改，蓋避唐高祖外祖獨孤信名也。又垂拱初，避武氏祖諱，改華州曰大州，華陰縣曰仙掌，華原縣曰永安，華容縣曰容城，江華縣曰雲漢，華亭縣曰亭川。

舊唐書崔玄暐傳：「本名暈，以字下體有則天祖諱，乃改爲玄暐。」韋思謙傳：「本名仁約，字思謙，以音類則天父諱，故稱字焉。」則天父名士彠也。魏元忠傳：「本名真宰，以避則天母號改焉。」又外戚傳：「竇懷貞少有名譽，韋庶人干政，懷貞委曲取容，改名從一，以避后父諱，自是名稱日損。」后父，韋玄貞也。

宋史石元孫傳：「始名慶孫，避章獻太后祖諱易之。」李繼隆傳：「繼隆子昭慶，改名昭亮。」蓋章獻明肅劉皇后祖名延慶也。而徽宗時有保安軍人劉延慶，爲鎮海軍節度使，死於靖康之難。又后父名通，天聖初改通進司爲承進司，諸州通判爲同判，通事舍人爲宣事舍人。又改淮南之通州爲崇州，蜀之通州爲達州，通利軍曰安利，通化縣曰金川。

宋史滕元發傳：「初名甫，字元發，以避高魯王諱，改字爲名，而字達道。」鄧潤甫傳：「字温伯，嘗避高魯王諱，以字爲名，别字聖求，後皆復之。」高魯王，英宗高后父遵甫也。哲宗紀：「元豐八年三月，令中外避太皇太后父遵甫名。紹聖元年二月，又詔依章獻明肅皇后故事，罷避高遵惠諱。」惠爲甫之訛，遵惠，遵甫弟，見外戚傳，遵甫宋史無傳。避諱録四以滕元發、鄧潤甫之改名爲避元懿太子旉名者，誤也。

第十七　宋遼金夏互避諱例

宋史夏國傳：「李彝興本名彝殷，避宋宣祖諱，改殷爲興。」又：「李克睿初名光睿，避宋太宗諱，改光爲克。」

又李元昊以父名德明，改宋明道年號爲顯道。范仲淹與元昊書，亦稱後唐明宗爲顯宗。

續通鑑長編一四二：宋慶曆三年八月，西頭供奉官閤門祗候丁億，賀遼國主生辰；閤門通事舍人李惟賢，賀遼國母正旦。詔惟賢權更名寶臣，億爲意，以避北諱。

宋史地理志：紹興十二年，避金太祖諱，改岷州爲西和州。二十八年，避金太子光瑛名，改光州爲蔣州，光山縣曰期思。

金史章宗紀：「明昌四年，遣完顏匡使宋，權更名弼，以避宋諱。」並見匡傳。

第十八　宋金避孔子諱例

宋史八五地理志：「大觀四年，以瑕丘縣爲瑕縣，龔丘縣爲龔縣。」避孔子諱。

至正直記三：「丘字，聖人諱也，子孫讀經史，凡云孔丘者，則讀作某，以朱筆圈之，凡有丘字讀若區，至如詩以爲韻者，皆讀作休，同義則如字。」

金史章宗紀：「明昌三年，詔周公孔子名俱令迴避。」「泰和五年，又詔有司，如進士名有犯孔子諱者避之，著爲令。」

宋又嘗避老子名字，能改齋漫録十三：「政和八年八月御筆，太上混元上德皇帝名耳，字伯陽，及謚聃。見今士庶，多以此爲名字，甚爲瀆侮，自今並爲禁止。」然南渡秦相子熺字伯陽，當時不以爲非，則政和之禁，亦具文耳。

第十九　宋禁人名寓意僭竊例

容齋續筆四：「政和中，禁中外不許以龍天君玉帝上聖皇等爲名字，於是毛友龍但名友，葉天將但名將，樂天作但名作，句龍如淵但名句如淵，衛上達賜名仲達，葛君仲改爲師仲，方天任爲大任，方天若爲元若，余聖求爲應求，周綱字君舉，改曰元舉，程振字伯玉，改曰伯起，程瑀亦字伯玉，改曰伯禹，張讀字聖行，改曰彦行。」

能改齋漫録十三：「政和八年七月，迪功郎饒州浮梁縣丞陸元佐上書：『竊見吏部左選，有徐大明者爲曹官，有陳丕顯者爲教官。大明者文王之德，丕顯者文王之謨，又況大明者有犯神明館御殿，臣故曰有取王者之實，以寓其名。竊見饒州樂平縣有名孫權者，浮梁縣有名劉項者，臣故曰有取霸者之跡，以寓其名。昔皇祐中，御筆賜蔡襄字曰君謨，後唱進士第日，有竊以爲名者，仁宗怒曰：「近臣之字，卿何得而名之！」遂令改。恭覩政和二年春，賜貢士第，當時有吴定辟、魏元勳等十餘人名意僭竊，陛下或降或革。』奉御筆，陸元佐所言可行，下逐處並所屬令改正禁止。」然大程子之歿，文彦博題其墓曰「大宋明道先生程君之墓」，十駕齋養新録七謂：「明道，仁宗年號也，不當爲人臣之私稱，而潞公以題墓，伊川受而不辭，皆所未喻，後人亦無議及此者。」

第二十　清初書籍避胡虜夷狄字例

雍正十一年四月己卯諭内閣：「朕覽本朝人刊寫書籍，凡遇胡虜夷狄等字，每作空白，又或改易形聲，如以夷爲彝，以虜爲鹵之類，殊不可解。揣其意蓋爲本朝忌諱，避之以明其敬慎，不知此固背理犯義不敬之甚者也。嗣後臨文作字及刊刻書籍，如仍蹈前轍，將此等字樣空白及更換者，照大不敬律治罪。其從前書籍，若一概責令填補更换，恐卷帙繁多，或有遺漏，著一併曉諭，有情願填補更換者，聽其自爲之。」

乾隆四十二年十一月丙子諭：「前日披覽四庫全書館所進宗澤集，内將夷字改寫彝字，狄字改寫敵字，昨閲楊繼盛集内改寫亦然，而此兩集中又有不改者，殊不可解。夷狄二字，屢見於經書，若有心改避，轉爲非禮，如論語夷狄之有君，孟子東夷西夷，又豈能改易，亦何必改易！且宗澤所指係金人，楊繼盛所指係諳達，更何所用其避諱耶！因命取原本閲之，則已改者皆係原本妄易，而不改者原本皆空格加圈。二書刻於康熙年間，其謬誤本無庸追究。今辦理四庫全書，應鈔之本，理應斟酌妥善。在謄録等草野無知，照本鈔謄，不足深責。而空格則係分校所填，既知填從原文，何不將其原改者悉爲更正！所有此二書之分校覆校及總裁官，俱著交部分别議處。

除此二書改正外，他書有似此者，並著一體查明改正。」此諭載四庫提要卷首，可以鑒定清初版本。

第二十一　惡意避諱例

避諱有出於惡意者，唐肅宗惡安禄山，凡郡縣名有安字者多易之。試以新唐書地理志核之，凡至德元二載所改郡縣名，皆因其有安字也。表如下：

安定郡改保定，安化郡改順化，安静縣改保静。

右至德元載改。

安邑縣改虞邑，安邊郡改興唐，安康郡改漢陰，尚安縣改萬全，咸安郡改蓬山，同安郡改盛唐，同安縣改桐城，綏安縣改廣德，唐安縣改唐興 此條據元和志，洊安縣改洊水，寶安縣改東莞，遂安縣改晉康，安南縣改鎮南，保安縣改保寧，齊安縣改恩平，萬安郡改萬全，安城郡改嶺方，安城縣改保城，安京縣改保京，安昌縣改義昌，安樂郡改常樂，始安郡改建陵，始安縣改臨桂 此條據元和志，興安縣改理定，安仁縣改容山，安義縣改永業，安海縣改寧海，崇安縣改崇平，軍安縣改軍寧，福禄郡改唐林，安遠縣改柔遠，安定州改宜定。

右至德二載改。

沈德符野獲編二言：「宋南渡後，人主書金字俱作今，蓋與完顏世仇，不欲稱其國號也。至高宗之劉貴人，寧宗之楊后，所寫金字亦然，則宮闈亦改用矣。」

野獲編補遺一又言：「明初貿易文契，如吳元年，洪武元年，俱以原字代元字，蓋民間追恨元人，不欲書其國號也。」野獲編二又言：「明世宗晚年苦虜之擾，厭見夷狄字，每寫夷狄字必極小，凡詔旨及章疏皆然。」此與唐肅宗之惡安禄山，南宋人之惡金人，同一心理。

宋史王子融傳：「融本名皞，字子融。元昊反，請以字爲名。」此則恥與同名者也。朱諤傳：「初名紱，以同黨籍人姓名，故改名。」崇寧二年十二月詔，臣僚姓名有與姦黨同者，並令改名。姦黨謂元祐黨人也。

文獻徵存録一：「理邕和，字寒石，西華人，本姓李，恥其姓與李自成同，曰：『吾今姓理矣。』」

鮚埼亭集十四南嶽和上退翁碑：「退翁，揚之興化縣人，姓李氏。父嘉兆，甲申之變，貽書其子曰：『吾始祖咎繇爲理官，子孫因氏理，其後以音同，亦氏李。今先皇帝死社稷，而賊乃李氏，吾忍與賊同姓乎！吾子孫尚復姓理氏。』先是中州李邕和上書請改理氏，嘉兆適與之合，天下傳爲二理。」此則恥與同姓，亦避諱之別開生面者也。

史諱舉例卷三

避諱改史實

第二十二　避諱改前人姓例

避諱改姓，淆亂氏族；避諱改前人姓，則淆亂古書。史記仲尼弟子列傳：邽巽，索隱曰：「家語作選，文翁圖作國選，蓋亦避漢諱改之。劉氏作邽巽，邽音圭，所見各異。」然古本必作邦字，不然，何以避諱作國；且索隱謂家語作選，而不云作邦選，則家語亦作邦可知。今家語作邽者，後人以誤本史記改之也。

漢書敘傳，稱莊子爲嚴子，又稱「老嚴之術」。師古曰：「老，老子，嚴，莊周也。」蓋避漢明帝諱。

宋史一〇五禮志：「封後魏商紹爲長樂子。」商紹即殷紹，避宋廟諱改。藝文志五行類有商紹太史堪輿曆一卷，舊唐志作殷紹。目録類又有商仲茂十三代史目一卷，别集類有商璠丹陽集，商文圭從軍藁，皆本殷姓，避宋諱追改爲商。

第二十三　避諱改前人名例

避諱改前人名之例亦有三：一改其名，二稱其字，三去其名一字。

漢書古今人表「左公子泄」，即左傳「左公子洩」，陳洩冶，表亦作泄，蓋古本左傳如此，唐石經避諱改爲洩，遂相沿到今。

漢書蒯通傳：「本與武帝同諱。」師古曰：「本名爲徹，其後史家追書爲通。」

三國吴志韋曜傳注：「本名昭，史爲晉諱改之。」

魏書蕭衍傳：「衍將蕭昞寇淮陽。」梁書有吴平侯蕭景，即此蕭昞，唐人避諱，追改爲景。

北齊書盧叔武傳，北史作叔彪。唐人諱虎，史家多稱爲武，亦有作彪者，此人蓋名叔虎。

周書趙文深傳，深本作淵，避唐諱改。北周天和二年十月華嶽頌，即趙文淵書。

隋書韓擒傳：「擒本名豹。」唐人諱虎，多改爲武，或爲獸，或爲彪，此獨改爲豹者，欲應上文「黄斑」之謡也。

北史長孫幼傳：「孝文以其幼承家業，賜名幼，字承業。」本賜名稚，據魏書可證。史避唐諱，李稚廉改爲幼廉，孔稚孫改爲幼孫，謝稚改爲孺子，皆以稚治音同也。

舊唐書列女傳：「宋庭瑜妻魏氏，隋著作郎彦泉之後也。」彦泉當是彦淵，避唐諱追改。

宋史藝文志，别集類有恭翔集，即敬翔也。總集類有許恭宗文館詞林詩，即許敬宗也。避宋諱追改。

遼史穆宗紀：「諱璟。」李燾長編：「開寳二年，契丹主明爲帳下所弑。」明即穆宗，後周避廟諱改，宋史臣因之。

金史劉瑋傳：「唐盧龍節度使仁敬之裔。」仁敬即仁恭，史臣避金章宗父諱追改。

右避諱改前人名。

後漢書黨錮傳：「郭林宗、賈偉節爲其冠。」何顒傳亦云：「郭林宗、賈偉節。」范曄避家諱，故郭泰不書名，并偉節亦字之。岑晊傳：「郭林宗、朱公叔等皆爲友。」亦因郭及朱也。朱穆傳：「近則邴吉、張子孺。」子孺，張安世字，章懷所改也。世皆改代，人名不合改，故稱其字。

晉書宣帝紀：「青龍四年，遼東太守公孫文懿反。」公孫淵稱字，避唐諱。

晉書載記，劉淵稱劉元海，石虎稱石季龍，皆避唐諱稱其字。

魏書慕容皝稱元真，石弘稱大雅，馮弘稱文通，皆避魏諱稱其字。

梁書宗夬傳「祖景」，景即炳。南史則稱宗炳字少文，而不名。

宋史藝文志，職官類有蔡元道祖宗官制舊典三卷，本名惇，避諱稱其字。又別集類有司空文明集一卷，本名曙，亦避諱舉其字。包幼正本名佶，避徽宗諱稱字。李泰伯本名覯，避高宗諱亦稱字。

通典一五一兵篇，晉鎮南將軍杜元凱，避豫字嫌名，故稱字。

右避諱稱前人字。

續漢天文志：「河南尹鄧萬。」萬下脱世字，唐人避諱去之。後漢書爰延傳亦作鄧萬。

魏書天象志：「齊將陳達伐我南鄙，陷澧陽。」陳達即陳顯達，唐人避諱去顯字。

南史何尚之傳：「義宣司馬竺超。」按南郡王義宣、張暢、暢子融等傳，俱作竺超人。宋書作超民，南史避唐諱，改民爲人，或去下一字。

北史張彝傳：「本名犯廟諱。」蓋本名大淵，避諱連爲一字。

新唐書儒學傳：「元行沖少孤，養於外祖司農卿韋機。」即韋弘機，避諱去上一字。

新五代史後贊傳，後贊，通鑑作後匡贊，避宋諱省上一字。王景崇傳「永興趙贊」，亦本名匡贊，趙延壽之子也，亦避宋諱去一字。吴越世家「子佐立」，本名弘佐，避宋諱止稱下一字，弘倧、弘俶皆倣此。南唐世家：「燕王冀爲太子。」亦本名弘冀，避諱去弘字。

宋史藝文志，李遵天聖廣燈録三十卷，本李遵勗撰，避諱去勗字。

右避諱去前人名一字。

第二十四　避諱改前人謚例

新唐書楊纂傳：「贈幽州都督，謚曰恭。」唐會要恭作敬。宋人避諱，往往改敬爲恭。今舊唐書楊纂傳亦作恭，則後人據新書改也。

舊唐書柳亨傳「謚曰敬」，唐會要同，而新書「謚曰恭」，亦宋人避諱追改。

新唐書韋虚心傳：「贈揚州大都督，謚曰正。」據唐會要，虚心、李乂輩皆謚貞，今新史於李乂則謚曰貞，於虚心則謚曰正，蓋避宋仁宗嫌名，改貞爲正。其或改或否者，雜采他書，未及訂正耳。舊唐書牛僧孺傳「謚文貞」，唐會要同，新書曰「謚文簡」，疑亦宋人避諱追改。

五代會要十二：「贈太子少傅朱漢賓謚正惠。」太常博士林弼議曰：「按謚法：中道不撓，保節揚名曰正。」今考新、舊五代史，朱漢賓實謚貞惠。而唐會要謚法解，則云：「直道不撓，清白守節曰貞。」可知朱漢賓本謚貞惠，五代會要避宋諱改爲正惠也。

舊五代史張承業傳「謚貞憲」，而五代會要及新五代史則謚正憲，亦宋人避諱改。

新五代史羅紹威傳「謚貞壯」，而五代會要則謚正懿，疑亦避諱追改。

疑耀三云：「宋時謚文正者，惟吕蒙正、王欽若、司馬光、王曾、范仲淹、鄭居中、蔡卞、陳康伯八人。若李昉、王旦，謚法通紀亦曰謚文正者，非也。二公原謚文貞，後避諱，世遂呼爲文正耳。」今考宋史吕蒙正、王欽若本傳，則謚文穆。

第二十五　避諱改前代官名例

或改前人官名，或以後代官名加諸前人，皆非史實也。

後漢書劉焉傳：「祭酒各領部衆，衆多者名曰理頭。」魏志本作治頭，章懷避唐諱改。

北史牛弘傳：「晉祕書監荀勗。」本名中書監，避隋諱改。

北史李德林傳：「假黄鉞都督内外諸軍事。」是時隋未受禪，不當避中字。下文云：「授丞相府從事内郎。」皆史家追改。

北史程駿傳：「祖父肇，吕光人部尚書。」人部本是民部，避唐諱改。

南史褚賁傳：「左户尚書。」南齊書本作左民，作户者避唐諱。

舊唐書韋挺傳：「以人部侍郎崔仁師爲副使。」唐初民部爲六部之一，高宗即位，始避太宗諱，改爲户部。此人部亦史臣追書。段平仲傳云：「隋人部尚書段達六代孫。」隋不名人部也。

宋史宰輔表一：「太平興國四年正月，石熙載自樞密直學士遷簽書樞密院事。」簽書本作簽署。張齊賢、王沔、楊守一、張遜、馮拯、陳堯叟、韓崇訓、馬知節、曹瑋、王德用諸人，皆除簽署，或同簽署，史家避英宗諱曙，追改爲書。

宋天聖四年蕭山縣夢筆橋記，記文爲太常寺奉禮郎、簽署蘇州觀察判官廳公事葉清臣撰。宋史本傳作簽書，避諱追改。

宋皇祐二年重修北嶽廟記，韓琦題銜「充定州路都部署兼安撫使」，宋史職官志乃作「定州兼安撫使馬步軍都總管」。部署改爲總管，係從後追改。

宋史孫洙傳：「尋幹當三班院。」王師約傳：「同管當三班院。」曾孝藴傳：「管幹發運司糴糴事。」以幹代勾，以管代勾，皆南渡後避高宗嫌名追改。當時稱管勾、勾當，不稱管幹、幹當也。

宋政和三年御製八行八刑條碑稱管勾，而文獻通考五二稱主管，亦後來追改。

第二十六　避諱改前代地名例

避諱改地名，係一朝掌故；避諱改前代地名，則失史實矣，因當時並無此地名也。

漢書廿八地理志：「東郡：須昌，壽張。」壽張前漢本名壽良，光武避趙王良諱，始改良爲張。此云壽張，班氏追改。

晉書十四地理志：「陽平郡清泉縣。」本清淵，避唐諱追改。又：「僑立河東郡，統大戚八縣。」大戚即廣戚，史避隋煬帝諱追改，晉時不名大戚也。

晉書劉敬宣傳：「軍次黄獸。」宋書：「達遂寧郡之黄虎。」此作黄獸，避唐諱追改，當時不名黄獸也。南史又作黄武。

梁書何點傳：「隱居吴郡獸丘山。」獸丘即虎丘，史避諱改，梁時無獸丘之名也。

隋書廿九地理志：「敦煌郡常樂縣。」注：「後魏置常樂郡，後周併涼興、大至、冥安、閏泉，合爲涼興縣。」大至即廣至，避隋煬帝諱追改；閏泉即淵泉，避唐諱追改，周時不名大至、閏泉也。

隋書卅一地理志：「宣城郡綏安縣。」注：「梁末立大梁郡，又改爲陳留，平陳，郡廢，省大德、故鄣、安吉、原鄉，四縣入焉。」按陳書高祖紀：「永定二年，以廣梁郡爲陳留郡。」即此大梁也。又陳詳傳：「割故鄣、廣德置廣梁郡。」蓋在梁敬帝之世，故云梁末。志改廣梁爲大梁，蓋避隋煬帝名追改，梁時不名大梁也。大德即廣德，亦避隋諱追改。

北史張湛傳：「敦煌深泉人也。」深泉即淵泉，避唐諱追改，唐以前不名深泉也。

舊唐書代宗紀：「大曆五年，貶禮部尚書裴士淹爲處州刺史。」按德宗即位始避嫌名，改括州爲處州，此在代宗朝，應爲括州，史臣追改也。

舊唐書卅九地理志：「臨清，漢清泉縣。」清泉，漢本名清淵，唐人避諱追改。

新五代史吴越世家：「石鑑鎮將董昌。」新唐書四二地理志作石鏡，此避宋諱追改。

宋史張鑑傳：「建議割瑞州清江。」瑞州當作筠州，南渡後避理宗嫌名，始改筠爲瑞，此時無瑞州之名也。

第二十七　避諱改前代書名例

晉簡文鄭太后諱阿春，故晉書后妃傳數引春秋，均改爲陽秋。孫盛、檀道鸞等著書，亦名陽秋。

隋牛弘請開獻書之路表，引荀勗中經簿，改爲内經，曹憲注廣雅，改爲博雅，均避隋諱。

唐人注史、漢，引世本改爲系本，避唐諱。

隋書經籍志，白虎通六卷，禮儀志引作白武通。經籍志亦本作武，後來校書者改。

又詩神泉一卷，後漢趙曄撰。本名神淵，唐人避諱改。

又宋徵士宗景集十六卷。宗景即宗炳，避諱改爲景。

舊唐書經籍志，帝王代記十卷，皇甫謐撰。代本世字，避諱改。郭頒魏晉代語、何集續帝王代記、虞茂代集、鄭代翼集，皆以代爲世。

又四人月令一卷，崔寔撰，此與賈思勰齊人要術，皆避諱，改民爲人。新書則賈思勰書稱齊民，李淳風續書稱齊人。

又江智泉集十卷，本名智淵，丘泉之集六卷，本名淵之，避諱改。

宋史藝文志小學類，遼僧行均龍龕手鑑四卷，本名龍龕手鏡，宋人避廟諱嫌字，改鏡爲鑑。

又兵書類，陶弘景真人水照十三卷，唐志本作水鏡，亦宋人避諱追改。

邵瑞彭曰：北山録注解隨函卷上，引牟子理惑論作治惑論，可知理字是唐人避諱改，原書當作治惑也。崇文總目，李文博撰理道集十卷，隋書李文博傳本作治道，宋志亦作治道。

第二十八　避諱改前朝年號例

舊唐書經籍志編年類，有崇安記二卷，周祇撰，又十卷，王韶之撰。崇安本隆安，晉安帝年號也，避唐玄宗諱，改隆爲崇。

新唐書藝文志起居注類，有晉崇寧起居注十卷，舊志亦作崇寧，晉時無此年號。錢竹汀先生謂：「崇寧當爲崇安，即隆安也。唐人避玄宗諱，往往改隆爲崇。唐肅宗時惡安祿山，又或改安爲寧。以晉史考之，隆安紀元，正在太元之後，元興之前，此卷又有晉崇安元興大亨副詔八卷，足明崇寧當爲崇安矣。上文有晉隆和興寧起居注五卷，仍書隆字，則史駁文也。」

廼龢案：此條見廿二史考異唐書五。

舊唐書三十音樂志：「明慶中，皇后親蠶。」明慶即顯慶，唐人避中宗諱，易顯爲明。舊史俱改從本號，惟此志及職官、刑法志，三見明慶字。柳奭傳亦有「明慶三年」之文。

舊唐書太宗諸子曹王明傳：「永崇中，坐與庶人賢通謀，降封零陵王。」永崇即永隆，史臣避玄宗諱追改。

新唐書兵志：「玄宗以萬騎平韋氏，改爲左右龍武軍，皆用唐元功臣子弟。」唐元即唐隆，温王年號也，史避玄宗諱改。崔日用傳云：「唐元之際，日用實贊大謀。」亦唐隆改。

宋人書貞觀年號爲真觀，或爲正觀，書貞元爲正元，避仁宗嫌名改。

遼天慶二年釋迦定光二佛的身舍利塔記，叙重熙十五年鑄鐵塔事，以重熙爲重和。老學庵筆記一云：「政和末議改元，王黼擬用重和，既下詔矣，范致虚間白上曰：『此契丹號也。』故未幾復改宣和。然契丹年名，實曰重熙，後避天祚嫌名，追謂重熙曰重和。」乃知改熙爲和，實以避諱故。

亦有改前朝年號以故犯其諱者，元泰定五年贈寧海州知州王慶墓表文云：「父生於擴慶庚申，妣生於擴慶丙辰。」丙辰，宋慶元二年，庚申，慶元六年。元時江浙行省有慶元路，未嘗更名，何獨于宋之年號而更之？此蓋直斥宋寧宗名，而配以年號上一字也。

史諱舉例卷四

因避諱而生之譌異

第二十九　因避諱改字而致誤例

後漢書劉表傳：「初表之結袁紹也，侍中從事鄧義諫不聽，義以疾退，終表世不仕，操以爲侍中。」侍中從事，當作治中從事，章懷避唐諱，改治爲持，校書者不達其旨，適其下有侍中之文，遂妄易持爲侍。

通鑑晉哀帝紀，興寧元年，司馬綸騫注：「綸姓也。姓譜曰：魏志孫文端臣綸直。」魏志無綸直事，綸直事見晉書宣帝紀：「遼東太守公孫文懿反，將軍綸直等苦諫，文懿皆殺之。」文懿即公孫淵，唐人避諱稱其字，後人遂誤懿爲端，又將公孫複姓訛爲單姓。

南史隱逸傳：「陶潛字淵明，或云字深明，名元亮。」上淵字亦當爲深，後人回改。宋書云：「陶潛字淵明，或云淵明字元亮。」甚顯白。南史原文必與宋書同，但避諱改淵爲深耳。後人校南史者不察，遂傳寫顛倒如此。

宋史藝文志易類，史文徽易口訣義六卷。崇文總目云「河南史證撰」；晁公武云「唐史證撰」；陳振孫云「避諱作證字」。則此志「徽」字當爲「徵」之譌，徵爲宋仁宗嫌名，因避諱改字而致誤。

崇文總目總集類，有正元制勅書奏一卷，本作貞元，避宋仁宗嫌名作正，通志藝文略乃誤作王元。

第三十　因避諱缺筆而致誤例

詩小雅：「無將大車，衹自塵兮；無思百憂，衹自疷兮。」疷本作痻，與塵爲韻。唐人避諱，缺筆爲氏，遂誤爲疷。小雅白華篇：「有扁斯石，履之卑兮；之子之遠，俾我疷兮。」此疷字正从氏，與卑爲韻。痻字缺筆，則與疷字混。

續漢郡國志，敦煌郡有拼泉。拼泉即淵泉，因避唐諱淵字，缺筆作淵，遂訛爲拼。

舊唐書穆宗紀：「元和十五年，恒王房子孫改爲泜王房。」恒王當是恒山愍王，泜王即愍王之謌，因避諱，民旁改氏而誤汦。

新唐書后妃則天皇后傳：「前鋒左豹韜果毅成三朗，爲唐之奇所殺。」三朗幽州人，贈左監門將軍，謚曰勇。舊史入忠義傳，作成三郎。蓋宋人避諱缺筆，書朗爲朗，遂謌爲郎。

兩唐書姚班傳稱：班曾祖察，撰漢書訓纂，班乃撰漢書紹訓四十卷，以發明舊義。漢書紹訓，舊唐志不載，新唐志作姚珽撰。珽或作庭，宋初避諱缺末筆作班，後遂訛爲班。據舊書姚思廉傳：「思廉子處平，處平子璹、珽，別有傳。」班傳即珽傳也。

第三十一　因避諱改字而原義不明例

說文：「昏，日冥也，从日氐省，氐者下也，一曰民聲。」竹汀先生曰：「氐與民，音義俱別，依許例，當重出㫝，云或作㫝，民聲。今附于昏下，疑非許氏本文。戴侗六書故云：『唐本說文从民省，徐本从氐省。鼂說之曰：因唐諱民，改爲氏也。』然則說文元是㫝字，从日民聲，唐本以避諱減一筆，故云从民省。徐氏誤認爲氏省，氐下之訓，亦徐所附益，又不敢輒增㫝字，仍附民聲於下，其非許元文，信矣。漢隸字原，㫝皆从民，婚亦从㫝。民者冥也，與日冥之訓相協。謂从氐省者，淺人穿鑿傅會之說耳。」迺龢案：錢說見十駕齋養新餘録上。唐人作五經文字，其愍字下注云：緣廟諱偏旁準式省从氏，凡泯昬之類皆从氏。然段玉裁説文昬字注，則反對是説。

梁書沈約傳：「貴則景魏蕭曹。」景魏謂丙吉、魏相也。許懋傳：「湯不應傳外景至紂三十七世。」外景即外丙，思廉避唐諱，改外景。今本有回改爲丙者，而景魏仍爲景魏也。

隋書高祖紀：「方置文深之柱，非止尉佗之拜。」此用馬援銅柱事。援字文淵，避諱改爲深。

魏書地形志，平陽郡禽昌縣注：「世祖禽赫連昌置。」舊唐書三十九地理志：「襄陵，後魏擒盛縣。」改昌爲盛，史避後唐莊宗祖父國昌諱，而擒昌之意義不明矣。

南史劉秀之傳：「時定人殺長吏科。」宋書人作民。民殺長吏謂部民殺官長也。南史避民字改爲人，時議者謂「民殺長吏，會赦，宜以徙論」。秀之以爲「民敬官長，比之父母，若遇赦而徙，便與悠悠殺人，曾無一異，宜長付尚方，窮其天命」。人、民義異，而文相混，義遂不明。

唐文明元年乾陵述聖紀，有云：「嗼嗼齊萠。」齊萠者，齊民也。嗼即喋字，改世爲云，避太宗諱。今禮記曲禮篇「葱渫處末」，渫當作湈。玉藻篇「爲已偞卑」，偞當作倛。唐人刻石經，避諱改易本文，後來椠板者不能訂正，遂相沿至今。

第三十二　因避諱空字注家誤作他人例

南齊書柳世隆傳「輔國將軍驍騎將軍蕭諱」，汲古閣本注鸞字。今以宋書沈攸之傳考之，乃梁武帝父蕭順之，非齊明帝蕭鸞也。

北史周本紀：「魏永熙三年十一月，遣儀同李諱與李弼、趙貴等，討曹泥於靈州。諱引河水灌之。」「大統四年，開府李諱、念賢等爲後軍。」「及李諱等至長安。」李弼傳：「隴西郡開國公李諱。」王盟傳：「趙青雀之亂，盟與開府李諱輔太子出鎮渭北。」皆謂李虎也。本紀：「天和六年，以大將軍李諱爲柱國。」此謂李昞也。校書須檢元文，周書汲古閣本於李諱字皆改爲虎，并天和六年李諱亦改爲虎。新唐書稱：「周閔帝受禪，虎已卒，乃追封唐國公。」安得至天和時猶在！且虎在西魏時，已爲八柱國之一，豈待周天和中始授柱國乎！

第三十三　因避諱空字後人連寫遂脱一字例

南、北史於官名治書侍御史及治中從事，多脱去治字，今本有治字者，皆後人增入也。

四庫全書通志考證，於梁吴平侯景傳及梁伏曼容傳，均云：「治書侍御史，刊本沿唐諱，删治字，今據梁書增。」疑當時實係空而不書，後人連寫，遂脱一字耳。

後晉天福八年，義成軍節度使匡翰碑，匡翰，建瑭之長子也，碑於建字下，空文以避石敬瑭諱，此其例也。

容齋三筆卷十：「鄂州興唐寺鐘題誌云：唐天祐二年鑄，勒官階姓名者兩人，一曰金紫光禄大、檢校尚書左僕射，兼御史大，陳知新；一曰銀青光禄大、檢校尚書右僕射，兼御史大，楊琮。大字之下，皆當有夫字，而悉削去。楊行密父名怤，怤與夫同音。是時行密據淮南，故將佐爲之諱。」於夫字皆空而不書。其後建國曰吴，乃改大夫爲大卿。因此疑避諱去人名一字者，亦多元本空字，特後人連寫耳。

第三十四　諱字旁注本字因而連入正文例

史記酈生傳：「王者以民人爲天，而民人以食爲天。」索隱引管子云：「王者以民爲天，民以食爲天。」今本正文，皆作民人，蓋唐人避太宗諱，民作人，後人於人旁注民，其後遂將民人二字連寫，致衍人字。

隋書高祖紀：「開皇元年三月，和州刺史新義縣公韓擒虎。」本文不當有虎字，蓋後人於擒下注虎字，校刊時遂並虎字增入。汲古閣本無虎字，是也。又北史韓擒虎，亦但稱韓擒。南史魯廣達、任忠、樊猛傳，稱隋將韓擒者，延壽本文也。而陳本紀及太子深、孔範、王頒傳，作韓擒虎，皆後人旁注，因而連入。今本魯廣達傳亦或有加虎字者，皆緣校書之人，不知當時史臣避諱，以意改易，又不能盡改也。

通典食貨篇：「荆河豫州，厥土惟壤。」豫，唐代宗諱。代宗時改豫州爲蔡州。杜佑於古豫州不得改爲蔡州，又不得直稱爲豫州，於是用禹貢「荆河惟豫州」一語，稱古豫州爲荆河州，後人於荆河旁注豫字，鈔書者遂并荆河豫三字連寫，成此衍文。

晉孫盛著晉陽秋，文選求爲諸孫置守冢人表，李善注兩引孫盛書，均作晉陽春秋。蓋因陽字旁注春字，後遂連入正文。

又新唐書藝文志，有晉鄧粲撰晉陽秋三十二卷，舊唐志及宋志均作晉陽春秋。

第三十五　因避諱一人二史異名例

漢書儒林傳，春秋公羊有嚴彭祖、顔安樂二家，公羊疏引六藝論云：「眭孟弟子莊彭祖及顏安樂。」彭祖本莊氏，史避諱追改。

三國蜀志劉二牧傳：「并州殺刺史張益。」後漢書靈帝紀及劉焉傳均作張懿，史避晉諱，改懿爲益。

隋書賀若弼傳：「陳將魯達、周智安、任蠻奴。」陳書作魯廣達，隋書避諱去一字；蠻奴本名忠，亦避隋諱稱其小字。

通鑑唐武德二年：「竇建德執逆黨宇文智及孟景。」上年宇文化及謀逆，有鷹揚將孟秉同謀。景即秉，因避昞嫌名改。通鑑雜采諸書，故或景或秉。隋書亦作孟秉。

新唐書王敬武傳：「遣部將盧弘攻之。」新五代史劉鄩傳作盧洪，宋人避諱改。

新五代史周本紀：「詔鎮寧軍節度李弘義。」宋史作洪義，云：「本名洪威，避周祖名改。」據此則本名弘威，改弘義，入宋又改名洪義也。因此知李業本弘義之弟，亦當名弘業，史家避諱，省一字耳。

又羅紹威傳：「逐殺其帥樂彥貞。」新、舊唐書皆作彥禎，而此作貞者，宋人避仁宗諱改。

又楚世家：「與行軍司馬何景真等。」通鑑作敬真，史避宋諱改。

又楚世家：「拓跋常爲僕射。」通鑑作拓跋恒，史作常，避真宗諱。

遼史太宗紀，天顯十二年三月，晉天雄軍節度使范延廣，即新五代史之范延光，遼避諱改。

遼史曆象志：「司天監馬續奏上乙未元曆。」新五代史作馬重續，蓋避晉出帝諱重貴，去一字。

金史六十交聘表，天德二年三月，宋參知政事余唐弼，宋史及繫年録俱作余堯弼，蓋金史臣避世宗父諱宗堯追改。

宋使遼諸臣，據續通鑑長編所載人名，每與遼史不同，其因避遼諱改者如下：

一　天聖四年，遼太平六年，七月，賀國后生辰，龍圖閣待制韓億，以名犯北朝諱，權改名意。然遼史乃作韓翼，蓋遼太祖阿保機漢名億也。

二　天聖八年，遼太平十年，八月，賀國后正旦，開封府判官侍御史張億，遼史亦作張易。

三　天聖九年，遼太平十一年，十月，賀國主正旦，西染院副使王克忠，遼史作克善，蓋避遼聖宗宗真嫌名也。

四　明道元年，遼重熙元年，賀國母生辰，内殿承制閤門祇候王德基，遼史作德本；賀國主生辰，客省副使王克基，遼史作克纂，蓋遼道宗名洪基也。

南史與宋、齊書，北史與魏、齊、周書，亦多同人異名，皆因諱改。不明乎此，則欲檢對二史難矣。略表其卷數如下：

褚叔度宋書五十二　　褚裕之南史二十八

謝景仁宋書五十二	謝　裕南史十九
張茂度宋書五十三	張　裕南史三十一
庾炳之宋書五十三	庾仲文南史三十五
王敬弘宋書六十六	王裕之南史二十四
王景文宋書八十五	王　彧南史二十三
宗　炳宋書九十三	宗少文南史七十五
褚　淵南齊書二十三	褚彦回南史二十八
薛　淵南齊書三十	薛　深南史四十
孔稚珪南齊書四十八	孔　珪南史四十九
賈　淵南齊書五十二	賈希鏡南史七十二
鄧　淵魏書二十四	鄧彦海北史二十一
長孫稚魏書二十五	長孫幼北史二十二
劉　昞魏書五十二	劉延明北史三十四
李叔虎魏書七十二	李叔彪北史四十五
侯　淵魏書八十	侯　深北史四十九

張　淵魏書九十一	張　深北史八十九
李稚廉北齊書四十三	李幼廉北史三十三
張　雕北齊書四十四	張彫武北史八十一
鄭孝穆周書三十五	鄭道邕北史三十五
郭　儁隋書七十二	郭世儁北史八十五
王　充隋書八十五	王世充北史七十九

裕、彧者宋諱，故宋書避之。邕者周諱，故周書避之。虎、炳、淵、世、稚者唐諱，故唐史臣避之。因所避不同，而二史稱名遂異。

第三十六　因避諱一人一史前後異名例

漢書藝文志，儒家有莊助四篇，縱横家有莊安一篇，賦有莊忽奇賦十一篇，嚴助賦三十五篇。師古曰：「上言莊忽奇，下言嚴助，史駁文。」蓋莊爲漢諱，故列傳改作嚴助、嚴安、嚴忽奇。志之或莊或嚴，則録自七略，避改有未盡，或後人回改也。

後漢書和帝紀：「永元九年，越騎校尉趙世。」西羌傳作趙代，趙憙傳亦作趙代，蓋章懷避唐諱改。紀作世，則唐以後人回改也。

後漢書獻帝紀：「興平二年，殺光禄勳鄧泉。」五行志作鄧淵，此作泉，章懷改。梁書劉霽、劉杳、劉歊，昆弟三人，霽在孝行傳，杳在文學傳，歊在處士傳。霽、歊傳云：「祖乘民，宋冀州刺史。」杳傳云：「祖乘人，宋冀州刺史。」或民或人，避唐諱改。

南史文學傳：「賈希鏡祖弼之，父匪之。」王僧孺傳：「賈弼子匪之，匪之子長水校尉深。」希鏡即深字。本名淵，史家避諱，或舉其字，或易爲深。

新唐書許景先傳：「景先曾祖緒。」裴寂傳附許世緒事，作世緒。此避太宗諱，去世字。

新五代史韓遜傳：「天成四年李賓作亂。」康福傳作李從賓，蓋避後唐諱，猶杜重威避晉諱稱杜威也。通鑑則作李匡賓。

金史宗道傳：「承安二年爲賀宋正旦使。」交聘表作崇道，蓋避金世宗父睿宗諱，改宗爲崇也。

第三十七　因避諱一人數名例

晉書羅尚傳：「乃使兵曹從事任鋭僞降。」李特載記作任明，華陽國志八作任叡。叡爲本名，晉人避元帝諱易之。銳取同音，明取同義也。

梁書鄧元起傳：「蕭藻將至。」上云蕭深藻，此云蕭藻。本名淵藻，以避諱，或改爲深，或省一字。

北齊書後主紀：「武平四年，殺侍中張彫虎。」儒林傳作張雕，北史儒林傳作張彫武，汲古閣本虎作唐，尤誤。蓋本名彫虎，避唐諱，或改或省也。

隋書經籍志：「史記音義十二卷，宋中散大夫徐野民撰。」野民即徐廣，避隋諱稱其字，後又避唐諱，稱爲徐野人。

新唐書姚崇傳：「崇字元之，始名元崇，以與突厥叱剌同名，改以字行，後避開元尊號，更今名。」是姚崇始名元崇，後名元之，最後名崇，皆有所避也。

宋史劉廷讓傳：「劉廷讓字光乂。」太祖紀：「乾德二年十一月，江寧軍（當作寧江軍）節度使劉光義，出歸州道以伐蜀。」光義，即廷讓也。長編亦作光義。新五代史後蜀世家作劉光乂。光義，廷讓名，後避太宗諱，改以字行。曹彬、曹翰、劉福傳，又作光毅，皆避諱改。

唐李匡乂撰資暇集三卷，舊本或題李濟翁撰，蓋宋刻避太祖諱書其字。或作李乂，亦避諱省一字。文獻通考一入雜家，引書録解題作李匡文；一入小説家，引讀書志作李匡義。陸游集有此書跋，亦作李匡文。野客叢書作李正文。然讀書志實作匡乂。新唐書藝文志有李匡文兩漢至唐年紀一卷，注曰：「昭宗時宗正少卿。」蓋即匡乂，因避諱一人數名也。

第三十八　因避諱二人誤爲一人或一人誤爲二人例

新唐書昭宗紀：「天復二年九月，武定軍節度使拓跋思恭叛，附於王建。」新五代史前蜀世家作思敬。思敬爲夏州節度思恭、保大節度思孝之弟。思孝致仕，以思敬爲保大留後，遂升節度，又徙武定軍。新唐書党項傳：「思恭爲定難節度使，卒，弟思諫代爲節度。思孝爲保大節度，以老，薦弟思敬爲保大留後，俄爲節度。」思恭爲兄，思敬爲弟，本是兩人，宋人避諱，改敬爲恭，遂與思恭二名相溷。並新五代史李仁福傳夏州破黃巢之思恭，後人亦誤爲思敬矣。其實鎮保大鎮武定者乃思敬，而夏州破黃巢者自爲思恭也。

南宋有兩曾宏父。朱氏曝書亭集四三所引紹興十三年知台州事者，乃曾紆之子，避光宗諱惇，四庫提要誤寧宗以字稱宏父者也。與石刻鋪叙之曾宏父，字幼卿，非一人。南宋雜事詩徑題此書爲曾惇撰，則又承朱之誤者也。竹汀先生曰：朱氏考稽，號稱精審，猶有此失，校書之難如此。

楊樹達曰：「柳宗元有弟名宗玄，見柳著至小丘西小石潭記。若如清諱，玄改爲元，則二人同名矣。」今考全唐文乃作宗圓，粤雅堂本韓柳年譜則作宗糸。蓋一則以玄不可作元，而改爲圓；一則因玄寫作𠂔，而刻本又誤爲糸也。

柳河東集九陸文通墓表注：「陸淳字元沖，避唐憲宗諱，賜名質。」今通志藝文略於淳著集傳春秋微旨、集傳春秋辨疑，題陸淳撰；於淳著集傳春秋纂例，則題陸質撰，一若淳與質爲二人者，應著明之。

宋史侍其曙傳：「祥符二年，黎州夷人爲亂，詔曙乘驛往招撫，其酋納款殺牲爲誓。曙按行鹽井，夷人復叛。曙率部兵百餘，生擒首領三人，斬首數十級。」蠻夷傳：「大中祥符元年，瀘州言江安縣夷人爲亂，詔遣閤門祇候侍其旭乘傳招撫。旭至，蠻人首罪，殺牲爲誓。未幾復叛，旭因追斬數十人，擒其首領三人。」此明一人一事，其易曙爲旭，避英宗諱也。黎瀘異州，音近訛也。

南史范雲傳：「南鄉舞陰人，晉平北將軍汪六世孫也。」范泰傳：「泰，順陽人。」泰爲汪之孫，雲爲六世孫，而籍貫互異者，南鄉即順陽，梁代避諱改也。以南史之例言之，雲亦當類叙於泰傳之後，而今不然者，蓋不知南鄉本順陽，故一族誤爲二族也。

第三十九　因避諱一地誤爲二地或二地誤爲一地例

金史廿四地理志，薊州縣五，注：「舊又有永濟縣，大定二十七年，以永濟務置，未詳何年廢。」據元至元七年孫慶瑜撰豐閏縣記云：「金大定間改永濟務爲縣，大安初避東海郡侯諱，更名曰豐閏。」史不知豐閏即永濟之改名，而分而爲二，乃以豐閏爲泰和間置，又謂永濟已廢，而未得其年，皆誤之甚也。

元史劉秉忠傳：「其先瑞州人。」此遼金之瑞州，非宋之瑞州也。秉忠自曾祖以來，皆家邢州，足跡未抵江南。而江西之瑞州，本名筠州，宋末避理宗嫌名，始改筠爲瑞，已在金南渡之後矣。雍正江西通志七一乃收秉忠入人物，何耶！

第四十　因避諱一書誤爲二書例

宋史藝文志，經解類有顏師古刊謬正俗八卷，儒家類又有顏師古糾謬正俗八卷。此書本名匡謬正俗，宋人避諱，或改爲刊，或改爲糾，其實一書也。

又農家類，前有劉安靖時鏡新書五卷，後又有劉靖時鑑雜書一卷。注云：「雜一作新。」當亦宋人避諱，改鏡爲鑑，實一書也。

別集類，前有廖光圖詩集二卷，後又有廖正圖詩一卷。本名匡圖，宋人避諱，或改爲光，或改爲正，其實一書也。

別集類有商璠丹陽集一卷，而總集類又有殷璠丹陽集一卷。宋人避諱，改殷爲商，實一書也。

地理類，前有達奚弘通西南海蕃行記一卷，後又有達奚洪一作通海外三十六國記一卷。疑即一書，一作洪者，避諱改也。

又地理類，前有曹璠國照十卷，後又有曹璠須知國鏡二卷。宋人避諱，往往改鏡爲照，疑亦一書也。

崇文總目道書類，有吴筠撰真綱論一卷，其後又有元綱論一卷。東觀餘論校正崇文總目云：「此前已有所謂真綱論即此，蓋避聖祖名也。」聖祖，即宋所謂始祖玄朗。一改玄爲真，一改玄爲元，其實一書也。

第四十一　避諱改前代官名而遺却本名例

通典廿四職官篇：「大唐永徽初，以國諱改持書侍御史爲御史中丞。」按隋以前皆曰治書侍御史。漢孔彪碑、晉郛休碑、苻秦重脩魏鄧太尉祠碑，皆有治書侍御史，其見諸史傳者尤衆。今因叙述改治書侍御史爲御史中丞之故，乃先避諱寫爲持書，果爲持書，又何所謂國諱！金石萃編四七馬周碑跋，不考前史，僅據通考沿襲通典之文，謂魏晉以下，皆作持書，竟不知有治書之名，其去史實遠矣。

宋史一六七職官志：「太原府、延安府、慶州、渭州、熙州、秦州，則兼經略安撫使馬步軍都總管。」按嘉泰會稽志三云：「國初節度使，領馬步軍都部署。英宗即位，避御名，改稱都總管。其後守臣兼一路安撫使者，皆帶馬步軍都總管。」以此推之，河東陝西諸路經略安撫使，皆置於仁宗朝，當爲都部署。史稱都總管者，據後來改名也。然其中實脱漏原名都部署一節。至史與碑刻，時有不同，儻無碑刻，則竟不知原名爲都部署矣。

第四十二　避諱改前代地名而遺却本名例

元和郡縣志卅二：「金水縣，本漢廣漢郡之新都縣地。東晉義熙末，立金泉戍。後魏平蜀，置金泉縣，隸金泉郡。隋開皇三年罷郡，以縣屬益州。武德元年，以避神堯諱，改爲金水縣，屬簡州。」按本由金淵縣改爲金水縣，若本爲金泉縣，則何必改。今欲叙述改金淵爲金水之由，乃先將淵字改爲泉字，遂遺却本名矣。

新五代史職方考：「惠，南漢。」按南漢析循州置禎州。宋天禧五年，避仁宗諱，始改禎州爲惠州。今新五代史著惠不著禎，失紀實之體矣。惠爲宋名，南漢時有禎無惠，今因避宋諱故，以宋時州名名南漢州，中間脱去南漢禎州歷史五十餘年，考地理沿革者，於何徵之！且有惠無循，亦爲脱漏。又潮州之程鄉縣，南漢嘗立爲敬州，此考亦應列入，乃並失之，皆因避諱故耳。

宋史地理志六：「梅州，本潮州程鄉縣，南漢置恭州，開寶四年改。」據九域志九：「梅州僞漢敬州。」宋初削平羣雄，州縣皆仍故名，此敬州亦以犯諱改，若本恭州，則無庸改矣。史志作恭，乃當時史臣回避，後竟失於改正。王象之輿地紀勝一〇二云：「僞漢劉氏割潮州之程鄉縣置敬州，皇朝以敬州犯翼祖諱，改名梅州。」此爲得之。

又宋史地理志一：「滑州，太平興國初，改武成軍節度。」按本由義成軍節度，避太宗諱改爲武成。今志不書義成軍，是直由滑州改也。此亦因避諱而脱漏義成一段歷史。

又宋史地理志二：「中山府，太平興國初，改定武軍節度。」按本由義武軍節度，避太宗諱改爲定武。今志不書本義武軍，似直由中山府改也，亦脱漏。

又宋史地理志三：「陝州大都督府，太平興國初，改保平軍。」按本由保義軍節度，避太宗諱，改爲保平。今志不書本保義軍，似直由陝州大都督府改也，亦脱漏。

册府元龜帝王部名諱門：「唐穆宗諱同于真宗初名宥，元和七年，立爲皇太子，始更之。十五年即位，改嘗岳爲鎮岳，嘗州爲鎮州，定州嘗陽縣爲曲陽縣，嘗王房子孫爲泜王房。」按册府成於宋人，同於真宗者，諱恒也。因是之故，恒岳、恒州、恒陽、恒王房，恒字均寫爲常。册府刻於明末，避明光宗諱常洛，又改常爲嘗。此本欲叙述唐人避諱改地名，乃先避宋諱，又避明諱，而後避唐諱。甚矣古書之難讀也！

史諱舉例卷五

避諱學應注意之事項

第四十三　避嫌名例

曲禮："禮不諱嫌名。"鄭注："嫌名，謂音聲相近，若禹與雨，丘與區也。"陸氏釋文十一謂："漢和帝名肇，不改京兆郡；魏武帝名操，陳思王詩云『脩阪造雲日』，是不諱嫌名。"嫌名之諱，起於漢以後。三國吳志二："赤烏五年，立子和爲太子，改禾興爲嘉興。"此諱嫌名之始也。然吳志三："永安五年，立子𩅦爲太子。"裴注引吳録載休詔："爲四男作名字，𩅦音灣，𩃙音觥，𩇯音莽，𩄲音褒。"則吳時仍不諱嫌名。果諱嫌名，則𩅦𩃙𩇯𩄲之字雖易避，而灣觥莽褒之音仍難避也。今既製新字，以爲易避，則其不諱嫌名可知。然諱嫌名之俗，實起於三國。晉書羊祜傳："祜卒，荊州人爲祜諱名，屋室皆以門爲稱，改户曹爲辭曹。」嫌名之諱，遂寖成風俗。其後晉簡文帝名昱，改育陽縣爲云陽。桓溫父名彝，改平夷郡曰平蠻，夫夷縣曰扶縣，夷道縣曰西道。後魏道武帝名珪，改上邽縣曰上封。皆避嫌名實例也。

至北齊顔氏家訓風操篇有曰：「凡文與正諱相犯，當自可避，其有同音異字，不可悉然。吕尚之兒，如不爲上，趙壹之子，儻不作一，便是下筆即妨，是書皆觸。」

據此則當時嫌名之諱，漸趨繁數，故隋文帝父名忠，兼避中，唐高祖父名昞，兼避丙。韓愈諱辨，專辨嫌名，而謂：「今上章及詔，不聞諱滸勢秉饑。」不知南史沈約傳，稱約先世滸爲仲高，即諱虎之嫌名滸。貞觀廿三年，改興勢縣爲興道，即諱世之嫌名勢。南史十三劉秉傳，稱彦節而不名，即諱昞之嫌名秉。德宗九日賜曲江宴詩「時此萬樞暇」，即諱基之嫌名機也。然因愈之言，足證唐時嫌名之諱，尚未垂爲定制。至宋始頒布所謂文書令，應避嫌名，有一帝至五十字者，其繁極矣。此等文書令，見當時禮部韻略卷首。

或謂秦始皇名政，兼避正字，故史記秦楚之際月表，稱正月爲端月，此避嫌名之始也。不知政與正本通，始皇以正月生，故名政。集解引徐廣曰：「一作正。」宋忠云：「以正月旦生，故名正。」避正非避嫌名也。

史記天官書：「氣來卑而循車通。」集解曰：「車通，車轍也。避漢武帝諱，故曰通。」亦非也。漢不避嫌名，車通，漢書天文志作車道，集解不得其解，故以諱解之耳。

史記荀卿傳，索隱曰：「後亦謂之孫卿子者，避漢宣帝諱也。」漢書藝文志孫卿子注、後漢書荀淑傳注皆謂「荀卿避宣帝諱，故曰孫。」亦非也，此唐人說耳。荀子議兵篇，自稱孫卿子。後漢書周燮傳序有：「太原閔仲叔同郡荀恁，字君大，資財千萬。」劉平傳作郇恁。西漢末人，何嘗避荀！荀之稱孫，猶荆卿之稱慶卿，音同語易耳。

後漢書陳紀傳：「不復辦嚴。」或以此爲避莊嫌名，故稱辦裝曰辦嚴。不知裝妝古通作莊，故續漢祭祀志稱妝具曰嚴具；魏志田疇傳稱治裝曰治嚴，非避嫌名也。嫌名之諱，實起於漢以後。

第四十四　二名偏諱例

曲禮：「二名不偏諱。」鄭注：「偏，謂二名不一一諱也。孔子之母名徵在，言在不稱徵，言徵不稱在。」

日知録廿三謂：「宋武公名司空，改司空爲司城。」是二名不偏諱之證。

自王莽禁二字爲名後，單名成俗者二三百年。其時帝王既無二名，自無所謂偏諱。宋齊而後，二名漸衆。南齊太祖名蕭道成，南齊書薛淵傳云：「本名道淵，避太祖偏諱改。」是二名偏諱，南齊已然。

舊唐書太宗紀：「武德九年六月令曰：依禮，二名不偏諱。近代以來，兩字兼避，廢闕已多，率意而行，有違經典。其官號人名及公私文籍，有世民兩字不連續者，並不須諱。」據此，則唐以前兩字兼避，已成風俗，至太宗時始禁之。然禁者自禁，唐時二名仍偏諱。日知録廿三謂：「高宗永徽初，已改民部爲户部，李世勣已去世字單稱勣。閻若璩謂太原晉祠有唐太宗御製碑，碑陰載當時從行諸臣姓名，内有李勣，已去世字。是唐太宗時已如此，不待永徽初也。」

册府元龜帝王部名諱門，載後唐明宗初名嗣源。天成元年六月，亦曾勑：「文書内二字不連稱，不得迴避。」然此制並不通行，宋金以來，二名無不偏諱者。

第四十五　已祧不諱例

祧者，遠祖之廟，遷主之所藏也。王制：天子七廟，三昭三穆，與太祖廟而七。除太祖爲不祧之祖外，大抵七世以内則諱之，七世以上則親盡，遷其主於祧，而致新主於廟，其已祧者則不諱也。

册府元龜掌禮部奏議門：「唐憲宗元和元年，禮儀使奏，謹按禮記云：舍故而諱新。此謂已遷之廟，則不諱也。今順宗神主升祔禮畢，高宗、中宗神主上遷，依禮不諱。制可。」

韓愈辨諱，本爲嫌名立論，而其中治天下之治，却犯正諱。蓋其時高宗已祧，故其潮州上表曰「朝廷治平」，曰「爲治日久」，曰「政治少息」，曰「治未太平」，曰「巍巍之治功」。舉張惟素曰：「文學治行，衆所推與。」平淮西碑曰：「遂開明堂，坐以治之。」韓弘神道碑銘曰：「無有外事，朝廷之治。」所謂已祧不諱也。

册府元龜帝王部名諱門：「唐敬宗寶曆元年正月，太常寺禮院上言：玄宗廟諱，准故事祧遷後不當更諱。制可之。」

十七史商榷八四，舊書避唐諱條：「劉昫以唐爲本朝，故避其諱。而亦有不諱者，此乃後人所改。如林士弘傳持書侍御史，持本治也，而封倫傳仍有治書侍御史。唐臨、劉文靜傳右驍衛大將軍劉弘基，原本無基字，而長孫順德傳劉弘基，原本仍有基字，弘基本傳及長孫無忌傳同。至馬燧、渾瑊傳贊云『再隆基構，克殄昏氛』，連用隆基二字，不可解。」蓋未注意元和寶曆故事，高宗玄宗，主已祧遷，則不諱也。

宋史一〇八禮志：「紹興三十二年正月，禮部太常寺言：欽宗祔廟，翼祖當遷，以後翼祖皇帝諱，依禮不諱。詔恭依。」翼祖諱敬，南宋孝宗以後，敬字可不諱。然其實不盡然者，則習慣已成，不易改革也。

第四十六　已廢不諱例

凡太子外戚之諱，皆不久即復。其不復者，特沿而不改，非久爲之諱也。

顏真卿書東方畫贊碑，民字缺末筆，弘字不缺，金石萃編以爲異。考新唐書四七百官志：「弘文館，神龍初避太子追謚孝敬皇帝諱，改昭文，二年改修文，開元七年，復爲弘文。」是孝敬之諱，避於神龍，廢於開元。此碑以天寶十三載立，孝敬之諱，不避固已久矣，所謂已廢不諱也。

司馬貞史記索隱前後序，不著年月，新、舊唐書亦無傳。竹汀先生據索隱序題銜「國子博士、弘文館學士」，謂貞除學士，當在開元七年修文館復稱弘文館以後。則利用已廢之諱，而知其年代者也。

宋史九十地理志：「靜江府義寧，本義寧鎮，馬氏奏置，開寶五年廢，六年復置。」馮集梧曰：「宋避太宗名，當時地名有義字者，多所更革。而此縣仍爲義寧，當亦如婺州義烏武義之縣，鎮戎軍張義之堡，避之容有未盡爾。」竹汀先生曰：「張義堡熙寧五年所置，其時固不避義字，婺州在吴越管内，當太平興國元年，吴越猶未納土，故不在改避之數也。」廼龢案：此條見錢著諸史拾遺四。大金集禮二十三引宋國史：「太宗本名光義。太平興國二年春二月詔曰：制名之訓，典經攸載，矧乃膺期纂極，長世御邦，思稽古以酌中，貴難知而易避。朕改名炅，除已改州縣職官人名外，舊名二字不須回避。」凡此皆一朝之諱，短時即廢。

宋天聖元年，王瀆題名，在虎邱劍池石壁，文云：「大宋天聖元年癸亥，九月十□日，太常丞同判福州王瀆。」同判者，通判也。天聖初，章獻劉太后臨朝，避其父諱，凡官名地名通字皆易之，后崩即復舊。

第四十七　翌代仍諱例

一朝之諱，有翌代仍諱者，不能據此定其年代。日知録廿三前代諱條：「孟蜀所刻石經，於唐高祖太宗諱皆缺書。石晉相里金神道碑，民珉二字皆缺末筆。南漢劉巖尊其父謙爲代祖聖武皇帝，猶以代字易世。至宋益遠矣，而乾德三年卜譔伏羲女媧廟碑，民珉二字，咸平六年孫冲序絳守居園池記碑，民珉二字，皆缺末筆。其於舊君之禮，何其厚與！」

日知録廿三又云：「楊阜，魏明帝時人也，其疏引書協和萬國，猶避漢高祖諱。韋昭，吴後主時人也，其解國語，凡莊字皆作嚴，猶避漢明帝諱。唐長孫無忌等撰隋書，易忠節傳以誠節，稱苻堅爲苻永固，亦避隋文帝及其考諱。自古相傳，忠厚之道如此。」

今考蜀石經毛詩殘本，行露序注，世作卋，後凡世仿此。摽有梅箋「所以蕃育人民也」，民作巳，後凡民仿此。江有汜箋「岷山導江」，岷作岻。「維絲伊緡」，緡作緍。「其心塞淵」，淵作渆。土國城漕箋「或修治漕城」，不避治字。不我活兮箋「軍事棄其伍約」，棄作弃，後凡棄仿此。「泄泄其羽」，作洩洩。「匏有苦葉」，葉作𦵏，後凡葉仿此。以上皆仍開成石經元文，未及改正，不足爲忠厚之證。善乎魏王肅之言曰：「漢元后父名禁，改禁中爲省中，至今遂以省中爲稱，非能爲元后諱，徒以名遂行故也。」語見通典一〇四禮篇。今俗書玄弘寧貯等字，猶多缺筆，豈爲清諱，因仍習慣，視爲固然，忘其起於避諱矣。

五代丘光庭撰兼明書，書中世字皆作代，沿襲舊制，與孟蜀石經同。

第四十八　數朝同諱例

有一字而數朝同諱者。漢文帝名恒，唐穆宗、宋真宗亦名恒。漢靈帝名宏，後魏孝文帝亦名宏。漢殤帝名隆，唐玄宗名隆基。後魏獻文帝名弘，唐高宗太子亦名弘，宋太祖之父名弘殷，清高宗名弘曆。晉諱炎，唐武宗後名炎。石趙諱虎，唐亦諱虎。北齊諱泰，北周亦諱泰。隋諱禎，宋亦諱禎。隋諱忠，唐永徽初太子亦名忠。石晉諱敬，宋亦諱敬。宋諱玄，清亦諱玄。因是之故，古書傳寫，或改或闕，極不易讀。一弘字也，常與宏混；一玄字也，常與元混，不知誰當爲弘，誰當爲宏，誰爲宋諱，誰爲清諱矣。又如弘農恒農，恒山常山，時廢時置，備極糾紛。今試以此爲例，根據史實，爲簡表如下：

一恒山　　漢高帝置。
二常山　　避漢文帝諱改。
三恒山　　後周置恒州，隋大業初復置恒山郡。
四恒州　　隋義寧初又置恒州。
五常山　　唐天寶元年改爲常山郡。
六恒州　　唐乾元元年復爲恒州。
七鎮州　　唐元和十五年避穆宗諱，改爲鎮州。
八真定　　宋慶曆八年置真定府，此節非關避諱。
九正定　　清雍正初兼避真字，改爲正定。

一弘農　漢武帝元鼎四年置。
二恒農　後魏獻文時避諱改。
三弘農　隋末復置。
四恒農　唐神龍初避太子弘諱改。
五弘農　唐開元十六年復。
六恒農　宋建隆初避太祖父諱弘殷改。
七虢略　宋至道三年避真宗諱改。
自此恒農弘農之名皆廢，宋人稱古弘農恒農曰常農。

第四十九　舊諱新諱例

日知録廿三云：「唐文宗開成中刻石經，凡高祖太宗及肅代德順憲穆敬七宗諱，並缺點畫。高中睿玄四宗，已祧則不缺。文宗見爲天子，依古卒哭乃諱，故御名亦不缺。」竹汀先生曰：「唐人避上諱，如章懷太子注後漢書，改治爲理，正在高宗御極之日，初無卒哭乃諱之例也。文宗本名涵，即位後改名昂，故石經不避涵字。亭林失記文宗改名一節，乃有卒哭而諱之説，貽誤後學，不可不正。」廼龢案：此條錢説見日知録黄氏箋釋引。

避諱録三云：「文宗名昂，開成石經左傳文公宣公卷内昂字不缺筆，以生則不諱也。」生不諱説，本日知録；左傳文公宣公卷内昂字不諱説，本金石萃編，皆誤。竹汀先生曰：「九經無昂字，設有之，亦必缺筆。亭林偶未檢唐史本紀，以意揣度，遂有此失。」此條錢説見潛研堂文集三十跋金石文字記。

十七史商榷八七云：「裴炎請還政豫王旦，爲御史崔察誣奏死。新、舊書同，其事甚明。孫樵可之文集第五卷云：『崔察賊殺中書令裴者商榷者誤老何，詭諛梯亂，肇殺機也。』裴字下注云：『名犯武宗廟諱。』案武宗諱瀍，孫氏云云未詳，其書法之妄不必論。」今考新、舊唐書武宗紀，開卷即云「帝諱炎」，西莊偶未檢兩書本紀，徒記武宗舊諱，忘其曾改名炎，遂反譏孫氏。

册府元龜帝王部名諱門：「武宗諱炎，初名瀍。會昌六年三月制曰：『王者炤臨萬寓，名豈尚于難知；敬順五行，理宜避于勝伏。昔炎漢之興，維傍去水，所都名號，猶乃避之，况我國家祚昌土德，所以憲宗繼明之初，貴以捨水。憲宗初名淳，改名純。朕遠追大漢之事，近稟聖祖之謀，爰擇嘉名，式遵令典，宜改名爲炎。其舊名中外奏章，不得更有迴避。』」孫氏云云，蓋謂炎，非謂瀍也。

十駕齋養新録十九云：「予向見宋槧本，有避亶字，注『从亩从旦』於下，未審其故。頃見岳倦翁愧郯録，有一條云：『紹興文書令，廟諱舊諱正字皆避之。故哲宗孝宗之舊諱，單字者三，哲宗初名傭。孝宗舊名瑗，又名瑋。皆著令改避。唯欽宗舊諱二字，一則從亠從回從旦，一則從火從亘，今皆用之不疑。』乃知亶字迴避，由于欽宗舊諱。但倦翁著此書在嘉定甲寅，其時尚未避亶烜二字也。」此事並見宋史一〇八禮志。唐人不避舊諱，宋人則有避有不避，不能執此以爲斷定時代之據。

第五十　前史避諱之文後史沿襲未改例

通典志州郡，避唐諱，改豫州爲荆河州。馬氏輿地考承杜典舊文，而改荆河爲豫，得其當矣。乃於古揚州篇云「分置南兗州、南荆河州」；又於壽州下云「荆河州刺史祖約」，云「齊因之，兼置荆河州」，云「梁置南荆河州」，云「尋改爲南荆河州」。此數處猶沿杜氏本文，一時失於檢照故耳。

又通典廿四職官篇：「御史中丞，舊持書侍御史也。初漢宣帝元鳳中，感路温舒尚德緩刑之言，季秋後請讞，時帝幸宣室，齋居而決事，令侍御史二人持書。持書御史，起於此也。」「魏置持書執法，掌奏劾，而持書侍御史掌律令。」「晉太始四年，又置黄沙獄持書侍御史一人，後并江南，遂省黄沙持書侍御史。及太康中，又省持書侍御史二員。宋齊以來，此官不重。自郎官轉持書者，謂之南奔。隋又爲持書侍御史。大唐永徽初，高宗即位，以國諱故，改持書侍御史爲御史中丞。」通考五三職官考全襲其詞，不知持應作治。續漢百官志、宋書百官志、晉書職官志，皆作治書。漢宣齋居決事云云，三書所引皆同，然並無元鳳字。因元鳳係漢昭年號，非漢宣年號，杜氏誤添，馬氏亦沿襲不改。金石萃編四七馬周碑跋，又沿通考之誤，且謂：「魏晉以下，皆作持書，別無治書之名。即高宗避諱，亦避嫌名，改持書爲中丞，非改治爲持。」誠可異也。

晉書成恭杜皇后傳：「后母裴氏，王夷甫外孫。」本避晉成帝諱衍，於王夷甫字而不名。此史家舊文，唐史臣乃因而不改。

南齊書王融傳：「字元長。」而梁書柳惲、徐勉二傳，於王融皆字而不名。蓋當時避齊和帝寶融諱，唐史臣未及更易也。

通鑑晉義熙四年：「禿髮傉檀以世子武臺爲太子。」注：「武臺本名虎臺，唐人修晉書，避諱改虎爲武，通鑑因之。」今考通鑑第百十六卷，稱虎臺者十二；第百十九卷，稱虎臺者五，俱不作武字。蓋雜采他書，未能一一改正也。

又梁天監元年：「左户侍郎劉孁。」左户當作左民，亦唐人避諱追改，通鑑未及釐正。

又梁天監九年：「法曹參軍蕭軌，兼左右户都。」户亦當作民。天監十八年：「魏左民郎中張始均。」此則當時本稱也。

第五十一　避諱不盡或後人回改例

六朝以前，避諱之例尚疏，故馬班之於漢諱，陳壽之於晉諱，有避有不避。然其間亦有後人回改者。史記周本紀「邦内甸服，邦外侯服」，封禪書「五岳皆在天子之邦」，犯高帝諱。殷本紀「盈鉅橋之粟」，樂書「盈而不持則傾」，犯惠帝諱。封禪書「北岳恒山也」，田齊世家「以爲非恒人」，犯文帝諱。夏本紀及殷本紀、孝文本紀、燕世家等，皆有啓字，犯景帝諱。此非避諱未盡，即後人以意改易者也。

漢書高后紀恒山王三見，外戚傳恒山王二見，周勃傳恒山王一見，郊祀志恒山字四見，五行志恒雨、恒暘、恒奥、恒寒、恒風等字屢見，犯文帝諱。韋賢傳「實絶我邦」，犯高帝諱。刑法志「殺人盈城」，犯惠帝諱。文帝紀「夏啓以光」，武帝紀「見夏后啓母石」，古今人表有漆彫啓，犯景帝諱。景帝紀「省徹侯之國」，賈誼傳「列爲徹侯而居」，百官公卿表徹侯字兩見，犯武帝諱。楚元王傳「歆以建平元年改名秀」，犯光武諱。高帝紀有莊賈、項莊，地理志

「莊公破西戎」，藝文志有莊子、莊夫子、莊助、莊安、莊忽奇，鄭當時傳莊字三見，南粤傳莊字一見，西南夷傳莊字三見，叙傳莊字一見，犯明帝諱。非後人改易，即元文避諱有未盡。

三國魏志明帝紀：「帝曰：『司馬懿臨危制變。』」陳壽書稱司馬懿，多云宣王，惟此稱名，蓋述帝語不得云宣王也。蜀後主傳「魏司馬懿、張郃救祁山」，李嚴傳「平説司馬懿等」，吴主權傳「聞司馬懿南向」，皆後人追改。又后妃傳「不本淑懿」，高堂隆傳「留其淑懿」，吴主王夫人傳「追尊大懿皇后」，步夫人傳「有淑懿之德」，以至太師、軍師、昭烈、昭獻、昭文、昭德、昭告、段昭、董昭、胡昭、公孫昭、張昭、周昭之類，不勝枚舉。蜀後主傳：「景耀六年，改元炎興。」炎字亦未回避，惟諸臣傳但稱景耀六年，不書炎興之號。魏三少帝紀，書中撫軍司馬炎者二，書中壘將軍司馬炎、撫軍大將軍新昌鄉侯炎、晉太子炎者各一。可見晉時避諱之例尚疏，其孰爲後人所改，不可辨矣。

南齊書武帝紀，永明十一年：「孝子順孫。」梁武帝父名順之，故子顯修史，多易順爲從，如天文志「五星從伏」，「太白從行」，「熒惑從行」，「歲星太白俱從行」，「辰星從行」之類。宋順帝亦作從帝，今汲古閣本，惟祥瑞志、豫章王嶷、王琨傳各兩見，劉休傳一見，餘篇多作順帝，蓋後人所改。監本於此數處，亦改爲順字矣。百官志漢順帝，宋本亦作從。州郡志從陽郡、從陽縣，汲古閣本改爲順陽，唯監本尚是從字。而張敬兒、陳顯達傳中，仍爲順陽，陳顯達傳：「南鄉縣故順陽郡治也。」宋本作從陽。今武帝紀及明帝紀俱有順孫字，元本必作從孫，後來校書者以意改易耳。

舊唐書昭宗紀：「景福二年三月，王鎔感匡威援助之惠，乃築第於恒州，迎匡威處之。」按穆宗以後，恒州已改名鎮州。此卷前後俱稱鎮州，獨是年再見恒州字，可爲避諱未盡之證。

第五十二　避諱經後人回改未盡例

後漢書光武紀：「民無所措手足。」章帝紀及梁統傳仍作「人無所措手足」。張純、荀爽傳「安上治民」，郎顗傳仍作「安上理人」。逸民傳章懷改爲逸人，今雖回改，而法雄傳仍作逸人。皆回改未盡者也。明帝紀注引孔子曰：「仲叔圉治賓客，祝佗主宗廟，王孫賈主軍旅。」論語三治字，章懷皆改爲主。今上治字，蓋後人回改，下兩主字，則回改未盡者。

晉書陸機傳辨亡論，三稱張昭，皆作張公，蓋機避晉諱。今文選其二改爲張昭，其一仍作張公，亦後人回改未盡者。

隋書高祖紀：「漢太尉震八代孫」，「風骨不似代間人」，「代稱純孝」，「不代之業」，「精采不代」，「弘道於代」，「祖考之代」，以上卷一「代俗之徒」，「德爲代範」，「與代推移」，「干戈之代」，「行歌避代」，以上卷二皆避世作代。而卷中「風流映世」，「貌異世人」，「世子世孫」，「世禄無窮」，以及韋世康、王世積、虞世基等，皆仍作世。

又：「生人之命將殆」，「人黎慕義」，「託於兆人之上」，「事上帝而理兆人」，以上卷一「毒被生人」，「啓人可汗」，「利益兆人」，「安上治人」，「撫臨生人」，「不得勞人」，「人間疾苦」，「人庶殷繁」，以上卷二皆避民作人。而卷中「民間情僞」之民字，則回改爲民，「民部尚書」之民字亦屢見。

又卷一之虎牢作武牢，虎賁作武賁，卷二之虎符作獸符，而卷中韓擒虎之名屢見。

北史穆顗傳：「顗從太武田崞山，有虎突出，顗搏而獲之。帝歎曰：『詩云有力如武，顗乃過之。』」魏書廿七顗傳作「有力如虎」。北史避唐諱，兩虎字皆改爲武。後人校者，乃將前武字回改爲虎，而後武字仍之，以致一行之中，虎武並見。

南史宋少帝紀：「景平元年閏四月，魏軍剋虎牢。」宋文帝紀：「元嘉七年十一月，魏剋武牢。」梁敬帝紀：「太平元年十一月，起雲龍神武門。」陳宣帝紀：「太建七年六月，改作雲龍神虎門。」傅亮傳：「見客神獸門。」

齊高帝紀：「索白虎幡。」王曇首傳作白獸幡。

沈攸之傳：「建安王休仁屯虎檻。」鄧琬傳作武檻。

劉懷珍傳：「虎賁中郎將。」阮佃夫傳作武賁中郎將。

凡此皆經後人回改而未盡者。

又王瑩傳：「時有猛獸入郭，上意不悦，以問羣臣，瑩曰：『陛下膺籙御圖，虎象來格。』帝大悦。」一行之中，虎獸並見。

第五十三　南北朝父子不嫌同名例

晉王羲之之子知名者五人：曰玄之，凝之，徽之，操之，獻之。徽之子楨之，獻之嗣子靜之。祖孫父子，皆以之爲名，不以爲嫌也。

宋王弘子僧達，孫僧亮、僧衍，從子僧謙、僧綽、僧虔，從孫僧祐。叔姪皆以僧爲名，不以爲嫌也。試表二家行輩如下：

- 羲之
  - 玄之
  - 凝之
  - 徽之
    - 楨之
  - 操之
  - 獻之
    - 靜之

- 珣
  - 弘
    - 錫
      - 僧亮
      - 僧衍
    - 僧達
  - 孺
    - 遠
      - 僧祐
    - 僧謙
  - 曇首
    - 僧綽
    - 僧虔

此南北朝風也，或者不察，則以爲異矣。避諱録二曰：「魏書稱前秦苻宏爲永道。宏爲堅長子，堅字永固，其子不應又字永道，疑魏書永字誤。」不知此當時風尚也。前燕慕容皝字元真，其子恪又字元恭；南齊蕭道成字紹伯，其父承之字嗣伯，父子字同一字，不以爲嫌也。且蕭道成父名承之，而其第六子暠又封安成王，父子祖孫不避嫌名也。不知此例，則易起糾紛矣。校南史者以僧達僧衍同排，遂妄改達爲衍弟。武英殿本王弘傳考證，又誤以僧亮與僧達同爲弘子。史姓韻編於王操之獻之，亦誤以爲楨之弟。石印小字本韻編，更誤以操之爲楨之子，愈理愈棼矣。

廿二史考異廿八，謂魏宗室多同名，列舉同名者凡五十九人。有同父而同名者，景穆子，陽平、濟陰二王，俱名新成，至稱濟陰爲小新成以别之。魏書安同傳：「同父名屈，同長子亦名屈。」此北俗也。然後魏獻文帝名弘，其子孝文帝名宏；宋明帝名彧，其子廢帝名昱，父子不避嫌名，而同在西紀四六五年至四七六年之間，固無分南北也。

史諱舉例卷六

不講避諱學之貽誤

第五十四　不知爲避諱而致疑例

新唐書宰相世系表：「温氏，大雅字彦弘，彦博字大臨，彦將字大有。」歐陽集古録七疑其事，謂：「兄弟義當一體，而名大者字彦，名彦者字大，不應如此。」洪氏容齋四筆十一始考正之，謂大雅昆弟，皆以彦爲名。大雅名犯高宗太子諱，故後人改稱其字耳。

宋永興軍文宣王廟大門記，有「因開元之舊封，增玄聖之新號」語。金石萃編一二七謂：「大中祥符元年，封禪回蹕，幸闕里，加封玄聖。至五年十二月，改謚至聖，宋史禮志，謂以國諱改謚。按宋代歷世無諱玄者，或因是時加號北嶽爲安王玄聖而改之」云。不知宋人以玄朗二字爲其始祖名，大中祥符五年閏十月，詔内外文字不得斥犯，事詳續通鑑長編七九。金石萃編未之注意，故謂宋代歷世無諱玄。

新唐書糾謬，有數條實因避諱，而吴縝以爲謬者：

卷四杜求仁傳舛誤條，謂：「杜求仁傳云，求仁與徐敬業舉兵，爲興復府左長史。據徐敬業傳，求仁爲匡復府右長史，與求仁傳不同。」不知二傳一稱匡復，一稱興復，史臣避諱改耳。新書於宋諱，或避或不避，初未畫一。

卷六程昌裔名不同條，謂：「楊貴妃傳作程昌裔，公主傳作程昌胤。」不知此史臣避諱，改胤爲裔，公主傳偶未及改耳。

卷十一常山及薛譚字誤條，謂：「公主傳明皇帝女常山公主下嫁薛譚，薛稷傳作恒山公主嫁薛談。」不知恒避穆宗諱改爲常，談避武宗諱改爲譚耳。

卷十二獨孤懷恩、唐儉、劉世讓傳事狀叢複條，謂：「劉世讓，獨孤傳作劉讓；獨孤傳唐儉爲内史侍郎，儉本傳作中書侍郎。」不知世字避唐諱省；中書避隋諱改内史，唐武德初復改中書。兩傳前後不同，係據其所歷，當時史實如此，非誤也。

卷十九覃王字可疑條，謂：「古之封一字王，彭王之類是也。而其内有封覃王者，不知此國名耶？州名耶？或潭之悮耶？若是州名，亦莫知其何在。」不知順宗子經封郯王，會昌後避武宗諱，改郯作覃，有何可疑。

卷二十岑文本等傳不經字一條，謂岑文本、路隋、楊炎傳愍字爲不經。不知愍避唐太宗諱，闕民字末筆，非誤也。

倫明曰：張廷驤不遠復齋見聞雜志云：「國初，山海衛人穆維乾，字介公，由教授陞翰林院典簿。時修四書滿漢講義，至『羔裘玄冠不以弔』，掌院葉方靄以犯御諱商於同僚，乾謂：『大字當仍原字以尊經，小注改元字以避諱。』掌院詢何所本，曰：『中庸慎獨乃原字，小注改謹字。』掌院大悟曰：『余自幼疑此，今始知朱子爲避諱也。』」

第五十五　不知爲避諱而致誤例

後漢書儒林傳：「孔僖因讀吴王夫差時事，廢書歎曰：『若是所謂畫龍不成，反爲狗者。』」劉攽注曰：「按古語皆云畫虎不成，此誤。」野客叢書二十謂：「此非誤，蓋章懷太子避唐諱所改爾。正如令狐德棻後周書引韋祐語，古人稱『不入獸穴，焉得獸子』同意，亦避虎字，非誤也。」

三國吴志孫權傳：「建安十三年，分歙爲始新、新定、犂陽、休陽縣。」注：「吴録曰：晉改休陽爲海寧。」按太平寰宇記一〇四引邑圖云：「吴避孫休名，改休陽爲海陽。晉平吴，改爲海寧。」吴録不知休陽之改，爲吴避諱也。

金石屑有郭廔撰王夫人墓誌銘跋，稱：「碑無紀元可考，字畫古茂恬厚，有西晉風。碑云：長子珣，即桓温傳中所稱短主簿。」潛研堂金石文跋尾十云：「其文有云『西北七里武邱山』，晉人不當預避唐諱。然驗其字跡，似非宋以後所爲，當是唐人誌石。」

北史崔仲方傳：「謹案晉太康元年，歲在庚子，晉武帝平吴，至今開皇六年，歲次庚午，合三百七載。」庚午當作景午，開皇六年，歲在丙午，唐人避諱稱景午也。自庚子至丙午，恰三百有七年。隋書本作景午。下又云：「陳氏草竊，起于庚子，至今庚午。」按陳霸先以丙子歲自爲丞相，録尚書事，明年受禪。此庚子庚午，亦景子景午之譌。校書者不知景即丙字，爲避唐諱，疑庚與景聲相近，遂妄改之。

第五十六　不知爲避諱而妄改前代官名例

史記吴王濞傳：「歲時存問茂材。」案漢初本稱秀才，東京避光武諱，乃稱茂材。史記賈生傳：「聞其秀才。」儒林傳序有：「秀才異等，輒以名聞。」此當時本稱也。此傳茂才字，蓋後人依班史妄改。

後漢書蔡邕傳：「補侍御史，又轉侍書御史。」侍書當作持書。范書本是治書，章懷改治爲持，校書者不達其旨，妄易爲侍。汲古閣本尚作持書。四庫全書通典職官篇考證，乃謂：「持爲訛，據後漢書改爲侍。」

隋書韋師傳：「于時晉王爲雍州牧，盛存望第，以司空楊雄、尚書左僕射高熲，並爲州都督，引師爲主簿。」州都下督字衍。魏晉以後，諸州皆置大中正，以甄流別品。隋時避諱，改爲州都，而去中正之名，詳通典卅二職官篇。校書者不達州都爲何語，妄加督字。隋書既然，北史亦爾，所謂以不狂爲狂也。

唐景雲二年，司空蘇瓌碑，文苑英華八八三曾載其文，以石本校之，頗多異同。如云：「大父，隋職方郎中。」石刻無中字。隋文帝父諱忠，諸曹郎皆去中字，不當稱郎中，此石刻之可信者。文苑英華妄增中字，非史實。

又隋書百官志：「上中州，減上州吏屬十二人。」王懋竑讀書記疑十云：「隋文帝父名忠，并中字亦諱之。中書省改爲内史省，殿中改爲殿内，中舍人、中常侍、中謁者，俱改爲内，皆顯然可考者。而上中州、中上州、中中州、中下州之類，仍作中。此必非當時本文，或史官以其不辭而改之也。」

第五十七　不知爲避諱而妄改前代地名例

後漢書張奂傳：「敦煌酒泉人也。」注：「酒泉縣名，地多泉水。今永州晉昌縣東北。」考新唐書地理志晉昌縣屬瓜州，永字誤。按酒泉，郡名非縣名，當作淵泉。胡三省注通鑑云：「奂，敦煌淵泉人。」迺龢案：見通鑑五十六漢紀永康元年十月條。胡所見本，尚未譌也。漢志敦煌郡有淵泉縣，晉志作深泉，蓋避唐諱。章懷本亦當作深，後人習聞酒泉之名，妄改爲酒耳。

新唐書四三地理志：「思唐州，武郎。」郎當作朗，史臣避宋諱缺筆，後人譌爲郎。元和郡縣志卅六正作武朗。

第五十八　非避諱而以爲避諱例

潛研堂文集八：「問：士昏禮，父醮子辭云『勖帥以敬』，荀子書勖作隆。惠松厓謂當由避殤帝諱改爲勖，如毛詩隆衝爲臨衝之類，信有之乎？曰：禮家傳聞，文字不無異同，要當從其長者。勖帥以敬，於義爲長。且信諸子，不如信經。若云避諱更易，則無是理。

士冠禮稱『棄爾幼志』，志爲桓帝諱；『受天之祜』，祜爲安帝諱，皆未改易。即以毛詩徵之：『四月秀葽』，秀爲光武諱；『思皇多祜』，祜爲安帝諱，亦未改易也。臨衡，韓詩作隆衡，韓詩在漢時立於學官，何嘗避隆字！」

沈兼士曰：五經異義謂：「漢幼小諸帝皆不廟祭，而祭於陵。不廟祭，故可諱可不諱。」說文於殤帝之諱隆字，不注上諱，殆以此故。段玉裁注既引異義以爲說，又云：「書成於和帝永元十二年，以前未及諱。至安帝建光元年許沖上書時，不追改，故不云上諱。」按永元十二年，爲許君草創說文之年，而非成書之年。段氏說文叙注與隆字下注，自相矛盾。且考兩漢諸帝避諱所改之字，皆爲同義互訓，而無一音近相轉者。古今注謂：「殤帝諱隆之字曰盛。」是也。漢書地理志，隆慮，應劭注：「避殤帝名改曰林慮。」疑非事實。蓋隆慮之作林慮，亦猶毛詩隆衡之作臨衡，皆是雙聲轉語，恐無關於避諱也。

容齋三筆六云：「輞川圖一軸，李趙公題，其前一行云『元和四年八月十三日弘憲題』。弘憲者，吉甫字也。其後衛公又跋云：『乘間閲篋書，得先公相國所收王右丞畫輞川圖，實家世之寶也。太和二年李德裕恭題。』洪慶善作丹陽洪氏家譜序云：『丹陽之洪，本姓弘，避唐諱改。有弘憲者，元和四年跋輞川圖。』」是誤認李吉甫爲洪氏祖宗也。

正之有征音，非爲秦諱；昭之有韶音，非爲晉諱；甄之有真音，非爲吴諱。說已見前。

準之作准，相傳以爲避劉宋諱，亦非也。野客叢書十四云：「今吏文用承准字，合書準。説者謂因寇公當國，人避其諱，遂去十字，只書准。僕考魏晉石本吏文，多書此承准字。又觀秦漢間書，與夫隸刻，平準多作准，知此體古矣。」劉宋順帝名準，改平準令曰染署令，未嘗以準之作准爲避諱也。

漢碑中秀作秀，避諱録二以爲避光武諱；莊作狂作壮，以爲避明帝諱；肇从殳，以爲避和帝諱；隆作隆作隆，以爲避殤帝諱；纘作纉，以爲避質帝諱；志作杺，以爲避桓帝諱，皆非也。漢隸之變體多矣，豈得以避諱解釋之。

避諱録又謂「漢文帝名恒，改恒農郡曰弘農」，「北魏獻文帝名弘，復弘農郡爲恒農」，「唐穆宗名恒，改恒山恒農作常」，「宋真宗名恒，改恒山爲常山」，亦非也。弘農漢武時置，文帝時未有恒農，從何而改！此蓋沿陸費墀帝王廟謚年諱譜之誤。北魏以前，既無恒農之名，則獻文之改，又何所謂復！唐神龍初改弘農爲恒農，開元十六年已復故名，穆宗時安得恒農而改之！恒山，唐穆宗時已改爲鎮州，宋真宗又安得恒山而改之！應參看數朝同諱例。

避諱録又謂「晉愍帝名業，改建業爲建鄴」，「北魏太武帝名燾，改平陶縣爲平遥」，亦非也。晉愍改建業爲建康，鄴之从邑，與避諱何涉！册府元龜三且謂「晉愍名鄴，改鄴爲臨漳」

也。魏書一〇六地形志，濟陰郡有定陶，陽平郡有館陶，鉅鹿郡有廮陶，與廮遥並列，南安陽郡有中陶，皆不避諱，何獨平陶避諱。且魏志、隋志，均無是説，是説出舊唐志，臆説不足據。

第五十九　已避諱而以爲未避例

避諱録三謂：「劉知幾史通不避世字，其論李百藥齊書曰『變世祖爲文襄，改世宗爲武成』，是譏百藥不應避時諱也。其他徵引書目，則世本、世説，屢見於篇。其第五篇以世家標目。書中泛言世字，如春秋之世，高惠之世，不下二十餘處。又曰民者冥也，兩言民無得而稱焉，民到於今稱之，皆一以人代民，一則直言民字，是太宗二名皆不諱也。其引古人，則石虎、劉昞、鄧淵、張淵、石顯、蕭子顯、韓顯宗、高堂隆、衛隆景，皆直言其名；崔伯淵、季彦淵，皆直書其字。其泛言虎淵等字，則曰畫虎不成，虎踞龍蟠，臨朝淵默，治國字人，旦行不臣之禮，基業未彰，而用顯微、顯晦、隱顯、幽顯等字，亦不下十餘處，皆不用同義字代。是於祖宗廟諱，明皇御名，皆所不避，又不獨太宗偏諱也。然史通稱魯莊公曰嚴公，稱楚莊王曰嚴王，遠避漢明之名，而於本朝不諱，殊屬怪謬。且知幾以明皇嫌諱，改以字行，嫌且改避，隆基正名，絶不顧忌，是謹於問安小禮，而不顧父母之養，惡得爲孝子！」

唐以前避諱，多用改字法；唐以後避諱，改字缺筆，二法兼用。既有缺筆之法，則臨文較前方便。然古書展轉傳寫雕板，則元文缺筆與否，無由得知。避諱録譏史通不避唐諱，安知非後人校改，而必斷定今所傳本爲知幾元文耶！

日知録廿三引謝肇淛曰：「宋真宗名恒，而朱子於書中恒字獨不諱。蓋當寧宗之世，真宗已祧。」竹汀先生曰：「此説非是。朱文公注論語孟子，正文遇廟諱，則缺筆而不改字，注則無不避者，其注易亦然。見於趙順孫四書纂疏及吴革所刊易本義，班班可考。謝在杭未見真宋本，故有此言，豈可依據！考宋寧宗之世，太廟自太祖至光宗，九世十二室，亦未嘗祧真廟，顧氏偶未審耳。」廼龢案：錢説見養新録十四。

十駕齋養新録三，有朱子四書注避宋諱一條，云：「論語、孟子注，皆避欽宗諱，桓改爲威，今世俗本皆改桓字矣。唯論語譎而不正章，召忽死之章，孟子敢問交際章注，於桓字俱未回避，蓋刊纂疏時，校書人妄改，猶幸改有未盡耳。」

第六十　以爲避諱回改而致誤例

章懷注後漢書，避太宗諱，民字皆改爲人。如光武紀「兆人塗炭」，「爲人父母」，「祖宗之靈，士人之力」，是也。今本有作民者，則宋以後校書者回改。然有不當改而妄改者，如：「建武七年，詔郡國出繫囚見徒，免爲庶民。」「十一年，詔敢炙灼奴婢，論如律，免所炙灼者爲庶民。」「十二年，詔隴蜀民被略爲奴婢，自訟者，及縣官未報，一切免爲庶民。」「十三年，詔益州民自八年以來，被略爲奴婢者，皆一切免爲庶民。」「十四年，詔益、涼二州奴婢，自八年以來，自訟在所官，一切免爲庶民。」「殤帝延平元年，詔宗室坐事没入宮者，今悉免遣，及掖庭宮人，皆爲庶民。」此庶民悉當作庶人，校書者不知庶民與庶人有别，而一例改之。然「建武五年，詔郡國出繫囚見徒免爲庶人。」「六年，詔王莽時吏人没入爲奴婢，不應舊法者，皆免爲庶人。」此兩處仍未改也。凡律言庶人者，對奴婢及有罪者而言，與他處泛稱庶民者迥乎不同。今本有改有不改者，由當時校書，不出一手故爾。又崔寔傳引景帝詔曰：「加笞與重罪無異，幸而不死，不可爲民。」此亦不當改而妄改者也。

又宦者傳論：「三世以嬖色取禍。」注：「夏以末嬉，殷以妲己，周以褒姒。」三世當爲三代。章懷注，凡世字皆改爲代，宋以後校書者復改之。此三代字，乃范氏本文，校書者以爲章懷避諱所改，而回改爲世，致有此誤。

南史范曄傳云：「元嘉二十二年九月，征北將軍衡陽王義季、右將軍南平王鑠出鎮，上於虎帳岡祖道。」考之宋書，本作武帳岡。通鑑一二四宋文帝紀亦作武帳岡。漢書汲黯傳，上嘗坐武帳見黯。應劭曰：「武帳，織成帳爲武士象也。」通鑑廿四漢昭帝紀：「將廢昌邑王。太后被珠襦盛服，坐武帳中。侍御數百人，皆持兵期門，武士陛戟陳列殿下。」元嘉武帳，取此義也。後之校南史者，誤以爲李延壽避唐諱改作武，實當作虎，遂奮筆改之。而初不知其本當爲武帳，並非因延壽避諱改也。

史諱舉例卷七

避諱學之利用

第六十一　因諱否不畫一知有後人增改例

史記高祖紀於孝惠不書名，文帝紀於景帝不書名。乃文帝名再見於高祖紀，一見於呂后紀，此必後人所加。景帝紀：「四年，立皇子徹爲膠東王。」「七年，立膠東王爲太子，名徹。」亦後人所加。

杜佑撰通典，在唐貞元中，故稱德宗爲今上。而一七八州郡篇書恒州爲鎮州，且云「元和十五年改爲鎮州」，此後人附益，本書於恒字初不避也。一六五刑制篇十惡：「六曰大不恭。」注云：「犯廟諱，改爲恭。」按唐諸帝無名敬者。前卷即有大不敬字，此條必宋人添入，非本文也。州郡篇改豫州爲荆河州，或稱蔡州，改豫章郡爲章郡，括蒼縣曰蒼縣，皆避當時諱。今本或於荆河下添豫字，又有直書豫州、豫章者，皆校書人妄改也。書中虎牢，皆避諱作武牢，而州郡篇汜水縣下，直書虎牢，且有獲虎字，皆後人妄改，又改之不盡也。

通鑑稽古録，於古人姓名犯宋諱者，往往易以他字，或二名減一，或以字易名。然其中如劉弘、桓玄、徐圓朗、許敬宗、敬暉、馬殷、朱守殷、李匡威、欒彦貞之類，又直書不避。而李敬玄作李敬貞，於玄字敬字，一避一否。末卷書仁宗建儲事，於英宗廟諱皆稱「諱」，而卷中陳曙一人凡三見，恐出後人擅易，非本文矣。

第六十二　因諱否不畫一知有小注誤入正文例

後漢書郭太傳，稱郭太爲郭林宗，唯傳末一段，忽書太名，曰：「初，太始至南州，過袁奉高不宿而去，從叔度累日不去，或以問太，太曰：『奉高之器，譬之汎濫，雖清而易挹；叔度之器，汪汪若千頃之陂，澄之不清，撓之不濁，不可量也。』已而果然。太以是名聞天下。」竹汀先生曰：「蔚宗避其父名，篇中前後，皆稱林宗，即他傳亦然，此獨書其名；且其事已載黄憲傳，不當重出；叔度書字而不書姓；前云『於是名震京師』，此又云『以是名聞天下』，詞意重沓。後得閩中舊本，乃知此七十四字，本章懷注引謝承後漢書之文。叔度不書姓者，蒙上『入汝南則交黃叔度』而言也。今本皆儳入正文，惟閩本猶不失其舊。」遁觚案：錢說見後漢書考異三。此則因諱否不畫一，而知其有小注誤入正文也。

第六十三　因諱否不畫一知有他書補入例

魏書肅宗紀，及景穆十二王彝兄順傳，李崇、崔光、辛纂、賀拔勝、儒林、文苑等傳，俱有廣陽王淵，而太武五王傳作廣陽王深。蓋魏書太武五王傳已亡，後人取北史補之，北史避唐諱，校者不知追改也。通鑑一五〇梁普通五年，亦作廣陽王深。考異云：「魏帝紀作淵，今從列傳及北史。」此則誤從避諱之名者也。

北齊書紀傳中，於齊諸帝或稱高祖、世宗、顯祖、肅宗、世祖，或稱神武、文襄、文宣、孝昭、武成，晁公武謂：「百藥避唐諱，不書世祖世宗之類。」不知百藥修史在貞觀初，其時世字並不必避。梁、陳、周書皆不避世祖世宗字，百藥與思廉、德棻同時，何獨異其例？蓋北齊書久已殘闕，後人取北史補之，其稱世祖世宗者，百藥舊文；其稱文襄文宣者，北史之文也。然此非關避諱，晁氏以爲例有不一，非也。

北史高熲傳：「俄而上柱國王積以罪誅。」即王世積也。王懋竑曰：「北史例不避世字，此卷世室作代室，王世積去世字，與他卷例異。李德林傳稱晉王諱而不名，亦與他傳異。每卷末各有總論，而此卷無之。」疑北史闕此卷，後人別據他書補之。

楊守敬跋隋太僕卿元公墓誌云：「六世祖遵，高祖熹，曾祖忠，並見魏書及北史。唯祖昺，徐州刺史，魏書、北史無昺名，而有忠子壽興，亦徐州刺史，爲其兄暉所譖死，臨刑自作墓志銘曰：『洛陽男子，姓元名景，有道無時，其年不永。』」竹汀先生云：「壽興名景，不見於史，當由名犯唐諱，故書其字。此銘作韻語，不可稱字，乃以景代之。」廼龢案：錢説見北史考異一。今證以此誌，實由李延壽避唐諱，以景代昺。魏書多闕，後人取北史補之，故仍以景代昺，而以壽興標目也。然魏書崔亮傳：「徐州刺史元昞，撫御失和，詔亮馳驛安撫。亮至劾昞，處以大辟。」即此元景。北史崔亮傳同。北史避唐諱，不應作昞，此昞字又後人據魏書回改也。

第六十四　因諱否不畫一知書有補版例

十駕齋養新録十三，東家雜記條云：「卷中管勾之勾皆作勹，避宋高宗嫌名。間有不缺筆者，元初修改之葉。辨宋板者當以此決之。」

又卷十三論語注疏正德本條云：「首葉板心有正德某年刊字，但遇宋諱，旁加圈識之。疑本元人翻宋板，中有避諱不全之字，識出令其補完耳。若明刻前代書籍，則未見此式，必是修補元板也。」

又卷十四顏氏家訓條云：「淳熙中，高宗尚在德壽宫，故卷中構字，皆注太上御名，而闕其文。前序後有墨長記云『廉臺田家印』。宋時未有廉訪司，元制乃有之。意者元人取淳熙本印行，間有修改之葉，則于宋諱不避矣。」

又卷十四韋蘇州集條云：「後有拾遺三葉，其目云：『熙寧丙辰校本添四首，紹興壬子校本添三首，乾道辛卯校本添一首。』驗其款式，當即是乾道槧本。而於宋諱初不回避，蓋經元人修改，失其真矣。」

第六十五　因避諱斷定時代例

潛研堂文集卅四，答盧學士書：「讀閣下所校太玄經云：向借得一舊本，似北宋刻，末署右迪功郎，充兩浙東路提舉茶鹽司幹辦公事張寔校勘。大昕案：宋時寄禄官分左右，唯東都元祐，南渡紹興至乾道爲然。蓋以進士出身者爲左，任子爲右也。而建炎初避思陵嫌名，始改勾當公事爲幹辦公事。此結銜有幹辦字，則是南宋刻，非北宋刻矣。宋史遇勾當字，多易爲幹當，此南渡史臣追改，非當時本文也。」

又卷廿五：「寶刻類編，不著撰人姓名。考其編次，始周秦，訖唐五代。其爲宋人所撰無疑。宋寶慶初避理宗嫌名，改江南西路之筠州爲瑞州。此編載碑刻所在，有云瑞州者，又知其爲宋末人也。」

又卷廿八：「宋太宗實録八十卷，吳門黄孝廉蕘圃所藏僅十二卷，有脱葉。每卷末有書寫人及初對覆對姓名，書法精妙，紙墨亦古。於宋諱皆闕筆，即慎、敦、廓、筠諸字亦然。予決爲南宋館閣鈔本，以避諱驗之，當在理宗朝也。劉廷讓避太宗諱改名，宋史闕而不書，亦當依實録增入。」

又卷廿八：「大金集禮四十卷，不知纂輯年月，要必成於大定之世，故於雍字稱御名，而不及明昌以後事。獨補闕文一葉，有明昌、承安、泰和及世宗廟號，蓋後人取他書攙入，非集禮元文也。」

潛研堂金石文跋尾十四：「程閎中等題名凡七行，文云：『程閎中點青田常役，廖君憲漕臺校試還，攝永嘉管勾，邂逅遊，己卯閏月二十三日。』何夢華自青田石門山拓以見贈，并貽書詢己卯係何年號。予考漕司校試起于宋時，若今之鄉試，此題當是宋刻。南渡後避高宗嫌名，易管勾爲幹辦，而此刻稱管勾，則必北宋刻矣。」

又卷十一：「祈澤寺殘碑，寺在江寧通濟門外三十里，碑已碎裂，僅存中間一段。有云：『保大三年起首，迄於四載興功。』又云：『昇元歲末，保大惟新。』知其爲南唐碑也。予初見碑中有宋代字，疑爲宋初刻，及讀元僧伯元所撰記云：『寺建于宋營陽王義符景平元年。』始悟碑云宋代，乃追叙之詞，謂劉宋，非趙宋也。觀碑文匡字竝未回避，其爲南唐石刻無疑。」

又卷十三：「石林亭詩，永興軍路安撫使兼知軍府事劉敞作。次其韻者，守大理評事簽書鳳翔府節度判官廳公事蘇軾也。嘉祐七年十二月十五日，守鳳翔府麟遊縣令郭九齡建。按簽署改爲簽書，本是避英宗嫌名。嘉祐七年之冬，英宗尚未即位，無緣先爲改易，殆刻於次年三月以後也。」

雪堂校刊羣書叙録下，跋敦煌本殘道書云：「文中『民歸于主』，民字改作人，避唐太宗諱。而治字屢見不諱，蓋書于貞觀之世也。書法清健，有鍾薛風。唐室肇造之初，崇尚道術，至祖老子，而以明老之學詔天下，故此書寫于是時。」然考唐之崇尚道術，莫甚於會昌。高宗諱，元和元年以後已不諱，安知此卷不出於晚唐耶。

又跋唐寫本卜筮書殘卷云：「卷中別搆字甚多，與六朝碑版合。凡丙丁之丙皆作景，白虎皆作白獸，而隆字不缺筆，乃初唐寫本之證。」然考玄宗諱，寶曆元年，准故事已祧遷不諱，見册府元龜卷三。隆字不缺筆，似亦不足爲初唐寫本之證。

第六十六　因避諱斷定二人爲一人例

周書后妃傳：「文帝元皇后，魏孝武帝之妹。初封平原公主，適開府張歡，遇后無禮，后訴之於帝，帝乃執歡殺之，改封馮翊公主，以配太祖，生孝閔帝。」太祖，宇文泰也。張歡北史無傳，惟張瓊傳：「瓊子欣，尚魏平陽公主，除駙馬都尉、開府儀同三司，與公主情好不篤，爲孝武所害。」欣，北齊書張瓊傳作忻，避北齊高歡諱改爲忻，或爲欣，實即周書后妃傳之張歡也。惟公主封號，一爲平原，一爲平陽，不免牴牾耳。

錢氏舊譜有錢讓，不見於史册。養新録十九據鄭樵氏族略：「漢哀平間，錢遜爲廣陵太守，避王莽亂，徙居烏程。而讓亦官廣陵太守，意讓遜本即一人，夾漈避宋濮安懿王諱，改讓爲遜耳。」

句容縣城南，有元至正二年五月重建達奚將軍廟碑。將軍名字事跡無可考。碑稱殿東楹帖，數字可辨，云：梁承聖初，洪遜爲國子祭酒，似洪遜即將軍之名。金石文跋尾二十：「據南史周弘讓傳：『承聖初爲國子祭酒，二年爲仁威將軍，城句容以居之，命曰仁威壘。』今達奚廟正在仁威故壘。宋人避諱，往往改弘爲洪，讓爲遜，殿楹帖必宋人所題，洪遜即弘讓耳，於達奚何與！」

第六十七　因犯諱斷定譌謬例

通鑑七：「秦始皇二十四年，虜楚王負芻，以其地置楚郡。」注：「秦三十六郡無楚郡，此蓋滅楚之時暫置。後分爲九江、鄣、會稽三郡。」按史記楚世家，有「滅楚名爲楚郡」之文，故通鑑從之，其實秦未嘗置楚郡也。秦始皇父名子楚，當時稱楚爲荆，豈有轉以名郡之理。集解引孫檢云：「滅去楚名，以楚地爲三郡。」其說是也。史記楚郡之楚，蓋三字之訛，後人因此謂三十六郡之外有楚郡，固謬；胡氏謂暫置而後分，亦非也。

漢書游俠傳：「陳遵祖父遂，宣帝微時與有故，相隨博弈，數負進。及宣帝即位，用遂，稍遷至太原太守，迺賜遂璽書曰：『制詔太原太守，官尊祿厚，可以償博進矣。』」師古曰：「進者，會禮之財也，謂博所賭也。」史皇孫名進，而此詔不諱之，蓋史家追書，故有其字耳。」劉攽曰：「顔云史家追書，妄也。詔書本字，史家何苦改之。蓋進音贐，自不犯諱也。」但荀悦漢紀十八「數負進」作「數負遂」，「可以償博進矣」作「可以償遂博負矣」。則悦所見漢書乃遂字，而非進字也。然漢書宣帝紀，地節四年七月詔亦有進藥之文，則進字當時似可不諱。

說文鉊字引張徹説一條，竹汀先生謂：「漢人不當以武帝諱爲名，疑是張敞。」迺龢案：錢説見養新録十二。

三國魏志少帝紀：「景元元年，故漢獻帝夫人節薨，追謚爲獻穆皇后。」陳景雲曰：「武帝紀注引續漢書，曹騰父名節，於獻穆爲高祖，不應獻穆命名乃犯祖諱。」藝文類聚九四引續漢志：「曹騰父萌。」與裴注異。當以萌爲正，因字形相似而訛也。

魏書景穆十二王中山王英傳：「衍中軍大將軍臨川王蕭宏。」按魏書於諸帝諱皆迴避本字，如崔宏稱元伯，慕容恪稱元恭是也。今紀傳於蕭宏之名多不迴避，當非魏收元文，皆後人據南史追改。島夷傳則作蕭密。

新唐書武后紀，長安五年正月，討亂諸臣有檢校司農少卿兼知總監翟世言。世爲太宗諱，唐人不應以爲名。據忠義李憕傳後附載功臣，有殿中監兼知總監汝南郡公翟無言，則世實爲無字，以形似而訛。

新五代史蜀世家，知祥父名道。蜀檮杌下云名𡾰。據蜀毛詩石經殘字，道字屢見，皆不避諱，知歐史誤。或先名道，後名巘也。

宋史仁宗紀：「景祐二年正月，置邇英、延義二閣。」義爲太宗舊諱，閣名不應相犯。據卷八五地理志則爲延羲閣，義字訛也。

宋史光宗紀：「紹熙二年二月，金遣完顔亶來告哀。」金熙宗名亶，金使臣不應與金先帝同名。據金史六二交聘表，實作完顔亶。亶爲亶本字。

遼史道宗紀：「壽隆元年。」竹汀先生謂：「洪遵泉志有壽昌元寶錢，引李季興東北諸蕃樞要云：契丹主年號壽昌。又引北遼通書云：天祚即位，壽昌七年改爲乾統。」廼龢案：錢説見遼史考異及養新録八。今史作壽隆，不云壽昌，或疑泉志之誤。然遼時石刻，稱壽昌者多矣，無有云壽隆者。東都事略、文獻通考，皆宋人書也，亦稱壽昌。其以爲壽隆者，遼史誤也。遼人謹于避諱，光禄卿之改崇禄，避太宗諱也；改女真爲女直，避興宗諱也；追稱重熙爲重和，避天祚嫌名也。凡石刻遇光字皆缺畫。道宗者，聖宗之孫，而以壽隆紀元，犯聖宗之諱，此理之必無者。黄本驥見慈悲庵幢作壽昌，乃謂：「年號不避祖諱，民間諱之，何耶！」此過信遼史之誤也。

元史五九地理志：「陝州，宋爲保義軍。」按義爲宋太宗舊名。保義軍節度，唐末置，治陝州。宋初避太宗名，改軍名曰保平，陝州之名仍舊。今元志云「宋爲保義軍」，可以犯諱知其訛謬也。

元史六三地理志：「郴陽縣，倚郭，舊爲敦化縣，至元十三年改今名。」湖南舊爲宋土，敦字犯宋諱，敦化之名，必非宋所立。輿地紀勝五七引寰宇記云：「晉天福初，避廟諱，改郴州爲敦州，郴縣爲敦化。漢初，州縣名悉復舊。」是敦化之名，乃石晉所改，未幾即廢。元史謂至元十三年改敦化爲郴陽，謬也。

凡此皆可因其犯諱而得之。

第六十八　因犯諱知有衍文脱文例

晉書后妃傳：「成恭杜皇后諱陵陽，改宣城陵陽縣爲廣陽縣。」若以宋武公名司空，改司空爲司城之例例之，則陽字不生疑義。然晉時后諱甚嚴，陵陽既因諱而改，則是否改一字即爲滿足，須有待其他之證明。據宋書卅五州郡志：「廣陽令，漢舊縣曰陵陽，晉成帝杜皇后諱陵，咸康四年更名。」則后本諱陵，曰諱陵陽者，因涉所改縣名，誤衍一字，可因其犯諱而知也。

北齊書神武紀，高歡考名樹。北史齊紀及魏書高湖傳，作名樹生。二史不同，何所適從？ 據北齊書杜弼傳：「相府法曹辛子炎諮事，云須取署，讀署爲樹。高祖大怒，杖之。弼進曰：『禮，二名不偏諱，孔子言徵不言在，言在不言徵。子炎之罪，理或可恕。』」若單名樹，則弼言爲無稽矣，唯名樹生，故弼言此。此可因犯諱而知其有脱文也。

第六十九　因犯諱或避諱斷爲僞撰例

容齋隨筆十四曰：「李陵詩『獨有盈觴酒，與子結綢繆』，盈字正惠帝諱。漢法，觸諱者有罪，不應陵敢用之。」野客叢書五曰：「僕觀古文苑所載枚乘柳賦，曰『盈玉縹之清酒』；玉臺新詠載枚乘新詩，曰『盈盈一水間』。梁普通間，孫文韜所書茅君碑謂：『太元真君諱盈，漢景帝中元間人』。觀此二事，知惠帝之諱，在當時蓋有不諱者。然又怪之，當時文字間或用此字，出適然，猶爲有説，至以廟諱爲名，甚不可曉」云。

日知録廿三以爲：「李陵、枚乘二人，皆在武昭之世，而不避諱，可知其爲後人擬作，而不出於西京。」然以漢碑臨文不諱之例例之，不能遽斷爲僞撰。

避諱録二採日知録説，而亦以茅君之以廟諱命名，爲不可曉。不知道家最喜杜撰，茅君碑爲梁普通三年道士張繹立，道士孫文韜書。其文云：「太元真人司命君，諱盈，字叔申，咸陽南關人。以漢景帝中元五年太歲丙申誕生，茅氏之胤。年十八，棄家學道入恒山。」茅山志廿漢文帝諱恒，此曰恒山，猶可曰從梁時稱也。茅君居近西京，非邊鄙可比，果名盈，則必非景帝時人；果爲景帝時人，則必不名盈。道士不學，任意杜撰，其僞顯然，不得以臨文不諱之例例之。

隋末王通，謚文中子，著書名元經，名中説，自來考古書者皆以其書爲僞。陳振孫書録解題四曰：「河汾王氏諸書，自中説之外，皆唐藝文志所無。其傳出阮逸，或云皆逸僞作也。唐神堯諱淵，其祖景皇諱虎，故晉書戴淵、石虎，皆以字行。薛收唐人，於傳稱戴若思、石季龍，宜也。元經作於隋，而大興四年，亦書曰若思，何哉！」今考元經，於隋諱堅廣等字皆不避。而於唐諱淵虎等字，則大興四年、永昌元年，均稱戴淵爲戴若思。太寧二年、咸和三年、八年、九年，均稱石虎爲石季龍。唯永興元年、永嘉二年，劉淵不避，咸和九年十二月以後，石虎不避，則有後人回改，而又未盡者。爲表如下：

晉永興元年	欒廣　劉淵	永嘉二年	劉淵
大興四年	戴若思	永昌元年	戴若思
太寧二年	石季龍	咸和二年	廣陵
咸和三年	石季龍	咸和八年	石季龍

咸和九年　四月石季龍　十二月石虎
咸康元年　趙虎　咸康四年　石虎
咸康五年　廣州　石虎　建元二年　虎
永和五年　石虎　石虎　升平元年　苻堅
咸安二年　苻堅　寧康三年　神獸門
太元九年　苻堅　太元十年　苻堅
周大定元年　楊堅

四庫提要謂：「寧康三年書神虎門爲神獸門，顯襲晉書，無所置辨。且於周大定元年直書楊堅輔政，通生隋世，雖妄以聖人自居，亦何敢如是。」

元經之僞，既以避諱與否斷定，然中說之僞，則鮮有以避諱考之者。

隋文帝父名忠，兼避中字嫌名。故隋書謂忠義傳爲誠節；周帝禪位詔，改允執厥中爲厥和；凡官名地名有中字者，多改爲内。今文中子乃謚文中，著書名中說。中說中隋諱如忠，如中，如勇，如廣，屢見不一見。而温大雅獨稱大雅，不稱彦弘，其出自中唐以後人僞作無疑。今試考温大雅名稱之由來：

温大雅本名彦弘。容齋四筆十一據大雅所撰大唐創業起居注，有云：「煬帝遣使夜至太原，温彦將宿於城西門樓上，首先見之，報兄彦弘，馳以啓帝。帝執彦弘手而笑。」以爲温兄弟名皆從彦，後避高宗太子追謚孝敬皇帝諱弘，始追稱大雅。同時改弘農縣爲恒農，開元十六年復舊。彦弘固生在孝敬之前，文中子何由稱彦弘爲大雅耶！

今中説二天地篇稱諸弟子，有「徵也直而遂，大雅深而弘」語。徵，魏徵。諸弟子皆稱名，何彦弘獨稱字？且既稱字矣，緣避孝敬諱，何以「深而弘」又犯孝敬諱？一句之中，諱否不一，可見稱大雅者，循當時習慣，忘其爲避諱也。曰「深而弘」者，開元以後，唐人已不諱弘也。即此一句，已足證明中説僞撰之時代，實在中唐以後。今將中説中隋諱列表如下：

天地篇　徵也直而遂，大雅深而弘。　問牛弘。

周公篇　或曰廣，子曰：廣而不濫。　願廣者，狹之道也。　子曰：我未見勇者。　弼也戾，焉得勇。　李密問勇。　楊玄感問忠，子曰：孝立則忠遂矣。

問易篇　廣仁益智。　非明君孰能廣問。　人能弘道。　未忘中國。　以明中國之有代。

禮樂篇　温大雅能之。

述史篇　大哉中國。　中國有一，中國有並。　非中國不敢以訓。　主中國者，將非中國也。　江東中國之舊也。　有復中國之志。　中國之禮樂安在。　中國之遺人也。

魏相篇　抗帝而尊中國。　不廣求故得。

立命篇　人能弘道。　大雅或幾於道。

闞朗篇　中國失道。　斯中國失道也。　尊中國而正皇始。　廣大悉備。

其中勇字或可不避，而忠、中、廣三字不應不避。弘爲唐諱，欲解釋「大雅深而弘」句，故並著之。

桯史十三冰清古琴條云：「嘉定庚午，余在中都。有士人攜一古琴至李氏鬻之，其名曰冰清。斷紋鱗皴，制作奇崛，識與不識，皆謂數百年物。腹有銘，稱『大曆三年三月三日，蜀郡雷氏斲，鳳沼内書正元十一年七月八日再修』。元字上一字，在本朝爲昭陵諱，沼中書正，從卜從貝，而貝字闕其旁點，蓋今文書令也，唐何自知之？正元前天聖二百年，雷氏乃預知避諱，必無此理。是蓋爲贋者不知闕文之熟於用而忘益之。」桯史所謂正者，貞也，宋人避仁宗嫌名，改曰正。而此僞琴之貞，則避諱缺末點也。

第七十　據避諱推定而譌誤例

有據後人追避之諱字，而疑其書爲僞作者。容齋三筆十五疑揚雄方言爲僞書。其言曰：雄答劉歆書，稱莊君平爲嚴君平，漢諱莊，故改曰嚴。法言於莊字不諱，此何獨諱。戴震方言疏證十三駁之曰：「洪邁不知本書不諱，而後人改之者多矣。此書下文蜀人有楊莊者，不改莊字，獨習熟於嚴君平之稱而妄改之。」此不得因有避諱字而遽下斷語者也。

四庫全書漢隸字原考證云：「武梁祠堂畫象，金石録但稱武氏，此題武梁，從隸釋也。考武梁碑立於桓帝元嘉元年，在明帝後，而畫像題魯莊公，不避明帝之諱。又有李善像，以後漢書獨行傳考之，善爲東漢初人。則此祠乃武梁先世，非武梁也。」夫東漢碑不避莊字者多矣。因碑有莊字，而疑爲明帝以前所立，甚不穩也。

宋史八九地理志：「達州本通州，乾德三年改。」嘉泰會稽志八云：「天聖初，以章獻明肅太后家諱避通字改。仁宗親政，皆復故，惟達州至今不復。」據此，則達州改名在天聖矣。然續通鑑長編六亦載此事於乾德三年。蓋因淮南有通州，避重名而改，非至天聖初乃因避諱而改也。會稽志臆説不足據。

元于欽齊乘三云：「金初，劉豫割章丘之標竿鎮及臨邑封圻之半，置濟陽縣。大定六年，避金主允濟諱，改曰清陽。允濟遇弑，復舊名。」廿二史考異八四云：「衛紹王事蹟，史失其傳。以濟陽、永濟之例推之，則濟南府名亦當改易。」然金史廿五地理志，濟陽注中無明文。若果因諱改，則下文濟州，與曹州之濟陰、清州之興濟、孟州之濟源，亦應在改例，然皆無之。允濟爲世宗第七子，大定十一年始封薛王。則大定六年，允濟是否已生，尚爲疑問。因大定六年丙戌，去允濟即位之年己巳，凡四十四年，豈有預爲允濟避諱改縣名之理。惟允濟於章宗時避顯宗諱，改爲永濟，即位後有「自今於朕名不連續及袒詠等字不須別改」之詔。永濟務、永濟縣，二字與御名全同，故改爲豐閏，濟陽不在此例。金史詳校三謂：「考異引此，并疑及濟南，未免過信齊乘臆說。」

第七十一　避諱存古誼古音例

避諱有足存古誼古音者。南史好采稗官小説，王彧傳：「長子絢，年五六歲，讀論語至周監於二代，外祖何尚之戲之曰：『可改耶耶乎文哉。』絢應聲答曰：『尊者之名安可戲！寧可道草翁之風必舅。』」六朝人呼父爲耶，此以父名戲之也。説文：「彧，有文章也。」論語「郁郁乎文哉」，本當作彧，後人省去有旁，隸變爲彧。荀彧字文若，王彧字景文，皆取斯義。讀此傳，知六朝時論語本爲彧字，今以郁夷字代之，音同而義別矣。論語「草上之風必偃」，今曰「草翁之風必舅」，蓋上尚嫌名，故改爲翁。尚之子名偃，於絢爲舅。宋書作偃，乃校書者妄改耳。

南史謝瀹傳：「嘗與劉悛飲，久之，悛曰：『謝莊兒不可云不能飲。』瀹曰：『苟得其人，自可流湎千日。』」劉悛父名勔，流湎音與劉勔同，因悛斥其父名，故亦以是報之。讀此傳知晉書張協傳：「傾罍一朝，可以流湎千日。」汲古本作沈湎，非也。

南史王亮傳：「亮遷晉陵太守，有晉陵令沈巑之，好犯亮諱。亮不堪，遂啓代之。巑之乃造坐云：『下官以犯諱被代，未知明府諱。若爲攸字，當作無骹尊傍犬？爲犬傍無骹尊？若是有心攸？無心攸？乞告示。』」竹汀先生曰：「無骹尊者，酋也。酋傍犬爲猷，犬傍酋爲猶。有心爲悠，無心爲攸。攸悠猷猶，四字同紐同音。亮父名攸，巑之佯爲不知，問是何字，頻觸其諱，且以犬傍戲之也。世俗讀攸悠二字如憂音，而史文遂難通矣。」廼龢案：錢說見南史考異二。

舊唐書蕭復傳：「以復爲統軍長史。復父名衡，特詔避之。」蓋本爲行軍長史。由此可見當時衡行二字音同，而今音則不盡同也。

新唐書韋皋傳：「皋兄聿，遷祕書郎，以父嫌名，換太子司議郎。」據唐文粹六十權德輿南康郡王家廟碑，皋父名賁。可見當時賁祕二字音同，而今音不盡同也。

史諱舉例卷八

歷朝諱例

第七十二　秦漢諱例

前篇所舉諸例，以類區分，參伍錯綜，期無餘蘊。兹更以時爲主，列舉歷朝諱字，俾便檢照。各朝諱制，順附及焉。並記其世次者，所以便於計算已祧之廟也。

秦初避諱，其法尚疏。漢因之，始有同訓相代之字。然史記、漢書於諸帝諱，有避有不避。其不避者固有由後人校改，然以現存東漢諸碑例之，則實有不盡避者。大約上書言事，不得觸犯廟諱，當爲通例。至若臨文不諱，詩書不諱，禮有明訓。漢時近古，宜尚自由，不能以後世之例繩之。

漢宣帝元康二年詔曰：「聞古天子之名，難知而易諱也。今百姓多上書觸諱以犯罪者，朕甚憐之，其更諱詢，諸觸諱在令前者赦之。」此上書不得觸諱之説也。靈帝時諸碑，遠不避光武諱，近不避桓帝諱，此臨文不諱之説也。惟漢諱有一定相代之字，後世無之，即有亦非一定，斯爲獨異耳。

	世次	帝號	所出	名諱	代字	舉例
秦	一	始皇	趙氏	政一作正		謂正月爲端月。
			父莊襄王子楚	子楚		謂楚爲荊。
	二	二世	始皇子	胡亥		
漢	一	高祖	劉氏	邦	國	漢詔引書「協和萬邦」爲萬國。
	二	惠帝	高祖子	盈	滿	史記引左傳「萬盈數也」爲滿數。
		高后		雉	野鷄	漢書杜鄴傳用雉升鼎耳事，改雉爲野鷄。
	二	文帝	高祖子	恒	常	恒山郡改常山。
	三	景帝	文帝子	啓	開	稱微子啓爲微子開。
	四	武帝	景帝子	徹	通	改蒯徹爲蒯通。
	五	昭帝	武帝子	弗初名弗陵	不	
	七	宣帝	武帝曾孫	詢初名病已	謀	

父史皇孫進

八　元帝　宣帝子　奭　盛

九　成帝　元帝子　驁　俊

十　哀帝　元帝孫　欣　喜

父定陶共王康

十　平帝　元帝孫　衎初名箕子　樂

父中山孝王興

後漢一　光武　高祖九世孫　秀　茂　改秀才爲茂才。

叔父趙王良　良　改壽良縣爲壽張。

二　明帝　光武子　莊初名陽　嚴　莊助改嚴助，莊安改嚴安。

三　章帝　明帝子　炟　著

四　和帝　章帝子　肇或誤作肈　始

五　殤帝　和帝子　隆　盛　伏隆東觀記作伏盛。

五　安帝　章帝孫　祜或誤作祐　福　朱祜東觀記作朱福。

父清河孝王慶　慶　慶純改爲賀氏，見吳志賀齊傳注。

六　順帝　安帝子　保　守
七　沖帝　順帝子　炳　明
七　質帝　章帝玄孫　纘　繼
　　父渤海孝王鴻
六　桓帝　章帝曾孫　志　意　趙戒字志伯，孔廟置守廟卒史碑作意伯。
　　父蠡吾侯翼
七　靈帝　章帝玄孫　宏　大
　　父解瀆亭侯萇
八　獻帝　靈帝子　協　合

第七十三　三國諱例

三國時祚短促，各處偏隅，其諱法亦有足考者。魏儒王肅有已遷主諱議，載於通典一〇四。其所主張，以爲詩書，臨文，廟中，乃至言事，皆不必諱，唯臣民不得以爲名字耳。吴臣張昭則有駁應劭爲舊君諱議，載於本傳注。劭之言曰：「起元建武已來，舊君名諱，五十六人，後生不得協也。」昭則以爲：「親親有衰，尊尊有殺，屬絶則不拘於協。」協，謂同其名也。兩國之臣，其言論如此，其事實則何如：

魏紀：「甘露五年詔曰：古者人君名字，難犯易諱。今常道鄉公諱字甚難避，其博議改易列奏。」常道鄉公即陳留王。初名璜，即位後改名奐。奐爲燕王宇子。景元元年有司議奏事，上書，文書，及吏民，皆不得觸王諱。此魏故事也。

吴志：「赤烏五年，立子和爲太子，改禾興爲嘉興。」是爲歷代避嫌名之始。孫休傳永安五年注，引吴録載休詔：「禮，名子欲令難犯易避。孤今爲四男作名字，太子名𩅦，音灣，字莔，音迄。次子名𩃙，音觥，字𣝗，音礥。次子名壾，音莽，字昷，音舉。次子名㒊，音褒，字㷉，音擁。此都不與世所用者同，庶易棄避。」此吴故事也。

孫皓時，后父滕牧、司空丁固，皆名密。滕避丁，改名牧；丁避滕，改名固。此時人之互避，爲三國時特俗。

孫皓字元宗，而吴令孟宗改名仁。劉備叔父字子敬，孟達亦字子敬，劉備賜劉封死，封歎曰：「恨不用孟子度之言。」子度即孟達，避先主叔父敬改之。避名而及字，此又三國時之特俗也。

韋曜傳有「誤犯皓諱，輒見收縛，至於誅戮」之言。或以此爲吴時諱禁特嚴，不知所謂皓諱者，忌諱耳，非名諱也。皓傳稱「皓麤暴，多忌諱，好酒色」是也。皓既暴戾若此，誰尚犯其名哉！

	世次	帝號	所出	名諱	舉例
魏	一	武帝	曹氏	操	
	二	文帝	武帝子	丕	
	三	明帝	文帝子	叡	
	四	齊王	明帝養子	芳	芳林園改華林園，見文帝紀注。
	四	高貴鄉公	文帝孫 父東海定王霖	髦	
	三	陳留王	武帝孫 父燕王宇	奐初名璜	
蜀	一	先主	劉氏 叔父子敬	備	
	二	後主	先主子	禪	
吳	一	大帝	孫氏	權	

	父堅			
	太子和		和	禾興縣改嘉興。
二	廢帝	權子	亮	
二	景帝	亮兄	休	休陽縣改海陽，晉平吳，又改海寧。
三	歸命侯	權孫	皓 或从日。字元宗，一名彭祖，字皓宗。	孟宗改名仁。
	父和			

第七十四　晉諱例

避諱至晉，漸臻嚴密。通典一〇四禮篇所載諱議，大半出於晉人。其所議者：一、七廟諱字議；二、上書犯帝諱，及帝所生諱議；三、山川與廟諱同，應改變議；四、上表稱太子名議；五、父諱與府主名同議；六、授官與本名同宜改，及官位犯祖諱議。固已討論綦詳矣。然晉時諱制，並不如唐宋之繁，其特異者，爲東晉皇后諱，比歷代特多。通典帝所生諱議，即當時因吳興郡上事，有春字犯鄭太妃諱，下制書推之，衆官多以爲小君之諱，列於諱榜，故天下同諱；所生之諱，不列諱榜，故天下不同諱。可知晉時后諱，實列諱榜。故晉書后妃傳：「成恭杜皇后諱陵陽，陽字衍改陵陽縣爲廣陽。」毛穆之傳：「字憲祖，小字武生，名犯哀靖王后諱，故行字。後又以桓温母名憲，乃更稱小字。」至鄭太妃諱，雖經朝議，多數以爲不應諱。然君之所諱，臣無不諱之説，亦極有力，故凡春字地名，悉以陽字易之，如富春曰富陽，宜春曰宜陽之類，是也。又當時議禮之臣，引春秋必曰陽秋，如鄭太后傳曰「陽秋之義，母以子貴」，又曰「依陽秋二漢故事」，是也。孫盛、檀道鸞輩著書，亦曰陽秋，如晉陽秋、續晉陽秋，是也。褚裒傳則曰「季野有皮裏陽秋」，後世至傳爲美談。趙宋時葛立方著詩話，乃名曰韻語陽秋，則已忘其爲避諱者矣。

	世次	帝號	所出	名諱	舉例
晉	一	宣帝	司馬氏	懿	懿改益，或改壹，蜀志稱張懿爲張益，宋書王懿稱字仲德。
	二	景帝	宣帝子	師	太師改太宰，京師改京都，或改京邑。
	二	文帝	景帝弟	昭	昭陽縣改邵陽，張掖昭武縣改臨澤，建安昭武縣改邵武。吴志稱韋昭爲韋曜。
	三	武帝	文帝子	炎	魏志稱孫炎字爲孫叔然。
	四	惠帝	武帝子	衷	

四　懷帝　武帝子　熾

五　愍帝　武帝孫　業一作鄴　建業改建康，鄴縣改臨漳。

父吳孝王晏

東晉五　元帝　景帝曾孫　睿　宋書王叡，以字元德行。

父琅邪恭王覲

六　明帝　元帝子　紹

七　成帝　明帝子　衍　杜皇后傳稱王衍爲王夷甫。

七　康帝　成帝弟　岳　鄧岳改名嶽，後竟改名岱。

八　穆帝　康帝子　聃

八　哀帝　成帝子　丕

八　海西公　哀帝弟　奕

六　簡文帝　元帝少子　昱　育陽縣改云陽。

七　孝武帝　簡文帝子　曜

八　安帝　孝武帝子　德宗

八　恭帝　安帝弟　德文

第七十五　南北朝諱例

南北朝父子不避同名，已見前條，似南北朝之諱禁甚寬也。然據顏氏家訓風操篇所述，並謂：「吾親識中有諱襄、諱友、諱同、諱清、諱和、諱禹，交疏造次，一座百犯，無僇賴焉。」則當時之諱禁又甚嚴也。

北齊高祖高歡，父名樹生，北齊書杜弼傳稱：「相府法曹辛子炎諮事，讀署爲樹，高祖大怒曰：『小人都不知避人家諱。』杖之。弼進曰：『禮，二名不偏諱，子炎之罪或可恕。』高祖罵之曰：『眼看人瞋，乃復牽經引禮。』叱令出去。」此北朝事也。

南齊書文惠太子長懋傳稱：「長懋轉祕書丞，以與宣帝諱同，不就。」宣帝，蕭道成之父承之，長懋曾祖也，丞其嫌名耳。然道成之成不避承，祕書丞何爲避承。南齊書百官志，太常、光禄勳、衛尉、廷尉、大司農、少府，皆有丞，尚書有左右丞，皆不諱。武帝紀永明六年有「宕昌王梁彌承」；州郡志南琅邪有承縣，正名亦不諱。州郡志又有安成郡，及夷道、僰道、利成、綏成、始成諸縣，於道成之名亦不諱。此則南朝事也。

綜觀種種史實，南北朝避諱，實無定制，寬嚴隨人意而異，故矛盾之事，並見於一時。

入隋則諱禁稍嚴，漸開唐人風氣矣。

世次	帝號	所出	名諱	舉例
宋 一	武帝	劉氏	裕	王敬弘名裕之，謝景仁、褚叔度、張茂度名裕，皆以字行。
	祖靖		靖	向靖改稱小字彌，孔靖以字季恭行。
	父翹			
二	少帝	武帝子	義符	
二	文帝	武帝子	義隆	
三	孝武帝	文帝子	駿	
四	前廢帝	孝武子	子業	
三	明帝	文帝子	彧	王彧以字景文行。
四	後廢帝	明帝子	昱	
四	順帝	明帝子	準	平準令改染署令。
南齊 一	高帝	蕭氏	道成	薛道淵改名淵，蕭道先改名景先。
	父承之			

二　武帝　高帝子　賾或作頤

四　鬱林王　武帝孫　昭業

父文惠太子長懋

四　海陵王　鬱林王弟　昭文

二　明帝　高帝兄子　鸞

父始安貞王道生

三　東昏侯　明帝子　寶卷

三　和帝　明帝子　寶融

梁書柳惲、徐勉傳，於王融皆稱其字元長，而不名。

梁

一　武帝　蕭氏　衍

父順之　順之

梁書稱順陽郡爲南鄉，南齊書順字多易爲從。

二　簡文帝　武帝子　綱

二　元帝　武帝子　繹

三　敬帝　元帝子　方智

陳

一　高祖　陳氏　霸先

二 世祖 高祖兄子 蒨

父始興王道譚

三 廢帝 世祖子 伯宗

二 宣帝 世祖弟 頊

三 後主 宣帝子 叔寶

北魏

一 道武帝 拓跋氏 珪 上邽縣改上封。

二 明元帝 道武子 嗣

三 太武帝 明元子 燾

五 文成帝 太武孫 濬

父景穆帝晃 晃 魏書稱慕容皝字曰元真。

六 獻文帝 文成子 弘 弘農郡改恒農。魏書稱馮弘字曰文通，石弘字曰大雅。

七 孝文帝 獻文子 宏 魏書稱崔宏字曰玄伯，苻宏字曰永道，李宏仁字曰容仁。

八 宣武帝 孝文子 恪 魏書稱慕容恪字曰元恭。

九	孝明帝 宣武子	詡	尉詡改名羽。
八	孝莊帝 獻文孫	子攸	
	父彭城王勰		
八	前廢帝 獻文孫	恭	
	父廣陵王羽		
八	前廢帝 太武五世孫	朗	
	父章武王融		
九	出帝 孝文孫	脩或作循	
	父廣平王懷		
西魏九	文帝 孝文孫	寶炬	
	父京兆王愉		
東魏九	孝靜帝 孝文孫	善見	
	父清河王亶		
北齊一	神武帝 高氏	歡	歡改爲欣，周書文帝元后傳張歡，北齊書張瓊傳作張忻。

六世祖隱　隱　趙隱以字彥深行。

高祖泰　泰　北齊人稱宇文泰小字曰黑獺。

父樹生　樹生　北史隋文帝紀樹頽縣，魏書地形志作殊頽。

二　文襄帝　神武子　澄

二　文宣帝　神武子　洋

三　廢帝　文宣子　殷　殷州改趙州。

二　孝昭帝　神武子　演

二　武成帝　神武子　湛

三　後主　武成子　緯

四　幼主　後主子　恒

周

一　文帝　宇文氏　泰小字黑獺　蕭泰以字世怡行。黑水改烏水，見元和志。

二　孝閔帝　文帝子　覺

二　明帝　文帝子　毓

二　武帝　文帝子　邕　北史鄭道邕，周書作鄭孝穆。

三　宣帝　武帝子　贇

隋

四　靜帝　宣帝子　闡 初名衍

一　高祖　楊氏　堅　李孝貞以字元操行。

祖禎　禎　兼避中字，凡中皆改爲内，中書改内史，中牟縣改内牟。

父忠　忠

二　煬帝　高祖子　廣 一名英　廣改爲大，或爲博，廣川縣改長河，廣武縣改雁門。

四　恭帝　煬帝孫　侑

父元德太子昭

第七十六　唐諱例

唐制，不諱嫌名，二名不偏諱。故唐時避諱之法令本寬，而避諱之風尚則甚盛。武德九年，有「世及民兩字不連續者，並不須避」之令。顯慶五年，有「嫌名不諱，今後繕寫舊典文字，並宜使成，不須隨義改易」之詔。然唐人注史記、兩漢書、文選，撰晉、梁、陳、北齊、周、隋、南、北八史，於唐廟諱，多所改易，古籍遂至混淆。其中一部分士夫，則雅不以廣避爲然。會要廿三言：憲宗爲太子時，王純以與同名，請改名紹，君子非之。時韋純爲監察御史，獨不請改。既而下詔以陸淳爲給事中，改名質。純不得已，乃上疏改名貫之。日知録以爲韋淳事，非，淳不爲監察御史。開成元年，崔龜從奏前婺王府參軍宋昂，與御同名，十年不改，宜殿兩選。咸通十二年，侍御史李谿以奏狀内訟字與廟諱音同，罰俸。谿抗疏，職制律諸犯嫌名不坐，免之。據此，則唐時諱法，制令甚寬。李谿既可抗疏力爭；宋昂並可十年不改。非如宋之淳熙文書令，廣避嫌名；清之乾隆字貫案，罪至梟首也。今唐人撰注諸史中之所以廣避者，習尚使然，實未遵貞觀、顯慶時詔令。故韓愈諱辨，力斥諱嫌名之非，至比之宦官宮妾。可見法令爲一事，習尚又爲一事也。

唐時避諱，有可特紀者，爲缺筆之例，自唐時始。既有此例，則古籍文字，可以少所更易。故開成石經，缺筆多而改字少，經典元本，賴是保存焉。

世次	帝號	所出	名諱	舉例
唐　一	高祖	李氏	淵	淵改爲泉，或爲深。
	祖虎		虎	虎改爲獸，爲武，爲豹，或爲彪。
	父昞		昞	昞、炳、丙、秉，皆改爲景。
	太子建成		建成	建城縣改高安，晉城縣改晉安。

二	太宗	高祖子	世民	世改爲代，或爲系，从世之字改从云，或改从曳。民改爲人，或爲甿，从民之字改从氏。
三	高宗	太宗子	治	治改爲持，爲理，或爲化。稚改爲幼。
	太子忠		忠	中郎將改旅賁郎將。
	太子弘		弘	弘農縣改恒農，弘靜縣改安靜。
	武后		曌	詔改爲制，李重照改名重潤。
四	中宗	高宗子	顯 中間曾改名哲	顯政殿改昭慶，顯德殿改章德。
四	睿宗	高宗子	旦 初名旭輪又名輪	旦改爲明，張仁亶改名仁愿。
五	玄宗	睿宗子	隆基	隆州改閬州，大基縣改河清。
六	肅宗	玄宗子	亨 初名嗣昇改名浚 又名璵 又名紹	
七	代宗	肅宗子	豫 初名俶	豫州改蔡州，豫章縣改鍾陵。
八	德宗	代宗子	适	括州改處州，括蒼改麗水。
九	順宗	德宗子	誦	鬥訟律改鬥競律。

十	憲宗	順宗子	純初名淳	淳州改睦州，淳于改姓于，韋純改名貫之，韋淳改名處厚。
十一	穆宗	憲宗子	恒初名宥	恒州改鎮州，恒岳改鎮岳。
十二	敬宗	穆宗子	湛	鄭茂諶改名茂休。
十二	文宗	穆宗子	昂初名涵	鄭涵改名澣，舊唐書作瀚。
十二	武宗	穆宗子	炎初名瀍會要作灃	李躔字昭回，改名回，字昭度。
十一	宣宗	憲宗子	忱初名怡	
十二	懿宗	宣宗子	漼初名溫	
十三	僖宗	懿宗子	儇初名儼	
十三	昭宗	懿宗子	曄初名傑又名敏	
十四	哀帝	昭宗子	柷應作祝初名祚	

第七十七　五代諱例

五代承唐之後，諱例仍嚴。讀舊唐書哀帝紀：「天祐二年七月勅，全忠請鑄河中、晉、絳諸縣印，縣名内有城字，並落下，如密、鄭、絳、蒲例，單名爲文。九月又勅，武成王廟宜改爲武明王。」十月十一月以後，又勅改凡有成、城、信等字縣名。其時朱全忠尚未稱帝也，而其祖若父之名，已不可犯如此。稱帝而後，又以己名全忠，爲唐所賜，且異帝王之稱，特下令改名晃，其舊名不得回避。不然，則終梁之世，圖書金石，無誠無信，復無忠也。歷唐、晉、漢，皆出異族，諱法稍寬，至周而又密。五代會要四載：「後唐天成三年詔曰：本朝列聖及新追四廟諱，近日章奏，偏傍文字，皆闕點畫。凡當出諱，止避正呼，若迴避於偏傍，則虧缺於文字。此後凡廟諱但避正文，其偏傍文字，不必減少點畫」云。同時十國有諱者，並附如後：

	世次	帝號	所出	名諱	舉例
梁	一	太祖	朱氏	晃本名温唐賜名全忠	
		曾祖茂琳		茂琳	茂州改汶州，慕化縣改歸化，戊改爲武。
		祖信		信	信都縣改堯都。
		父誠		誠	成德軍改武順，城門郎改門局郎，城隍改牆隍。
	二	末帝	太祖子	瑱初名友貞又名鍠	

唐 一 莊宗 唐賜李氏 存勗
祖國昌 國昌 孝昌縣改孝感，昌樂縣改南樂。
父克用
一 明宗 莊宗宗屬 亶 初名嗣源 楊檀賜名光遠。
曾祖敖 敖 鄭遨以字雲叟行。
二 閔帝 明宗子 從厚
三 末帝 明宗養子 從珂

晉 一 高祖 石氏 敬瑭 竟陵縣改景陵，唐改姓陶，錢唐縣改錢江，行唐縣改永昌，福唐縣改南臺。
父紹雍
二 少帝 高祖從子 重貴
父敬儒

漢 一 高祖 劉氏 暠 本名知遠 魚崇遠改名崇諒，折從遠改名從阮，趙遠以字上交行。
二 隱帝 高祖子 承祐 祐當作祐

周	一	太祖 郭氏	威	張彥威改名彥成，李洪威改名洪義，馬令威改名令琮，郭彥威改名彥欽。
		高祖璟	璟	南唐李璟改名景。
		曾祖諶		
		祖蘊		
		父簡	簡	孫方簡改名方諫，王易簡止名易。
	二	世宗 太祖養子本姓柴	榮	李榮改名筠。
	三	恭帝 世宗子	宗訓	向訓改名拱，張從訓改名崇誥。

十國諱例

國名	姓名	舉例
吳	楊行密	滁人呼荇溪曰菱溪，揚州人呼蜜曰蜂糖。
	父怤	御史大夫改大憲，又作大卿。
後蜀	孟知祥	蜀石刻詩經殘本知字不避。
	祖察	蜀石刻詩經殘本察字缺末三筆。
	父道	蜀石刻詩經殘本道字不避。

吳越　錢鏐　元金履祥先世本劉氏，改爲金。

子元瓘

孫弘佐　凡官名左者悉改爲上。

閩　王審知　閩人沈姓去水爲尤。

第七十八　宋諱例

宋人避諱之例最嚴。容齋三筆十一云：「本朝尚文之習大盛，故禮官討論，每欲其多，廟諱遂有五十字者。舉場試卷，小涉疑似，士人輒不敢用，一或犯之，往往暗行黜落。方州科舉尤甚，此風殆不可革。」宋史一〇八禮志言：「紹熙元年四月，詔令後臣庶命名，並不許犯祧廟正諱，如名字見有犯者，並合改易。」此已祧之諱仍不許犯也。「嘉定十三年十月，司農寺丞岳珂言：國朝之制，祖宗舊諱二字者，皆著令不許並用。既而禮寺討論，所有舊諱，若二字連用，並合迴避。」此舊諱仍不許犯也。樓鑰傳言：「鑰試南宮策，偶犯舊諱，知貢舉洪遵奏，得旨以冠末等。」故今所傳宋紹定禮部韻略，卷首猶載淳熙、紹熙時應避舊諱及諸帝嫌名，真有過五十字以外者，此實空前絕後之例也。特附載之，以備參考。

朝代	世次	帝號	所出	名諱	舉例
宋	一	太祖	趙氏	匡胤	匡改爲正，爲輔，爲規，或爲糾，爲光，爲康。匡國軍改定國，匡城縣改鶴丘。胤改爲裔，胤山縣改平蜀，吕餘慶名胤，以字行。
		始祖玄朗		玄朗	玄改爲元，或爲真。玄烏改鳦鳥，玄武縣改中江。朗改爲明，朗山縣改確山。
		遠祖軒轅			
		高祖朓			
		曾祖珽		珽	唐書姚珽，缺筆誤作姚班。
		祖敬		敬	敬改爲恭，爲嚴，爲欽，或爲景。鏡改爲鑑，或爲照。敬州改梅州，王居敬改居安。
		父弘殷		弘殷	弘改爲洪，殷改爲商，爲湯。弘農縣改恒農，殷城縣改商城，錢俶本名弘俶，趙文度本名弘。
	一	太宗	太祖弟	炅 初名匡乂 又名光義	義改爲毅，義興縣改宜興，富義監改富順，楊

美本名光美，祁廷訓本名廷義。

二	真宗	太宗子	恒初名德昌　改元休　又改元侃	恒改爲常，恒山改鎮山，恒農縣改虢略，畢士安本名士元。
三	仁宗	真宗子	禎初名受益	禎改爲真，爲祥，貞改爲正，禎州改惠州，永貞縣改永昌，謚文貞者稱文正。
四	英宗	仁宗從子	曙初名宗實	曙改爲曉，爲旭，樹改爲木，署改爲院，簽署改簽書，都部署改都總管。張孜初名茂實。
	父濮安懿王允讓		允讓	讓改爲遜，或爲避。
五	神宗	英宗子	頊初名仲鍼	頊改爲玉，勖改爲勉。旭川縣改榮德，李遵勖撰天聖廣燈録，宋藝文志去勖字。
六	哲宗	神宗子	煦初名傭	
六	徽宗	神宗子	佶	
七	欽宗	徽宗子	桓初名亶　又名烜	桓改爲亘，爲威，或爲魋。齊桓公改威公，桓魋改威魋。

南宋七　高宗　徽宗子　構　媾改爲遇，勾當改幹當，管勾改管幹。

八　孝宗　太祖七世孫　昚　初名伯琮更名瑗又名瑋　慎改爲謹，慎縣改梁縣。

父秀王偁

九　光宗　孝宗子　惇　惇改爲崇，或爲孝。蔡惇撰祖宗官制舊典，宋藝文志稱其字爲蔡元道。

十　寧宗　光宗子　擴

十一　理宗　太祖十世孫　昀　初名貴誠　筠州改瑞州，李伯玉初名誠。

父榮王希瓐

十二　度宗　理宗從子　禥　初名孟啓又名孜

父嗣榮王與芮

十三　恭宗　度宗子　㬎

附：淳熙重修文書式　據紹定禮部韻略

玄　胡涓切　懸縣泫訇胘昡獧等二十字。

朗　盧黨切　悢烺狼閬浪等二十字。

匡　去王切　筐眶恇劻迋等十八字。

胤羊晉切酳靷引等十七字。

炅古迥切熲炯耿扃憬等十六字。

恒胡登切峘姮等四字。

禎陟盈切楨貞偵徵旌癥等十三字。

曙常恕切署抒藷薯樹殊遇切豎澍贖屬等二十六字。

頊呼玉切旭勖等七字。

煦吁句切昫酗休呴咻等十三字。

佶極乙切姞郅鮚吉其吉切咭等十一字。

桓胡官切瓛完丸院洹汍紈綄芄莞萑鸛莧狟皖垣等四十九字。

構古候切遘媾覯購冓篝韝姤詬逅鴝句雊鉤岣彀榖搆鷇够等五十五字。

昚時認切慎蜃等九字。

惇都昆切敦墩邨鶉錞等二十四字。內鶉錞二字，並係殊倫切，與淳字同音，不合回避。若作都昆切，即係與今廟諱同音。合各從經傳子史音義避用。

擴闊鑊切廓郭鞹鞟等十七字。

昀俞倫切勻畇馴巡尚書巡守徐邈讀等七字。

紹熙重修文書令

諸犯聖祖名、廟諱、舊諱、舊諱内貳字者連用爲犯，若文雖連，而意不相屬者非。御名，改避。餘字謂式所有者有他音，謂如角徵之類及經傳子史有兩音者，許通用，謂如金作贖刑，其贖字一作石欲切之類。正字皆避之。若書籍及傳録舊事者，爲字不成，御名易以他字。

諸犯濮安懿王諱讓者，改避。若書籍及傳録舊事者，皆爲字不成，其在真宗皇帝謚號内者，不避，應奏者以黄紙覆之。按真宗謚號，有讓德二字。諸文書不得指斥援引黄帝名，經史舊文則不避。如用從車從干，冠以帝字，或繼以后字，合行迴避。自餘如軒冕、軒輊、轘轅、車轅之類，即不合迴避。

第七十九　遼金諱例

遼金起自朔漠，其始本無文字，無所謂避諱。遼史文學傳，重熙十三年蕭韓家奴上疏，謂：「天皇帝之考夷离堇的魯，猶以名呼。」其不避諱可知也。既占河朔，始習漢文，兼用漢文名字。廿二史劄記廿八謂：「金一人二名，其國語之名，便於彼此相呼；漢名則用之詔令章奏。其避諱之法，則專避漢名，而國語之名不避，蓋國語本有音無正字也。」然漢名之俗，遼亦有之，不過金自滅遼而後，與宋人接觸頻繁，適當宋人避諱極盛之時，故金亦受其薰染，其避諱遂比遼爲盛。大金集禮廿三載：「大定九年正月省奏，檢討到唐會要云：古不諱嫌名，後世廣避，故諱同音。今御名同音，已經頒降餘救切二十八字，合迴避。」所謂餘救切者，世宗初名褎也。然此猶爲御名同音及漢名。據金史章宗紀：泰和元年三月，乃并避始祖以下廟諱小字。七月，又禁廟諱同音字。孫即康傳：「泰和六年，上問即康，睿宗諱改作崇字，其下却有本字全體。即康乃擬熙宗諱亶字從面從旦；睿宗諱宗字從未、堯字從垚；世宗諱雍字從系；顯宗諱允字斜書。」自此不勝曲避矣。不意宋人避諱之毒，乃中於金人。左表所列，限於漢名，其國語之名從略。遼疏而金密，亦可於二表見之。金蓋於諸帝之外，并避其所出也。

遼

世次	帝號	所出	漢名	舉例
一	太祖	耶律氏	億	宋慶曆三年賀國主生辰使丁億，更名意。
二	太宗	太祖子	德光	改晉天雄軍節度范延光爲范延廣，改光祿大夫爲崇祿。
三	世宗 父義宗倍	太祖孫	阮	
三	穆宗	太宗子	璟	

四　景宗　世宗子　賢　宋慶曆三年賀國母正旦使李維賢，更名寶臣。
五　聖宗　景宗子　隆緒
六　興宗　聖宗子　宗真　改女真爲女直。
七　道宗　興宗子　洪基　宋明道元年賀國母生辰使王德基，遼史作王德本。
九　天祚帝　道宗孫　延禧　改興宗重熙年號爲重和，姚景禧改名景行。
　父順宗濬

金

一　太祖　完顏氏　旻　宋紹興十二年，改岷州爲西和州。
一　太宗　太祖弟　晟
三　熙宗　太祖孫　亶
　父徽宗宗峻　宗峻　皇統八年，改濬州爲通州，金史誤作避宗雋改。
三　海陵　太祖孫　亮
　父遼王宗幹
　太子光英　光英　改鷹坊爲馴鷙坊，改英國爲壽國，應國爲杞國。

三　世宗　太祖孫　雍初名褎　改雍丘縣爲杞縣，雍國爲唐國。

父睿宗宗堯初名宗輔　宗堯　改宗氏爲姬氏，宗州爲瑞州，宗安縣爲瑞安，宗國爲萊國。

五　章宗　世宗孫　璟　張燝改名煒，改景州爲觀州，改景國爲鄒國。

父顯宗允恭　允恭　衛紹王允濟更名永濟，尹安石改姓師，侯師尹改名摯。恭改爲敬，宗室思恭改名思敬，白彦恭改名彦敬，改共城縣爲河平，龔縣爲寧陽，武功縣爲武亭。

四　衛紹王　世宗子　永濟　改永興縣爲德興，永濟縣爲豐閏，濟國爲遂國，張永改名特立，中州集閻詠改名長言。

五　宣宗　世宗孫　珣　改郇國爲管國，梁詢誼改名持勝。

父顯宗允恭

太子守忠　守忠　張行忠改名行信。

六　哀宗宣宗子　守緒初名守禮　賈守謙改名益謙。

第八十　元諱例

避諱之繁，至宋金而極，至元則反之。廿二史劄記廿九有元帝后皆不諱名一條。一部元史，惟程鉅夫傳言：「鉅夫名文海，避武宗廟諱，以字行。」餘無所見。鉅夫蓋生宋世，猶習宋人之遺風，其實元制不全用御名不避也。元武宗名海山，武宗時以海名者至多，試檢武宗紀已得七人：

一、海都叛王凡八見
二、朵兒朵海太傅
三、塔剌海中書右丞相凡十五見
四、塔海中書右丞凡三見
五、塔失海牙江浙行省河南省平章政事凡三見
六、火失海牙儀鳳司大使
七、海剌孫平章政事

其官名之有海字者四：

一、稱海等處宣慰司都元帥。

二、海口屯儲親軍都指揮使司。

三、稱海也可扎魯忽赤。

四、海外諸蕃宣慰使都元帥，領海道運糧都漕運萬户府事。

其他地名及章奏之有海字者，如：靖海縣、寧海州凡二見、海漕凡四見、海道凡三見、海東、海賊、海口、海舶、下海、海外諸國等，不一而足，皆見於武宗紀。武宗即位詔，開始即有「以文德洽海内」之言，何曾有諱海之事。元史曹元用傳：「武宗時，元用遷禮部主事，時累朝皇后既崩者，猶以名稱，而未有謚號。元用言后爲天下母，豈可直稱其名。」則當時帝后之不諱名可知也。

唯元典章廿八載至元三年表章迴避字樣，凡一百六十餘字。是時去宋之滅，尚十有餘年，此等字樣，必沿自金人，非元人所創。觀其所記注，有「某字係舊式」、「某字近用不駁」之文，則其來歷必非一朝。元初諸帝不習漢文，安知有忌諱！

元典章廿八又載：「延祐元年十一月，行省准中書省咨，科舉事件，送禮部約會翰林院官議得：稱賀表章，元禁字樣太繁，今擬除全用御名廟諱不考外，顯然凶惡字樣，理宜迴避。至於休祥極化等字，不須迴避。都省請依上施行。」

又：「延祐三年八月，中書省劄付，禮部呈翰林國史院議得：表章格式，除御名廟諱，必合迴避，其餘字樣，似難定擬。都省仰欽依施行。」此則延祐設科以後，效宋金人之所爲。其定制亦只限於全用御名廟諱。若程文海與武宗之名僅同一字，當然可不避。且元帝名皆譯音，又不如遼金諸帝之兼有漢名，故元世文書上避諱之例甚少也。

第八十一　明諱例

明承元後，避諱之法亦甚疏。據明史，隨從太祖諸人，有丁玉初名國珍，吳良初名國興，吳禎初名國寶，胡美初名廷瑞。胡美傳云：「避太祖字易名。」然終明之世，太祖名字，並未嘗避。

沈德符於萬曆間撰野獲編，其卷一云：「古帝王避諱甚嚴，本朝則有極異者。如懿文太子，既有謚號，少帝仍名允炆。建文年號，音同御名，舉朝稱之凡四年。建文二子，長名文奎，次曰文圭，其音又與炆字無少異，其後章謚號，又犯太祖御諱，抑更異矣。」野獲編補遺二又云：「避諱一事，本朝最輕。如太祖御諱下一字，當時即不避。宣宗英宗廟諱下一字，與憲宗舊名新名下一字，士民至今用之。」又補遺三：「今禁城北門名厚載，二字俱犯世宗穆宗廟諱上一字。今上皇貴妃鄭氏所居宮曰翊坤宮，上一字即今上御名。而内外所稱，章疏所列，俱公然直呼，恬不爲怪，亦無一人議及之。」

按明律雖有上書奏事犯諱之條，然二字止犯一字者不坐。明諸帝多以二字爲名，故不諱也。

野獲編十三又言：「謚以易名，惟金尚書忠謚忠烈。其後林文俊乃謚文修，陳文德亦謚文恭。若洪熙元年，英國公張輔，其勳號有輔運二字。宣德二年，后父孫忠，其勳號有宣忠二字。隆慶初，給新建伯王守仁誥券，勳號亦有守正二字，則以二名不偏諱也。」

萬曆而後，避諱之法稍密。故明季刻本書籍，常多作嘗，洛多作雒，校多作較，由字亦有缺末筆者。

日知録廿三言：「崇禎三年，奉旨頒行天下，避太祖成祖廟諱及孝武世穆神光熹七宗廟諱，正依唐人之式。」又言：「崇禎二年，兵部主客司主事賀烺，以避皇太子名，改名世壽。而光宗爲太子，河南府洛陽縣及商州洛南縣，並未嘗改。」據此，則明諱之嚴，實起於天啓崇禎之世。

世次	帝號	所出	名諱	舉例

明

一　太祖　朱氏　元璋字國瑞　胡廷瑞易名胡美。
父世珍
三　惠帝　太祖孫　允炆
二　成祖　太祖子　棣　改滄州之無棣曰慶雲，樂安州之無棣曰海豐。
三　仁宗　成祖子　高熾
四　宣宗　仁宗子　瞻基
五　英宗　宣宗子　祁鎮　正統丁卯，山西鄉試經題「維周之楨」，犯楚王諱，考官罰俸。
五　代宗　宣宗子　祁鈺
六　憲宗　英宗子　見深初名見濬
七　孝宗　憲宗子　祐樘
八　武宗　孝宗子　厚照
八　世宗　憲宗孫　厚熜　張璁正德十六年登第，嘉靖十年始避嫌改名孚敬。
父祐杬

九　穆宗　世宗子　載垕　鈞州改名禹州。
十　神宗　穆宗子　翊鈞
十一　光宗　神宗子　常洛　常作嘗，洛作雒。
十二　熹宗　光宗子　由校　校作較。
十二　毅宗　光宗子　由檢　檢作簡。

第八十二　清諱例

清之入據中原，與拓跋耶律完顏諸氏同。明人譯其景祖曰教場，或曰呌場，清人自書曰覺昌；明人譯其顯祖曰他失，清人自書曰塔克世；明人譯其太祖曰奴兒哈赤，清人自書曰努爾哈赤。譯音無定字，無所庸其諱也。入關久，始效宋明人避諱。清之避諱，自康熙帝之漢名玄燁始，康熙以前不避也。雍乾之世，避諱至嚴，當時文字獄中，至以詩文筆記之對於廟諱御名，有無敬避，爲順逆憑證。乾隆四十二年，江西舉人王錫侯字貫案，即因凡例中列康雍兩朝廟諱及乾隆御名，未將其字分析，如所云「上一字從弓從厶，下一字從厤從日」者，固已照例缺筆矣；又因廟諱御名，列在孔子諱後，以此大遭乾隆之忌，遽興大獄焉。

當時上諭有曰：「閲其進到之書，第一本叙文後凡例，竟將聖祖世宗廟諱及朕御名字樣開列，深堪髮指。此實大逆不法，爲從來未有之事，罪不容誅，即應照大逆律問擬，以申國法而快人心。」以諱殺戮多人，真「從來未有之事」。惲敬大雲山房襍記二乃云：「陳弘謀乾隆三十二年三月授東閣大學士，始奏請將原名改用宏字。前此敭歷數十年，一切奏摺書名，均與御名上一字同。」以此見清朝之寬大。俞樾茶香室續鈔八謂：「御名無不避之理。前此當已改寫宏字，惟部册尚未追改，至授東閣大學士，始請將部册改作宏字耳。」俞説是也。

乾隆時，不特清朝廟諱有禁，李廌濟南集有「漢徹方秦政」之句；北史文苑傳叙有「頡頏漢徹」之句，館臣亦遭痛斥，飭令改爲漢武。並將此諭載之四庫提要卷首，使天下知皇帝之尊，百世下猶可爲厲也。道咸而後，諱例漸寬。前此二名皆諱，道光後上一字與親王同者不諱。今故宫中門號有寧字者，當時亦未盡改易，蓋國力至此已衰矣。

	世次	帝號	所出	名諱	舉例
清	一	世祖	愛新覺羅氏	福臨	第二子名福全，其始固無所謂避諱。
	二	聖祖	世祖子	玄燁	以元煜字代，稱范曄爲范蔚宗，玄武門改神武。
	三	世宗	聖祖子	胤禛	胤以允字代，明史張佳允、申佳允、堵允錫，

進士題名碑本作胤。改王士禛爲士正，又改士禎。

四	高宗　世宗子	弘曆	以宏歷字代，改明弘治年號爲宏治，改時憲曆爲時憲書。
	太子永璉	永璉	論語「瑚璉也」，試場不以命題。
五	仁宗　高宗子	顒琰初名永琰	簡明目録改宋俞琰爲俞琬。韻目上聲二十八琰改爲儉。
六	宣宗　仁宗子	旻寧初名綿寧	寧以寧代。
七	文宗　宣宗子	奕詝	
八	穆宗　文宗子	載淳	淳寫作湻。
八	德宗　宣宗孫	載湉	
	父醇賢親王奕譞		
九	末帝　宣宗曾孫	溥儀	唐紹儀改名紹怡，後復之。
	父醇親王載灃		

徵引書目略

廿四史　廿二史考異　三史拾遺
諸史拾遺　廿二史劄記　十七史商榷
荀悅漢紀　通鑑　通鑑稽古録
續通鑑長編　建炎以來繫年要録　史通
新唐書糾繆　金史詳校　東都事略
十國春秋　華陽國志　鄴中記
蜀檮杌　齊乘　元和郡縣志
元豐九域志　嘉泰會稽志　輿地紀勝
孫慶瑜豐潤縣記　雍正江西通志　通典
唐律疏議　唐會要　五代會要
通志　通考　禮部韻略
大金集禮　元典章　崇文總目

郡齋讀書志　直齋書録解題　東觀餘論
四庫提要　四庫全書考證　元和姓纂
黄本驥避諱録　韓柳年譜　帝王廟謚年諱譜
文獻徵存録　姓氏辯誤　説文
説文繫傳　佩觿　唐石經
宋高宗御書石經　蜀石經　隸釋
石刻鋪叙　集古録跋尾　寶刻類編
金石文字記　潛研堂金石文字跋尾　金石萃編
金石屑　鄰蘇老人手書題跋　方言疏證
蔡邕獨斷　崔豹古今注　經典釋文
李涪刊誤　兼明書　夢溪筆談
容齋隨筆　示兒編　野客叢書
能改齋漫録　老學菴筆記　疑耀
日知録　十駕齋養新録　讀書記疑
雪堂校刊羣書叙録　揮麈前録　雞肋篇

游宧紀聞 梁谿漫志 聞見後録
程史 齊東野語 至正直記
野獲編 大雲山房襍記 茶香室續鈔
老子 莊子 荀子
淮南子 顏氏家訓 元經
中說 朱子四書集注 本草綱目
藝文類聚 册府元龜 韓昌黎集
柳河東集 范文正公集 司馬光文集
濟南集 渭南文集 曝書亭集
鮚埼亭集 潛研堂文集 文選
文館詞林 唐文粹 文苑英華
全唐文 東華録 南宋雜事詩

重印後記

是書爲一九二八年紀念錢竹汀先生誕生二百周年而作，當時急於成書，引書概未注卷數，引文又未加引號，讀者以爲憾。今本係劉君廼龢校本，劉君於本書用力至深，曾將全部引文一一檢對原書，正其謬誤，其須加卷數及引號者並加注卷數引號。今特用其本重印，以便讀者。

陳　垣　一九五六年十二月

〔完成於一九二八年二月，最初發表於燕京學報第四期，現據中華書局一九六二年第一版排印。〕

陳垣全集之十二

校勘學釋例

安徽大學出版社

序

余以元本及諸本校補沈刻元典章，凡得謬誤一萬二千餘條，其間無心之誤半，有心之誤亦半，既爲札記六卷，闕文三卷，表格一卷，刊行於世矣。乃復籀其十之一以爲之例，而疏釋之，將以通於元代諸書，及其他諸史，非僅爲糾彈沈刻而作也。且沈刻之誤，不盡由於沈刻，其所據之本已如此，今統歸其誤於沈刻者，特假以立言耳。六百年來，此書傳本極少，四庫既以方言俗語故，擯而不録，沈氏乃搜求遺逸，刊而傳之，其有功於是書爲何如！沈刻固是書之功臣，今之校補釋例，亦欲自附於沈刻之諍友而已，豈敢齮齕前人耶！昔高郵王氏之校墨子也，曰：「是書以無校本而脱誤難讀，亦以無校本而古字未改，又有傳寫之譌，可以考見古字之借，古音之通，他書所未有也。」余於沈刻元典章亦云然。元典章爲考究元代政教風俗語言文字必不可少之書，而沈刻雕版之精，舛誤之多，從未經人整理，亦爲他書所未有。今幸發見元本，利用此以爲校勘學之資，可於此得一代語言特例，並古籍竄亂通弊，以較彭叔夏之文苑英華辨證，尚欲更進一層也。博雅君子，幸進而教之。

一九三一年七月新會陳垣

校勘學釋例卷一

行款誤例

第一　有目無書有書無目例

有目無書，有爲沈刻所獨闕者，可以他本補之；有爲元刻所本無者，則是編纂時未經纂入，具見校補札記，兹從略。

至於有書無目，則大抵由編纂時未將目録加入，故沈刻目闕者元刻亦闕，唯新集禮部，各本有祭祀社稷體例門，汲古閣藏本即故宫藏本獨無之，疑有闕葉，非元刻本無也，蓋按目排訂，無目者自易漏訂矣。

卷　葉

户五三二　　遠年賣田告稱卑幼收贖

户七廿二　多支官錢體覆不實斷罰
刑十九七　禁乞養過房販賣良民
刑十九廿四　遺火決斷通例
新吏四　住罷封贈
新吏廿三　劉萬户奔繼父喪
新户三九　蟲蝗生發申報
新禮六　祭祀社稷體例
新刑二　奴兒干出軍　肇州屯種
新刑五三　户計司相關詞訟

又有書與目次第不同者，元刻本已如此，亦編纂時未經改正者也。

户一三　俸錢各條　與目次第不同。
户四二十　夫自嫁妻條後　與目次第不同，按年應以目爲正。
禮一十二　察司不須迎送接待條後　與目次第不同，按年應以書爲正。
禮五三　保申醫義條後　與目次第不同。
新兵十五　遞鋪門　目在工部造作門之後，應以書爲正。

新刑五一　諸姦門　目在諸盜門之前。

第二　條目譌爲子目例

元刻卷中標目，悉陰文低二格，與文平行，留二格爲擡頭之用，其子目則悉低三格，冠陰文一字於其上，而文則低四格，眉目極清晰也。沈刻不依元刻擡頭，卷中標目，悉改爲陰文頂格，文低一格，子目低二格，文低三格，眉目亦清晰也。惟吏部六、七、八等三卷，標目悉改爲陽文低二格，冠一字於其上，而文則低三格，與其他子目混淆不清，非以卷首目錄校之，不能知其孰爲條目，孰爲子目也。今略舉數條如下：

吏六一　一隨路歲貢儒吏

吏六三　一儒吏考試程式

吏六廿一　一職官補充吏員

吏七一　一品從座次等第

吏七三　一圓座署事

吏八一　一品從行移等第

吏八二　　　　一執政官外任不書名

右所舉，照沈刻本書格式，應悉改爲頂格陰文，删其冠首「一」字，方與其他各卷一律，而不致與子目混淆。然此誤實不始於沈刻，彭本、方本雖依元刻擡頭，此三卷條目上亦均冠以「一」字，由來遠矣。

第三　非目録誤爲目録例

元刻、沈刻，目録標題均用陰文，所以醒目也。沈刻有非目録而誤刻陰文者，有非目録而誤爲目録者。

兵二七　　　御史臺咨　　　四字元陽文，誤陰文。

兵二八　　　見刑房巡捕例　　　元作「見刑部捕盜類」，小字陽文，今誤陰文大字。

刑十三八　　　行臺都御史鈞旨咨　　　八字元作「御史臺咨」四字，陽文，與前段平行，今誤陰文頂格，與其他目録相混。

刑十六十五　司吏周崇仁狀招　七字元陽文，比前段低一格，今誤陰文頂格，與其他目錄相混。

第四　誤連上文例

凡鈔書不依原本行款，則遇原本分段處，容易誤連。惟元刻元典章標目悉用陰文，苟直接鈔自元刻，亦不至有誤連上文弊。今沈刻誤連上文之弊甚多，有如下例：

吏四五　求仕不許赴都

户六七　添工墨鈔

禮一四　表章迴避字樣

兵一三九　札撒逃走軍官軍人

兵三三　拯治站赤

兵三十六　脱脱禾孫盤問使臣

刑一三　民官公罪許罰贖

刑二二　依體例用杖子

刑三十二　　誣告謀反者流

刑八三　　定擬給没贓例

又元典章一目之下，輒分數段，倘一段末處適爲一行盡處，則更端之始，亦易誤連。幸此書悉案牘之文，每一更端，多冠年月，癥結所在，整理不難。

户一六　　尚書省送據户部呈

兵三十九　　大德元年

兵三五二　　又大德七年

刑八三　　至大四年

刑十三廿三　　延祐四年六月

刑十五四一　　至大四年三月

刑十五四三　　至大三年四月

又有兩條或兩段之間，中有脱文，遂至兩條混爲一條，非發見脱文，不易知其癥結所在。

户八七九　　背一行「泉府司」下，脱三十字，遂將兩條併爲一條，而市舶則法二十三條，缺少一條矣。

户六十二　背一行「者麽道」下，脱簡二十行，遂將「虚燒昏鈔」一條之末二段，誤合上文爲一條矣。

户九廿一　背八行「申到」下，脱簡二十三行，遂將「江南申災限次」一條之後半，誤合上文爲一條矣。

禮一十四　三行「准擬」下有脱文，大德七年上又脱「貢獻毋令迎接」一目，遂與前條併爲一條，而不可分矣。

又刑部卷内，法司擬定犯人罪名，元刻必另行，當時公牘格式本如此，所以便省閲也，今沈刻悉連之，亦不便。

刑四四　姦夫李驢兒法司擬云云

姦婦劉阿翟法司擬云云

刑四廿七　靳留住法司擬云云

慈不揪法司擬云云

刑四廿八　戴引兒法司擬云云

張驢兒法司擬云云　元均另行。

第五　錯簡例

沈刻元典章錯簡之例有三：曰單錯，曰互錯，曰衍漏錯。

單錯者，本處有闕文，錯簡在他處是也。

吏四七　五行「今後」下，漏二十三字，錯簡在八行「省送」下。

户三二十　一行「立嗣」下，漏二十六字，錯簡在四行「前弊」下。

户四四十　十一行「到招」下，漏二十七字，錯簡在背一行「招伏」下。

户七一　十行「原發勘合」下，漏十字，錯簡在八行「勘合已到」下。

户七三一　五行「追徵」下，漏十七字，錯簡在四行「追徵」下。

互錯者，本處有闕文，錯簡在他處，他處亦有闕文，錯簡在本處，所謂彼此互錯也。

吏七六　四行「公出疾病在假即日」八字，應在五行「長官」下。
五行「掌判其行用印信」七字，應在四行「長官」下。

户三七　五行「因而在外另籍或」七字，應在七行「漏籍人口」下，
七行「各年軍籍内」五字，應在五行「附籍人口」下。

衍漏錯者，本處有闕文，而重出他處之文於此，又衍又漏是也。

吏六廿八　背十一行「按察司」下，漏「申該」等十五字，又將下文「史所有奏差合」六字，重出於此。

兵一四六　背六行「欽奉聖旨」下，漏「禁治」等十八字，又將背七行「軍及」等十八字，重出於本行。　彭本、方本均如此，知沈刻與二本實同出一源也。

第六　闕文例

沈刻元典章闕文甚多，其所闕最巨者，爲吏部卷三，闕倉庫官等六門，凡三十六葉，在方氏等半葉十行本則爲四十七葉，蓋所據本將此卷分裝二册，而闕鈔其下册也。

其餘所闕，則刑部卷内爲多，且每在一類之末一二條，似有意刊落，而非偶然脱漏者。

刑一二　做罪過的不疎放一條　在刑法類末。

刑二十六　孕囚出禁分娩三條　在繫獄類末。

刑三十一　鄭貴謀故殺姪一條　在不睦類末。

刑四四　船上圖財謀殺一條　在謀殺類末。

刑五七　無檢驗骨殖例一條　在檢驗類末。
刑六四　馮崇等剜壞池傑眼睛一條　在他物傷類末。
刑八廿一　吏員贓滿一體追奪一條　在取受類末。
刑九八　接攬税糧事理一條　在侵盜類末。
刑十二　知人欲告回錢一條　在回錢類末。
新刑七　巡尉司囚月申一條　在詳讞類末。
新刑五十　針擦人眼均徵養贍鈔二條　在毁傷眼目類末。
新刑八四　分揀流民一條　在禁聚衆類末。
新刑九十　禁借辦習儀物色一條　在雜禁類末。

第七　字體殘闕逕行删去例

鈔刻書籍，遇有殘闕字體，應爲保留，以待考補，不得將殘闕字句逕行抹去。今沈刻元典章目錄禮部門内，殘闕多條，尚留空位待補，是也。然亦有將殘闕字句，逕行删去，不留空位者：

目錄三六

望講經史　應作「朔望講經史例」。

儒學提舉司　應作「立儒學提舉司」。

權兒休差發　應作「橫枝兒休差發」。

食學校田地　應作「種養學校田地」。

治學校　應作「整治學校」。

舉程式條目　應作「科舉程式條目」。

右六條，每條之上，皆殘闕一字，緣吳氏繡谷亭本即涵芬樓藏本此數葉紙有殘闕也。由此可知沈刻此卷實由繡谷亭本出，特未知是直接是間接耳。然所闕者目錄，本可用本書校補，即未及校補，亦應預留空位，今乃逕行刪去，疏忽之誚，似不能辭。又書中標目，亦有似此殘闕，逕行抹去者。

兵三五十

馳驛　「馳」上應有「枉道」二字。

刑七十四

犯姦出舍　「犯」上應有「舍居女」三字。

右目二條，因元刻上有殘闕，本可據卷首目錄校補，即未及校補，亦應預留空位，不應逕行抹去，致令人疑爲無闕也。

户八十七　若遇客旅賫據詣造茶

「造」上元有三字殘闕，據汲古閣藏本尚殘留「处」字，「处」上據繡谷亭本尚有「户」字，當是「茶户处」三字，由此可知繡谷亭所據元刻，較汲古閣藏本爲早印也。

户八六三　提調官歸縣達魯花赤

「歸」上元有一字殘闕，據汲古閣藏本尚殘留「禾」字，當是秭歸。

户八八二　據歸縣達魯花赤

「歸」上元有「秭」字。

户八八一　大字直書鹽不得犯界

「鹽」上元有一字殘闕，據汲古閣藏本尚殘留「厶」字，當是私鹽。

刑七十八　十二歲女兒

「兒」上元有一字不明，言十二歲女名某兒也。

刑十五三十　背十二行後，元刻殘闕一行，其次行尚留「處歸問斷者欽此」七字，沈刻並行刪去。

第八　空字誤連及不應空字例

凡鈔刻書籍，字有未詳，則空一字以待校補；例行文書，遇有不定名詞或數目，亦空一字以待填補，此恒例也。

户三十五　及見告　人名字稱説係是
　　　　　户頭　人子姪

兩「人」字上空位，元刻均作「厶」，即某字也。今不作「厶」而留空位，其義亦同。

户四十二　伊兄大嚇勒訖女一斤婚書

「大」上元空一字，兄某大、女一斤，皆係人名，今遽將空位誤連，不復知爲人名矣。

户八八四　若數過陪者量爲減免定額

「陪」上元空一字。陪與倍元時通用，「陪」上空一字，乃未定之詞，即數過若干倍也。今徑將空位誤連，失其義矣。

户八一〇三　據丘縣狀申

「丘」上元作墨方，丘縣爲某丘，尚待證明。然其上既空一字，則必非東昌路之丘縣可知，今遽將空位誤連，易生誤會。

兵三四一　到於水站接各乘船前去

「水站」上元空二字，當係地名待填，今逕删去，義亦不名。

又有不應空字而空者，亦易令人誤會。

户六六　倒　鈔人等

「倒」下元不空。

禮五八　至甚繁　夥

「繁」下元不空。

兵三廿四　它　每自出劄子

「它」下元不空。

新綱目二　職官　犯姦

「官」下元不空。職官犯姦，係新集子目之一，今誤作空位，令人疑爲二目。沈跋數新集子目有九十四者，亦分職官犯姦爲二事也。不應空而空，其弊與應空而不空等。

第九　正文譌爲小注小注譌爲正文例

正文譌爲小注，大抵因版已鋟成，發見脱漏，挖版補入，不得不改爲雙行，其例常有。

吏四十五　首領官取招斷罪二行　元大字。

户八五十　及批鑿闕防二行　元大字。

户十四　一半城子里二行　元大字。

禮一五　至元十五年二行　元大字。

然亦有不必雙行擠寫，而誤爲雙行者。

吏一廿二　教習亦思替文字國子　「國子」二字，誤爲小字雙行。

禮四十二　漢人南人古賦詔誥章表内科　「古賦」以下元大字，今亦誤爲

一道　小字。

至於小注譌爲正文，又較正文譌爲小注，令人不易察覺。

吏四四　十行「見前例」三字　元小注。

吏八一　背八行「正從同」三字　元小注。

户十三五　背十三行「七品司縣並申」　「並申」二字，元亦小注。

禮一九　背八行「至大改元詔」五字　元小注。

背十一行「如閑官就本宅正厅」八字　元小注。

禮三一　背四行「係今之下定也」六字

背五行「人之大倫」以下三十七字

背十二行「係今之下財也」六字　元均小注。

兵一十　背十三行「二十三款」四字　元小注。

兵一三二　背十一行「全文見上」　「全」字元亦小注。

兵三四　背十一行「云云見前」四字　元小注。

刑五七　八行「至元」至「准呈」凡十四字　元小注。

新吏二十　六行「畢見月爲理」五字　元小注。

新禮三　六行「云儒官服色全例」七字　元小注。

今並譌爲大字，與正文無別。

第十　擡頭遺跡改革未盡例

元刻元典章擡頭極多，有平擡，有單擡，有雙擡，沈刻悉爲連綴，然亦偶有遺留，且因此而致誤者。

綱目一　「國家」「聖旨」等字，仍另行擡頭。

目錄三四　「上位名字更改」一條，「上位」二字仍頂格，與類目平行。

新目一　「太皇太后尊稱詔」之上，元有「上」字在前行之末，謂上太皇太后尊稱也。今將「太皇太后」擡頭，而誤衍「上」字在次行之上。

新目一　「太皇太后尊號詔」之上，元有「加」字在前行之末，謂加太皇太后尊號也。今將「加」字誤衍在本行之下。

新目一　「詔書」之上，元有「阿撒等詭謀遭誅」七字在前行之末，謂阿撒等詭謀遭誅詔書也。今將「詔書」二字擡頭，而誤注「阿撒」等七字於本行之下。

户一八　「完者禿□□皇帝時分」，元無此□□而擡頭，今乃不擡頭而誤加空圍。

第十一　表格誤例

表格之用，最重位置，位置一亂，則失其効用。然位置之所以能不亂者，全在橫直綫，橫直綫一失，而欲位置不亂，難矣。夫翻刻有表格之古籍，必貴依其行款，行款照舊，表格可以不動。沈刻元典章不然，全書表格紊亂，橫直綫或有或無，無從校正，其譌誤尤甚者，止可照元刻本改作而已。然此不能以咎沈刻，因沈刻並非鈔自元本，其所據之本，未知爲三傳四傳，傳世既遠，仍雲不能肖其祖禰，宜也。表格之誤，不易以文字形容，試取下列之表，以改作者與沈刻原表一比勘，則知其相去之遠矣。

吏五三十　封贈表　闕橫綫，排列錯亂。

吏八八　案牘表　闕橫直綫，並多錯誤。

户二一　分例表　闕橫綫，其直綫又多錯誤。

户六一　鈔法表　闕橫直綫。

兵三一　驛站表　闕橫直綫，且錯亂。

刑三一　諸惡表　闕橫直綫，且錯亂。

校勘學釋例卷二

通常字句誤例

第十二　形近而誤例

形近而誤，有易察覺者，有不易察覺者，其易察覺者，文義不通者也。

卷　葉		
目錄六二	流戈聚衆	元作「流民」。
吏三廿八	擬堯嘉興路醫學教授	元作「擬充」。
吏五十三	不死之任作闕	元作「不能之任」。
户三十九	先奉中書省劉付	元作「劄付」。

户四十三　劉瑞哥懷朶　元作「懷孕」。

户五三二　遠年責田　元作「賣田」。

户六二　課銀每疋　元作「每定」。

户六十一　好鈔妾作昏鈔　元作「安作昏鈔」。

兵三廿六　差妻錄事孫徵事等　元作「差委錄事」。

新兵四　輒加築楚　元作「箠楚」。

其不易察覺者，文義似通非通者也。

吏三十九　倘有不應罪及學官　元作「舉官」。

吏三廿一　考成之士絶少　元作「老成」。

户三廿三　張元俊妾稱己曾過房爲男　元作「安稱」。

户六廿七　不合窩藏蔡軟驢子地窨子内　元作「於地窨子内」，先易「於」爲「于」，又誤「于」爲「子」。

禮一九　率僚屬公吏皆樂送至城門外　「皆樂」元作「音樂」。

禮三十五　亦有將寶鈔籍户斂葬　「籍户」元作「藉尸」。

禮三十七　況舊停於家者　「舊停」元作「留停」。

刑三十七　正是南安贛州等處　元作「止是」。

刑十九三　將劫擄財物男女子收捕處　「子」元作「於」，由「于」誤「子」。

新刑五　信賞在功無不服　元作「功無不報」。

新刑十五　盜官銀米出倉免刺　元作「盜官糧未出倉免刺」。

新刑八七　蔣文貴等於大德十年七月因與沈七將已挑僞鈔裝誣客人蒙杭州路總管蔣文貴杖斷八十七下　第二之「蔣」元作「將」，涉上文而譌，上文有「蔣文貴」，故下文之「將文貴」，亦誤作「蔣文貴」，被杖之囚，忽變爲杖人之總管矣。

新刑八九　就杭州路鑄銅器　元作「就杭州鎔鑄銅器」，「杭州路」三字習見，故「杭州鎔鑄銅器」，誤爲「杭州路鑄銅器」，文義似通非通，皆不易察覺其誤者也。

又有譌誤在二字以上，文義似通非通，雖知其誤，不易知爲何誤者。

禮二七　比兵戎要受底人　元作「比丘戒要受底人」。

兵一二十　據中書在丞　元作「中書左丞」。

兵一四三　至門官地　元作「空閑官地」。
兵一四六　及今於姪軀丁　元作「及令子姪軀丁」。
新刑廿一　數自致元囚人者　元作「敢有致死囚人者」。
新刑六三　湖廣道廉訪司申掷柱等處分司牒　「掷柱」元作「郴桂」。
新刑八九　又獲到下河係匿税銅錢一十一箴包　「下河係」元作「丁阿保」。

第十三　聲近而誤例

聲近而誤，有由於方音相似者，有由於希圖省筆者。何謂方音相似？如「吏」「例」、「記」「繼」、「程」「陳」、「點」「典」諸字，以廣州音讀之，不相混也，今沈刻元典章多混之，知必與抄者之方音相似也。

目録五二　官例贓罰鈔　元作「官吏」。
户四四七　千户王記祖　元作「王繼祖」。

刑五八　並記中統鈔數　元作「並計中統鈔數」。

户五三十　陳應林　元作「程應林」。

户六十二　從實計典　元作「計點」。

新吏廿五　依著舊例計典　元作「計點」。

户七三三　其各物多收用錢　元作「其各務多收用錢」。

户八四八　多省准擬　元作「都省」。

户八五九　多省除已移咨江淮行省　元作「都省」。

刑二七　輒加拷掠嚴行　元作「嚴刑」。

刑二廿二　非理死損者嚴刑究治　元作「嚴行」。

刑四三七　閻喜生　元作「閻喜僧」。

刑十一四七　警跡人拘檢官防　元作「拘檢關防」。

刑十三廿一　近因搬喪還家　元作「奔喪」。

新禮四　公過京兆路學觀裏　元作「觀禮」。

新兵一　擬定局項事理　元作「逐項」。

新刑六十　江正四　元作「姜正四」。

何謂希圖省筆？ 廣州音「黄」「王」不分，今沈刻元典章多誤「黄」爲「王」，但不見誤「王」爲「黄」，則不過希圖省筆而已，蓋以爲更人姓名無關重輕也。

刑四十一　王雲二　元作「黄雲二」。

刑五十三　朱阿王　元作「朱阿黄」。

刑九十一　庫官王慶　元作「黄慶」。

刑十六廿六　王喜兒　元作「黄喜兒」。

刑十六三三　州判王文德　元作「黄文德」。

新刑六　王茂可　元作「黄茂可」。

新刑十六　糾合王耕一　元作「黄庚一」。

新刑四一　伊妻阿王　元作「阿黄」。

新刑八五　王鼎　元作「黄鼎」。

第十四　因同字而脱字例

鈔書脱漏，事所恒有，惟脱漏至數字或數十字者，其所脱之末一二字多與上文同，在沈刻元典章中此爲通例，因鈔書之人，目營手運，未必顧及上下文理，一時錯覺，卽易將本行或次行同樣之字句，誤認爲已經鈔過，接續前鈔，遂至脱漏數字數行而不知。此等弊端，尤以用行款不同之鈔格者爲易犯。

其脱漏三數字者，其末字多與上文同：

朝綱一一　「不題説的」下　脱「題説的」三字。

臺綱二廿二　「每遇照刷」下　脱「仍將前刷」四字。

吏二十五　「立嫡長子」下　脱「若嫡長子」四字。

吏二廿一　「晏只哥參政」下　脱「敬參政」三字。

吏六六十　「一行貼書」下　脱「貼書」二字。

兵一二　「行御史臺」下　脱「准御史臺」四字。

　　「交打算」下　脱「不交打算」四字。

兵一三七　「大小軍官」下　脱「首領官」三字。

兵一五三　「萬户千户」下　脱「百户」二字。

新吏七　「欽此」下　脱「除此」二字。

其脱漏數十字以上者，其末一二字亦多與上文同：

吏六廿六	五行「令史內」下	脫二十字。末三字亦爲「令史內」。
吏六四九	背六行「罪及」下	脫二十二字。末二字亦爲「罪及」。
吏六六五	一行「吏目」下	脫五十四字。末二字亦爲「吏目」。
兵一十六	二行「決杖」下	脫十八字。末二字亦爲「決杖」。
兵一廿五	背六行「聖旨」下	脫十九字。末二字亦爲「聖旨」。
兵一五三	背一行「軍人」下	脫二十四字。末二字亦爲「軍人」。
刑十九四十	十行「的人」下	脫七十八字。末二字亦爲「的人」。
工二十三	背二行「與也」下	脫七十四字。末二字亦爲「與也」。
新兵三	一行「安下」下	脫二十二字。末二字亦爲「安下」。
	背十一行「門官」下	脫二十四字。末二字亦爲「門官」。
新刑四一	十一行「送」下	脫二十四字。末字亦爲「送」。

第十五　因重寫而衍字例

有以已抄爲未抄而誤衍者：

吏一三四　燒鈔東東西庫　衍一「東」字。

吏六五十　申覆行行省　衍一「行」字。

吏八五　將所所關起馬聖旨　衍一「所」字。

户三八　得訖良書良書　衍「良書」二字。

户七十七　並應支不應支不應錢物　末「不應」二字衍。

户八六七　一十瓶十瓶以上　衍「十瓶」二字。

禮四三　設立蒙古學校事會校事會檢到　衍「校事會」三字。

兵一二十　如今出來底也有不出來底也有不出來底多有　衍「不出來底也有」六字。

兵一三七　照依樞密院條畫禁的事理不得違犯仰樞密院條畫禁的事理不得違犯仰樞密院　衍「條畫」至「樞密院」十四字。

兵三三三　背八行「頭不換」至「民户裏」，三十五字衍。

刑三十二　要了五十定罪犯法司擬舊例
失口亂言犯法司擬舊例失口
亂言杖一百七下　衍「犯法」至「亂言」十字。

新吏四　本部呈先准中書省劄付本部
呈先准中書省劄付　衍「本部」至「劄付」十字。

有錯看前後行字句而誤衍者：

吏一二十　背三行「寧夏府營田大使」七字衍，因五行有此七字也。

禮六二　背九行「營求勾當侵漁」六字衍，因七行有此六字也。

兵一廿一　九行「准中書省劄付」六字衍，因八行有此六字也。

兵一三七　六行「起補轉致損」五字衍，因七行有此五字也。

衍字恒在兩行接續之間，有特應注意者：

兵一十　福建行省准樞樞密院咨　衍一「樞」字，適在背面第一行之頂。

兵一十四　百户牌子頭頭處　元作「百户牌子頭一處」，衍一「頭」字，適在次行之頂。

刑七十一　執謀丈人潘潘成姦要親女　衍一「潘」字，適在行頂。

刑九二　收受十十七年稅糧　衍一「十」字，亦適在行頂。

第十六　因誤字而衍字例

有誤字既經點滅，後人不察，仍舊錄存，其誤字多在本字上：

吏四一　任滿例隔革官員　元作「例革官員」。「革」誤爲「隔」，既點滅之，後人仍書爲「隔革」。

吏六四七　其總管府責貢舉吏員　「責」字衍。「貢」誤爲「責」，既點滅之，後人仍書爲「責貢」。

吏六五五　聽本處著耆老上户人等　「著」字衍。「耆」誤爲「著」，既點滅之，後人仍書爲「著耆」。

吏七七　遇有差務發　元作「差發」。「發」誤爲「務」，既點滅之，後人仍書爲「差務發」。

户三廿三　今官司檢點照户册　元作「檢照户册」。「照」誤爲「點」，既點滅之，後人仍書爲「點照」。

户四十一　偷錢在逃者皆由此而生　元以「在逃」爲句，「者」字衍，「皆」誤爲「者」，既點滅之，復行書入。

户七二　不全教交割呵　元作「不全交割呵」。書「交」爲「教」，以爲誤而黜之，後人遂並書爲「教交」。

禮一六　各路總管府屬萬户府　「屬」字衍。「萬」誤爲「屬」，既改爲「萬」，而「屬」字仍存。

禮四十五　一舉人舉與考試官　次「舉」字衍，「與」誤爲「舉」，既改爲「與」，而誤字仍存。

兵三三十　赴都閔關支鈔本　「閔」字衍。「關」誤爲「閔」，既改爲「關」，而「閔」字並存。

刑十三　一件有勾當的底人　元作「有勾當底人」。書「底」爲「的」，以爲誤而黜之，後人遂並書爲「的底」。

刑十一十　三月二十三日奉奏　「奉」字衍。「奏」誤爲「奉」，既改爲「奏」，而「奉」字並存。

有誤字校改於旁，後人不察，仍將誤字書入，其誤字每在本字下：

禮四九　做無元體例勾當行呵　「元」字衍。「无」誤爲「元」，校者記「無」字於旁，後人遂並書爲「無元」。

禮五十　其提舉學教授等官　「學」字衍。「舉」誤爲「學」，校者記「舉」字於旁，後人遂並書爲「舉學」。

有誤字不知爲誤，而疑爲脱，仍將誤字錄存，另加他字者，則又誤又衍矣。

吏三十八　歷一任者卽陞教授　元作「歷一考卽陞教授」，「考」誤爲「者」，遂加「任」字。

吏三廿六　選揀堪中一名赴藥局　元作「赴學」，「學」字爲句。「學」誤爲「藥」，遂加「局」而爲「藥局」。

户十四　如今收糧的斟酌比亡宋文思院收糧的斛　「斟」元作「斛」，既誤爲「斟」，遂加「酌」而爲「斟酌」。

户十一二　合得左右户絲數等物　元作「五户」，「五」誤爲「左」，遂加「右」而爲「左右」。

刑七八　其在祖父母父母　元刻誤「祖」爲「在」，沈刻不知爲誤，而疑爲脱，既加「祖」字，而「在」字未除。

第十七　重文誤爲二字例

古書遇重文，多作二畫，元刻元典章重文多作兩點，沈刻既改爲工楷，故有兩點變成「二」字者：

聖政二三一　闊二反餘黨未發覺　應作「闊闊反」。

吏三三　耶的哥二的替頭裏　應作「耶的哥哥」。

吏五三二　止於本等官上許進一階二滿者更不在封贈之限　「二滿」應作「階滿」。

户二十六　於捕盜司二吏内選差不便　應作「捕盜司司吏」。

户五十四　取到各二人等備細詞因　應作「各各人等」。

兵一廿九　蒙古軍軀怯薛夕闊二等申　應作「怯薛歹闊闊等」。

兵一三一　叔二充闊端赤　應作「叔叔充闊端赤」。

亦有誤兩點爲「之」字者：

户三五　站户之籍　應作「站户户籍」。

元刻元典章重文有作「又」字者，元小字旁寫，沈刻改爲正寫，義遂不明。

吏五十六　應合相沿交割之物一又交訖　應作「一一交訖」。

刑十一七　三犯徒者流又而再犯者死　應作「流而再犯者死」。

第十八　一字誤爲二字例

古書疑義舉例有一字誤爲二字條，沈刻元典章亦有之：

吏七八　小事限七日中事十五日大事一二十日　元作「大事三十日」，「三」字誤爲「一二」也。

户四一　凡婚書不得用𢑱北語虚文　元作「彝語虚文」，「彝」字誤爲「𢑱北」也。

兵三十七　兀良一夕根底説者　元作「兀良歹根底説者」，「歹」字誤爲「一夕」也。

亦有二字誤爲一字者：

户九十三　向前有不交官畝巡行　元作「官人每巡行」，「人每」二字誤合爲「畝」字也。

刑三十六　准江西等處傴密院　元作「行樞密院」，「行樞」二字誤合爲「傴」字也。

第十九　妄改三例

一、不審全文意義而妄改，其所改必與上下文貼近一二字文義相屬，合全句或全節讀之，則不可通矣。

聖政一十八　戰歿陣亡

元作「戰歿病亡」，改爲「陣亡」，則與「戰歿」義複。

聖政一廿二　縱令頭目損壞田禾

元作「縱令頭疋」，謂牲口也，改爲「頭目」，則人矣。

朝綱一一　城裏的百姓每季付著

元作「委付著」，「每」字屬上，言百姓們也，改爲「每季」，則失其義矣。

吏五三二　封贈祖父母並母

元作「封贈曾祖母祖母並母」，本言封贈婦人也，改爲封贈「祖父母」，則與全文意義不相應矣。

吏六九　生前被車碾死身亡

元作「碾傷身死」，改爲「碾死」，則「身亡」二字贅。

户六十六　鈔料火酒損邊或下截

元作「料鈔火燒」，改爲「火酒」，其義何居！

工三三　至今不見吳舜輔繳納的本末鈔兩

元作「的本朱鈔」，因「本」而改「末」，因「鈔」而增「兩」，妄也。

新刑四三　揹勒官府吏胥要狀結　元作「揹勒官吏須要狀結」，因「吏」而改「胥」，因「官」而增「府」，妄也。

都省通例四　告伊兄宋賢三次少錢鈔　元作「宋賢三欠少錢鈔」，「賢三」人名，因「三」而改「次」，妄也。

都省通例五　有過犯充句容縣吏　元作「有過冒充」，因「過」而改「犯」，妄也。

二、以意義相仿之字而妄改，所改雖與元文意義不甚懸殊，然究非元字元語，亦不應爾。

「察」改爲「查」。「查」爲明以後所通行，元時用「查」者尚少：

吏三七　交監察廉訪司查知呵　元作「察知」。

吏三廿二　從監察御史體查　元作「體察」。

户六二　常切糾查外　元作「糾察」。

「賕」改爲「贓」。「贓」爲近代所通行，然元時用「賕」者尚衆。

户一四　枉被贓誣　元作「賕誣」。本葉凡三見

刑十三　但曾知會行贓　元作「行賕」。

「瘞」改爲「葬」：

禮三十　官爲埋葬　元作「埋瘞」。本葉二見

禮三十四　依理埋葬　元作「依禮埋瘞」。

刑四廿三　暗行埋葬　元作「埋瘞」。

「斛」改爲「石」：

刑九四　以致糧石不能盡實到官　元作「糧斛」。

刑九五　運糧船户冒支糧石十石以上

追徵糧石還官　元均作「糧斛」。

刑九六　失陷短少糧石　元作「糧斛」。

「棒」改爲「棍」：

刑五十六　用木棍打死張林　元作「木棒」。

刑十一四十　手執雜木棍打傷事主　元作「木棒」。本葉三見

把執木棍在逃　元作「木棒」。

「姐」改爲「姊」，義同而語異矣：

户四七　李伴姊　元作「李伴姐」。本葉七見

户五三二　與祖母及姊二人　元作「及姐」。

並姊二人　元作「並姐」。

「斫」改爲「伐」，或改爲「砍」。「斫伐」、「砍斫」，元時常語，沈刻於「斫」字或作空圍，或改爲「伐」，或改爲「砍」，何也！

户八十五　不得□伐　元作「斫伐」。

户八廿五　不得侵占□伐　元作「斫伐」。

户九十四　毋令百姓砍伐桑棗　元作「砍斫」。

刑三九　用砍柴刀將王柳仔砍傷　上「砍」字元作「斫」。

用砍柴刀將弟王柳仔砍傷　上「砍」字元作「斫」。

新刑八六　挾讎砍伐伊叔程公佐柴山

松木　元作「砍斫」。

「竈户」改爲「爐户」。爐、竈似同實異，冶金爲爐，煮鹽爲竈，混而一之，鹽鐵無別矣：

新吏三六　俱係煎鹽爐户　元作「竈户」。本葉二見

新户十五　窮暴爐户

新户三二　蘆瀝場爐户

新户三六　軍站民匠醫儒爐户　元均作「竈户」。

其他意義同而言語異之妄改處不少，皆非校刊古籍者所宜出此也：

吏二廿五　是否熟練弓馬　元作「熟閑弓馬」。

吏六四七　催徵穀粒　元作「子粒」。

户三二　不拘是何投下諸色人等　「不拘」元作「不以」。

刑十三廿六　暴露屍骸　「屍骸」元作「骸骨」。

刑十九五二　元降式樣製造　元作「元降樣製成造」。

新刑四四　圍繞屍場　元作「圍裹檢場」。

三、以聲同義異之字而妄改，在改者固以其所改之字與元文意義無異，而不知其所改實與元文不相合也。

「還」改爲「完」：

户七十五　隨即發完　元作「發還」。

比及回完　元作「回還」。

户七廿二　依上追徵數足完官　元作「還官」。

刑十九八　並行完聚價不追完　元作「追還」。

「只」改爲「幾」：

户八五二　若是幾兩定　元作「只兩定」。

幾依著已了的聖旨　元作「只依著」。

户八六四　務官幾依舊額　元作「只依」。

户八六五　幾要鈔兩　元作「只要」。

「原」改爲「緣」：

刑十五　亦合緣免　元作「原免」。

刑十六　自首者緣其罪　元作「原其罪」。

首緣之條不廢　元作「首原」。

刑十八　緣其所犯之罪　「緣」元作「原」。

准首緣免　元作「原免」。

刑十九　不在緣免之限　元作「原免」。

「禮」改爲「理」。禮、理古籍通用，然非所論於元。

户四一　須要寫明聘財理物　元作「禮物」。

禮三三　甚非理制　元作「禮制」。

刑十五廿七　代夫出訟有違理法　元作「禮法」。

第二十　妄添三例

一、不顧上下文義，信筆添入者，大抵似是而非，反成附贅者也。

聖政二三一　其各處洗心革慮　「處」字妄添。

禮三廿三　遍行文字樣禁約了呵　「樣」字妄添。

吏五七　准本州知州關切切見省部云云　「關」爲當日文移格式之一，諸司相質問曰關，上「切」字妄添，下「切」字爲「竊」之省文。

刑十三十六　仍關照户部照會　上「照」字亦妄添，校者蓋不知「關」之爲用也。

吏八二　職雖卑近並今故牒　「近」字妄添。

吏八十三　諸色户籍地畝若干照文册　「若」字妄添，「干照」爲當時常語。

户三九　不問罪名輕罪重罪　元作「不問罪名輕重」。

户四十五　至元二十四年十月日内
　　　　　大德元年正月日内　兩「日」字均妄添。
户八九九　折到降真象牙等項香貨官物　「項」字妄添。
禮四十二　御史試三月初七日　「史」字妄添。
刑十五七　設若不從公理斷合自下而上　「從」字「斷」字妄添，元以「公」字爲句，「理合」當時常語也。
新朝綱九　交百姓的每生受的緣故　上「的」字妄添，「百姓每」當時常語也。
新户九　書填字樣號　「樣」字妄添，「字號」當時常語。
新兵十五　大憲司牒可照驗　「大」字妄添，「憲司」當時常語。

二、所添與元文意義不殊，而非當日元語者：

吏二三十　一百二十箇月本條七見　「箇」字妄添，元文所無也。
户四一　此右式　款帖　五字妄添，元文所無也。
户九三　或三四村五村併爲一社　「四」字妄添。
刑十一三四　蕭仁壽所招狀詞　「狀詞」二字妄添。

刑十二九　朱華一招伏詞狀相同　「詞狀」二字妄添。

刑十四五　合打一百零七下　「零」字妄添，元典章無此也。

刑十九二十　今後有私宰馬牛者犯人決杖一百下　「下」字妄添。元制，杖以七爲斷。凡稱杖一十七，至一百七者，皆曰一十七下，一百七下，若不言七，則不言下，故杖一十二十以至一百者，皆不言下也。今曰杖一百下，實非律文。

刑十九四十　至元鈔一百兩正　「正」字妄添。數目之末加一「正」字，近世通行，實非當時習慣。

刑十九四一　計十二種　四字妄添，元文所無也。

工一十　製造不依式樣　「樣」字妄添。

工二廿一　而今而後遇有禮任官員到來　兩「而」字妄添。

三、刑部卷内有一句添至三四字者，頗似經生之添字解經，有時或較元文意義顯明，然實不可爲訓，假令別有所本，亦當注明出處也。

刑十九四　召其親人認識領去完聚　元作「招親完聚」，四言成句，而六字妄添。

刑十九五　拿獲捉住取訖了招伏　元作「拿住取了招伏」，六言成句，而三字妄添。

刑十九八　此實爲古今之通論也　元作「古今通論也」，五言成句，而四字妄添。

刑十九九　罪既欽遇聖詔釋免　元作「罪經釋免」，四言成句，而四字妄添。

刑十九十　罪既遇詔恩原免　元作「罪遇原免」，四言成句，而三字妄添。

刑十九十五　比年以來艱實鮮食者　元作「比年缺食」，四言成句，而五字妄添。

刑十九十八　如遇着必需用此皮貨　元作「如遇必用皮貨」，六言成句，而三字妄添。

刑十九二十　充賞鈔兩仍依條例　元作「賞錢依例」，四言成句，而四字妄添。

刑十九廿九　若便是依着舊例施行　元作「若便依例施行」，六言成句，而三字妄添。

刑十九三十　將各人依著舊定條例　元作「將各人依例」，五言成句，而四字妄添。

刑十九三一　其餘仰依舊定條例　元作「餘依舊例」，四言成句，而四字妄添。

工一一　每季一呈行省　元作「季一呈省」，四言成句，而二字妄添。

工一九　皇帝御穿御用的　元作「上位穿的」，四言成句，而三字妄添。且「上位」之稱，係當時習慣，改曰「皇帝」，有類釋文矣。

工二十一　如今黃河渡司官要他做甚麽用　元作「如今河渡司要做甚麽用」，「河渡司」係當日官名，改爲「黃河渡司官」，有同注解矣。

工三四　那人若是有了罪過者　元作「那人有罪過者」，六言成句，而三字妄添。

第二十一　妄删三例

一、以爲衍文而妄删之者：

户八廿一　仍督各處巡捕官嚴行巡禁　「官」下元有「司」字。

户八七七　一金銀銅鐵貨　元作「金銀銅錢鐵貨」。

户八九九　議擬到各罪名　元作「各各罪名」。

户九十九　秋暮農工閑慢時分布監督　「分」上元更有「分」字。

户十三五　又將磚石地土等物貨　「貨」下元有「賣」字。

禮三十　至無益　元作「至甚無益」。

禮三廿二　中書吏部奉中書省劄付　元作「中書吏禮部」。

禮四一　本路按察司兼提學校　元作「兼提舉學校」。

禮四二　龍興路提學校官　元作「提舉學校官」。

禮四三　移准江西等行省　元作「江西等處行省」。

禮六十二　宜慰廉訪司官人每　「慰」下元有「司」字。

禮六十七　前賢所撰述保舉事跡　「撰」下元有「著」字。

刑八十六　百户祝脱木兒　元作「祝脱脱木兒」。凡三見

二、以爲無關要義而妄删之者：

禮三一　據漢人舊例　元作「據漢兒人舊來體例」。

刑四十　追燒埋銀給主　「銀」下元有「五十兩」三字。

刑四三二　更徵燒埋銀兩於十月二十日聞奏過　「銀」下元有「五十」二字，「兩」下元有「給付苦主」四字，「於」下元有「至元八年」四字。

刑六三　法司擬杖八十　「擬」下元有「他物傷人」四字。

刑六三　法司擬徒二年　「擬」下元有「折跌支體」四字。

刑八十六　因患風濕病　「病」下元有「轉添啞中」四字。

刑八十八　具呈照詳送刑部議擬到下項事理　「部」下元有「酌古準今」四字。

刑八十九　大德七年三月　「月」下元有「十六日」三字。

刑八廿一　至大四年十一月　「月」下元有「初四日」三字。

三、以爲公牘例行字句而妄删者。聖政、臺綱卷内之「肅政廉訪司」，多删去「肅政」二字；刑部八、九卷内之聖旨，多删去「那般者麽道」五字。不知翻刻古籍，與編撰史籍不同，編撰史籍，貴有别裁，翻刻古籍，應存本色，况「那般者麽道」，元代方言，信筆塗删，語意全失矣。

聖政一十九　監察御史廉訪司

聖政二十三　從廉訪司糾彈

聖政二廿七　廉訪司詳加覆審

臺綱一五　監察每廉訪司官人每

臺綱二十一　各道廉訪司　「廉訪司」上，元均有「肅政」二字。

臺綱二三　仰按察司究治　「按察司」上，元有「提刑」二字。

臺綱二四　仰依理施行　「仰」下元有「提刑按察司」五字。

刑一九　兩個根底商量了奏呵聖旨有來　「了」下元有「奏那」二字，「呵」下元有「那般者麼道」五字。

刑八七　怎生奏呵聖旨了也　「怎生」下元有「麼道」二字，「奏呵」下元有「那般者麼道」五字。

刑八八　怎生麼道奏呵聖旨了也　「呵」下元有「那般者麼道」五字。

刑八九　又依前勾當裏行麼道　「麼道」下元有「說呵」二字。

刑八十　麼道奏呵聖旨有來　「呵」下元有「那般者麼道」五字。

刑九十一　怎生奏呵聖旨了也　「怎生」下元有「麼道」二字，「呵」下元有「那般者問去者麼道」八字。

又有公牘末覆述之文，被删去一大段者，均非翻刻古籍所應爾：

刑二七　背十三行「都省」下，删去六十二字。

刑三廿六　背十行「議得」下，「合准」上，删去八十八字。

新刑六一　五行「敍用」下，「相應」上，删去一百零六字。

第二十二　妄乙三例

一、不知古語而妄乙，失其意義者：

户七八　依添上答價值　元作「依上添答價值」，不諳「添答」方言，妄乙爲「添上」。

户七十七　周歲二年銷祇應　元作「二周歲年銷祇應」，不諳「年銷」用語，妄乙爲「二年」。

户七十八　今年後銷糧内　元作「今後年銷糧内」，不諳「年銷」用語，妄乙爲「今年」。

户八八三　路府州縣司　元作「司縣」，不諳「路府州司縣」等第，妄乙爲「州縣」。

户九十八　這聖旨宣諭這般了呵　元作「這般宣諭了呵」。

户九二十　勸司農官吏　元作「勸農司官吏」，不諳「勸農司」官制，妄乙爲「司農」。

新兵十一　整治赤站本葉二見　元作「站赤」，不諳「站赤」專名，妄乙爲「赤站」。

二、習見常語而妄乙，失其意義者：

臺綱二四　所用飲食火油紙札　元作「油火」，因習見「火油」二字而妄乙之。

吏二十六　親賚文解及祖父原受的宣勑　元作「父祖元受的宣勑」，「父祖」謂父與祖，妄乙爲「祖父」，則單指祖父矣。

吏五十九　雖有過失起數

　　過失盜賊數多

　　開寫任內過失強竊盜賊

吏五二十　遇有過失強竊盜賊三限不獲　　元均作「失過」,「失過」與「過失」不同,「失過」動詞,「過失」名詞。

吏七九　首領官執覆不許從直申部　　元作「首領官執覆不從,許直申部」,因習見「不許」二字而妄乙之。

户八廿六　場官知情賣貨者　　元作「貨賣者」,因習見「賣貨」二字而妄乙之。

户八一〇五　經由河汾岸東　　元作「汾河」,因習見「河汾」二字而妄乙之。

工二廿一　如今大聖萬壽安寺裏　　元作「大聖壽萬安寺」,因習見「萬壽」二字而妄乙之。

三、所乙雖與元義不殊,然究非當日元文者:

户七三十　已徵在典主手者　　元作「主典」。

户八十五 許諸人首告到官 元作「告首」。

刑三廿四 用刀割去囊腎 元作「割囊去腎」。

工三七 如或理詞黐異 元作「詞理」。

新刑三四 不卽受理被劫情詞 元作「詞情」。

新刑四二 變易元告情詞 元作「詞情」。

校勘學釋例卷三

元代用字誤例

第二十三　不諳元時簡筆字而誤例

王念孫校淮南子，有因俗筆而誤一條，元刻元典章簡筆字最多，後來傳鈔者或改正，或仍舊，各本不同，惟沈刻則大率改正，間有不知爲簡筆而誤爲他字者。

一、「無」，元刻元典章多作「无」，故沈刻輒誤爲「元」：

卷　葉	
吏三九	元粘帶解由
吏六七	甘伏元詞

禮三十四 別元惡心

兵三三 元體例的

刑九十二 元棣縣主簿

刑十九四八 使元徒之類轉相倣傚

刑十九四九 一等元圖小人

新刑五 下路裏元治中 「元」均應作「无」。

無粘帶者，謂無侵欺粘帶不了事件，解由猶今公文，解由體式，見典章吏部五給由類。官吏任滿，例得給予无粘帶解由，以便遷轉。无圖猶言無賴，亦作無徒，今誤作元，不知爲何語矣。

吏二十三 原粘帶解由

吏二十四 原解由

吏二十九 別原入流之例

吏四五 合原在家聽候

吏五廿三 若原文案者似難追究

「元」「原」二字，明以後通用。「无」既誤「元」，又改爲「原」，其失愈遠。

刑三二　原由搬取　「原」均應作「无」。

更有誤「无」爲「員」者，由「无」誤「元」，由「元」改「員」也。

吏二十三　委員相應人員　本作「委无」。

又有誤「无」爲「尤」者：

户五九　尤得冒占　本作「无得」。

至於「撫州」簡寫爲「抚州」，故沈刻輒誤爲「杭州」，元撫州路屬江西行省，杭州路屬江浙行省，不應相混也。

吏八六　杭州等路木綿白布

兵一廿二　杭州路民户黎孟乙

新兵十五　准江西廉訪司牒杭州路牒呈

新刑四六　江西行省劄付近據杭州路申　「杭州」皆本作「撫州」。

亦有誤「撫」爲「抗」者：

吏五二十　抗治百姓理斷詞訟　本作「撫治」。

二、「着」，元刻元典章多作「𥃭」，故沈刻輒誤爲「省」，又誤爲「自」，又誤爲「看」。

聖政一五　依省立廉訪司以來

臺綱二八　依省初立按察司行來的聖旨體例裏行者
吏二九　依省在先聖旨體例
吏三十一　依省他每説　「依省」皆應作「依着」。
朝綱一二　分省辦呵
臺綱二八　體察省拿住呵
吏二廿一　當更循省體例
吏二廿六　閑喫省俸錢
户十一四　將百姓每田地占省
禮四八　省屬孔夫子的田地
兵三五一　據楊州路省落本官追陪訖　「省」皆應作「着」。
户一十二　遇自種田的時月
户八五二　交他每商量自改了者
禮三十一　依自在先薛禪皇帝
禮四九　朔望祭祀自　「自」亦皆應作「着」。
那底每根底養濟看　「看」亦應作「着」。

三、「體」，元刻元典章多作「体」，故沈刻輒誤爲「休」：

臺綱二十一　衆百姓的疾苦休知呵

臺綱二十四　休察勾當行者

吏七四　官吏聚會休例

户八四八　則依那休例裹行　「休」均應作「體」。

有誤「體」爲「本」者：

户八五六　官人每依本例察者

兵三五二　他的没本例的奏將來

刑二二　依本例用杖子　「本」均應作「體」。

四、「舊」，元刻元典章多作「旧」，沈刻輒誤爲「田」。

户一十三　新田官交代的時分

户五廿一　照得田例二十三葉同

兵一十二　依田各歸本奕

兵一廿四　若與田管全奕軍人　「田」皆當作「舊」。

又一句之中，有「田」有「舊」，沈刻悉改爲「田」：

户一十二　新田官遇着種田的時月交　代了　上「田」字應作「舊」。

户一十二　官員職田田例　下「田」字應作「舊」。

五、「廳」，元刻元典章多作「厅」，故沈刻輒誤爲「所」，或誤爲「行」、爲「斤」、爲「片」、爲「作」，校者蓋不知「厅」之爲「廳」也。

禮一一　捲班就公所設宴而退　迎引至于公所置位

禮一九　及諸僚屬相見於所前　如閑官就本宅正所

右所舉「所」，皆本作「厅」，校者以意臆改爲「所」，「公廳」、「公所」，義似可通，然當時實稱「公廳」，不稱「公所」。

禮一九　與所差官相見於行前　「行前」元作「厅前」。

禮三十八　准太常寺關送博士斤照擬得　「博士斤」元作「博士厅」。

户八八六　户部備主事片呈　「主事片」元作「主事厅」。

刑十五廿六　當片口告　「當片」元作「當厅」。

吏六六　當作勒令認過小注　「當作」元作「當厅」。

更有誤「廳」爲「鎖」者：

刑二七　兼夜跪鎖　元作「兼夜跪厅」。

「厅」何至誤「鎖」？蓋先誤爲「所」，校者習聞私刑審訊有跪鎖之條，遂臆改爲鎖也。然跪鎖是否爲元時私刑所有，尚待考證。甚矣校書之不易也。

又「聽」之簡寫爲「听」，故「聽」亦有誤爲「所」者：

禮四一　並所入學　元作「並听入學」。

兵三廿八　所除人員　元作「听除人員」。

刑十五三六　別所委官推理　元作「別听」。

六、「闕」，元刻元典章多作「闘」，故沈刻輒誤爲「聞」。

吏二四　省聞轉同　元作「有闕轉用」。

吏二三二　改設名聞照會之任

吏四一　擬定可任名聞呈省定奪　「名聞」元均作「名闕」。

亦有誤「闕」爲「開」者：

吏六六三　已後有開合令各處選擇　元作「有闕」。

刑十九九　江淮百姓開食　元作「闕食」。

亦有誤「闕」爲「開」、爲「關」、爲「門」者：

吏二三十　久占開名不行離役　元作「闕名」。

兵三廿四　在先與的牌子關少　元作「闕少」。

刑五十六　因爲門少柴薪燒火　元作「闕少」。

更有誤「闕」爲「文」者，由「閗」誤「聞」，由「聞」改「文」，皆由不諳「閗」之爲「闕」故。

吏二十　凡於總管官司不許有文　元作「有闕」。

七、「虧」，元刻元典章多作「亏」，故沈刻輒誤爲「污」：

户四十二　蓋取永無污蔽不易之謂　元作「亏蔽」。

户七十五　別無污官損民　元作「亏官」。

亦有誤「虧」爲「弓」者，校者蓋不料元刻「虧」之作「亏」也。

新户十七　如有沮壞弓兑

新户廿二　兩浙鹽課目下弓兑　「弓兑」皆應作「虧兑」。

八、「邊」，元刻元典章多作「边」，沈刻或誤作「道」，或作□，或作「遷」，或作「途」，校者蓋不識「边」之爲「邊」也。

户八二　一隨處河道　元作「河迯」。

户八十五　一隨處河□　元作「河迯」。

刑三五　注遷遠一任敍用　元作「迯遠」。

刑十九八　按連途陲　元作「迯陲」。

九、「錢」，元刻元典章多作「夊」，沈刻或誤爲「久」，或誤爲「名」，或誤爲「劣」，文義皆不可通，不敢謂校者不謂「夊」字，校者蓋不料元刻竟用俗字也。

吏五廿五　勒取久物　元作「夊物」。

刑五九　至大銀鈔與新舊銅名　元作「銅夊」。

刑八廿二　其贓俱於受劣名下追徵　元作「受夊」。

侵使增餘額外劣數　元作「夊數」。

户六四　其工墨不正依舊例　元作「其工墨夊止依舊例」。誤「夊」爲「不」，又改「止」爲「正」，一若「工墨不正」爲句也。

又有改「夊」爲「物」者，文義雖可通，校者究未知其本爲「夊」字也。

新刑七一　未納贓物　元作「贓夊」。

十、「顧」，元刻元典章多作「𠪚」，沈刻輒誤爲「原」，或誤爲「厚」：

户四四三　若委自原聽改爲妾　元作「自𠪚」，「𠪚」即「顧」之省。

户四四六　捨不痛資財買不厚之樂　元作「不𠪚之樂」。

户五廿一　若不原者限三日批退　元作「若不𠪚者」。

十一、「勸」，元刻元典章多作「劝」，沈刻輒誤爲「功」，或誤爲「切」。

吏一三九　功農司　元作「劝農司」，「劝」即「勸」之省。

户九八　一切教本社人民　元作「專一劝教本社人民」。

新吏廿七　庶可激功於將來　元作「激劝」。

新户二十　無以激功　元作「激劝」。

其他簡筆誤字尚多，校元典章者不得不先研究元時簡字也。

聖政一十四　以勉力宣明爲職　元作「勉励」，「励」即「勵」之省。

户八四五　私鹽一十二撫　元作「十二挴」，「挴」即「擔」之省。

户八四六　見有男子挑撫私鹽　元作「挑挴私鹽」。

户九一　又不存留又糧　元作「义糧」，「义」即「義」之省。

户十一　方許還我　元作「還聀」，「聀」即「職」之省。

兵三廿八　劄上官員　元作「礼上」，由「札」誤「劄」。

新禮三　移准中書劄部關　元作「礼部」。

刑四十七　時常將伊弁逐打罵　元作「弃逐」，「弃」卽「棄」之古文。

刑四廿五　收豪兼並之家　元作「杈豪」，「杈」卽「權」之省。

刑四廿八　收令史不行送官　元作「杈令史」。

刑十六三　自合研究磨問　元作「研穷」，「穷」卽「窮」之省。

第二十四　以爲簡筆回改而誤例

元刻元典章既多簡筆字，有非簡筆沈刻誤爲簡筆而改之者，有他簡筆沈刻誤爲彼簡筆而改之者。

一、「休」改爲「體」，試一舉例，其數殊可驚也：

吏二廿九　今後體那般折算

吏三八　軍官體差占

吏五二　做軍官來的體管民者做民官來的體管軍者

吏五五　如自願體閑者
户六八　鈔本體擅支動
户六廿三　奉聖旨禁體行使
禮一七　體交吃肉者
兵三四　如今體交通政院管
兵三三五　體送納來者
刑三三　體委付呵
新朝綱八　不揀誰體入去者

右所舉「體」，元均作「休」，而悉誤爲「體」者，蓋以「体」爲「體」之簡筆，遇「体」卽改，遇「休」亦改，不顧上下文義，而元典章遂爲難讀之書矣。

更有覺其不可通，而並改他字，或增加他字者：

户九八　按察司體例者　元作「按察司休刷者」。
禮三十　體例宰殺者　元作「休宰殺者」。

「休刷」、「休宰殺」，本不難明，改爲「體例」，其義云何！

二、「元」改爲「無」，例亦不少，以「元」爲「无」，回改爲「無」也：

吏三廿九　無設都目人吏管勾

吏五七　至元八年無定職官之任

吏六三　追獲無盜賍驗小注

吏六八　委是本家無迯駈奴

吏六八　某處無被傷損

刑三廿五　將女子丑哥無穿衣服脱去

新户四三　驗無價收贖將地歸還元主

新刑五　須具無問並平反各各緣由　「無」皆本作「元」。

刑四十四　無情縫補褸襠　「無情」本作「元倩」。

又有「九」改爲「無」者，誤「九」爲「无」，而回改爲「無」也：

新吏三六　舊例無十個月考滿　「無十」本作「九十」。

三、「札」改爲「禮」。「禮」，元刻元典章多作「礼」，沈刻悉回改爲「禮」，「札」形與「礼」近，故沈刻或並改爲「禮」也。

户四十七　禮付本路照驗　元作「札付」。

工二十四　據省委官禮法等呈　元作「札法」。札法人名

户八六三　大德四年九月奉省禮　元作「省札」。

兵三二　元奉省禮　元作「省札」。

又有誤「劄」爲「禮」者，「劄」「札」二字，元典章通用，先寫「劄」爲「札」，遂改「札」爲「禮」也。

新禮三　各役雖微俱受省禮　元作「省劄」。

四、「省」改寫「著」。誤以「省」爲「著」之簡筆，而回改爲「著」也。

吏四十　著部議得　元作「省部」。

户八五三　河南著官人每　元作「河南省」。

新刑七四　恁著官人每　應作「您省官人每」。

又有改「省」爲「著」後，覺其文義不可通，而並改他文以就之者：

兵三四四　其在甘肅四川依著例應付脚力　元作「四川省依例應付脚力」，「省」誤爲「著」，義不可通，乃改爲「四川依著例」，校者似未知「省」「著」二字常常互誤也。

五、「田」改爲「舊」。誤以「田」爲「舊」之簡筆，而回改爲「舊」。

户五三三　歸還舊主　元作「田主」。

勸諭舊主　元作「田主」。

户八四一　發付邊遠屯舊　元作「屯田」。

六、「處」「據」「外」「逃」四字互誤。因四字簡筆形相似，故輒誤改也。

聖政二三十　如今外據行省所轄路分裏　元作「外处」。

吏六三四　處各道廉訪司　元作「拠各道」。

吏八十三　然後給處發遣　元作「給拠」。

兵一四三　除柴米衣裝依時支給逃　元作「支給外」。

刑十二四　處驅王再興　元作「逃驅」。

其他非簡筆誤認爲簡筆而改之者：

户六十二　並行取擡論罪　元作「取招」，誤「招」爲「抬」，遂改爲「擡」。

户七四　若依行省聽擬　元作「所擬」，誤「所」爲「听」，遂改爲「聽」。

戶九七　申覆上司窮治　元作「究治」，誤認爲「穷」，遂改爲「窮」。

兵二五　弓手節級讎再立狀呈　元作「仇再立」，是姓非簡筆。

兵三廿九　遠方病故官屬回還脚邊　元作「脚力」，誤「力」爲「边」。

刑二七　背瘠項⿱鹽乙　元作「背脊項⿱盐乙」。⿱盐乙，徒念切，支也。「鹽」省爲「盐」，遂改「⿱盐乙」爲「⿱鹽乙」。

刑三五　繼母黨氏　元作「党氏」，本非簡筆。

戶五十五　伴哥母阿於　元作「阿于」，是姓非簡筆。

刑七十五　刁姦路貴妻於都聲　元作「于都聲」，亦非簡筆。

新刑四七　佃戶程萬二　元作「程方二」，誤「方」爲「万」，遂改爲「萬」。

又有以他簡筆誤爲彼簡筆而改之者：

戶七六　六勺二抄二權二圭　元作「二扠二圭」。

八合八抄五權五圭　　元作「八勺八抄五扨五圭」，扨爲「撮」之省，誤認爲「杈」，遂改爲「權」也。

第二十五　不諳元時譯音用字而誤例

一、「歹」字，蒙古語命名尾音多有「歹」字，人名、部族名、宮衛名皆然，或作「䚟」，或作「帶」，或作「台」，無定字，惟沈刻元典章多誤作「夕」。

吏六四二　除將江忙兀夕

兵一廿五　蒙古都萬户囊家夕

兵一廿七　千户塔不夕呈

根隨忙古夕迤南出軍去

兵一廿九　怯薛夕斷事官

刑十五三一　不憐吉夕等

「夕」均當作「歹」。

亦有誤「歹」作「久」者：

吏二二十　監察御史乃蠻久承事等　「久」均當作「歹」。

吏三三　和林塔二兒久等處

又有誤「歹」爲「反」爲「了」者：

吏七三　鎮江路總管府忙各反　元作「忙古歹」。

户八六五　心舍了兒説　元作「心舍歹兒」。

又有漏去「歹」字者：

兵一三　不憐吉那的每　元作「不憐吉歹那的每」。

又有誤「歹」爲「一」者：

禮四一　於隨朝百官怯薛一蒙古漢兒官員　本作「怯薛歹」。

更有誤「歹」爲「留」者，則涉上文而誤，上文有「留狀元」，是亡宋狀元留夢炎，而囊加歹則蒙古人也。

户八七二　去年賽因囊加留狀元等題説　本作「囊加歹」。

二、「斡」字，如「斡脱」、「斡端」、「斡耳朵」之類，沈刻多誤爲「幹」。

户六五　營運幹脱公私錢債

兵二一三　達達畏吾兒回回幹脱　「幹脱」皆應作「斡脱」。

兵二一四　做買賣去的幹脱每此條凡二見

吏三三　幹端別十八里　「幹端」皆應作「斡端」，謂和闐也。

兵一廿五　幹端等遠處出軍

聖政一一　就皇太子幹耳朵裏　「幹耳朵」皆應作「斡耳朵」，元史太宗紀作「斡魯朵」，元祕史三作「斡兒朵」，謂行宮也。

禮一八　幹耳朵裏奏准

三、「赤」「亦」「木」「朮」等字，沈刻多互誤。有「赤」誤爲「亦」者：

兵一四九　樞密院通事阿八亦狀招　元作「阿八赤」。

有「亦」誤爲「赤」者：

吏二三四　玉速赤不花　元作「玉速亦不花」。

新刑六二　赤剌馬丹等　元作「亦剌馬丹」。

有「朮」誤爲「木」者：

戶十三二　木烈大王位下　元作「朮烈大王」。

新兵六　商議院事的千奴散木歹　元作「散术歹」。

有「木」誤爲「本」者：

刑八十一　本剌忽　元作「木剌忽」。

四、「拔都」爲蒙古勇士之稱，猶清人之「巴圖魯」，元史習見之，沈刻亦有誤者，且有同在一葉，而所誤不同者：

兵一十二　合必赤投都軍人　「投」應作「拔」。

　　如遇出軍必用合必赤紱都兒　「紱」亦應作「拔」。

新兵七　大都有的高扳都兒　「扳」亦當作「拔」。

又有「拔」字不誤，而「都」字誤爲「多」者：

兵一三十　阿术魯拔多男刦都兒　元作「拔都男怯都兒」，「都」「多」音雖近，然元本實用「都」，不應誤作「多」也。

第二十六　用後起字易元代字例

翻刻古籍，與翻譯古籍不同，非不得已不以後起字易前代字，所以存其真也。沈刻元典章昧乎此，故明明元代公牘，而有元以後所造字羼入焉。

最著之例爲「賠」字。「賠」字後起，元時賠償之「賠」，均假作「陪」，或作「倍」，沈刻以爲誤，輒改爲「賠」。

户八三　當處官司賠償

户八六　定勒判署官吏賠償治罪

户八九六　亦已着落務官追賠到官

刑五九　無財可賠此條凡三見

刑九七　亦勒均賠此條凡三見

刑九三　錢賠不起呵此條凡四見　「賠」元均作「陪」。

其次爲「賬」字。「賬」字後起，賬目之「賬」，帳幕之「帳」，元均作「帳」，校者習見近世「賬房」二字，並改帳幕之「帳房」爲「賬房」，至爲可笑。

吏七九　謂須計算簿賬小注　元作「簿帳」。

户五廿一　皆從尊長畫字立賬　元作「立帳」。

刑十一十九　資囊行李盡隨車輛賬房居止　元作「帳房」。

其次爲「僱」字。「僱」字後起，元刻通作「雇」，沈刻户部各條有改爲「顧」者，雖失本來，猶存古誼，兵部、刑部各條多改爲「僱」，則非元時所宜有。

兵一十六　軍户和僱和買

兵一廿五　探馬赤軍和僱和買三見

兵一三五　依例除免和僱和買二見

刑十九十二　禁典僱

立契僱與彭大三使喚

自願將妻典僱　「僱」元均作「雇」。

其次爲「毡」字。「毡」字後起，元刻作「氊」，簡作「⿺毛厶」，或作「⿺毛人」，不作「毡」也。沈刻多改爲「毡」，並「毯」字亦改爲「毡」，不知氊毯固異物也。

兵三十三　稍帶毡袋行李皮篋子　元作「捎帶氊袋」。

兵三十七　偷盜番布皮球毡襪等　元作「皮毬氊襪」。

兵四二　毡袋油絹夾板　元作「⿺毛厶袋」。

工二十六　公廨鋪陳氊毯　元作「毯氊」，可知毯氊非一物矣。

新刑十四　花毡衣物　元作「花毯」。

新兵六　收買硝減毛毡等物　元作「毛氊」。

其次爲「袄」字。「袄」字後起，元刻作「襖」，沈刻多改爲「袄」，乃一特例，因元刻用字，概趨於簡，沈刻用字，概趨於繁，「襖」之改「袄」，適得其反。校者習見近世「袄」字通行，而不知其非元時所有，假定元時有「袄」字，則元典章必不用此筆畫繁重之「襖」字矣。

刑二十三　成造絮袄一領

刑三廿八　披著袄子

刑四十九　糯下袄子一箇

刑八廿三　四十四領胖袄　「袄」元均作「襖」。

工三三　衲袄二百領　「袄」元作「襖」。

「灶」字亦後起，元刻多作「竈」，沈刻有改爲「灶」者，假定元時有「灶」，元刻必不用「竈」。

刑三廿五　於灶窩内　元作「竈窩」。

新刑三二　慶元路定海縣灶户　元作「竈户」。

「晒」字亦後起，元刻本作「曒」，或作「曬」。改「曒」爲「曬」，猶可云二字當時通用，改「曒」爲「晒」，則非元時所應用，因「曒」繁而「晒」簡，假定元時有「晒」字，元刻必不用「曒」。

刑四三二　於日頭内炙晒　元作「炙曒」。

「餎」字「碗」字亦後起：

兵三十三　馬𡝩子餅餎　元作「餅酪」。

刑三六　將小豆一碗　元作「一椀」。

第二十七　元代用字與今不同例

有字非後起，而用法與古不同，翻刻古籍，不應以後來用法之字用之古籍也。元時稱人之多數輒曰「他每」，猶今稱「他們」也。浦本史通雜説云：「渠們底箇，江左彼此之辭。」似「們」字古已有之。南宋人用「們」，或用「懑」，然元時實通用「每」，今沈刻元典章恒改爲「們」，不覩元刻，幾疑「們」字爲元時通用也。

聖政一五　將他們姓名申臺者

户八五八　若拏住他們做賊説謊的呵

刑八十　只依舊交管着他們的上頭　「他們」元均作「他每」。

户十十三　有的俺們宫觀裏住的先生每　元作「俺每」。

刑十一十五　依着您門商量來的文書者　「您門」元作「您每」。

新朝綱五　要肚皮的歹人們斷倣傚著　元作「歹人每」。

新朝綱七　教百姓們哏生受　元作『百姓每」。

原免之「原」，與元來之「元」異，自明以來，始以「原」爲「元」，言板本學者輒以此爲明刻元刻之分，因明刻或仍用「元」，而用「原」者斷非元刻也。今沈刻元典章，「元」多改爲「原」，古今用字混淆，不幾疑明以前已有此用法耶！

户三十　原議養老女壻　元作「元議」。

户四二十　所據倪福一原下財禮　元作「元下」。

刑八四　親隨受錢著落原主　元作「元主」。

「抄」「鈔」二字古通用，然元時以楮幣爲鈔，習久遂以鈔爲楮幣專名，抄爲謄寫專名，凡元代公牘上抄到某年劄付，均作「抄」，不作「鈔」，今沈刻輒改「抄」爲「鈔」，意義不殊，面目全失。

新户五四　鈔到大德十年八月中書省劄付

新兵十五　鈔到延祐五年云云　元均作「抄」。

又現代之「現」，古皆作「見」，近世借「現」爲「見」，乃以「見」爲視專名，「現」爲現代、現時等專名，習慣自然，忘其假借，然元時此等用法尚未通行，翻刻古籍，應存其舊。

户三廿五　現充軍户　元作「見充」。

户九十三　親舊現在切恐怠惰　元作「新舊見在」。

又有不識「見」義而改爲「兒」者：

户三十九　兄鄭大兒充軍户　元作「兄鄭大見充軍户」。

又有不識「見」義而妄乙之者：

户七十七　依准所擬定見數目　元作「見定數目」。

又「規避」元作「窺避」：

吏四二　別無規避

吏五六　別無規避

新吏十九　中間有無規避　元均作「窺避」。

「仔細」元作「子細」：

刑五四　仔細檢驗

刑五五　必須仔細推鞫　元均作「子細」。

「跟隨」、「跟尋」，元均作「根」。「跟」字雖非後起，然當時實用「根」不用「跟」。

刑十九三七　禁富户子孫跟隨官員

新刑廿七　跟隨顧同祖到大街無人處　元均作「根隨」。

刑七十八　我跟你去　元作「根你」。

跟逐劉提舉尋覓勾當　元作「根逐」。

刑十五十四　跟捕不獲者　元作「根捕」。

刑十九四四　一同跟捉　元作「根捉」。

新刑四二　親家劉三牛處跟尋　元作「根尋」。

鎗，鐘聲也，元時「槍」从「木」，不從「金」，金義後起。

兵二四　禁遞鋪鐵尺手鎗　元作「手槍」。此條三見

兵二十一　環刀箭隻鎗頭等物　「環」元作「鐶」，「鎗」元作「槍」。

「綢」字古有之，然元時「絲紬」之「紬」不用「綢」，以「綢」爲「紬」，起於元後。

工一四　織造絲綢　元作「絲紬」。

工一十　粉飾絹綢　元作「絹帛」。

工一十一　段疋紗羅綢綾本葉凡二見　「綢綾」二字衍。

「緞」字古有之，然元時「紬段」之「段」不用「緞」。

户四十五　陸千五裙緞等物

户七十　仍將緞疋等物

刑十二一　收買緞子

新兵十四　毛子哈丹緞疋等物　「緞」元均作「段」。

「邱」字古有之，然姓不從「邑」，「丘隴」之「丘」，亦不從「邑」。姓之從「邑」，避孔子諱，亦後起，元時不爾也。

禮三十五　邱隴彌高　元作「丘隴」。

新刑四二　縣尹邱恢狀招　元作「丘恢」。

又「分付」二字，與「丁寧」二字不同，「丁寧」亦作「叮嚀」，古本通也；「分付」作「吩咐」，蓋後起。「吩」字「咐」字，雖爲古所有，然其義與「分付」不同，元時只用「分付」，不用「吩咐」也。今元刻「丁寧」，沈刻改爲「叮嚀」，未嘗不可。

户九六　叮嚀教訓　元作「丁寧」。

惟元刻「分付」，沈刻率改爲「吩咐」，則不可矣。

吏四九　或治下吩咐公事

户四四七　吩咐趙百三揚於江内

户五三一　將文狀吩咐湖南道宣慰司

兵五二　　即仰吩咐合屬爲民　　元均作「分付」。

其他用字，意義不殊，而非元字者：

吏二十七　　承襲的體例狠低　　元作「哏低」。

户七一　　隨時出給官户硃鈔

　　若物不到官而虚給硃鈔者　　元均作「朱鈔」。

刑十九五三　　禁約划掉龍船　　元作「撶掉」。本葉凡三見

新刑廿九　　於王二姐牀上揣摸到籐箱

　　一只　　元作「一隻」。

校勘學釋例卷四

元代用語誤例

第二十八　不諳元時語法而誤例

元典章語體聖旨，多由蒙古語翻譯而成，故與漢文法異，其最顯著者，常以「有」字或「有來」爲句，沈刻輒誤乙之，或竟删去，皆不考元時語法所致也。

卷　葉		
聖政二　三	其間有的站赤自備首思又有哈剌張和林	元以「自備首思有」爲句，「又哈剌張」云云，妄乙爲「又有」。

户六十二	費了脚錢今有後那裏的	元以「費了脚錢有」爲句，「今後」云云，妄乙爲「今有」。
刑十三九	巡禁的勾當怠慢了有如今後有司官云云	元以「怠慢了有」爲句，「今後」云云，妄添「如」字，爲「有如今後」。
刑八九	撇下軍逃走	元作「逃走了有」，今妄删去「了有」二字。
兵三四二	田地遠麽道不肯來如有今怎生般來的云云	元以「不肯來有」爲句，「如今」云云，妄乙爲「如有」。
兵三四四	滿月回來的站船裏來又有聖旨裏宣喚的云云	元以「站船裏來有」爲句，「又聖旨」云云，妄乙爲「又有」。
吏四十五	世祖皇帝行了聖旨有近來年行臺云云	元以「聖旨有來」爲句，「近年」云云，妄乙爲「近來」。
户十一	其餘差役蠲免	「蠲免」下元有「有來」二字。
兵三四一	都騎坐鋪馬	「鋪馬」下元有「有來」二字。
兵三五	不曾與來的也有麽道奏知	元作「麽道奏來」，妄改爲「奏知」。

新兵十三　不肯交將出去近來間哈剌出人每歿了呵　元以「交將出去來」爲句，「近間」云云，妄乙爲「近來」。

吏二十八　遷上者去欽此　元作「去者」，妄乙爲「者去」。

吏三十六　都省裏說了者去欽此　元作「去者」，妄乙爲「者去」。

第二十九　不諳元時用語而誤例

凡一代常用之語言，未必卽爲異代所常用，故恒有當時極通用之語言，易代或不知爲何語，亦校者所當注意也。

最顯著者爲元代「他每」、「人每」之「每」字，其用與今之「們」字同，而沈刻元典章輒改爲「每每」，是不知「每」之用與「們」同也。

户八七四　市舶司官人每每百姓每

刑十九四十　不通醫藥的人每每合假藥街市貨賣的

刑十九四一　不畏官法的人每每當街聚衆

兵一三六　他每每的言語是的

刑十五四四　他每每遮蓋着自己的罪過

刑十九十七　他每每識者別了

刑十九四五　他每每所管的地面裏　「每每」元均單作「每」。

兵一三二　萬户海奏將來　「海」元亦作「每」。

其次爲「您」字。「您」是元時第二人稱之多數，蒙古汗對大臣恒用之。元祕史單數稱「你」，多數稱「您」。今沈刻元典章輒改「您」爲「你」，非當時語意。

户八五六　依著你的言語者

户八五八　如今依著你的言語許你便交拿著問呵

户八六六　你理會得那般行者

兵一四五　奉聖旨你議者

依著你的言語裏便行者

兵二二　問火魯火孫丞相你在前禁約著來麼

兵二十　你道的也依著你商議的行者

兵五七　依你商量來的　「你」元均作「您」。

又「您」雖爲多數，然元典章「您」下恒有「每」字，葉刻元祕史續集一第二十六葉，亦偶一見之，沈刻元典章輒改爲「你每」。

户八六七　你每收拾者

兵五七　著落你每麽道　元均作「您每」。

其次爲「哏」字，亦元時常語，猶言「甚」也。今或作「狠」。沈刻多誤作「限」，或作「艱」，蓋不知「哏」之爲用也。

朝綱一二　事務艱多　元作「哏多」。

吏四十一　省家的選法限外了　元作「哏壞了」。

户八五六　煎鹽的竈户限生受有　元作「哏生受」。

兵一三二　氣力限消乏了　元作「哏消乏」。

刑二十九　限遲慢著有　元作「哏遲慢」。

其次爲「覷」字，亦元時常語，沈刻輒誤爲「親」，蓋不知「覷」之爲用也。

臺綱二十一　交休親面皮

吏二九　如今蠻子田地裏親著呵

吏二廿六　不及七十歲的我親麽道聖旨有來　「親」元均作「覷」。

又「取勘」、「照勘」、「追勘」，皆元時公牘常語，今沈刻於吏部各條，則誤「勘」爲「堪」。

吏三十九　取堪到名賢書院　元作「取勘」。

吏三二十　照堪類選年甲　元作「照勘」。

於刑部各條，則改「勘」爲「審」。

刑十一三四　取審元盜馬匹　元作「取勘」。

刑十一三七　本省行下照審　元作「照勘」。

刑十一四六　依理追審歸結　元作「追勘」。

刑十二二　合咨行省照審　元作「照勘」。

刑十二八　追審問欽遇詔恩　元作「追勘」。

於新集各條，則改「勘」爲「看」，蓋不知「勘」之爲用也。

新刑六六　各道廉訪司照看　元作「照勘」。本葉二見

新刑六八　體看是實　元作「體勘」。

新刑六九　合屬招看　元作「照勘」。

新刑七三　官吏枉看枉禁　元作「枉勘枉禁」。本葉三見

新刑七五　雖未看會完備　元作「勘會」。

又「斟酌」，元時常語，今尚通行，沈刻則輒改爲「勘酌」，不知何故。

臺綱二廿三　就便勘酌斷者

吏六四九　勘酌遠近

刑十一四六　或勘酌收贖

新户一　隨路府州司縣官員勘酌本葉凡二見

新户四　其餘輕罪臨時勘酌　元均作「斟酌」。

又「約量」，元時常語，沈刻輒改爲「酌量」。

户四廿三　酌量罰棒

户五二　就便酌量斷罪

禮三二十　擬合酌量添給　元均作「約量」。

工一十一　於犯人名下計約酌量追償　「計」「酌」二字衍。

又「黜降」、「黜罰」、「黜罷」，亦元時常語，今沈刻多誤「黜」爲「點」。

吏五二十　開寫作例點降　元作「黜降」。

吏八六　驗輕重點罰　元作「黜罰」。

户九二十　依理責罰點罷　元作「黜罷」。

兵一十九　逼令逃亡者斷罪點降　元作「黜降」。

新兵九　合無追徵點降　元作「黜降」。

於新集各條，則改「黜」爲「斥」，似不知「黜」之爲用也。

新刑三五　於解由内開申斥降

新刑六四　合無追徵斥降

新刑六五　未審合無斥降

依例斥降

新刑六六　或斥降殿敘

新刑六七　合無追徵斥降

新刑七一　合無一體追徵斥降

難擬斥降殿敘　元均作「黜降」。

「禮任」，元時常語，沈刻輒改爲「理任」。

吏四十　即令新官理任

吏四十三　即將理任署事月日飛申

吏四十五　理任月日　元均作「禮任」。

吏五八　諸官員理任出差還職　元作「禮任差出」。

吏五十四　自幾年月日理任署事

吏五廿七　格限以後理任　元均作「禮任」。

「差占」，元時常語，沈刻輒改爲「差站」。

刑十三七　不得別行差站

刑十三九　若許餘事差站

差站著巡軍弓手的上頭

不得差站

刑十三十二　不得別行差站

刑十三十九　差站一百八十六人　元均作「差占」。

「檢閘」，元時常語，沈刻輒改爲「檢閱」。

新户五　那鈔内檢閱出一千三百一十

二定

新户六　檢閱出接補描改假僞等鈔　元均作「檢閘」。

閱出接補挑剜不堪等鈔　元作「閘出」。

新户七　子細檢閱

新户三六　檢閱昏鈔　元均作「檢閘」。

「卽目」、「目今」，元時常語也，沈刻輒改爲「卽日」，不知「卽目」二字，近代猶或用之。

吏二廿五　因今年甲若干　「因今」元作「目今」。

吏三二十　卽日在選籍記五百餘員

吏五七　卽日到部

户三六　雖稱卽日入局造作

户三七　卽日另居

户五四　卽日雖已歸附

禮五九　卽日屢經天災　「卽日」元均作「卽目」。

「生受」，元時常語，沈刻輒不知而誤改之。

兵三八　致使百姓坐受　「坐受」元作「生受」。

兵三十四　百姓每怎生不受生底　「受生」元作「生受」。

又「去處」，亦元時常語，近代俗語猶有之，不知沈刻何以輒誤。

臺綱二一七　凡有按察者處　「者處」元作「去處」。

户八三八　如到發賣處去　「處去」元作「去處」。

兵一十二　軍人屯等去逃　元作「屯守去處」。

兵三八　令後司經過處去　元作「令後私經過去處」。

新刑八九　前去瀕海地處　「地處」元作「去處」。

又「掯勒」、「掯除」，元時常語，沈刻輒誤「掯」爲「指」，或誤爲「措」。

户八三十　照依官價指除　「指除」元作「掯除」。

在先場官指勒竈户　「指勒」元作「掯勒」。

兵一五三　却於見役軍人糧内措除　「措除」元作「掯除」。

户八八七　乘此之際指除務官

新兵三　巧立名目擅自指除

新兵九　指除軍人封裝　「指除」元均作「掯除」。

「合干」、「干照」，元時常語，沈刻輒誤「干」爲「於」。

户三十三　諸色户籍地畝於照文册　「於照」元作「干照」。

户五廿六　就申合於上司補换

户六二十　仍申合於上司照驗

户七一　開申合於部分　「合於」元均作「合干」。

户七一　攢典合千人以上　「合千」元作「合干」。

新朝綱四　從下合於衙門裏不告　「合於」元作「合干」。

「捎帶」，元時常語，沈刻輒誤爲「稍帶」。

兵三十三　禁約使臣稍帶沉重

兵三四七　押運不得稍帶私物

兵三四八　恣意稍帶諸物　「稍帶」元均作「捎帶」。

新兵六　軍車稍載回還　「稍載」元作「捎載」。

「死損」、「倒損」，元時常語，沈刻輒不知而删改之。

兵三廿六　其馬馳驟易於困乏死　元作「困乏死損」。

以致死省馬匹　元作「死損馬匹」。

倒死數多　元作「倒損數多」。

「沮壞」，元時常語，沈刻輒誤「沮」爲「阻」。

臺綱一二　阻壞鈔法澁滯者

臺綱二三　凡有事務阻壞

新朝綱八　休阻壞者　「阻壞」元均作「沮壞」。

户八十六　如有詛壞虧兑　「詛壞」元作「沮壞」。

「逐旋」，元時常語，沈刻輒誤「逐」爲「遂」。

臺綱二五　遂旋代奏

新户十八　遂旋添了　元均作「逐旋」。

户八廿四　免致遂施秤盤　「遂施」元作「逐旋」。

「褁攢」，元時常語，沈刻輒誤「褁」爲「裹」。

兵一五　裹攢合併户計

若有裹攢不礙户計

有姓名同裹攢户例　「裹攢」元均作「褁攢」。

「贓仗」，元時常語，沈刻輒誤「仗」爲「伏」。

刑二四　倘贓伏明白

刑二十七　贓伏已明　「贓伏」元均作「贓仗」。

「延胤」、「燒胤」，元時常語，沈刻輒誤「胤」爲「徹」。

刑十九廿四　延徹人家　元作「延胤」。

刑十九廿六　燒徹房屋　元作「燒胤」，謂遺火延燒也。

「根底」，元時常語，沈刻輒誤「根」爲「糧」。

兵一廿五　奥魯每糧的　「糧的」元作「根底」，誤「根」爲「糧」，又改「糧」爲「糧」，改「底」爲「的」也。

兵五七　只兒哈朗那的每糧底　「糧底」元作「根底」，誤「根」爲「糧」，又改「糧」爲「糧」也。

「爲頭」，元時常語，沈刻亦不知而誤改誤删之。

吏三十三　爲顯達魯花赤　「爲顯」元作「爲頭」。本葉三見

兵一三八　有回頭兒走的殺了　「回頭」元作「爲頭」。

新刑六九　爲要訖高揚等鈔　「爲」下元有「頭」字。

「刁蹬」，元時常語，沈刻乃誤爲「力蹬」或「蹬刁」。

吏四五　因而力蹬留難　元作「刁蹬留難」。

兵一廿二　展轉蹬刁寶弄　元作「刁蹬賣弄」。

其他元時常用語言，沈刻不明其意而誤者，固不勝枚舉也。

聖政一十二　休這當者　「這當」元作「遮當」。本葉二見

聖政一十八　橫派科斂　「橫派」元作「橫泛」。

聖政二五　丈量地畝　「丈量」元作「打量」。

聖政二九　無得收取　「收取」元作「收要」。

臺綱二十一　近聞詔書裏　「近聞」元作「近間」。

臺綱二廿三　取了招覆回來　「招覆」元作「招伏」。

吏六三八　脚根淺短之人　「脚根」元作「根脚」。

禮六三　不許杈袒出外　「杈袒」元作「衩袒」。

兵三三十　鋪馬禁馳段匹　「禁馳」元作「禁駞」。本條三見

兵三三二　不須泛濫起差　元作「不許從濫起差」。

刑二三　恣情以殺殺捆打　「捆打」元作「摑打」。

刑五十二　一同移尸村外撇下

將移尸人程犇兒　「移尸」元均作「搿尸」。

刑十一十九　剜割而取財物者　「剜割」元作「剜豁」。

刑十二二　用懵藥令吳仲一食用刀割取

鈔定　元以「食用」爲句，「刀」字衍。

第三十　因元時用語而誤例

不諳元時用語而誤，既如上述，亦有因習見元時用語而致誤者。

兵二三　中書省官人每奏一個路裏十副弓箭

「每奏」元作「奏每」。「官人每」係元時常語，然此則言「中書省官人奏，每一個路裏十副弓箭」，「每」屬下，不屬上也。

刑十一三二　節次破使不花

「不花」元作「不存」。「不花」二字，元時人名常用，然此實作「不存」，非人名也。

工二八　或將已招伏業逃户　已招伏業人户

「伏業」元均作「復業」。「招伏」係元時用語，然此實言招復業逃户，非「招伏」也。

又有誤以元時用語改本文，而不知本文亦係元時用語者。知其一不知其二，不足以校元時典籍也。

吏二廿四　渡江總管百户

「總管」元作「總把」。「總管」係元時用語，不知「總把」亦元時用語也。

吏三廿九　不須擬設勾當

「勾當」元作「管勾」。「勾當」係元時用語，不知「管勾」亦元時用語也。

吏六五一　路州縣吏勾當

「勾當」元作「勾補」。

吏六五五　驗此勾當

又於州司吏內勾當

「勾當」元均作「勾補」。

吏六五六　於附近府州吏內勾當

「勾當」元作「勾補」。「勾當」係元時用語，不知「勾補」亦元時用語也。

吏八十三　檢勾當人員

「當」字衍。「勾當」係元時用語，不知「檢勾」亦元時用語也。

吏二十九　根底深重人員

「根底」元作「根腳」。

吏五十五　本官根底原係是何出身

元作「本官根腳元係是何出身」。

都省通例二　根底脚淺短

「底」字衍。「根底」係元時用語，不知「根脚」亦元時用語也。

户一四　中書省劄付送户部

「付」字衍。「劄付」係元時用語，不知「劄送」亦元時用語也。

户九十三　蒙古文字節該

「節該」元作「譯該」。「節該」係元時用語，不知「譯該」亦元時用語也。

刑十九八　權豪勢要諸色目人等

「目」字衍。「色目」係元時用語，不知「諸色」亦元時用語也。

新吏一　似這般濫用的人每生受多有

「生受」元作「好生」。「生受」係元時語，不知「好生」亦元時用語也。

第三十一　因校者常語而誤例

凡語言隨所處之時地與所習而異，校書之誤，每參以校者習用之語言，而不顧元文意義之是否適合，此一蔽也。

詔令一二　宣布維新之令　元作「宜布」，因常語而誤作「宣布」。

臺綱一二　承受官司卽須執中　元作「執申」，因常語而誤作「執中」。

吏二十二　欽奉宣命　元作「欽授」，因常語而誤作「欽奉」。

吏三卄三　從本道出結付身　元作「出給」，因常語而誤作「出結」。

吏五十八　一切公司過犯　元作「公私」，因常語而誤作「公司」。

吏六三十　言語辦理　元作「言語辯利」，因常語而誤作「辦理」。

吏六三七　議得先後書吏　元作「先役」，因常語而誤作「先後」。

吏八十二　依例相法交割　元作「相沿」。

户一十一　各官相法交割　元作「相沿」，因常語而誤作「相法」。

吏八十五　收領官　元作「首領」，因常語而誤作「收領」。

户一三　告假事故　元作「假告」，因常語而誤作「告假」。

户二三　中書省定例使臣分例　元作「定到」。

户二十三　已有定例分例　元作「定到」，因常語而誤作「定例」。

户四十八　轉行別駕　元作「別嫁」，因常語而誤作「別駕」。

户四廿七　似爲便宜　元作「便益」，因常語而誤作「便宜」。

户四三九　許留難雖已成親　元作「留奴」，因常語而誤作「留難」。

户八五七　依例結果　元作「結課」。

户八六十　各處轉運司追斷結果　元作「結課」，謂鹽課也，因常語而誤作「結果」。

禮六十七　牒委文質正官　元作「文資」，因常語而誤作「文質」。

兵一六　不行保甲　元作「保申」，因常語而誤作「保甲」。

兵一五二　元數減半支付薪水煎粥養患　元作「支付新米」，因常語而誤作「薪水」。

兵三四一　據旱路人夫　元作「旱站」，因常語而誤作「旱路」。

刑十五十五　憑彭城等指證　元作「彭誠」，因常語而誤作「彭城」。

刑十六十五　湖廣等遊街身死　元作「胡廣」，因常語而誤作「湖廣」。

刑十九十九　牛黃牛隻　元作「水黃」，因常語而誤作「牛黃」。

工一二　竹木之器作以節用　元作「薪用」，因常語而誤作「節用」。

新朝綱一　伏乞聖朝奄四海以爲家　元作「伏維」，因常語而誤作「伏乞」。

新户一　暫借債牛力　元作「借倩」，因常語而誤作「借債」。

新户十三　卑府難以支持　元作「卑庫」，因常語而誤作「卑府」。

又有涉上下文而誤以常語改之者：

吏二廿七　滿日銓注疏外　元作「銓注流外」，因「流」上有「注」，遂誤爲「注疏」。

吏六三五　從容路貢舉行移本司　元作「從各路」，因「各」上有「從」，遂誤爲「從容」。

吏六三五　各道廉訪司書吏有欽依例於所轄路分云云　「有欽」元作「有缺」，因「缺」下有「依」，遂誤爲「欽依」。

吏八十　止用蒙古字様寫　元作「蒙古字標寫」，因「標」上有「字」，遂誤爲「字様」。

吏八十四　專一切經歷知事　元作「專一與經歷知事」，因「與」上有「一」，遂誤爲「一切」。

户二十四　於近上下多户内　元作「近上丁多户内」，因「丁」上有「上」，遂誤爲「上下」。

兵三十一　將利津縣尹陳克拷打傷身死

「陳克拷」元作「成克孝」，因「孝」下有「打」，遂誤爲「拷打」。

新刑三九　又親筆畫到平章右丞押字樣寫蒙古字省椽姓名

「樣寫」元作「標寫」，屬下爲句，因「標」上有「字」字，遂誤爲「字樣」，而失其句讀矣，皆因常語而誤者也。

第三十二　用後代語改元代語例

有以後代語改元代語者，語言由事物而生，無此事物，無此用語也。今沈刻元典章乃有非元時應用之語，亦妄改之一端也。

吏一三一　上都巡警院判官

元作「警巡院」，元時不稱「巡警院」也。

吏一四十　諸城所副都統

元作「諸城所副統領」，元時無「副都統」之名也。

吏六六四　中書省判送本部院呈　元作「本部元呈」，元時無「本部院」之稱也。

刑一七　該奉部堂鈞旨　元作「都堂鈞旨」，元時無「部堂」之稱也。

新吏三　延祐二年六月內閣奉宣命　元作「六月內欽奉宣命」，元時無「內閣」之稱也。

吏一四十　正定弓匠　元作「真定弓匠」，元時不稱「正定」也。

吏四十六　浙江行省　元作「江浙行省」，元時無「浙江省」之名也。此誤極多，不勝舉。

吏五三　浙江行省　元作「江浙行省」。

吏五三四　浙江行省　元作「江浙行省」。

吏六五五　先充望江蘇司吏　元作「望江縣司吏」，元時無「江蘇」之名也。

刑十一 廿八	陝西省西安府臨潼縣	元作「安西臨潼縣」，「省西安府」四字衍，元時無「西安府」之名也。
刑十六 十五	貴縣縣尹	元作「貴池縣尹」，元時無「貴縣」之名也。
禮四 十五	將硃卷逐旋送考試所如硃卷有塗注乙字	「硃」元均作「朱」，元稱「朱卷」，不稱「硃卷」也。
禮四 十五	受卷官送彌封所撰字號彌封訖	元均作「封彌」，元稱「封彌」，不稱「彌封」也。

第三十三　元代用語與今倒置例

元代用語，有與今倒置者，校者不應改易其本來，否則無以覘語言變遷之痕跡。況元代種族至雜，語系至繁，迄今元典章所留遺之語言，每含有翻譯成分，其最顯著之例，即爲與今語倒置，沈刻輒以今語乙之，殊多事也。

「貨物」，元典章皆作「物貨」，沈刻多改爲「貨物」，驟觀之似沈刻是而元本非也。

户七廿六　押運貨物前去

户八七十　亦止斷没所犯貨物

户八七二　抽訖貨物内

已抽經税貨物

抽辦貨物價錢

户八七五　就博到别國貨物

户八七六　偷藏貴細貨物

新刑六五　元買貨物　元均作「物貨」。

户八一〇二　災傷流民物價　「物價」元亦作「物貨」。

「土地」，元典章皆作「地土」，沈刻多改爲「土地」：

朝綱一十　婚姻土地

户五四　如委是官司土地

户五廿六　所賣土地

户五廿八　田宅土地

刑十五三八　更將前項土地

刑十五三九　凡告婚姻土地　元均作「地土」。

「揀選」，元典章皆作「選揀」，沈刻多改爲「揀選」：

吏三十　揀選有根脚的色目人　元作「選揀」。

吏六二　選用餘閑年少子弟　「選」下元有「揀」字。

吏六六二　仰講究擇選典史　元作「選擇」。

户八十一　仍須差選廉幹人員　元作「選差」。

兵三十　揀選馬匹　元作「選揀」。

新兵五　揀選有力慣熟好軍　元作「選揀」。

「日月」，元典章多作「月日」，沈刻輒改爲「日月」：

吏二八　所歷日月

吏三一　做官底人日月多了呵

吏三廿四　若更多添日月

户十一二　照依中書省定到日月　元均作「月日」。

「患病」，元典章多作「病患」，沈刻輒改爲「患病」：

吏五十二　或稱沿途患病　元作「病患」。

吏六四三　若係疾病　元作「病疾」。

兵一五三　委實無氣力無飲食患病軍人　元作「病患軍人」。

刑二十二　内有患病　元作「病患」。

刑二十三　患病者　元作「病患者」。

刑二廿二　罪囚患病　元作「罪囚病患」。

「錢財」，元典章作「財錢」：

户四七　原下錢財　元作「元下財錢」。

刑十九十四　所受錢財没官外　元作「財錢」。

「磨刷」，元典章作「刷磨」：

臺綱一七　磨刷案牘　元作「刷磨」。

臺綱二三十　磨刷諸司案牘　元作「刷磨」。

「方才」，元典章作「才方」：

吏四十五　方才之任　元作「才方」。

户四七　方才成親　元作「才方」。

「把守」，元典章作「守把」：

刑十三七　把守街巷　元作「守把」。
工二十　把執器械　元作「執把器杖」。

其他似此倒置者尚夥，或出偶然，亦有絶非偶然，而已成爲定律者，從事校讎者決不應以今語改古語也。

目錄十　旌節孝　元作「孝節」。
臺綱二十三　依舊留存　元作「存留」。
吏三三十　老成厚重　元作「重厚」。
吏五廿六　往往馳驅仕途　元作「驅馳」。
吏六九　深淺長闊各各分寸　元作「寸分」。
户三廿一　蕭千八爲無男兒　元作「兒男」。
户四十四　在先做了夫妻　元作「妻夫」。本葉凡五見
户四四二　有舅姑小叔　元作「姑舅」。
户五十五　頂替王德堅門户　元作「户門」。
户五十五　既是另分之後　元作「分另」。本葉凡三見
户五十六　別無兄弟　元作「弟兄」。

户五三一　污穢揩衢　元作「穢污」。

户七六　凡赴官庫買賣金銀者　元作「賣買」。

户七十九　無得失去損壞　元作「去失」。

禮三二　或懸影及寫牌位亦是　元作「位牌」。

禮三三　餚饌二三寸道　元作「三二十道」。

禮三十五　甚至無益　元作「至甚無益」。

兵三九　毋得鄉下要取馬匹草料　元作「取要」。

刑十五十七　棄滅人倫　元作「滅棄」。

刑十六四二　柴薪蔬菜等物　元作「菜蔬」。

刑十八二　令人認識　元作「識認」。本葉凡二見

新朝綱一　旋卽違背　元作「背違」。

新兵六　如蒙量擬左右手　元作「右左手」。

新刑四十　肚腹昏悶　元作「腹肚」。

校勘學釋例卷五

元代名物誤例

第三十四　不諳元時年代而誤例

昔顧千里爲洪氏校刊宋本名臣言行録，歷舉其年名、地名、人名、官名之誤，今沈刻元典章此類譌誤亦多，兹先舉其年代之誤。

元時至大年號祇有四年，而沈刻元典章有不止四年者：

卷　葉	
目録廿一	背五行「至大二十九年」
目録廿四	背八行「至大二十三年」

目録三六　背十一行「至大二十一年」

目録四五　三行「至大五年」　元均作「至元」，年號誤也。

户四廿一　至大八年　元作「元年」，年數誤也。

新刑四一　至大九年

又有不成年號，而沈刻元典章有之者：

吏八八　自在八年　元作「自至元八年」。

禮二十四　元至八年　元作「至元」。

刑二四　大至四年　元作「大德」。

元年號有至大，有大德，而沈刻元典章有至大德，其中必有一字係衍文：

吏二三一　近覩至大德二年　「德」字衍。

兵三廿六　既係至大德二年　「德」字衍。

正統爲明朝年號，而沈刻元典章有正統：

刑二六　正統五年　元作「中統」。

元祐爲宋朝年號，除引用故事外，元典章不應有元祐：

刑十一十七　元祐六年　元作「延祐」。

又以鼠牛等十二屬紀年，蒙古俗也，而沈刻元典章有妄添改者：

兵三廿一　猪鼠年奏呵　元作「猪兒」，妄改爲「猪鼠」。

工三四　譯該馬兒於至元年　元作「馬兒年」，妄加「於至元」三字。

又有年數之誤顯然，而沈刻未經改正者。元代至元年號，祇有三十一年，今乃有三十三年：

目録三八　九行「至元三十三年」

目録三九　二行「至元三十三年」

户七三　至元三十三年

吏六五十　至元三十三年　元均作「二十三年」。

又元時大德年號祇有十一年，今乃有十六年：

吏五廿七　大德十六年　「六」字衍。

刑十一廿八　大德十六年　「十」字衍。

新刑五八　大德十六年　「十」字衍。

又元時元貞年號祇有二年，今乃有三年：

吏六三　元貞三年　元作「二年」。

又元時延祐七年無閏月，而沈刻延祐七年有閏月：

新工一　延祐七年閏三月　元作「元年」。

第三十五　不諳元朝帝號廟號而誤例

凡校一代之書，必須知一代之帝號廟號，遇有非此朝代所有之帝號廟號，則常恐其或譌。

元代之書，有聖武開天記、聖武親征録，皆指元太祖也，而沈刻元典章有神武：

詔令一三　太祖神武皇帝　元作「聖武」。

元有太祖、世祖，無聖祖，而沈刻元典章有聖祖：

吏二廿六　聖祖皇帝　元作「世祖」

元世祖不稱高皇帝，而沈刻元典章有世祖高皇帝，蓋清人習聞清朝帝號，乃以加之元帝也。

新刑五三　世祖高皇帝　「高」字衍。

又元時國語帝號，如完者都、完者篤、完澤篤、完澤禿之類，譯者無定字，皆以稱元成宗，而沈刻元典章乃有完澤駕，「駕」爲「篤」之譌，其誤顯然，不得委之譯音無定字也。

禮三十一　完澤駕皇帝　元作「完澤篤」。

第三十六　不諳元時部族而誤例

元時部族，蒙古稱達達，而沈刻元典章有單稱達者：

户八三　達民户　元作「達達民户」。

元時部族，分蒙古、色目、漢人，而沈刻元典章恒誤色目爲色日：

户六廿六　色日高麗遞去湖廣　元作「色目高麗」。

兵二一　回回色日官人每　元作「回回色目」。

兵二二　畏吾兒回回色日官人　元作「色目官人」。四葉同

元時色目中有唐兀，而沈刻元典章恒誤爲唐元：

吏二十八　畏吾兒乃蠻唐元等　元作「唐兀等」。

禮二十四　唐元衛百户　元作「唐兀衛」。

元時色目中有阿速，而沈刻元典章或誤「阿」爲「呵」：

兵一五一　欽察每呵速每　元作「阿速每」。

元時色目有木速魯蠻，而沈刻或誤「木」爲「本」：

刑十九十六　本速魯蠻回回每　元作「木速魯蠻」。

元時色目有也里可温，而沈刻或誤以「也」爲助詞，連上爲句：

兵三三六　奥剌憨者也阿温氏人　元作「也里可温人氏」。

元時漢人又稱漢兒，而沈刻漢兒、漢人二字恒誤：

吏二廿五　蒙古從兒官人每　元作「漢兒官人每」。

吏六四二　其餘色目漢目　元作「色目漢人」

元時女真亦稱漢人，而沈刻或誤爲「女貞」：

禮三一　女貞風俗　元作「女真」。

第三十七　不諳元代地名而誤例

一、所誤爲歷代所無之地名，一望即知其誤者也。

吏一廿三　平灣等處　元作「平灤」。

吏一廿九　箪州　元作「單州」。

吏三十　與城縣達魯花赤　元作「南城縣」。

吏五七　千陽路　元作「平陽路」。

户二十　真定路備奕城縣申　元作「栾城縣」。

户四七　滋州塗陽縣　應作「磁州滏陽縣」。

户四十五　郡武路　元作「邵武路」。

户四四十　淄菜路申滿臺縣　元作「淄萊路申蒲臺縣」。

户五十五　淄來路　元作「淄萊路」。

户六廿八　臨江路備新塗州申　元作「新淦州」。

户十八　江省行省　元作「江西行省」。

兵三五四　迤北直至青州楊材　元作「清州楊村」。

刑三廿五　永平路備撫軍縣申　元作「撫寧縣」。

刑四廿八　冠民縣申　元作「冠氏縣」。

刑十四五　璚州樂會縣　元作「瓊州樂會縣」。

新户四七　普晉路申　元作「晉寧路」。

二、所誤爲元時所無之地名，略一考究，即知其誤者也。

兵四八　廣東行省　元作「湖廣行省」，廣東元時不稱行省。

吏一三三　彰德府宕　元作「彰德輔宕」，彰德元時不稱府。

户八六十　重慶府　元作「重慶路」，重慶元時不稱府。

户九廿一　河北江南道　元作「河南江北道」。

兵三十二　領北河南道　元作「嶺北湖南道」。

刑八十七　江南淮西道　元作「江南浙西道」。

户三十九　臺城縣　元作「槀城」，元時無臺城縣。

户四廿八　隆興萬户府　元作「龍興萬户府」。至元二十一年，已改隆興爲龍興。

刑三九　並隆興路　元作「龍興路」。

刑十四八　河南行省咨陝州路　元作「峽州」，陝州元時不稱路。

三、所誤爲元時所有之地名，而隸屬不相應，亦易察覺者也。

吏一十六　景州溧陽等處　元作「景州濼陽」，若溧陽，則與景州不相接。

户十九　道州衛州路軍人　元作「道州衡州路」。若衛州，則與道州不相接。

兵一五十　甘肅肅州有的倉庫　元作「甘州肅州」。

刑七四　湖廣省咨鄂州路備威寧縣申　元作「咸寧縣」。若威寧縣則不屬鄂州路。

新刑六十　婺州路蘭州溪州同知　元作「蘭溪州同知」，「蘭」下「州」字衍。若蘭州，則不屬婺州路。

四、所誤爲元時所有之地名；而未指明隸屬，則非用對校法，莫知其誤者也。

户五五　濮州知州　元作「滁州」。

禮六九　郭州有時分寫來　元作「鄰州」。

新户廿二　山東兩淮蘇蕪引據　元作「萊蕪」。

新刑廿七　江西廉訪司申　元作「淮西」，涉上文而誤。

新刑廿八　今淮江西廉訪司所言　元作「今淮西」，「江」字衍。

五、地名誤作非地名，有時亦非對校不可。

兵三五四　自李二等至臨清水站　元作「李二寺」。李二寺爲元時入都要道，今誤作「李二等」，則或疑爲人名。

刑三十八　吉州路上有攸縣　元作「上猶攸縣」，上猶爲吉州屬縣，今誤作「上有」，則莫知爲地名。

第三十八　不諳元代人名而誤例

元時蒙古、色目人名，與漢人絶不同，凡校元朝典籍，對元時人名，應有特別認識。如帖木兒、囊家歹等，元時常見之名也，今沈刻元典章亦有誤者：

户九十六　燕站木兒

户十五　也先站木兒　「帖」誤作「站」。

兵三十七　失八兒土豪家歹　「囊」誤作「豪」，涉「土」字而誤。

又阿合馬、闊闊、阿术、相威、安童、拜住等，爲元時大臣，元史均有傳，其名甚著，今沈刻元典章亦誤之。

臺綱二十一　在前阿馬坐省時分　「阿」下漏「合」字。

户五十　閼閼你教爲頭衆人商量了　「闊」誤爲「閼」。

户八九　在先合阿馬　「阿」「合」倒置。

兵一廿六　呵朮管的時分　「阿」誤爲「呵」。

兵一廿七　相成大夫　「威」誤爲「成」。

刑十四三　安裏丞相　「童」誤爲「裏」。

刑十九四五　拜征怯薛第三日　「住」誤爲「征」。

其他錯漏倒置更不一，有錯誤而仍可知爲人名者，有錯誤而遂不知爲人名者：

吏五四　魯火赤約剌忽　元作「納剌忽」。

吏六四十　譯史入剌脱因　元作「八剌脱因」。

户六十八　劉伯察兒　元作「劉伯眼察兒」。

户七三十　平地縣舊界倉官火日等　元作「火者等」。

禮四三　本院官答失蠻乞歹　元作「答失蠻乞里乞歹」。

兵一廿五　也速歹兑　元作「也速歹兒」。

兵一 四九　唆朗今歹名字的萬户　元作「唆朗合歹」。

兵一 五十　答失變私過罪名　元作「答失蠻」。

兵三 十一　勾捉赤忽兀歹等到官　上文作「忽赤兀歹」。

兵三 廿八　孛魯總答兒中丞　元作「孛魯忽答兒中丞」。

兵三 三三　月迷的失　元作「月的迷失」。

兵三 四五　劉吉列吉恩　元作「劉乞列吉思」。

兵五 七　連右兒赤　元作「速古兒赤」。

兵五 八　先者知院　元作「完者知院」。

刑三 二十　忽抹察　元作「忽林察」。

刑七 三　鄭忭古歹　元作「鄭忙古歹」。

刑九 九　忽察忽恩　元作「忽察忽思」。

刑十七 六　回回大者及等　元作「火者及」。

同夥者及並黑回回四人　元作「同火者及」。「火者及」爲元時回回人常用之名，今乃誤「火者」爲「同夥者」，此非音訛，實由妄改矣。

刑十九四十　前者脱迷兒的上頭　元作「脱兒迷的上頭」。

工一十二　職烈門院使撒迷承旨　元作「識烈門院使，迷撒迷承旨」。

工一十三　索羅言語　元作「孛羅言語」。

新户十　野書牙國公　元作「野里牙國公」。

新禮一　乞合不花　元作「乞台不花」。

新刑廿二　偷盜忽都不下銀合兒等物　元作「忽都不丁」。丁爲元時回回人名常用之尾音，改爲「不下」，莫知爲人名矣。

新刑三八　該支放鳥馬兒糧中河澗鹽引　元作「放支烏馬兒」。烏馬兒爲回回人常用之名，今誤「烏」爲「鳥」，遂將「放」「支」二字倒置，而成「放鳥」矣。

新刑三九　張答木帖兒等　元作「帖木答兒」。

其他譌字，音韻相近，衡以譯音無定字之説，本可無妨，然究失名從主人之義，不得謂之非誤。

户八一〇三　斷事官也里今賫奉中書省　「真」誤爲「今」。
　割付

工二十二　如今交馬合麽丹的提調　「麻」誤爲「麽」。

第三十九　不諳元代官名而誤例

元代官名，可大别爲漢官名、蒙古官名二種，沈刻元典章官名之誤，有筆誤者，有故意以習慣官名易之者，初不計元時制度之如何也。

最顯著爲「典吏」改「典史」，元官制有典史，亦有典吏，校者習聞典史，少聞典吏，故奮筆而改之也。

吏二五　樞密院經歷司典史
　左右司典史
　隨朝各衙門典史　元均作「典吏」。

吏二三五　省部臺院典史　元作「典吏」。此二葉中「典吏」凡三十三處，均誤改爲「典史」。

其次爲「提點」、「提領」改「提調」。元官制有提調，亦有提點、提領，校者習聞清官制中之提調，以提點、提領爲誤而改之也。

户八六　提調官常切用心巡緝　元作「提點官」。

户八五九　約會隨處路府州縣提調正官　元作「提點正官」。

新吏十一　本路行用庫提調　元作「提領」。

新吏廿六　廬江縣務提調　元作「提領」。

新刑五九　受提調領周祐等中統鈔　「調」字衍。

新刑六十　取受建昌路在城提調周祐等中統鈔　元作「提領」。

其次爲「總把」改爲「把總」。總把元代官名，把總清代官名，校者習聞清官制中之把總，以總把爲誤倒而乙之也。

吏三三　元帥招討總管把總

户四六　張把總妻阿李

兵一十　除把總百户權准軍役外

兵一十三　從把總軍官開坐花名　元均作「總把」。

其他漢官名之誤者，有如下例：

臺綱二十一	平意明理不花言語奏	「平意」元作「平章」。
吏一廿四	大同農司	元作「大司農司」。
吏一三十	太常奉祀郎	元作「奉禮郎」。
吏一三一	司農郎	元作「司晨郎」。
吏一三九	洪贊司	元作「供帳司」。
吏一四十	簫匠	元作「箭匠」。
吏六三十	前觀農司書吏	元作「勸農司」。
吏六六六	各路典獄轉補州吏	「典獄」元作「獄典」。
兵四五	政用院	元作「致用院」。
	官正司	元作「宮正司」。
	各處方户府	元作「万户府」。
刑十五十二	哈剌多事等	元作「都事等」。
刑十九廿三	潭州路榷茶司提舉	元作「榷茶同提舉」。
新户廿六	移咨江西權茶	元作「榷茶」。

新户廿七　各處攢茶提舉司　元作「榷茶提舉司」。

新兵二　如今在衛率府　元作「左衛率府」。

至於蒙古官名之誤，則一「扎魯花赤」也，或誤爲「達魯花赤」，或衍「花」字，或漏「忽」字，或誤倒「魯」「忽」二字。蓋蒙古官制有達魯花赤，亦有扎魯忽赤，亦作扎魯花赤。扎魯忽赤，譯言斷事官，達魯花赤，譯言長官，二者職責不同，不容相混，校者不可不一考元時官制也。

臺綱一四　也可薛怯第一日　元作「也可怯薛」。

吏一六　海船達魯赤　元作「達魯花赤」。

吏六廿一　知印怯里爲赤　元作「怯里馬赤」。

兵一四　奥魯密知而不舉　元作「奥魯官」。

兵一十二　合必必亦拔都兒　元作「合必赤拔都兒」。

兵四四　達魯花赤　元作「扎魯花赤」。

刑七十六　就令達魯花赤　元作「扎魯花赤」。

刑七十六　扎魯花忽赤照勘　元作「扎魯忽赤」，「花」字衍。

刑十一七　也可札忽魯赤　元作「札魯忽赤」，「魯」「忽」誤倒。

刑十一　十一　也可札魯赤　元作「扎魯忽赤」，漏「忽」字。

刑十一　十一　四薛怯官人每　元作「四怯薛官人每」。

刑十一　十七　端闊赤　元作「闊端赤」。

新户　五二　告蒙本官首寶赤　元作「昔寶赤」。

第四十　不諳元代物名而誤例

一時代有一時代所用之物，校書者當以某代還之某代，不能以後世不經見，遂謂前代爲無；不能以後世所習見，遂疑前代亦有。況同一物也，異地則異名，異時則異稱。今沈刻元典章於元時名物多不措意，兹特分服物、器物、動物三類言之：

目録　六三　黏休畫雲龍犀　「黏」元作「鞊」。

靴𩌏上休使金　「𩌏」元亦作「鞊」。

吏一　三四　鞋帶斜皮　元作「鞓帶斜皮」。

禮二　二　公服俱左經　元作「左紝」。

偏帶俱係紅鞋　元作「紅鞓」。

禮二二三 帳幕用紗帽 元作「紗絹」。

禮二一四 擬衣擅合罪羅窄衫 元作「檀合羅窄衫」，「罪」字衍。

禮二一八 男子裹青巾婦女滯子抹俱要各各常穿裹戴 元作「男子裹青頭巾，婦女滯抹子，俱要各各常川裹戴」。

兵三三四 畔襖等物 元作「胖襖」。

刑二十二 冬則給以被絮暖匣 元作「絮被暖匣」。

右服物之名，或係當時體制，或係當時方言，或係當時譯語，不加校正，義輒難通。

吏一三四 採打碼磁杯材 元作「肵材」。

吏六十四 驗得係鷹翎刀 元作「雁翎刀」。

兵五七 使又的使綑索拿的 元作「使叉的，使綱索拿的」。

刑三廿五 偷訖耳剜銀鋃 元作「銀剜耳鋃」。

刑四三五 與佃客趙丑□草其趙丑按前馮三兒茹草不覺將馮三兒左手□折本人因傷身死 空處元均作「荝」，「按前」元作「按荝」。荝音札，切草刀也，今通作鍘，廣韻作鏩。

刑四三六 爲踏碓將挷拷挖壞了 元作「柳栲栳」。

刑十一四十　劫到烏油篋蕢一隻出門打開
蕢内有籐箱一個　「蕢」元均作「簣」。

刑十九五十　行用度尺升斗秤等　元作「等秤」，「等」今作「戥」。

工二十六　案衣硯車　元作「硯卓」。

新户八　僞鈔報未成遇革釋放　元作「僞鈔板」。

新户八　抄造紙壞未曾印造　元作「紙坯」。

新刑十三　偷盜本路盛銀印匣　元作「盛印銀匣」。

新刑八七　糾集人伴賭博入乂事發到官　元作「八乂」。

右器物之名，或誤字，或誤倒，其義頓失。如銀剜耳鎞，一物也，誤爲耳剜銀鎞，則似二物矣。盛印銀匣，匣銀而印非銀也，誤爲盛銀印匣，則似其印爲銀矣。

目録四二　禁捕鵧⿰老鳥鵝鶻　「鵧⿰老鳥」元作「鴜⿰老鳥」。

聖政二廿一　除天鵝鷀⿰壴鳥外　「鷀⿰壴鳥」元作「鷀⿰老鳥」。

户二十一　應副鷹⿰月鳥分例　「鷹⿰月鳥」元作「鷹鶻」。

爲收住兎⿰月鳥不還官司　「兎⿰月鳥」元作「兎鶻」。

海青兎⿰月鳥　鷹兒鴉⿰月鳥　「⿰月鳥」元均作「鶻」。

右動物之名。元時視鴜䳩、鷹鶻最重，元典章兵部五特列有捕獵專條。鴜䳩亦作鷀䳩，鵧䳩則義不可通。鷹鶻、兎鶻並稱，杜鶻則非其所尚矣。

第四十一　不諳元代專名而誤例

一時代有一時代所用之專名，校書者對於本書時代所用之專名，必須有相當之認識，此方言、釋名所由作也。

「腹裏」爲元代專名，謂中書省所統山東西河北之地也。沈刻既誤爲「腸裏」，又誤爲「服裏」：

吏六三　腸裏已有貢舉定例　元作「腹裏」。

刑七十六　服裏犯奸刺配　元作「腹裏」。

「券軍」爲宋元間專名，沈刻輒誤爲「募軍」：

兵一二十　散漫生熟募軍　元作「券軍」。

另支生募　元作「生券」。

兵一廿一　亡宋臨危之初本爲募軍數少　元作「券軍」。

兵一廿三　拘刷新附生熟募軍　元作「券軍」。

「投拜户」爲元代專名，沈刻輒誤爲「投祥」，又誤爲「投牌」：

兵一廿九　投祥萬户千户　元作「投拜」。

兵一三十　投牌名户　元作「投拜民户」。

除稱投祥户　元作「投拜」。

於投祥户内　元作「投拜」。

「鋪馬」爲元代專名，沈刻或誤爲「補馬」：

兵三廿四　降給補馬劄子　元作「鋪馬」。

兵三廿五　照得起補馬聖旨　元作「鋪馬」。

「係官公廨」、「係官房舍」爲元代專名，沈刻輒改爲「係是官員房舍」，有同蛇足矣。

工二十八　委實係是官員公廨　元作「委是係官公廨」。

工二二十　禁賣係是官員房舍　元作「禁賣係官房舍」。

其他元代專名，而沈刻誤者有如下例：

目録五九　例鈔多收工墨　元作「倒鈔」。「倒鈔」元代專名。

吏一十九　門尉麗正文明順水　「順水」元作「順承」，即今宣武門之舊名也。

吏七四　官員勳政聚會　元作「懃政聚會」。「懃政聚會」爲元代專名。

吏七十　置立未銷文簿本葉四見　元作「朱銷文簿」。「朱銷文簿」爲元代專名。

禮五十六　怯薛第一日嘉惠殿裏　「嘉惠」元作「嘉禧」。「嘉禧殿」爲元代專名。

禮六四　江淮釋教德攝所　元作「總攝所」。「江淮釋教總攝所」爲元代專名。

兵一廿六　別杖兒裏不交入去　元作「別枝兒」。「別枝兒」爲元代專名。

兵三五二　爲並造舍利別勾當　元作「煎造舍里別」。「舍里別」爲元代專名，是葡萄、木瓜、香橙等物所煎造，今改作「並造」，又改作「舍利」，蓋誤以爲佛家之舍利也。

刑十九四七　其黨則有曰張公曰昭身　「昭身」元作「貼身」。「貼身」爲元代專名，蓋騙局之一種也。

第四十二　不諳元時體制而誤例

元制，番直宿衛之軍，謂之「怯薛」，以大臣領之，每三日而一更，故有怯薛第一日，怯薛第二日，怯薛第三日之稱。

吏二九　失烈門怯薛第二者　元作「第二日」，校者不知「怯薛」之義，故誤「第二日」爲「第二者」。

元制，皇帝聖旨稱「欽此」，皇太后懿旨及太子令旨稱「敬此」：

吏二九　奉令旨那般者欽此　元作「敬此」。

禮六二　麽道令旨了也欽此　元作「敬此」。

兵三廿八　令旨那般者欽此　應作「敬此」。元本亦誤。

刑十五四五　麽道懿旨了也敬此欽此　「欽此」二字衍。

元時謂祭天祭神等日爲聖節：

户七十七　多破官錢違錯聖旨

元作「聖節」。元制，以每月朔望二弦爲禁刑日，又謂之四齋日，凡有生之物，殺者禁之：

刑十九二　禁刑日每月初二初八十五二十五

「初二」應作「初一」，「二十五」應作「二十三」，元刻亦誤作「初二」，惟沈刻新集刑部八十九葉雜禁類不誤，可參證。

刑十九廿七　每月四齋日

元作「四齋日」。「齋」「齊」本通，然元本作「齋日」，今改作「四齊」，是誤字，非古訓。

元制，笞杖以七爲度，未有言五者。

刑十一三三　一貫該杖六十五下加一等

「五下」元作「五貫」。杖六十五，非元制，元作「一貫杖六十，五貫加一等」，「該」字衍。

又元制，笞杖舉成數者不稱「下」，如「笞五十」、「杖六十」是也。其稱「下」者必爲單數之七，如「笞五十七下」、「杖六十七下」是也，全部元典章皆如此，元史刑法志悉將「下」字删去，史家省文，當時公牘不如是。

户八四四　笞五十下　元作「五十七下」。

刑六二　各擬五十下　元作「五十七下」。既言「下」，必言「七」，其不言「七」者，非脱「七」字，即衍「下」字也。

又元制，笞杖始於七，止於百七：

朝綱一五　諸杖罪一百七十以下　「十」字衍。

刑四廿九　部擬杖一百十七　元作「一百七下」。既止於百七，則安有百十七、百七十者，其爲誤顯然。

元制，京府州縣官員，每日早聚圓坐，參議公事，理會詞訟，謂之圓坐署事，其所議謂之圓議，其所簽押謂之圓籤，謂之圓押，頗似近時所稱之圓桌會議。今沈刻元典章「圓」多誤「圖」，又誤「原」，又誤「元」，不諳元時圓議之制也。

吏七三　須要公廳圖押　元作「圓押」。本條數見

吏七四　凡行文書圖押　元作「圓押」。

須要圖書圖押　「圖」元均作「圓」。

兵一三　令各奕圖議立法鈐束　「圖議」元作「圓議」。

工一十一　都省原議得事内一件　「原議」元作「圓議」。

新刑五三　本路官員元籤認狀　元作「本路官吏圓籤認狀」。

又元制，犯人口供，謂之招伏，亦謂之狀招，無稱「招狀」及「狀伏」者。沈刻「狀招」有時訛爲「招伏」，猶是元制，至於「招狀」、「狀伏」，元時實無此稱，不得以其形似義通，遽行改易也。

刑十一廿二　陳四黄千二名招伏　元作「各狀招」。

刑十六十二　周耽公等三家招伏　元作「狀招」。

吏四九　取訖明白招狀

户四十　取訖本人招狀

刑一七　取責明白招狀　「招狀」元均作「招伏」。

刑十六十三　亦無取到狀伏

新刑廿八　取訖狀伏　「狀伏」元均作「招伏」。

校勘學釋例卷六

校例

第四十三　校法四例

昔人所用校書之法不一，今校元典章所用者四端：一爲對校法。即以同書之祖本或别本對讀，遇不同之處，則注於其旁。劉向别録所謂「一人持本，一人讀書，若怨家相對者」，即此法也。此法最簡便，最穩當，純屬機械法。其主旨在校異同，不校是非，故其短處在不負責任，雖祖本或别本有訛，亦照式録之；而其長處則在不參己見，得此校本，可知祖本或别本之本來面目。故凡校一書，必須先用對校法，然後再用其他校法。

有非對校決不知其誤者，以其文義表面上無誤可疑也。

卷葉		
吏三十六	元關本錢二十定	元作「二千定」。
户六二	花銀每兩出庫價鈔二兩五錢	元作「二兩五分」。
户八十八	博換到茶貨共一百三十斤	元作「二百三十斤」。
户八八六	一契約取四十五定	元作「四五十定」。
兵三廿六	小鋪馬日差二三匹	元作「三二十匹」。
刑一五	延祐四年正月	元作「閏正月」。
刑一七	大德三年三月	元作「五月」。

有知其誤，非對校無以知爲何誤者：

吏七九	常事五日程中事十日程大事十日程	元作「中事七日程」。
户七十二	每月五十五日	元作「每五月十五日」。
兵三七	該六十二日奏	元作「六月十二日奏」。
新刑三四	案牘都目各決一十七下司吏決一十七下	元作「司吏決二十七下」。

二爲本校法。本校法者，以本書前後互證，而抉摘其異同，則知其中之繆誤。吳縝之新唐書糾繆，汪輝祖之元史本證，即用此法。此法於未得祖本或別本以前，最宜用之。予於元典章曾以綱目校目録，以目録校書，以書校表，以正集校新集，得其節目訛誤者若干條。至於字句之間，則循覽上下文義，近而數葉，遠而數卷，屬詞比事，牴牾自見，不必盡據異本也。

吏六四十　未滿九個月不許預告遷轉　上下文均作「九十個月」。

户十二十三　裏河千里百斤　上下文均作「千斤百里」。

刑七十四　犯姦放火大德五年　目作「至元五年」。

犯姦休和理斷大德六年　目作「至元六年」。

刑七十五　容姦受錢追給大德八年　目作「至元八年」。按編纂次第，均應以目爲正。

刑八二　取受枉法二十貫以上至三十貫七十七下三十貫以上至一百貫八十七下　據表「三十」均應作「五十」。

三爲他校法。他校法者，以他書校本書。凡其書有采自前人者，可以前人之書校之，有爲後人所引用者，可以後人之書校之，其史料有爲同時之書所並載者，可以同時之書校之。此等校法，範圍較廣，用力較勞，而有時非此不能證明其訛誤。丁國鈞之晉書校文，岑刻之舊唐書校勘記，皆此法也。

吏一廿七　蕁麻林納尖尖　元刻亦作「納尖尖」。

吏一三四　蕁麻林納失失　元刻亦作「納失失」。

欲證明此「納尖尖」、「納失失」之是非，用對校法不能，因沈刻與元刻無異也。用本校法亦不能，因全部元典章關于「納失失」、「納尖尖」止此二條也。則不能不求諸元典章以外之書。元史卷七七祭祀志國俗舊禮條：「輿車用白氊青緣，納失失爲簾，覆棺亦以納失失爲之。」卷七八輿服志冕服條：「玉環綬，制以納石失」。注：「金錦也」。又：「履，制以納石失。」輿服志中「納石失」之名凡數見，則元典章「納失失」之名不誤，而「納尖尖」之名爲元刻與沈刻所同誤也。

户九十二　五月二月以鈎栿壓下枝著地　元作「正月二月」。

此引齊民要術卷五語也，可以齊民要術證之。

禮三十一　始死如有窮　元作「始死充於有窮」。

此引禮記檀弓上之文也，今檀弓作「始死充充如有窮」，則沈刻、元刻皆誤也。

刑十九十六　木忽回回每　元刻亦作「木忽」。

新户三五　回回也里可温竹忽答失蠻　元本同。

一「木忽」，一「竹忽」，必有一誤。元史卷三三文宗紀：「天曆二年三月，詔僧、道、也里可温、术忽、答失蠻爲商者，仍舊制納稅。」卷四三順帝紀：「至正十四年五月，募各處回回、术忽殷富者赴京師從軍。」則「木忽」當作「术忽」，而沈刻與元刻皆誤也。又元史卷四十順帝紀：「至元六年十一月，監察御史世圖爾言：禁答失蠻、回回、主吾人等叔伯爲婚姻。」楊瑀山居新話載：「杭州砂糖局糖官，皆主鶻、回回富商。」主吾、主鶻，更可以證「木忽」之誤。

四爲理校法。段玉裁曰：「校書之難，非照本改字不譌不漏之難，定其是非之難。」所謂理校法也。遇無古本可據，或數本互異，而無所適從之時，則須用此法。此法須通識爲之，否則鹵莽滅裂，以不誤爲誤，而糾紛愈甚矣。故最高妙者此法，最危險者亦此法。昔錢竹汀先生讀後漢書郭太傳，太至南州過袁奉高一段，疑其詞句不倫，舉出四證，後得閩嘉靖本，乃知此七十四字爲章懷注引謝承書之文，諸本皆儳入正文，惟閩本獨不失其舊。今廿二史考異中所謂某當作某者，後得古本證之，往往良是，始服先生之精思爲不可及。經學中之王、段，亦庶幾焉。若元典章之理校法，衹敢用之於最顯然易見之錯誤而已，非有確證，不敢藉口理校而憑臆見也。

吏五四　合無滅半支俸　「滅半」當作「減半」。

吏六三七　年高不任部書願不轉部者　「部書」當作「簿書」。

吏八十六　也可扎忽赤　當作「扎魯忽赤」，元本亦漏。

户五三一　亡宋淳佑元年　「淳佑」當作「淳祐」。

户六二　赤銀每兩入庫價鈔一十四兩八錢　「赤銀」當作「赤金」。

户八一〇一　押運犂耳七百兩經由施仁門入城　「兩」當作「而」。

兵三十四　官人每根底要肚及　「肚及」當作「肚皮」。

刑一四　江西省行准中書省咨　「省行」當作「行省」。

刑十九四五　拜征怯薛第三日　「拜征」當作「拜住」，元本亦誤。

第四十四　元本誤字經沈刻改正者不校例

有元本錯誤，經沈刻改正者，不復回改，而著其例於此：

詔令一四　逮我憲宗之世　元作「遨我」。
　願奉歲幣於我　元作「歲弊」。
聖政一一　頒行科舉條例　元作「須行」。
聖政二廿四　並前代名人遺跡不許毀拆　元作「各人」。
吏三十三　非惟煩瀆上聽　元作「非推」。
吏三二十　用印封鈐　元作「封鈴」。
吏三廿五　事涉太重　元作「事陟」。
吏六三四　間或司官精力不逮　元作「積力」。
吏六三五　遴選行止廉慎才堪風憲之人　元作「廉填」。
户四三　下户不過二味　元作「三味」。
户六三十　又不用心鈐束　元作「鈴束」。
户八二十　不得攪擾沮壞　元作「沮懷」。
户十八　欽奉聖旨内一款　元作「一飲」。
禮三十二　斬衰齊衰以至緦功　元作「斬喪齊喪」。
禮三十四　不得教傳瓦蓋房舍　元作「傳瓦」。

禮三十五　備存珍寶　元作「殄寶」。

禮三十六　據紙糊房子金銀人馬　元作「紙湖」。

兵一四二　據呈復湖州萬户府各狀申　元作「郢復」。

兵三廿二　在後簪戴道冠　元作「簪載」。

刑一一　寘以圜土　元作「圈土」。

刑二二　照得鞫獄之具　元作「鞠獄」。

刑二五　議得訊囚之法　元作「訊因」。

刑二六　必須圓坐　元作「員坐」。

刑二十七　鞫獄　元作「鞠獄」。

刑五六　畏避引匿　元作「引惹」。

刑十一四八　拘鈐不令離境　元作「拘鈴」。

新朝綱一　冗微細事動輒宣示中外　元作「冗徵」、「宗示」。

新吏廿二　不公不法不止一端　元作「一瑞」。

右形近而誤。

詔令一四　屢拒王師　元作「旅拒」。

詔令一五　宋母后幼主洎諸大臣百官　元作「送母后」。

吏五二　達魯花赤所授宣勅　元作「宣赤」。

聖政二五　全行蠲免　盡行蠲免　元作「倚免」。前後均作「蠲」

右聲近而誤。「蠲」與「倚」聲不相近，其所以誤爲「倚」者，疑當時讀「蠲」爲「益」也。

户十一八　休使氣力欺負者　元作「体使」。

兵二十二　奉中書省劄付　元作「礼付」。應作「札付」

刑十五十三　如此不惟政教休明　元作「体明」。

刑十八七　如今體著在先聖旨體例　元作「休著」。

右因簡筆字而誤。

兵五七　我的兄弟烏馬兒　元作「烏馬兒」。

兵五七　又不忽木　元作「不忽术」。

刑十五二　監察御史忻都將仕呈　元作「折都」。

右人名誤。

吏一三二　醴陵州　元作「醲陵」。

吏一三三　東鹿縣　元作「東鹿」。

吏五一　大都順天益都淄萊等路　元作「緇萊」。

户四十五　搬移前去溧陽州住　元作「漂陽」。

户八六十　就咨四川省照會　元作「西川」。

户十二　押糧官賫赴直沽等處　元作「直活」。

刑三三十　常澧辰沅歸峽等處　元作「辰阮」。

刑七十　濟寧府鄆城縣申　元作「鄲城」。鄲城今歸德

刑十九四九　順天路束鹿縣　元作「東鹿」。

新户十一　今溧水州申報　元作「漂水」。

右地名誤。

吏一五　上路總管府達魯花赤　元作「總府府」。

吏一廿五　大都醴泉倉大使　元作「醲泉」。

吏一廿七　醴泉倉副　元作「醲泉」。

吏六五十　首領管勾提控扎曳人等　元作「官勾」。

吏六五一　劄付吏部與集賢翰林國史院　元作「集資」。

户十一二　金銀鐵冶户另行外　元作「鐵治」。

戶十二三　各站正站戶　元作「貼戶」。

兵三九　全藉錢馬走遞斡辦　元作「幹辦」。「藉」亦誤作「籍」

兵四五　鐵冶提舉司　元作「鐵治」。

刑十九四五　大司農司呈　元作「大司農同呈」。

右官名誤。

第四十五　元本借用字不校例

元刻元典章遇筆畫繁複之常用字，每借用筆畫簡單之同音字以代之，沈刻有改正者，有未改正而意義無妨者，今均不復校改，而著其例於此：

戶四三四　蕭玉哥凡三見

兵一廿一　招討蕭天祐

刑十一三四　蕭仁壽　蕭得三

刑十六十二　蕭新等名下　「蕭」元均作「肖」。

戶四三六　傅望伯凡四見

户四三九　傅伯川凡三見

「傅」元均作「付」。

户七十六　鼇毫絲忽

「毫」元作「毛」，「絲」元作「系」。

五毫收作一鼇五毫以下

户七十七　五毫以下削而不用凡二見

「毫」元均作「毛」。

户七二十　六分二鼇五毫凡數見

「鼇」元作「厶」，「毫」元作「毛」。

户十一一　並絲料糧税等差發

「絲」元作「系」。

户二十七　榆林驛申凡二見

「榆」元作「余」。

刑一八　强竊盜賊

刑八七　竊見隨處貪官污吏

「竊」元均作「切」。

刑三三　纔將王猪僧殯葬了

刑三六　纔聞訃音

「纔」元均作「才」。

亦有不知爲借用字而誤改者：

聖政一一　金場良治茶鹽鐵户

元作「艮治」，借「艮」爲「銀」也。校者習記「良弓、良冶」之詞，而遂改爲「良冶」矣。

吏二十二　庶凡遷法有守　元「庶几」，借「几」爲「幾」也。不知爲「幾」，而誤改爲「凡」矣。

吏六五　共印造到凡貫伯文　元作「幾貫伯文」，抄者簡寫爲「几」，沈刻遂誤改爲「凡」矣。

兵三五五　却用甚字凡號　元作「幾號」。

禮三十五　坊見江南流俗　元作「切見」，借「切」爲「竊」也。不知爲「竊」，而誤改爲「坊」矣。

禮六六　三十多人　元作「三十余人」，借「余」爲「餘」也。不知爲「餘」，而誤改爲「多」矣。

禮六十五　十多年後　元作「十余年後」，亦借「余」爲「餘」，不知而誤改爲「多」也。

兵三三九　長行馬疋料各　元作「料谷」，借「谷」爲「穀」也。不知爲「穀」，而誤寫爲「各」矣。

第四十六　元本通用字不校例

始予之校元典章也，見「札」作「劄」，「教」作「交」，「應副」作「應付」，以爲元代用字與今不同也，後發見元刻本本身亦前後互異，乃知此非元代用字與今不同，實當時之二字通用。沈刻校改，固爲多事，即今回改，亦屬徒勞，間改一二，以見其例。

「教」「交」通用：

吏四八　無闕的根底教等一年此葉凡七見

兵三三五　休教奏者　元均作「交」。

刑一六　再交監察重審

新工一　都交大如文廟　元均作「教」。

「札」「劄」通用：

刑九九　承奉中書省劄付

新户二　宜從都省劄付　元均作「札」。

刑十五四　承奉福建行省札付

刑十五十五　奉中書省札　元均作「劄」。

「呈」「承」通用：

吏五十七　御史臺呈奉中書省劄付

吏六四十　呈奉中書省劄付同葉又作「承奉」

户二十二　呈奉中書省劄付　元均作「承奉」。

户三十六　承奉省劄

户四十八　禮部承奉省判　元均作「呈奉」。

「整」「拯」通用：

吏三七　凡事從新整治

新吏二　若不整治呵

新户十八　整治鹽法

新户廿三　整治茶課

新户五二　整治賊盜　元均作「拯治」。

户八三五　從新禁治　元均作「整治」。

刑十四七　若不嚴切禁治呵

新刑三八　若不嚴切懲治呵

「格」「革」通用：

刑八十七　司吏犯贓經革告敘　元作「經格」。

刑十一廿六　遇革免徵陪贓　元作「遇格」。

刑十六十四　格前雖無取到招伏　元作「革前」。

新户十六　格前招伏　元作「革前」。

「您」「恁」通用。「您」「恁」二字，音義皆殊，與其謂之通用，毋寧謂元時板刻，恒將「恁」字作「您」字也。

吏三十二　恁説是　元作「您説是」。

户十十四　恁衆和尚每　元作「您衆和尚每」。

刑八廿四　您説的是　元作「恁説的是」。

新朝綱四　您省官每根底説　元作「恁省官每」。

「驅」「軀」通用：

目録五三　驗奴就斷與頭□的主人　元作「駈奴」。

臺綱一七　或誘説良人爲躯　元作「爲駈」。

刑四三　係陳玉躯　元作「驅」。

刑八五　親隨躯□人等在逃　元作「駈□」。

兵一三一　分戍江南全籍各家駈丁　元作「躯丁」。

刑六五　及令躯臈兒等　元作「軀」。

刑十八四　元有駈□　元作「躯□」。

「疋」「匹」通用：

聖政一廿二　縱令頭目損壞田禾　元作「頭疋」。

新刑七八　頭匹　元作「頭疋」。

兵三廿七　小鋪馬匹每不過十三日　「匹每」元作「每匹」。

「翼」「奕」通用：

新吏廿一　各翼首領官吏　元作「各奕」。

新兵六　與右手翼分千户百户　元作「奕」。本葉「奕」「翼」互用

新兵八　各衛翼軍官　元作「衛奕」。

新刑廿五　轉發鎮江翊　元作「鎮江翼」。本葉凡二見

「杖」「仗」通用：

新刑十　持杖　不持杖　元均作「持仗」。

新刑四三　各持器械　元作「器杖」。

「卓」「槕」通用：

工二十六　公用槕床薦席　元作「桌床」。

工二十八　一牀一槕　元作「一床一卓」。

禮三三　粧籐按酒二三十槕　元作「三二十槕」。「槕」字本後起，據此則元時已通用。

「毆」「歐」通用：

刑二十一　毆詈　元作「歐詈」。本葉凡二見

刑六二　將和你赤馬疋奪了歐打　元作「毆打」。

「駮」「駁」通用：

聖政二十六　減駁拖欠　元作「減駮」。

吏五廿三　必須駁問　元作「駮問」。

「礙」「碍」通用：

吏六廿四　來往勾當裏窒有礙　元作「窒碍有」。

刑十九廿三　有無違害　元作「違礙」。

「只」「止」通用：

吏八十一　止以言語省會施行　元作「只以」。

户八五三　幾合休教攙越資次　元作「只合」。

兵三二　正要出備錢物　元作「止要」。

「後」「后」通用：

禮六十二　建寧路後山　元作「后山」。

兵一十五　今頒降條畫於後　元作「于后」。

刑十九五五　逐一區處於咨請依上施行　「於」下元有「后」字。

刑一六　今后遇有須合申明裁決事理　元作「今後」。

「應付」與「應副」通用：

兵三九　百姓亦不得應副這般　元作「應付」。

刑六八　依上應付去訖　元作「應副」。本葉凡三見

「駙馬」與「附馬」通用：

吏三十六　諸王公主駙馬　元作「附馬」。

户三十一　愛不花駙馬位下　元作「附馬」。

户九十三　諸王附馬的伴當　元作「駙馬」。

「守制」與「守志」通用：

户四廿二　夫亡服闋守制

自願守制歸宗者聽

户四三八　聽從歸宗守制　元均作「守志」。

禮六十七　夫亡守志　元作「守制」。

第四十七　通用字元本不用例

有字本通用，元典章只用其一，沈刻輒以通用字易之，雖於本義無殊，或更比本義爲優，然究掩本來面目，爲研究元代文字學者增一重障礙。盡行回改，不勝其繁，間改一二，以見當時習慣，並著其例於此。

「嫺習」「閒暇」必用「閑」：

目録五八　閒居官與百姓爭訟　元作「閑居」。

吏五十七　或不問官事　元作「不閑」。

户五十四　至今荒閒　元作「荒閑」。

户七廿三　因病告閒　元作「告閑」。

禮五十五　前後閒忙　元作「閑忙」。本葉凡二見

兵一三　閒吃着俸錢　元作「閑喫」。

新兵七　退閒首領官吏　元作「退閑」。本葉凡三見

新刑廿七　革閒弓手　元作「革閑」。

新刑四三　不許閒雜人登場　元作「閑雜」。

「扳援」必用「攀」：

目録五八　枉禁賊扳上盜　「扳」元作「攀」。

刑二十一　扳連干證之人　元作「攀連」。

刑三十三　時常指扳　元作「指攀」。

刑八二十　妄稱扳指　元作「攀指」。

刑十十四　或妄扳本官眷屬　元作「妄攀」。

新刑十五　將冬字廝短窗扳下　元作「攀下」。

元典章例用簡筆字，「攀」「扳」繁簡懸殊，而元典章必用「攀」，可見「扳」字當時並不通用。

「騷擾」必用「搔」：

目録三八　禁起軍官騷擾

吏五一　騷擾不安

兵三二　百般騷擾

兵三五四　提點官非理騷擾　元均作「搔擾」。

「疏放」必用「疎」：

聖政二三十　儘行疏放者　元作「疎放」。

新户廿一　疏放原籍財産　元作「疎放元籍」。

新刑七　例應釋放　元作「疎放」。

「資財」必用「貲」：

吏三廿一　或挾多資　元作「多貲」。

刑四十六　充塋葬之資　「資」元作「貲」。

「價值」必用「直」：

户七三三　估體時值　元作「時直」。

户八四　發賣價值　元作「價直」。

户十二六　將物估體實值　元作「實直」。

「女壻」必用「婿」：

户四四　女偦　元作「婿」。本葉凡四見

禮三二　壻家設位於室中　元作「婿」。「壻」均作「婿」數見

「揚州」必用「楊」：

兵一四二　照得揚州省札付　元作「楊州」。本葉二見

刑四五　揚州路申　元作「楊州」。

「城郭」必用「廓」：

禮一十　出郭迎接　元作「出廓」。本葉凡四見

禮三十七　附郭僧寺　元作「附廓」。

工二四　隨路州縣城郭周圍　元作「城廓」。

新禮一　欽送出郭　元作「出廓」。本葉二見

「木棉」必用「綿」：

户七廿六　其餘木棉土布　元作「木綿」。

户八一〇三　折收到木帛布七千疋　元作「木綿」。本葉二見

第四十八　從錯簡知沈刻所本不同例

沈跋云：「此本紙色分新舊，舊者每半葉十五行，當是影鈔元刻本，新者每半葉十行，當是補鈔者。」今從錯簡及脱文中，考其行款，有與元刻本同者，有與半葉十行本同者。元刻本每半葉十八行，沈跋云十五行者，或另一鈔本，非余所見之元刻本也。

今録其行款與元刻本同者如左：

吏一十　背四行「正五品」以後，錯簡十八行，適爲元刻之半葉。

户八六四　三行「宜准」以後錯簡，適爲元刻之一葉盡處。

户八八一　十三行「不盡」以後錯簡，適爲元刻之一葉盡處。

户九廿一　背八行「申到」以下，脱今本廿三行，適爲元刻半葉之十八行。

又録其行款與半葉十行本同者如左：

吏六廿二　七行後脱五行，彭本、方本同。

户六十　四行後脱十行，適爲彭本、方本之半葉。

户六十二　背一行「者麼道」下，「致有」上，脱二十行，適爲彭本、方本之一葉。

兵三十　背五行「省咨」以下錯簡，適爲彭本、方本之兩葉互錯。

兵三五四　背六行「一提」以下錯簡，適爲彭本、方本之五葉互錯。

工二十三　背二行「事承」以下錯簡，適爲彭本、方本之一葉。

第四十九　從年月日之增入疑沈刻别有所本例

元典章每條起處，多冠年月日，亦有有年無月，或有月無日者。沈刻自刑部卷十一第三十八葉起，至工部卷末止，每有增入年月日，爲元刻及他本所無。此非能虚構者，疑必有所本也，其所本爲何，今不可知。據日本近日影印永樂大典站赤九引元典章，有與今元刻不盡同者，則當時另有第二刻本，亦未可定。即無第二刻本，然與元典章同時及後出之官書，如大元通制、至正條格等，均可據以校補。今故宫元刻本時見有墨筆添入之字，當即此類。則沈刻祖本之曾經據他書校補，自有可能也。

刑十一 三八	延祐二年十一月二十一日	元作「延祐三年」，目録亦作「延祐三年」，惟「二十一日」四字，他本無。
刑十一 四二	十一月二十四日	「二十四日」四个字，他本無。
刑十二 六	三月二十五日	「二十五日」四字，他本無。
刑十三 九	五月二十五日	「二十五日」四字，他本無。
刑十四 三	至元十五年月日	七字他本無。
刑十四 三	至元八年四月二十六日	十个字，他本無。
刑十四 四	至元八年三月二十一日	元作「至元五年六月二十五日」。
刑十五 四	五月二十四日	「二十四日」四个字，他本無。
刑十六 三	至元八年六月二十三日	十个字，他本無。
刑十七 三	十月初九日	「初九日」三字，他本無。
刑十八 四	十一月二十七日	他本只有「月」字，餘字均無。
刑十八 六	八月二十六日	「二十六日」四字，他本無。
刑十九 十七	至元十三年十二月十八日	十一字，他本無，但目録亦作「至元十三年」。

刑十九三九　至元六年月日　六个字，他本無，但目録亦作「至元六年」。

工一三　三月十五日　五个字，他本無。

工一五　至元十年月日　六字他本無。

工二二　十月初五日　「初五日」三字，他本無。

工三一　六月二十六日　「二十六日」四字，他本無。

工三一　十一月二十八日　他本作「十月十八日」。

惟元典章卷首目録每條下亦注年分，今沈刻所增年分，有與目録符者，有與目録不符者，且有與本條下文矛盾者，其所增又似不盡足據，此節須待將來之發見。

刑十六三　至元二十四年二月日　九字他本無，下文作「至元二十三年」，目録亦作「至元二十三年」。

刑十六三五　至大元年十二月二十一日　十一个字，他本無，目録作「大德二年」。

刑十九三　至元三十一年十一月十六日　元作「至元三十年」，目録亦作「至元三十年」，惟「十六日」三字，他本無。

刑十九 三四　大德十一年十一月二十一日　元只作「大德十年月日」，餘字均無，目録亦作「大德十年」。

刑十九 四十　至元九年十月初六日　九个字，他本無，目録作「大德二年」。

工一 十三　至元二十三年三月二十五日　元作「至元二十二年」，目録亦作「至元二十二年」，惟「二十五日」四字，他本無。

工二 六　至元二十年十一月二十六日　十二字，他本無，下文脱「至元二十九年」六字，目録亦作「至元二十九年」。

第五十　一字之誤關係全書例

有一字之誤關係全書者：

新綱目一　頒行四方已有年矣　「頒行」元作「板行」。

「板行」之義，與下文「梓行」同。據此一字，知此書是當時地方官吏所纂，非中央政府所頒，無怪乎四庫提要疑其始末不載於元史也。今改曰「頒行四方」，則此書是當時中央政府所頒矣，然何以解於元史不載也。

又此書新集目録之末，有「至治二年六月」字樣，謂此書之編纂止於至治二年六月也。然沈跋據新集中有至治三年事例，證明其不止於二年，亦據誤本而誤也。

新刑廿五　至治三年　元作「二年」，目録亦作「二年」。

新刑六二　至治三年　元作「二年」，目録亦作「二年」。三年與二年，一字之誤也。

又此書正集綱目於元仁宗之「仁」字，元刻作一墨方，知此書開雕時，仁宗廟號尚未頒行。後人欲補入「仁」字，應於墨方之下注明「當是仁字」，不當逕將墨方改成「仁」字也，今沈刻昧乎此。

綱目一　仁宗皇帝　元作「■宗皇帝」。

此皆一字之微，關係本書編纂及雕刻之年代，並發行主體，不得輕心從事者也。

重印後記

校勘學釋例本名元典章校補釋例。余昔爲同學講校勘學，要舉例説明，欲廣引羣書，則檢對不易，欲單引一書，則例子不多。例子多就是錯誤多，錯誤多未必是好書，未必是重要的書，要找一本好書而又重要又錯誤多的書，莫如沈刻元典章。

元典章係一部内容豐富而又極通俗的書，通俗的書難得板本好、寫刻精，沈刻元典章不然，寫刻極精，校對極差，錯漏極多，最合適爲校勘學的反面教材，一展卷而錯誤諸例悉備矣。同人以爲便於初學，因特重印以廣其傳。　一九五九年五月陳垣

〔原名元典章校補釋例，完成於一九三一年七月，最初發表於蔡元培先生六十五歲慶祝論文集。後改今名，現據中華書局一九六三年版排印。〕

陳垣全集之十三

吴漁山年譜

安徽大學出版社

序

吴漁山先生畫負盛名，晚而學道，竊嘗慕其爲人，欲爲撰次年譜。顧先生性孤介，聲氣不甚廣，事跡傳世殊少。錢竹汀居先生舊遊之地，其生也去先生之卒不過十年，而其撰疑年録，僅據邑人張雲章墨井道人傳，推知先生生年，而卒年竟不可得，且謂其浮海不知所終，則先生事跡之不易考可知也。張庚有詩載清暉贈言，稱石谷爲太夫子，則石谷再傳弟子也，而其撰畫徵録、圖畫精意識，乃謂石谷與先生因借畫不還，遂絶交，則先生事跡之傳説又未盡可信也。幸先生墓碑爲徐紫珊渭仁所發見，李問漁杕又爲先生撰行狀，輯遺詩，英斂之華又以先生致石谷遺牘介紹於世，姚儷桓大榮復力辨畫徵録之誣，先生生平乃大顯。余因據先生遺詩，及各家畫録，並先生同時人文集，採其有關先生之詩畫事跡有年可考者，編爲此譜。本年爲先生晉升司鐸二百五十年，余既撰紀念文，同人復慫慂將此譜刊布，乃重加整理，釐爲二卷。自惟寡陋，徵據典籍，不過八十種，屬教會者不滿十種，深以史料散在各處，未能充分運用爲憾，尚冀異日續有纂補也。中華民國廿六年清明前二日，新會陳垣序於北平米糧庫勵耘書屋。

壬申，明崇禎五年，先生生，西紀一六三二。

先生姓吴名歷，字漁山，常熟人。所居有言子墨井，遂號墨井道人。明都御史文恪公訥十一世孫，見張雲章樸村文集本廿三墨井道人傳，墨井詩鈔本作七世者疑誤。訥明史一五八有傳。孫淳，正統十三年進士。曾孫堂，弘治十二年進士。

先生父士傑，崇禎初客死河北。母王孺人，撫三子，長啓泰，次啓雍，少啓歷，啓歷即先生本名，見陳瑚確庵文稿十九吴節母王孺人墓誌銘。誌並謂士傑爲吴文恪公十世孫。海虞吴氏，自訥之高祖始自邑城東隅遷居文學橋子游巷言公故宅之側，見訥著思庵文粹三吴氏譜圖序，海虞文徵二引故宅作故里誤。言子宅明季曾爲天主堂，雍正二年始復，見道光蘇州志四九孔傳鐸復言子宅記。志又言吴都憲訥宅在子游東巷，堂名歸全，而乾隆閒言如泗輯言子文學録，附言子東巷圖，言子宅東爲墨井，西爲井福堂，光緒常昭志四二言氏井福堂即吴氏歸全堂舊址，以是知先生故第密邇天主堂西鄰也。

先生畫學師王煙客時敏，本年四十一歲。王玄照鑑，三十五歲。道學師陳確庵瑚，忘年交許青嶼之漸，均二十歲。

癸酉，崇禎六年，二歲，一六三三。

十月七日，即陽曆十一月八日，徐玄扈光啓卒。

甲申，崇禎十七年，清順治元年，十三歲，一六四四。

乙酉，順治二年，十四歲，一六四五。

丙戌，順治三年，十五歲，一六四六。

先生學畫年歲無考。惟過雲樓畫記六有先生自題秦吉了軸云，予稚年學畫，揹揹塗抹，不逾鸜哥。是先生學畫當在十五歲以前，姑繫於此。

丁亥，順治四年，十六歲，一六四七。

戊子，順治五年，十七歲，一六四八。

己丑，順治六年，十八歲，一六四九。

陳瑚本年秋，館虞山毛氏隱湖草堂，凡六年，確庵文稿有隱湖集。先生之識陳，當在此數年。

庚寅，順治七年，十九歲，一六五〇。

辛卯，順治八年，二十歲，一六五一。

壬辰，順治九年，二十一歲，一六五二。

學琴於陳岷，當在此數年。墨井詩鈔松壑鳴琴圖詩序云，憶予與季子天球，學琴於山民陳先生之門，不覺二十餘年矣，欲寫松壑鳴琴圖以寄意，常苦少暇。詩無年月，圖見吳越所見書畫録六，款署甲寅年小春廿日，由甲寅上推二十餘年，故繫於此。山民名岷，先生邑人，見海虞畫苑略。惟先生葑溪會琴圖跋作石民，見虚齋名畫録五，疑山民又名岷，號石民也。或作岷阮者，蓋因墨井道人傳誤字而誤，阮爲既之譌，原文屬下爲句也。

癸巳，順治十年，二十二歲，一六五三。

甲午，順治十一年，二十三歲，一六五四。

乙未，順治十二年，二十四歲，一六五五。

丙申，順治十三年，二十五歲，一六五六。

本年多明我會士福安羅文藻，在馬尼剌祝聖，爲華籍司鐸第一人。

丁酉，順治十四年，二十六歲，一六五七。

戊戌，順治十五年，二十七歲，一六五八。

己亥，順治十六年，二十八歲，一六五九。

從陳瑚遊，講義理之學。四月陳瑚輯門人詩爲從遊集二卷，無先生詩，知先生及門未久也。李司鐸杕撰先生行狀，謂先生受業於陳孝廉確庵，學帖括，爲邑諸生，此沿嘉定志之誤也，墨井道人傳無是說。虞陽科名録順治康熙生員中亦無先生名。惟國朝練音初集謂先生爲常熟諸生，練川名人畫象因之，嘉定志亦因之。常熟人著述如海虞畫苑略，常昭志，均無是説。海虞詩苑稱先生爲吳高士，允矣。事關先生出處，不可不辯。

本年先生天學師柏應理、魯日滿兩司鐸至中國，皆今比利時國人。

庚子，順治十七年，二十九歲，一六六〇。

請陳瑚、錢謙益爲母傳贊，陳未及爲。確庵文稿吳節母墓誌云，海虞吳子漁山，學於吾門，其人讀書修行，能琴詩，善書畫，莊莊乎士也。庚子夏，予將有楚行，手書其母孺人之内行，涕泣而來告曰，歷不幸，先君子蚤見背，歷母苦節四十年，今且老矣，敢乞夫子圖所以不朽吾母者。予諾其請，逡巡未及爲。按苦節四十年句有誤，本年先生才二十九，則四十或爲三十之譌。

錢謙益吳節母王孺人贊云，孺人王氏，世虞山右族，嫁吳文恪公十世孫士傑。崇禎初，士傑輓漕，歿于燕，母年二十有三，撫三子皆成立。今年六十有六，官長咸旌其門，少子歷，能詩有聞，請余爲贊。見有學集四二，不著年月。據陳撰墓誌，請陳爲文在庚子，則請錢爲文亦當在庚子。又據墓誌，母卒於壬寅春，年六十八，此云今年六十六，正合。惟崇禎初母年二十有三句亦誤，先生生時，母年已三十八，父何年卒無考，然總在先生生後也。錢謙益桃溪詩稿序，亦撰於是年十二月，見陸刻墨井詩鈔，並有學集四八。

辛丑，順治十八年，三十歲，一六六一。

夏秋之間，爲孝翁先生擬勝國名家筆，作雪景立軸，見別下齋書畫録四。

重九後一日，畫一扇面，題曰湖山一曲，幽人釣遊處也。見墨井書畫集。

壬寅，康熙元年，三十一歲，一六六二。

春，母王孺人卒，年六十八。陳瑚吴節母墓誌銘云，客歲春，漁山又涕泣來告曰，歷母以某月某日從先君子地下矣，將卜日啓墓而祔焉，夫子其賜之銘。予悲孝子之志，不及表之於生前，猶將傳之於殁後也，乃序而銘之。銘有單閼歲，白藏時，頑潭子，制銘詩之句。單閼卯，白藏秋，頑潭陳瑚，曰客歲春來告，當卒於是年。

癸卯，康熙二年，三十二歲，一六六三。

夏，在太原氏拙修堂，縮臨叔明林泉清集，見墨井畫跋。

甲辰，康熙三年，三十三歲，一六六四。

遊吴興。確庵詩鈔蟻橋集有同吴漁山過吴興詩，又有相城湖懷古次漁山韻，原作見墨井詩鈔。

五月至閏六月，從陳瑚避暑虞山破山寺。見陳安道年譜。墨井詩鈔陳瑚從游集序，當作於本年，此與順治十六年輯成之從游集同名而在後。陳瑚康熙元年七月丁父憂，序有祥琴既届，逝將遠遊，以寫鬱結，因選漁山之作而刻諸行橐中，意能從我者其漁山也之句。

八月中浣，有仿王晉卿山水軸，題云，煙雲出没有無閒，半在空虛半在山，我亦閒中消日月，杖藜橋畔聽潺湲。見中國書畫精選，題字不類先生，啓君元伯疑爲道光以後人筆。

錢牧齋謙益卒，年八十三。

乙巳，康熙四年，三十四歲，一六六五。

再遊吴興。墨井詩鈔遊天聖寺詠趙松雪瀟湘畫壁以下五首，均作於本年。與陳瑚倡和，見確庵詩鈔苕溪集。陳又有口占贈先生詩云，踏罷雲峰曳杖還，解衣盤礴不曾閒，風流彷彿黄癡筆，又一吴門謝疊山。原注，謝孔昭善臨子久畫，自號謝疊山。

余懷寫憂集序，有今年五月同遊霅溪語，亦當作於本年。

毘陵許之漸，因楊光先參湯若望案波連，與華亭許纘曾同罷官歸里。之漸歸後，與先生往還甚密。

丙午，康熙五年，三十五歲，一六六六。

由吴興歸。墨井道人傳言先生嘗遊吴興，謁其郡守，弗告而去，當在此年。郡守江都吴薗次綺，今世説四稱其官湖州守，喜與賓客遊，四方名士過從無虚日，卒以是罷官。

四月，爲默容和尚作仿古山水册，題云，予從苕霅歸，過吴門訪默公，默公留於興福精舍，不覺兩月，以去春索畫素册，早晚戲弄筆墨，遂得十幀。見過雲樓記六，不載年月，無由知去春爲何年，幸虚齋録十四録全文，爲丙午清和上澣。末有乾隆五十五年錢載跋，謂默公不知何人，其能爲先生所契重，定非尋常緇流，殆與此畫並不朽云云。默公爲興福庵默容和尚，與先生爲詩畫之交。興福庵舊名集福，在蘇州城内西北隅麋都兵巷，宋嘉定間建，後廢，順治十二年僧證研買地復興，改今名，見道光蘇州志四十。吴門庵寺，以興福名者不一，虞山破山寺亦名興福，爲先生舊遊之地，吾始亦誤認爲一也。

丁未，康熙六年，三十六歲，一六六七。

七月，長洲徐增跋默容山水册云，漁山名家子，行履高潔，超然物表，能書與詩，性好畫，嘗爲余畫桃源圖，妙極，兹又爲默公寫此册，每一幅倣古一人，無不得其神髓，寄語默公，須寶藏之。見虚齋録十四。

十二月，由梁溪歸，爲默容寫卧雪圖軸，題云，澗瀑冰泉咽又鳴，四山飛雪入窗明，自甘僵卧茅茨裏，州縣無求識姓名。予從梁溪至吴門興福精舍，快雪中默公屬寫此圖，時丁未嘉平廿七日也。有吴偉業、唐宇昭、許之漸、王時敏題，舊藏無錫楊氏觀蓮堂。

戊申，康熙七年，三十七歲，一六六八。

二月，客毘陵，畫跋云，毘陵唐氏，世藏叔明夏日山居圖，其款識戊申二月，爲同玄高士畫於青邨陶氏之嘉樹軒。予時客許氏補處堂，與唐氏静香齋只隔一舍，其畫不肯借過，就而觀之，筆墨景界，逼肖巨然，非山樵本色也。予得飽觀，又得手臨，至於年月，同在戊申二月，是何奇也。

毘陵唐宇昭桃溪集序，作於本年三月十一日，陳玉璂墨井草堂詩序，亦當作於本年。玉璂爲許之漸女夫，康熙六年進士，本年秋在毘陵。序見學文堂集二，名吴漁山詩序。此據陸刻墨井詩鈔。

陸刻墨井詩鈔又有錢陸燦送漁山歸城南序，云漁山邑人也，故余知漁山也稔。余三十餘年，爲東西南北人，所至處人尠不問漁山，余亦尠有不爲具述漁山之爲人。及問其短長肥瘠，衣冠舉止，則惘然，余實未親炙漁山也。今年漁山始來常州，握手一大笑，漁山今之元鎮也。序無年月，當是本年八九月作，時先生將由毘陵歸也。

九月八日寫雲白山青圖，跋云，戊申九月六日，予從毘陵歸虞山，風雨寂寥中，有啜茗焚香之樂，八日晚晴，喜而圖此。見石渠寶笈初編三十五，詩即詩鈔題畫第二首。

十二月王時敏題卧雪圖軸云，漁山雪圖，簡淡高寒，真得右丞遺意。默公孤情絶照，氣韻相同，故宜有殉知之合，展觀不勝歎羡。戊申臘月，西廬老人王時敏題。見王奉常題跋，無年月，今據楊氏藏本。

己酉，康熙八年，三十八歲，一六六九。

夏遊揚州，詩鈔有揚州詩。許之漸擊壤紀年箋云，憶往歲己酉夏，吴子漁山偕遊廣陵，畫士高生，寫余小影，弗克肖也，漁山爲仿唐解元剪菖蒲圖綴其上，遂以景勝。

立冬仿李成筆法爲長卷，見墨井書畫集。此卷疑僞。

庚戌，康熙九年，三十九歲，一六七〇。

閏二月又寫雲白山青圖，詩與石渠寶笈藏軸同。跋云，憶予戊申嘉平，贊侯四兄同客淮上，索畫此幅，匆匆未能即應，忽又三年矣。今歸虞山，聊寫大癡遺意，殊慚效顰耳。圖今藏固始張氏鏡菡榭。

四月入京，詩鈔有庚戌夏，青嶼侍御同予北行，舟過廣陵，許師六孝廉招遊潯園，雨不果行，聊用顧庵韻一首，即入京時作。許師六名承家，江都人，康熙廿四年進士。顧庵曹爾堪，嘉善人，順治九年進士。八家詩選顧庵詩有庚戌立夏前三日，同友人集許師六園亭，即席限魚字一首，即先生所用之韻也。

詩鈔又有高郵道中用梅郵太史韻三首。南陽道中見紅蓮緑柳賦此一首，原注，柳爲故司空朱梅麓先生手植。按梅麓朱之錫，義烏人，順治十四年河道總督，有惠政，康熙五年卒。

詩鈔又有客久倦程暑灼煩甚篷牕半載筆墨荒澀一首，皆入京時道中作。

中秋後五日抵京，見擊壤紀年箋。

宋琬有題吴漁山倣吴仲圭畫一首，見安雅堂未刻稿一，無年月，而次在送許鶴沙臬長之任滇南後。鶴沙許纘曾，本年湯案既白，與許之漸同起用。據寶綸堂稿五鶴沙自序，纘曾以六月抵京，十月初七日引見，翌日點用雲南按察使。時先生已在京，頗疑此畫爲先生贈許纘曾作。故宋琬詩有吴生大雅人，清姿如野鶴，毫端走鬼神，古人庶無作，持贈萬里行，披圖儼酬酢，誦君遠遊詩，不減謝康樂，征鴻去悠悠，相望何寥廓之句。

十月有山水軸，題云，幽麓横鋪十里煙，柳橋西轉亂漁船，白花翠蔓茅茨小，鷗浴平沙落日圓，庚戌小春，題似巖翁徐老先生。見小萬柳堂藏畫目，亦當爲在京時作。

辛亥，康熙十年，四十歲，一六七一。

與許之漸同在京。二月石谷四十壽，許之漸贈絶句二，其一云，劍門圖畫裏，妙手蔚相望，王子留真跡，吳生並擅場。注謂吳歷漁山。見清暉贈言七，當是在京時作。劍門，虞山最奇勝處也，見甌香館畫跋。

施閏章許侍御詩序云，青嶼爲侍御，號敢言，以細故奪官。其卧而復出也，日與其友吳漁山用文酒相娱，放浪公卿耆舊閒。棲遲浹歲，適予需次京邸，逾月先返，以予爲知言，贈答數四，且相約冬春待予於蘭陵之别墅。見愚山文集六。施以八月出都，讀此知許與先生之出都，尚在施後。

曹爾堪等，本年亦在京。施愚山年譜云，康熙十年夏，奉部檄入都，在都與宋荔裳琬，曹顧庵爾堪，沈繹堂荃，王西樵士禄，程湟榛可則，王阮亭士禎，陳説巖廷敬，詩歌倡和，語水吳孟舉有八家詩選之刻。漁洋山人自撰年譜亦云，康熙九年冬還京師，十年遷户部郎中，時程周量可則，以員外郎爲同舍，朝夕相倡和。而宋荔裳琬，曹顧庵爾堪，施愚山閏章，皆在京師，與山人兄弟爲文酒之會，盛有倡和。今考施宋程王諸家題先生畫詩，皆本年作。

施閏章謝吳漁山作畫云，茅屋谿山古木疎，看來真是老夫居，延陵高士如相訪，緑竹潭邊釣白魚。見愚山詩集四八，無年月，而編在過鄴城，次蘇門，登嵩山諸作之前，知是出都時作。

程可則贈先生詩云，吳漁山爲余作營丘早雪圖，歌以贈之，有漁山山人不出山，朅來燕市仍鍵關，松枝麈柄自怡悦，爲我泚筆開心顔之句。見海日堂集二，亦無年月，而編在送族孫禹門成進士歸雲閒之後，爲施愚山作賣船行之前。禹門程化龍，康熙庚戌進士，愚山辛亥入都，故知此詩爲辛亥作。

宋琬有爲胡怡齋題吳漁山畫山水二絶，見安雅堂未刻稿五，亦無年月，惟未刻稿六又有胡怡齋詩序云，余以順治甲午，備兵隴右，時平西親王駐軍漢中，王之貴壻怡齋胡公，高列陝西鄉薦，著作已膾炙人口。今歲辛亥，始見怡齋於京邸云云。按怡齋爲吳三桂壻胡國柱，康熙二十年，死於雲龍州之難。怡齋詩序作於辛亥，則爲怡齋題漁山畫亦當在辛亥。

王士禎有題吳歷畫二首，又有吳歷修竹吾廬圖爲汪季角舍人題一首，均見漁洋山人續集一辛亥稿。季角爲汪蛟門懋麟，康熙六年進士，有百尺梧桐閣集，數與何蕤音元英倡和。元英秀水人，與鄞縣天主教名士朱宗元鄉榜同年，工書，京寓有古藤，墨井詩鈔題畫贈何蕤音侍御云，諫草避人焚却後，紫藤花下寫黃庭。亦本年在京作也。

七月爲蔣弘道畫江天漁艇圖軸，題云，移舟日日展漁罾，水面桃花過幾層，欲問仙源何處是，江天暮雨濕煙凝。曉窗新霽，題似裕庵蔣老先生，時辛亥七月二日。爲無錫楊氏舊藏。弘道山西臨汾人，順治十六年進士，左都御史。

先生在京曾見叔明静深秋曉圖，畫跋云，得觀於劉尚書齋頭。康熙九年十年閒，京中無劉尚書，惟叔明静深秋曉圖，書畫鑑影二十曾著録，秋山紅樹，村落樓臺，與畫跋所記正合。有蕉林及棠村審定印，棠村爲真定梁清標，蕉林其書屋名。蕉林詩集七言律三，本年有送許青嶼侍御歸毘陵之作，清標既得此軸，宜先生得見之。清標以本年二月爲刑部尚書，十一年二月遷户部，頗疑畫跋之劉尚書爲梁尚書之譌也。

默容和尚卒，見康熙十一年條。

十二月吴梅村偉業卒，年六十三。

壬子，康熙十一年，四十一歲，一六七二。

虞山何世貞公介著崇正必辨前後集，其後集上卷題吴歷漁山，唐璘天石閱，知先生是時已與天主教友往還。崇正必辨有遠西利類思序，云壬子暮春，余寄跡在京，客有自江南來者，袖出何子公介崇正必辨一編丐余序云云。時先生已出京也。

夏，許之漸有悼默容詩，序云，默容上人爲證公大弟子，酷嗜觚翰，與漁山吴子，山民陳子，諸高士相友善。余每過吳門，必過興福，坐對輒竟日。酉秋別去，時方佐證公刱經閣，閣垂成而西逝。余與漁山歸橈南渡，得其幻去之信，憮然久之。今壬子夏，復啓故關，感其去來之速，而願果之未成也，詩以悼之，並眎證公、漁山。爲無錫楊氏舊藏。據此序知默容爲證公弟子，證公即僧證研，見康熙五年條。興福庵藏經閣爲金之俊建，見道光蘇州志四十。

癸丑，康熙十二年，四十二歲，一六七三。

正月廿二日，有高郵道中小景立軸，題云，高郵道中之一，用梅村太史韻，並圖小景，爲松原大兄。見吳越所見録六。

四月一日，有倣梅巨兩家軸，題云，用梅、巨兩家法，爲密庵老先生。見虛齋録九。密庵陸可求，山陽人，順治十二年進士。神州國光集收此軸，題識較略，當係贋本。

四月九日有倣倪雲林竹石小景，見小萬柳堂畫目。

十二月有倣營丘雪霽聚禽圖卷，見四王吳惲畫册。

甲寅，康熙十三年四十三歲，一六七四。

正月十六日寫山水小景，題云，白花細點静無波，嫩葉初藏軟角多，風拂一聲殘照裏，誰家新調採菱歌。春雪初晴，題爲若韓道兄。與詩鈔題畫第十三首，詞句略同，見虛齋録十五。若韓聖名，當爲天主教友。

王奉常題跋有題吳漁山苦雨詩圖後云，漁山以名賢後裔，博物工詩，兼精繪事，與毘陵許青嶼侍御訂文章筆墨之交，每遊覽名勝，巾車棹舟，未嘗不共，詩文互相唱和，積久成帙。近復有歎雨十六韻，繫之以圖，尤稱合作云云。不記年月。選學齋書畫寓目記記其末款云，山中苦雨詩十六韻，以高尚書法寫詩中景，寄呈青嶼先生，甲寅某月。

秋日倣方從義山水卷，題云，倣方壺筆意於飲緑山房，適籬菊初開，頗有佳興。見天繪閣影印本。

七月爲邵點畫竹溪漁隱圖扇面，左畔有許之漸自書詩句，云七夕後三日，秬園偕蘭雪年翁漁山諸子，觀荷待月，用七夕韻。秬園侯汸，嘉定人。蘭雪即邵點，吳人，工書畫。

九月作興福感舊圖，跋云，吾友筆墨中，惟默公交最深。予常作客，不爲話别，恐傷折柳。庚戌清和，遊于燕薊，往往南傳方外書信，意甚殷殷。辛亥秋冬，將欲賦歸，意謂同此歲寒冰雪，而未及渡淮，聞默公已挂履峰頭，痛可言哉。自慚浪跡，有負同心，招魂作誄，未足抒寫生平，形於絹素，泚筆隕涕無已。却到曇摩地，淚盈難解空，雪庭松影在，草沼墨痕融，幾樹春殘碧，一燈門掩紅，平生書畫癖，多被誤吟風。魚雁幾時隔，賦歸遲悔深，自憐南北客，未盡死生心，痴蝶還疑夢，飢烏獨守林，雲看無限意，何事即浮沉。甲寅年登高前二日，雨霽並書。圖與許之漸悼默容詩合裝一卷，爲無錫楊氏舊藏。

詩鈔有松壑鳴琴圖題句，無年月，惟云今從北歸，則從京師歸未久也。吴越所見録六載此圖，款署甲寅年小春廿日。詞句與詩鈔小異。

長至日有倣元人山居圖，款署寄呈毘陵青嶼先生。見清朝書畫譜，啓元伯疑爲贋本。

詩鈔有再過拈笑齋詩，無年月。據自怡悦齋書畫録五，此詩本年作。末韻尊窺來熟客，隨意話年年，與詩鈔異。跋云，甲寅嘉平廿日，與諸同人再訪燈公于拈笑齋，即限韻五言以贈，兼寫迂叟春杪半樹，少佐詩興。按燈公疑即證公，或傳寫譌也。

乙卯，康熙十四年，四十四歲，一六七五。

夏寫秋山圖，並題七絶五首。其第一首云，阿翁結屋秋山巔，秋色秋光紛復前，萬軸圖書充石閣，千章杉檜罨茆檐。墨井書畫集誤譯萬軸爲禹軸。此圖疑僞。

閏五月有仿江貫道絶壑飛流圖，見甌鉢羅室書畫過目攷。閏五月廿五日又有松溪書閣圖，見書畫鑑影廿三。

九月十七日爲聖予重題仿古山水册云，吾禪友默容，從余繪事，有志於詩學，使其早得三昧，當以弘秀名聞，不幸挂履高巖，其命矣夫。壬子年來，每過興福，輒爲隕涕。其徒聖予，復修家學，一燈耿然，默容爲不亡矣。此册往予爲默容所作，今潤色並及之。見虚齋録十四。過雲樓記六亦著録，但悉删其年月。

十月壽證和尚潤壑蒼松圖卷，跋云，興福證公，於乙卯小春，六十初度。寫潤壑蒼松，喜有虬龍之勢，飽百千年冰霜也，用以獻壽，未知少似坡公恠石供否。見虚齋録五。又有山水立軸，題云，隱居只在一舟閒，與世無求獨往還，遠放江湖讀書去，還嫌耳目近青山。乙卯十月。見繼昌左庵一得初録。據博文堂出版四王吳惲，此畫已流入日本。

十月十日有倣倪高士溪山亭子立軸，呈太原老夫子。又有寫劉長卿詩意立軸，題云，乙卯端午前二日，畫於溪樓，小春二十有一日，呈湘翁老夫子。均見吳越所見録六。詩鈔有次韻和許侍御，仲冬六日，集同人於興福精舍，聽王渭春説書，時聖公客松陵，有寄懷之句，余嘉平七日至，聖公已歸，賦此一首。當作於本年。聖公即聖予，默容徒弟，證研徒孫，與先生交凡三世矣。

許之漸爲聖予跋仿古山水册，題乙卯嘉平臘日，繡衣衲子許之漸識，見虚齋録十四。當與先生此詩同時。跋云，吳子漁山，以筆墨妙天下，其過吳門，必止興福默容精舍，閉户簡出，一日之跡，頗有流傳。默容既逝，漁山人琴之痛，如過西州門者。且經三歲，其徒聖予，能繼厥師之志，恆復致之。予之至止，亦輙相同。聖予出其所藏，欲裝潢成册，以志不朽。漁山畫在天壤，默公一點靈光，亦與此册亘古如存，聖予其寶之。按惲壽平亦數與聖予往還，見甌香館集補遺詩。然自本年以後，即不見先生有再到興福之跡，殊可注意也。

虛齋録此册又有方邵村亨咸跋云，畫難言也，余從事於茲有年矣，今之能手執蝥弧而建壇坫者，余皆得事之，即未見其人，未嘗不見其所爲也。大江南北，太倉兩王先生而外，則指首屈漁山矣。雖未得縱觀其所爲，即此帙體備諸家，妙兼六法，胸開天地，氣蓋古今，真傑作也。覺余二十年來之從事，空費力氣，不禁惝然。試問之兩王先生，當不易吾言也。跋無年月，然必在兩王先生未卒之前，故繫於此。

十月廿日，陳確庵瑚卒，年六十三。

丙辰，康熙十五年，四十五歲，一六七六。

元日壽陳帆山水軸，題云，先生家住南皋曲，詩草松雲亂茅屋，牛耳詞壇六十年，天荒地老鬢猶緑。詩畫爲蒙谷先生壽，見墨井書畫集。蒙谷即陳南浦帆，先生邑人，見海虞畫苑略，詩鈔有同陳南浦過横塘詩。

早春有仿黄鶴山樵軸，跋云，丙辰蚤春，聊得古人形意，擬黄鶴山樵筆，殊未堪大方嗢噱，爲筠柯詞宗先生。見穰梨館過眼續録十四。

三月十一日，有山水立軸，題云，嵐氣初收霽色開，喬松舉立白雲隈，不將粉本爲規矩，造化隨他筆底來。見別下齋録四。

三月十二日有贈王鑑山水軸，題云，一雨初晴樹欲秋，溪頭小屋似漁舟，山童解得藏名姓，不敢披裘釣碧流。山居曉坐，並題七言，呈湘翁夫子。見過雲樓記六。顧文彬謂湘翁爲湘碧，知先生並受學於王鑑。

本年從魯日滿司鐸遊，七月有湖天春色圖軸，跋云，幬函有道先生，僑居隱于婁水，予久懷相訪而未遂，於辰春從遊遠西魯先生，得登君子之堂，詩酒累日，蓋北海風致，不甚過矣。旦起冒雨而歸，今不覺中元之後三日也。而先生殷勤念我，惠寄香茗酒錢於山中，予漫賦七言二絶，並圖趙大年湖天春色以志謝。見虚齋録九。魯先生即魯日滿，見順治十六年條。張譯墨井書畫集載此圖，指爲依西巴尼亞國之魯日孟，又指此辰春爲一六八八年之戊辰，與予說異。一六八八年春，先生正在澳門，何從又至婁水？此爲先生與西士往還見於記載最早者。

八月又有雨散煙巒圖卷，跋云，元人擇幽僻之境，搆層樓爲槃礴所，晨起看四山煙雲變幻，得一新境，即欣然握管，大都如草書法，只寫胸中逸趣耳。予鹿鹿塵坌，每舐筆和墨，輒作世外想，初不從故紙中覓生活，然安得買山資，結廬大癡舊隱處乎。時康熙丙辰秋社，快雨新晴，几案灑然。見有正書局中國名畫集。按此跋前半見墨井畫跋，無年月，據後半則先生本年已有飄然物外之志，不待康熙二十年始欲往大西也。

九月廿九日即陽曆十一月四日，魯日滿卒，葬常熟北門外鐵拐亭北。魯喜與士大夫遊，陳維崧迦陵詞集十二有贈大西洋人魯君滿江紅詞，即此人。詞有善弈慣藏仙叟橘，能醫却笑神農术，更誦完一卷咒人經，驚奇術之句。

丁巳，康熙十六年，四十六歲，一六七七。

有題鳳阿山房圖贈侯大年詩，見詩鈔，無年月。穰梨館過眼録卅八著録此圖册頁，亦無年月。惟古緣萃録八著録此圖立軸，款署康熙十六年丁巳七月，予從梁谿歸，憶此寫寄。墨井書畫集所收立軸有二幀，題識詳略不同，略者當是贋本。大年侯開國，嘉定人，明登萊巡撫孫元化外孫。元化爲徐光啓門人，天主教信徒，嘉定開教施主。穰梨館著録此册，題詠甚衆，孫致彌題云，大年表弟，自號鳳阿，常欲買地數百弓，環植梧竹，讀書其中，吳漁山先爲畫鳳阿山房圖，余繫以二絶句，求同志諸君子屬和贈之。致彌元化之孫，與大年並爲疁城八子之一，康熙廿七年進士。嘗著歐羅巴劍子歌，述元化用兵事，有戰罷嘗懸達味樓，佩來每侍歐羅殿之句，皆西國典故。又述當時所用西國武官，公沙的西勞外，尚有若盎末略，亦小西洋人，爲漢文教史所未及，見杕左堂集一。

十月三日寫吟秋圖，詩與詩鈔之戊午重陽泛雨圖，所異不過數字，見自怡悦齋録五。

本年王玄照鑑卒，年八十。

戊午，康熙十七年，四十七歲，一六七八。

六月十日寫梅花山館圖，題云，山迎山送程程畫，花白花紅自在春，物色也須人管領，老夫端的是閒身。擬趙承旨設色法。見石渠寶笈三編，此圖原藏故宮延春閣。

詩鈔泛雨圖詩序云，戊午重陽風雨，因憶去年小春日，半人來客虞山，祖培相邀泛秋，有五人焉。今半人未至，雍若已亡，祖培天石，各鍵兩户，無復登臨之興。蓋兩年閒死生聚散，有足悲者。予欲賦詩以自慰，不覺雨添墨汁，濕雲滿紙，遂成泛雨圖寄祖培。

按天石唐璘，先生邑人，見康熙十一年條。

九月十日寫劉長卿詩意立軸，款署戊午年小重陽雨霽。見吴越所見録六。

己未，康熙十八年，四十八歲，一六七九。

四月十日贈許之漸消夏圖卷，題云，梅雨初晴，曉來獨坐墨井草堂，師古人消夏圖，寄毘陵青嶼先生，以致久遠之懷。見過雲樓記六。顧文彬謂青嶼與漁山同入西教，非也。之漸信佛，自號繡衣衲子，見康熙十四年條。

庚申，康熙十九年，四十九歲，一六八〇。

春寫秋林步月圖，見甌鉢羅室過目攷。

夏寫上洋留別圖卷，見天繪閣影印本。題云，此予將往上洋，留別惠于之作，計有五年矣，茲者見之，依依不去，況筆墨之知己耶。按惠于見康熙四十二年條。先生往上洋，當與往婁水同時，見康熙十五年條。

六月十七日，王煙客時敏卒，年八十九。先生有挽詩八首，見詩鈔。

辛酉，康熙二十年，五十歲，西紀一六八一。

隨柏應理司鐸往大西，至澳不果行。

楊西亭晉爲先生畫象，見葉廷琯鷗陂漁話一云，昭文張約軒元齡，曾得楊西亭所寫漁山小像，上有上海徐紫珊跋，云道人入彼教久，西亭此像作於辛酉，其時猶未入教也。按未入教當作未入會，入教在先，入會修道在後。楊氏所寫象，疑爲送別而作。但未識練川名人畫象附載之先生象，是否出於楊氏耳。

正月十五日爲錢封寫湖山春曉圖軸，題云，此予贈松厓先生新居之詩，並書請正。見過雲樓記六。顧文彬謂松厓錢封，字軼秦，隱西湖，故漁山贈以湖上之詩。

王顓庵掞丁憂在籍，有二月八日吴歷所招集悟香溪屋分限開字一首，見西田詩集。時先生尚未往澳也。

四月有擬柯丹丘畫法，見墨井書畫集。

五月有袖珍册，題云，予學道山中，久不作雨淋牆頭畫法，梅雨新晴，爲蒼竹表妹丈寫此。見吴越所見録六，並見有正書局影印四王惲吴山水合册。按此爲至澳以後作。

七月有水墨白傅湓江圖卷，題云，逐臣送客本多傷，不待琵琶已斷腸，堪歎青衫幾許淚，令人寫得筆凄凉。偶檢□笥得此圖，以寄青嶼老先生，稍慰雲樹之思。見虚齋録五。□笥當是行笥。

十月廿八日又有設色白傅湓浦圖卷，詩同款異，云予在壑中第二層樓上，師古得此。見古緣萃録八。

畫跋云，墨井道人年垂五十，學道三巴，眠食第二層樓上，觀海潮度日，已五閲月於兹矣。憶五十年看雲塵世，較此物外觀潮，未覺今是昨非，亦不知海與世孰險孰危。索筆圖出，具道眼者，必有以教我。按此亦本年在澳門作。

十月廿六日，即陽曆十二月五日，柏應理離澳往大西。

壬戌，康熙二十一年，五十一歲，一六八二。

在澳入耶穌會。按三巴集澳中雜詠末二首云，西征未遂意如何，滯澳冬春兩候過，明日香山重問渡，梅邊嶺去水程多。江路陰晴費較量，歸帆遲緩下南昌，榜人還認冬來客，爲報春流比舊强。似先生本年春，曾返内地一次，然後復往澳入耶穌會。但先生初次往澳，並不在冬，不知詩何以兩言冬春，尚須俟新證解釋。北平圖書館有錢竹汀弟子長洲張霞房著春𣺌齋筆識六卷，爲槐廬叢書擬刻底本。牟君潤孫録示其卷一一則云，王石谷五十誕辰，賓朋往祝，見堂中不掛壽星軸，問之，石谷曰，有活壽星在吾家烏目山房，酒量甚洪，今早已飲一大罏。衆喜請見，則吳漁山先生也，年近百歲，精神矍鑠，新從西洋番舶歸。衆曰，真南極老人矣。漁山曰，吾何當耶，不過在大浪山頭看南斗出地三十六度，手把大酒甌，弧南明星入吾甌中，曾對壽星吃壽酒者耳。於是舉觥爲石谷介眉，衆各進一觥，石谷竟大醉。按石谷誕辰，在二月廿一日，見清暉贈言七。康熙二十年石谷五十誕辰，先生猶未往澳，何云新從番舶歸，頗疑此爲本年石谷誕辰事，時先生正從澳歸，故有此傳説。百歲云云，殆二人合壽之譌傳耳。然此正可見二人之融洽，未嘗因入教割席，如鷗陂漁話所云也。或以石谷五十誕辰，應在辛酉，繫於壬戌，頗覺未安。然清暉贈言七有吳江潘鏐壽石谷六十云，辛未都門，喜晤石谷先生，明年壬申，值其六十誕辰，用杜少陵韻，聊以申祝。有即今六十届稱觴，相見相憐俱客裏之句。六十壬申，五十正當壬戌，誤亦有偶矣。

癸亥，康熙二十二年，五十二歲，一六八三。

耶穌會會士檔，始載先生名，先生洗名西滿沙勿略，入會後又取西姓雅古納，會檔先生名下注初學修士，體力健，在會一年，一六三一生等語。此項檔案，係裴化行司鐸據照片開示，袁君承斌漢譯。至一六三一生之説，其始由西士根據本年若干歲，照西國習慣上推爲一六三一。其後李司鐸撰先生行狀，又根據一六三一生之説，照中國習慣下推爲卒年八十八，故各有差異。然吾以爲據人言，不若據先生之自言也。參康熙四十三年條。

甲子，康熙二十三年，五十三歲，一六八四。

乙丑，康熙二十四年，五十四歲，一六八五。

初開海禁，置榷關。石門勞之辨觀察嶺南，有同滿漢榷部巡歷濠鏡墺诗四首，見靜觀堂集四，時先生正在澳修道也。

嘗見有影印山水册，末幀題云，乙丑長至後五日，爲雨帆戴先生擬古十二幀。按學道本可以餘力作畫，惟其第五幀題乙丑長至日畫於桃溪。桃溪爲先生里居，先生有家在桃溪深處朱文印。李輯三巴集末七十詩，所謂堂前墨井水依在，屋後桃溪花自妍是也。人既在澳，何以畫在桃溪，其贋顯然。

三月初五日，即陽曆四月八日，羅文藻在澳門祝聖爲華籍主教第一人。

江寧巡撫湯斌毁蘇州府城西上方山五通祠，木偶付火，土偶投水，並檄行各屬類此者盡撤燬之。

丙寅，康熙二十五年，五十五歲，一六八六。

許之漸自題小影追和漁山韻，序有漁山罕過雀羅，老人感慨係之之語，見擊壤紀年箋。時之漸年七十四，先生學道未歸，二人蹤跡久疎故云。

勞之辨内陞還京，有香山墨夷目以縑帨二種由欽天監監正南敦伯寄達異其事而紀之二首，見静觀堂集五。南敦伯爲南懷仁，先生同會修士也。

丁卯，康熙二十六年，五十六歲，一六八七。

戊辰，康熙二十七年，五十七歲，一六八八。

七月初六日，即陽曆八月一日，與萬其淵、劉藴德由羅文藻主教祝聖爲司鐸。是爲華籍司鐸由華籍主教祝聖者之第一次。萬其淵或作王其淵，據上海聖墓堂墓碑，應作萬。至先生等祝聖地點，尚無定論，姑闕。

本年耶穌會會士檔，先生名下，注有中國讀書修士，已升六品，體力平常，在會六年等語。後又將已升六品句删去，改爲一六八八年八月一日晋升司鐸。

己巳，康熙二十八年，五十八歲，一六八九。

在江寧。徐匯書樓藏抄本墨井道人三餘集，有代遠西先生謝恩賜飲葡萄漿並青緞白金詩，當是康熙第二次南巡時作。詩云，丹陛臚呼二遠臣，葡萄滿賜一杯春，天顔喜近知君貴，玉語忻聞慰道貧。緗帶御爐香篆下，金分扇月射光新，秣陵駕幸沾殊寵，奪錦無才愧客身。時江寧西鐸爲畢嘉、洪若，畢意大利人，洪法蘭西人。三餘集爲先生未刻詩稿，徐宗澤司鐸録副見寄。

本年教宗亞立山第八即位，三巴集有聞教宗復辟詩。

三月，張鵬翮巡撫浙江。

庚午，康熙二十九年，五十九歲，一六九〇。

在上海。有次韻雜詩七首，見三餘集，序云，姑蘇沈范二子雜詩，共十四章，各具新致慷慨，予反覆披誦，亦有所觸，遂仍和。兹録其前三首云，塵世日多感，此心觸不驚，病身如瘦竹，道侣類飄萍。畏俗逐高下，避人稱重輕，栖遲擬深處，何必買山耕。六十來迴促，二毛久已侵，窮愁甘至骨，冷暖不移心。志欲申無力，詩因和費吟，未能忘世務，捫虱話升沉。近究西文學，竟虚東下帷，殘篇多鼠跡，新簡亂螢飛。忻見官除妄，絶無衲叩扉，不求聞薦達，懶解舊腰韋。按先生自澳歸後曾患病，所以有病身如瘦竹語。又有六十來迴促句，知其作於六十以前。忻見官除妄，指湯斌毁淫祠。絶無衲叩扉，則久已不與禪友往來矣。

七月八日有山水立軸，題云，營丘寒林，參用江貫道法，大暑揮汗，爲方老學兄。見左庵一得録。按先生自入耶穌會後，七八年間，罕見有畫傳世，足徵學道之忙。

尤侗題三巴集，當在本年。艮齋倦稿十五卷，前八卷分體編纂，第九卷以下自壬申至戊寅，分年編纂。此文在第七卷題跋類，必著於辛未以前，故有吴子近從海外歸之語。宋實穎三巴集序，徐匯書樓藏抄本，作老友宋實穎題，中有近復留心心學語，亦當作於本年。

惲南田壽平卒，年五十八。

辛未，康熙三十年，六十歲，一六九一。

有六十吟云，年去年去不復過，今朝六十來如何，我初童年爭辨日，那知白日竟如梭。於今知惜分陰處，時不我待首先皤，後期匆匆將壽補，日醉南山有幾多。誰言老當壯可羡，幼病未離母兄眷，誰言超世天爵榮，躑躅東南塵土賤。辭家廿載等浮鷗，窮餓兼無兒女怨，所遇故物亦忘名，偶逢冠蓋無煩見。閉影潛修素願欲，西學日究猶未足，何事努力不少壯，直至暮齡相偪促。臨渴奔泉手掬忙，饑來炊米帶生熟，寂寞眠遲悔往夢，居常知止免遭辱。世間以壽妄稱仙，三十二十也壽年，玉堂客貴年年祝，錦屏詩畫必對懸。我今桐陰北窗下，茶香感誦蓼莪篇，争似村翁忘甲子，但知牛背夕陽天。見三餘集。按先生有兄，見崇禎五年條。此言幼病未離母兄眷，則其兄必長於先生多歲。先生父卒時，母必不止二十三歲，有學集之誤無疑。見順治十七年條。

有壽石谷卷，題云，與君自小江村住，暖翠浮嵐烏目山，何似西興雲外路，曉春十二小煙鬟。年來癡絶争輸我，筆底神來應讓君，兩地相思不相見，暮雲春樹自紛紛。還山端爲學春耕，牛背從今歸計成，今日壽君還自壽，煙霞自古得長生。寫祝耕煙先生覽揆之慶，並綴小詩請政。見穰梨館過眼録卅九。按此卷無年月，因其中有年來癡絶争輸我等句，似自澳初歸時語，特繫於此。

是歲浙撫張鵬翮禁天主教。

壬申，康熙三十一年，六十一歲，一六九二。

在上海。有哭司教羅先生詩，嗚呼訃至今信死，慟哭先生東鐸始，初自西歸七閩鄉，鬢鬢蒼蒼稱清偉。適遭紛議盡遺粵，轍環四方獨勞矣，勳棨超世主教尊，所傳鐸品只三子。嗚道辛勤各遠方，惟我追隨久於此，詎料衡寒又離去，奄忽長逝如眠爾。北望金陵千里天，再哭淚血成紅雨，雲來幽幽曉夢狀，恍若居常每提指。茲者學道日已少，道在咫尺誰綜理，仰悲大嶺出霧遲，俛憫狂瀾苦無砥。當其齋候講經學，巷擁輪蹄門集履，又期勘讎崇正事，秋毫無不貫西史。日談前聖勵後修，更將老筆筆於紙，一生到處歷險危，半在小西半東里。憶從勇渡黃浦潮，今瘞雨花臺畔裏，景移物换窆後殊，空帷象設儼相似。萋萋宿草日復生，墓碑超行誠難誄，壠木蕭蕭未得春，廬居願獨三年止。千古萬古修事業，一言遺重委西士，而今誰不悟死歸，夢回情至難忘耳。見三餘集。西士下原注，謂余先生。按德氏著中華本國主教，謂羅主教卒於一六九一年二月廿七日。而詩有惟我追隨久於此之語，似先生晉鐸後追隨主教不止二年，今據高氏金陵開教録，繫於本年，尚待墓碑發見時質證。

耶穌會會士檔，先生名下有體力極弱一語。三餘集有懷姑蘇沈惠于詩，注，在立春前虞山別去，予抱疴歸海上。詩云，憶別春前琴水去，至今病骨猶寒樹，日斜海上紙窗西，似共超談半寄處。注，半寄亭名，在姑蘇堂内。按病骨猶寒樹，病身如瘦竹，皆與體力極弱語合。

仲秋有做梅道人筆法扇面，見墨井書畫集。中國書畫精選又有山水扇面，題壬申中秋杪，法思翁筆，爲遯老年長。兩扇面題字均不類先生，當是贋品。

六月宋犖巡撫江蘇。

癸酉，康熙三十二年，六十二歲，一六九三。

春返虞山，爲毛氏汲古閣諸昆寫青山讀騷圖，題云，夜雨新涼水半篙，小舡安穩載松醪，高人與世無還往，醉向青山讀楚騷。康熙癸酉春分三日，過隱湖草堂，喜晤汲古諸昆，素心晨夕，風雨聯床，觴咏之暇，出舊楮索畫，爰橅黄鶴山人法，繫以一詩就正。精力向衰，自愧不逮古人遠甚矣。張譯墨井書畫集，汲古誤作汲左。友人寄昹湖社月刊第七十八册，有淺絳山水卷，題與此同，而删其詩，癸酉改爲癸未，軸改爲卷，其贋顯然。

甲戌，康熙三十三年，六十三歲，一六九四。

夏寫歸花圖立軸，款署擬趙大年於叢蘭書屋。見別下齋録七。

乙亥，康熙三十四年，六十四歲，一六九五。

在上海，曾追仿叔明静深秋曉圖，見虚齋録九。翁方綱有題吳漁山山水卷，注云，自題康熙乙亥秋，耕煙先生見訪，屬寫，見復初齋詩集四七。按本年耕煙在京繪南巡圖，何由與先生相見，其爲贋品無疑。翁氏作一長歌，未免浪費筆墨。雪橋詩話三集一採之。姚儷桓大榮謂翁氏鑒畫，目光苦短，見東方雜誌廿三卷廿一號。

有破堂吟，謂嘉定城東堂也。見徐滙書樓藏别本三巴集，李杕以附墨井集末，詩作於本年。

上洋陶淑天懿氏康熙乙亥年吟草，有呈漁山吳師一首，亦附墨井集末，有延陵舊裔獨超羣，振鐸東南絶世氛，自喜辭家遊聖域，不貪入禁薦雄文之句。乙亥誤作己亥，樂素曾取徐滙書樓藏本吟草就校一過。

丙子，康熙三十五年，六十五歲，一六九六。

在嘉定。元旦子初三刻立春，有歲朝春四首云，滿城柏酒慶芳晨，白髮難逢節雨新，猶有人家知曆少，無時不是歲朝春。浦東村老度年晨，手紡身袍楚楚新，四代兒孫歡聚處，盡知較雪量晴春。瑞雪初晴鵲報晨，梅花全放北枝新，高眠自有天文學，衾暖先知子候春。路隔星臺夕復晨，何從西法曆推新，土牛成毁常年俗，人喜元朝打富春。見三餘集。

翁方綱又有吳漁山畫松竹石鐫於筆筒用其韻題之二首。有鐫從丙子追壬子，鑒賞婁東二十年之句。注，有壬子殘臘王時敏題，見復初齋詩集四七。嘉定人善刻竹，此筆筒或爲真品。

嘉定趙侖字修令，倣福唐李九標記艾儒略等言行爲口鐸日抄例，記先生言行爲續口鐸日抄，由本年七月十八日至三十六年八月初七日，凡一卷。李杕以附墨井集末。口鐸記七月廿九日趙侖與教友陳亮問關羽何如人，先生曰，是人明明以漢家鼎祚白售與人，未可云聖也。又問伯夷叔齊何如人，先生曰，清矣聖矣，但未知采薇西山餓死一事，果有之否。二條足見先生論古之一斑。

丁丑，康熙三十六年，六十六歲，一六九七。

口鐸記四月廿二日，先生曰，教皇命我爲司鐸何意乎，恐大西人在中國，或有致命之日，則中國行教無人也。

五月六日聖若翰瞻禮，先生語趙侖曰，作天學詩最難，比不得他詩。乃出東樓詩及題鳳阿山房圖詩，並諸名公贈言，與趙侖諷覽。十五日又贈趙侖山園祈禱圖。按趙侖知詩能畫，蓋有志樹立天教文學及天教美術者。

先生在嘉定，常遊羅溪。羅溪爲邑名區，婁東十子之黄與堅，其先即羅溪人。故其過羅溪訪春陽堂故居詩，有廿載羅溪梗白蘋，漫游重感故鄉人，塵封舊額標題在，花發空庭手澤新之句。惟口鐸去年八月十四，及本年四月初七，均作遊堂羅溪，方豪司鐸謂巡遊各堂，是也。

戊寅，康熙三十七年，六十七歲，一六九八。

己卯，康熙三十八年，六十八歲，一六九九。

自本年起，連三年，均在嘉定。見耶穌會會士檔。

康熙第三次南巡，路過杭州天主堂，遣内監入問。堂中教士意大利人潘國良赴蘇迎駕未晤，先生有代謝駕過昭事堂前駐蹕柔問兼賞詩句詩，見三餘集，當是代潘國良作。詩云，堂前街静少塵埃，駕過從容問幾回，詩句笑看留御府，姓名忻閱下烏臺。旌旗晴拂當門擁，爐篆花迎入户來，拜手執香同父老，懽聲歌祝似春雷。

庚辰，康熙三十九年，六十九歲，一七〇〇。

有壽陸希言修士山水軸，題云，皓白鬚眉七十强，平生學道壽都忘，可知道在年光去，能惜分陰爲道忙。詩畫壽思默同學先生七十。按思默陸希言，華亭人，康熙二十八年入耶穌會爲勸佐修士，四十三年卒，年七十四，見上海聖墓堂墓碑。墨井書畫集載此圖，疑是倣本。

本年耶穌會會士檔先生名下，注工作滿意，立有善表等語。

許青嶼之漸卒，年八十八。

辛巳，康熙四十年，七十歲，一七〇一。

有七十詩四首，序云，予學道未成，追前年月，痛惜虛度，兹用坡翁甲子重來又十年爲首句，遂成四律，以爲後惕。其二云，甲子重來又十年，破堂如磬尚空懸，蟲秋四壁鳴還歇，漏雨三間斷復連。不願人扶迎貴客，久衰我夢見前賢，床頭囊槖都消盡，求舍艱難莫問田。見別本三巴集。李輯墨井集以附三巴集末。足見先生之樂道安貧。

甌鉢羅室一有青緑山水，紙本大幀，云以西法兼子久，屋宇如界畫，雄傑靈奇，不肯寄人籬下。時款康熙四十年，晚年精力聚於此云云。按先生畫用西法之説，起於晚清海禁大開之後，前此未之聞也。

壬午，康熙四十一年，七十一歲，一七〇二。

在嘉定。夏有柳村秋思圖，題云，昔予寫柳村秋思，留别友人，民譽得而藏之。予謂其柳葉翩翩，尚有未盡，故復寫此，或以爲不然。民譽善畫之善鑒者，定有以教我。見過雲樓記六。按民譽金造士，嘉定人，工山水，家藏名跡，朝夕臨摹，得宋元人祕。見光緒嘉定志十九文學傳。詩鈔有民譽金子惠羊肩山童不報却之一首，續口鐸日抄兩見金民譽名，當是教友。

秋，金民譽六十，静深秋曉圖跋云，王叔明静深秋曉，往予京邸所見，寤寐不忘。乙亥在上洋，追憶其著色之法，攜來練川，民譽見而好之。今值其花甲，是圖有松柏之茂，恰當以壽，見虛齋録九。

癸未，康熙四十二年，七十二歲，一七〇三。

在嘉定。春有倣古山水十頁，題云，半厓先生于庚辰秋，同惠于、綏吉二子訪予疁城，予適往上洋失值。越二年惠于復來，語及半厓有三湘七澤之游，予不能即寫柳圖，檢笥得十小頁，以當吟伴遠游耳。見三秋閣書畫録。按沈惠于、金綏吉皆教友，屢見三餘集。沈姑蘇人，刻本作惠子者誤。先生爲石谷補留耕圖，有金綏吉和詩，見翁同龢及龐鴻文跋，有影印本。

十二月，王石谷跋鳳阿山房圖軸云，墨井道人與余同學同庚，又復同里，自其遁跡高尚以來，余亦奔走四方，分北者久之。然每見其墨妙，出宋入元，登峰造極，往往服膺不失。此圖爲大年先生所作，越今已二十餘年，尤能脱去平時畦徑，如對高人逸士，沖和幽淡，骨貌皆清。當與元鎮之獅林，石田之奚川，並垂天壤矣。余欲繼作，恐難步塵，奈何奈何。癸未嘉平，耕煙散人王翬。見古緣萃録八，並見清暉畫跋，但無年月。

本年耶穌會會士檔先生名下，注有在教區服務，能滿人意，精於中國文學等語。

甲申,康熙四十三年,七十三歲,一七〇四。

在嘉定。正月爲陸廷燦寫陶圃松菊圖,題云,漫擬山樵晚興好,菊松陶圃寫秋華,研朱細點成霜葉,絶勝春林二月花。陶圃先生長君扶照,索寫叔明,幾四載,不以迫促,蓋知繪事之難,而念予道修之少暇也。廿七日雪窗畫成,託上游寄去。見三秋閣録。陶圃陸培遠,扶照陸廷燦,嘉定人。廷燦幼從王士禎、宋犖遊,工詩,其所著南村隨筆三云,墨井道人,人品高逸,欲其畫者不可以利動,不可以力得,貴官大賈,求其寸楮尺幅,莫能致也。嘗爲余畫山水大幅,累月而就,筆墨奇逸,實出耕煙散人之上。即此圖也。上游陸道淮,亦嘉定人,師事石谷、漁山,墨井詩鈔即其所編刻。

二月爲王者佐寫溪山雨後圖,題云,予將往上洋,舟過槎溪石橋之南,與師尹友兄話別,依依顧戀,不即分手,謂其有向道之誠,蓋有志者天必成之矣。擬癡翁一紙爲贈,以勖别後能守於道。見寶迂閣書畫録二。師尹即王者佐,從先生學畫,見光緒嘉定志二十藝術傳。

秋日有江南煙柳圖,題云,數株煙柳緑毵毵,兩岸青山起暮嵐,一葉扁舟送客去,却從畫裏看江南。甲申秋日,畫於崑山舟次。見墨井書畫集,此圖疑僞。

重九有湖山秋曉圖卷,題云,荒荒澹澹秋樹煙,元季之人游戲焉,毫閒欲斷意不斷,使我追擬心茫然。畫就展觀，而湖山佳處如深入其中也。康熙甲申重陽日。見夢園書畫録二十，三秋閣亦著録一卷，題句少異，兩卷必有一贋。又有跋云，余秋居之暇，檢得宣紙二，喜其長而嫌其太矮，漫採癡黄黄鶴閒筆法，又以己意參之，成一小卷，便可懷之出入，如米海岳袖中之石，但終襲稚子事矣。雖然，予齒七十加三，腕力漸衰，墨毫久秃，向後欲作兒戲，恐不復得，不能不爲之惕然。十月小春再跋。按此跋並見墨井畫跋，但無年月。

乙酉，康熙四十四年，七十四歲，一七〇五。

夏在蘇州。有倣古册，題曰，乙酉夏六月，戲倣宋元十一幀于金閶客舍。見自怡悦齋録十四。

十一月江蘇巡撫宋犖遷。宋犖撫蘇十四年，號稱振拔名流，總持風雅，一時詩人畫客，奔湊其門，然先生與犖無一畫一詩相酬答。先生七十詩所謂不願人扶迎貴客，蓋有所指也。

丙戌，康熙四十五年，七十五歲，一七〇六。

八月有横山晴靄圖卷，題云，筆正寫山横，煙雲亂石生，破窗蕉雨過，添却硯池平。十日畫成，海天雨霽，紅日牕明，展卷題之。又跋云，余近年作畫，似勤似懶。有時不辭呵凍，忘暑忘飱，揮毫疾就。有時春暖晴牕，楮墨精良，對之沈睡。見過雲樓記六，跋並見墨井畫跋，無年月。

嘗見有影印本倣古山水八幀，其末幀題云，枯槎竹石，非倪非黄，玩其率意落筆，脱盡畫家蹊逕，始見天趣飛翔，逸氣動人也。丙戌年冬至，摹古八幀。按此題語並見甌香館集補遺詩。其第七幀李營丘秋渡圖，丘作邱，爲雍正以後倣本無疑。而册首廣告，謂先生晚年酷愛西洋畫法，苦不得其門，遂舍身西教，得西教士指示，故晚年所作，有參用西洋法者，真所謂耳食之譚也。

十二月廿二日，即一七〇七年一月廿五日，宗主教多羅在南京天主堂宣佈教宗禁約七條，譯文見康熙與羅馬使節關係文書影印本。

丁亥，康熙四十六年，七十六歲，一七〇七。

戊子，康熙四十七年，七十七歲，一七〇八。

春有老年墨戲册，其第一幀題云，墨汁澄滓，秋山界高，伊我知賞，斗酒爲勞。康熙戊子年春仲倣古人。第八幀題云，我歸未有期，蒼翠令人思，寫出虞山面，何殊見大痴。此懷故山良儔之詩也，閏春三月。見虚齋録十四。按康熙戊子閏三月，當是同一年作。

己丑，康熙四十八年，七十八歲，一七〇九。

庚寅，康熙四十九年，七十九歲，一七一〇。

畫跋題農村喜雨圖卷云，邨農望雨，幾及兩旬，田禾焦卷。薄晚烏雲四合，徹夜潚潚不絶，曉來花稻浡然，憂慮者轉爲歡歌相慶也。予耄年物外，道修素守，樂聞天下雨澤，喜不自禁，作畫題吟，以紀好雨應時之化。無年月。虚齋録五載此圖，署閏七月三日。按先生耄年，惟康熙三十八及四十九年閏七月，然三十八年閏七月，蘇州織造李煦曾奏蘇州地方，自夏以來，田禾甚好，交秋之後，雨水亦調，見文獻叢編廿九期，與畫跋所言不類。則此圖之作，當在本年。張穆潛丘年譜載宋犖康熙三十八年七月疏報蘇松等屬被淹三案，皆三十五年事，混作三十八年，亦誤。有宋犖自撰漫堂年譜，及尤侗自撰悔庵年譜可據，附正於此。

秋日有天香書屋圖，題擬郭河陽筆法，見墨井書畫集，此圖疑僞。

九日有寫大癡詩意軸，見退庵金石書畫跋十九。

辛卯，康熙五十年，八十歲，一七一一。

李葆恂謂曾見先生八十歲爲石谷生日作長卷，見無益有益齋讀畫詩注，未知所據。疑即穰梨館所著録之贈石谷卷，已見六十歲條。

壬辰，康熙五十一年，八十一歲，一七一二。

先生有致石谷尺牘，見清朝書畫譜，云憶在蘇堂相會，計有二十餘年，人生幾何，違闊如是。仰惟先生之名與智，傑出於衆，但百年一著，爲之備否。若得今忘後，得地失天，非智也。爲君計之，朝斯夕斯，省察從稚至老，纖慝無遺。蓋告解時□心吐露而願改，解後補贖得當，虔領耶穌聖體，兼領聖寵，以增神力，即有升天之劗，此乃第一要務也，幸勿爲絮瑣。托筆代面，諸不宣。清暉先生有道半我。同學弟吳歷頓首。無年月。□心當是傾心或盡心。半我二字旁書，出利瑪竇友論，曰吾友非他，我之半也。先生康熙二十七年學道歸，石谷康熙三十年奉召入京，牘中所謂蘇堂相會，必在康熙二十八九年間。又加二十餘年，此牘之作，當在二人八十以後，故繫於此。道光間吳修摹刻昭代名人尺牘七，曾收此牘，但删節過半，失其意矣。

癸巳，康熙五十二年，八十二歲，一七一三。

張雲章題陸上游臨宋元名畫縮本云，畫之真脈，近在東南，自奉常王公席其家相國以來百餘年所藏弆古人之劇跡，而會通其神髓，當時親經授受，相與熟講而諦翫之者，吳君漁山、王君石谷也。吾邑陸生上游，早歲即問業於二君。二君今皆八十餘，身在東南，天下之言繪事者歸之。石谷交滿天下，名人鉅公，與夫仕宦商賈，莫不寶其一紙，重若珠貝。漁山則晦影滅跡，求之者尤難，但隱然名與之埒而已。今之繼二君者，必推上游云云。見樸村文集廿二。此文當作於本年。

甲午，康熙五十三年，八十三歲，一七一四。

冬，石谷跋先生倣黄鶴山樵立軸云，此漁山得意筆也，深入黄鶴山樵之室，兼追巨然遺法，要非淺嘗所能想見一一，佩服佩服。甲午冬日，識於來青閣，畊煙散人王翬。見吳越所見録六。此跋可破張庚石谷晚年與先生絶交之説。翁同龢題石谷留耕圖，用漁山韻，有云，意在歐羅西海邊，漁山蹤跡等雲煙，題詩豈解留耕趣，荒却桃溪數畝田。注，漁山晚奉景教，浪遊不歸，其志與先生殊途，其借畫事乃後人傳會耳。按翁同龢不信借畫説，而猶信浪遊不歸説，則此譜之作不容緩也。

乙未，康熙五十四年，八十四歲，一七一五。

張雲章墨井道人傳作於本年，後之爲先生傳記者，概以此爲藍本，故每不知先生卒年。張子曰，余與道人無一日之舊，而交石谷甚歡。然道人之高致，非獨余高之，即石谷子亦高之也。余見其筆墨甚寡，其徒陸上游貽余一小幅，而余家北田子羅致之特多，余每過其處，出而觀之，往往徬徨歎息而不能去云。墨井道人傳有數本，此據陸刻墨井詩鈔本。北田子樸村文集本作漢昭，李輯墨井集全句脱去。漢照張覲光，亦嘉定人，讀書精醫，搆園曰北田，即以自號。有北田倡和詩，見國朝練音初集七。墨井詩鈔有題畫贈漢昭詩。盛大士谿山卧遊録一有石谷晚年與友人手札一通，責其借畫不還。晉鐸紀念文曾引之，復附於此，以見張庚之説所自來。札略云，壬子秋與正叔同館宜興潘元白家，行篋中偶攜大卷。主人歎賞不置，屬陳其年先生持三十金求易，爾時即堅執不允。拙筆固不足重，蓋念諸名公題跋，實難購求，且費三十年精力心血，出入相隨，一遇能詩善文者，即叩首下拜，並餽禮物求之。曾與其年云，此非利可以動我心者，若再益之，仍不肯割愛也。曩在玉峰求盛珍翁題詠，因其無暇，暫留案頭，並非弟有求售之念，何至久假不歸。一水之隔，渺若河漢。昔在京師，再四相訂，蒙許回崑即還，弟念吾兄真意相待，無容置喙。今屈指已十八年，而不發一語，料吾兄必寤寐難安者。弟老頹朽質，兒輩雖屬不肖，夙知此卷非可易得，斷不忍坐視輕擲也。弟與仁兄爲道義交，從未有開罪處，未審何故將此卷勒住不還。望乞示期，以便趨領。弟雖耳聾目瞶，然事理覷破，必不聽吾兄播弄也。八月十四日，弟翬頓首元章道社兄足下。盛大士謂元章姓顧名卓，崑山人，亦善畫。據此則石谷墓年誠有友人借畫不還之事，不知張庚何以誤爲漁山。壬子康熙十一年。正叔惲壽平。潘元白名眉。盛珍翁名符升。此札有月無年，惟石谷以康熙三十七年由京歸里，札云昔在京師，蒙許回崑即還，今屆指已十八年，則此札之作，當在本年。

王麓臺原祁卒，年七十四。

丙申，康熙五十五年，八十五歲，一七一六。

康熙晚年曾諭大學士九卿等曰，海外西洋等國，千百年後，中國恐受其累，此朕逆料之言。見實録本年十月壬子條。近代文明，起自西洋，康熙與西洋人習，故能逆料其必强。然不肯公然接受西洋文明，以致國勢日逐落後，此吾之自累，非西洋各國能爲吾累也。先生爲能接受西洋文明之先覺，故附康熙預言於此，以相印證。

丁酉，康熙五十六年，八十六歲，一七一七。

查嗣瑮題吳歷畫云，落日在何處，孤亭與樹深，地寒人不到，詩境有誰尋。是本年作，見查浦詩鈔十一。

十月十三日，王石谷翬卒，年八十六。

戊戌，康熙五十七年，八十七歲，一七一八。

聖瑪弟亞瞻禮日，先生卒，見墓碑。是爲陽曆二月廿四日，即本年正月廿五日，計後卒於石谷者百一日。葬上海南門外，由同會修士孟由義立碑。碑存今聖墓堂，題曰天學修士漁山吳公之墓。樂素曾訪其處，有拓片寄余。孟由義葡萄牙國人，康熙二十三年到中國。

己亥，康熙五十八年，先生卒後一歲，一七一九。

仲夏，陸道淮刻墨井詩鈔二卷，三巴集一卷，畫跋一卷，卷首題嘉定戴笵雲機又校，受業陸道淮上游編，卷末有張鵬翀、陸道淮跋。笵雲布衣高隱，嗜書畫，精鑒别，見練川名人畫象續編。張鵬翀號南華，雍正五年進士，有南華詩集。道淮跋云，墨井詩鈔二卷，畫跋一卷，吾師在上洋時舉以付淮者也。敬爲刻而傳之，庶他日騷壇一幟，不爲繪事所掩。鵬翀跋云，漁山先生生於虞山，老於上洋，嘗游吾瞜者數年。今其弟子陸上游將刻其詩鈔以傳世，而請論定於予，余以十年想慕之誠，幸得與校讐之末，不禁欣慨交懷也。按徐滙書樓藏抄本陸編三巴集，澳中雜詠三十首後，原有天學詩數十首，今陸刻本删之，疑出鵬翀之意。李輯墨井集特爲補入，並從他本得七十自詠四首，録附卷末。故李陸二本三巴集，篇帙多寡不同。又徐滙書樓藏抄本墨井道人三餘集一卷，發見在李輯墨井集後，故李輯亦未編入。

蔣光煦東湖叢記二云，吳漁山集有陆上游刻本，道光閒孫子瀟太史原湘别購得漁山手稿，爲桃溪、從遊兩集，唐半園宇昭序之云云。按桃溪、從遊兩集，均已收入墨井詩鈔，余别有墨井集源流考。

論曰，自利瑪竇入國以來，士人從之者衆矣，然士人出家爲修士，則端自先生始。先生之先，雖有鍾鳴仁、黄明沙之徒，然未聞其出於士族。惟先生自文恪公後，詩書世澤不絶，故耶穌會士檔稱之曰讀書修士，又曰精於中國文學，此其所以爲異歟。

男 樂素 仲益 同校

徵引書目略

吳訥　思庵文粹
陳瑚　確庵文稿、確庵詩鈔
陸道淮刻　墨井詩鈔
墨井道人三餘集
王掞　西田詩集
許纘曾　寶綸堂稿
陳維崧　迦陵詞集
宋琬　安雅堂未刻稿
王士禎　漁洋山人續集
陳玉璂　學文堂集
孫致彌　杕左堂集
翁方綱　復初齋詩集
錢謙益　有學集
張雲章　樸村文集
李杕輯　墨井集
尤侗　艮齋倦稿
許之漸　擊壤紀年箋
梁清標　蕉林詩集
施閏章　愚山詩文集
程可則　海日堂集
勞之辨　静觀堂詩集
惲壽平　甌香館集
查嗣瑮　查浦詩鈔
王輔銘　國朝練音初集

吴之振　八家詩選
邵松年　海虞文徵
王晫　今世説
張霞房　春漪齋筆識
葉廷琯　鷗陂漁話
陳溥撰　陳安道年譜
漁洋山人自撰年譜
光緒嘉定志
言如泗　言子文學録
魚翼　海虞畫苑略
王慶芝　國朝虞陽科名録
王翬　清暉贈言、清暉畫跋
陸時化　吴越所見書畫録
張大鏞　自怡悦齋書畫録
蔣光煦　别下齋書畫録
王應奎　海虞詩苑
何世貞　崇正必辨
陸廷燦　南村隨筆
蔣光煦　東湖叢記
楊鍾義　雪橋詩話
施念曾撰　施愚山年譜
道光蘇州志
光緒常昭志
張庚　國朝畫徵録
程祖慶　練川名人畫象
王奉常書畫題跋
石渠寶笈初編、三編
盛大士　谿山卧遊録
梁章鉅　退庵金石書畫跋
李佐賢　書畫鑑影

方濬頤　夢園書畫録
陸心源　穰梨館過眼録、續録
邵松年　古緣萃録
龐元濟　虛齋名畫録
李葆恂　無益有益齋讀畫詩
崇彝　選學齋書畫寓目筆記
張漁珊等譯　墨井書畫集
文明書局　倣古山水册
有正書局　石谷留耕圖
博文堂　清朝書畫譜
費氏　耶穌會士傳略
德氏　中華本國主教

顧文彬　過雲樓畫記
李玉棻　甌鉢羅室書畫過目攷
繼昌　左庵一得初録
陳夔麟　寶迂閣畫録
廉氏　小萬柳堂藏畫目
關冕鈞　三秋閣書畫録
沈初鳴　中國書畫精選
中華書局影印　山水册
天繪閣　上洋留別圖卷
又　四王吳惲
高氏　金陵開教録
耶穌會會士檔照片

象從綀川名人畫象縮摹。程祖慶云，先生常熟文學生，以畫名重海内，所畫天池石壁，曾蒙睿賞云云。按先生布衣，非文學生。天池石壁爲吳山十六景之一，石壁上鐫趙宧光書華山鳥道四大字，山半有池，横亘數十丈，景奇勝。乾隆二十二年南巡至其地，有題吳歷天池石壁圖詩云，我登鳥道華山巔，一泓天池乃俯視，設從山下望石壁，虚無應在雲端擬，乃知居高見自廣，遊於物内迷惡美，漁山寫照即境披，評圖莫若評其理。見乾隆御製詩二集卷六十九，所謂睿賞當指此。清代學者象傳於睿賞上加仁廟二字，似誤。

陳垣補白

〔原名吳漁山先生年譜，先登載於輔仁學誌第六卷第一、二合期（一九三七年六月），校訂後收入勵耘書屋叢刻第二集。據校訂本校訂。〕

陳垣全集之十四

舊五代史輯本發覆

安徽大學出版社

序

舊五代史輯本印行者有三本：一爲乾隆四十九年武英殿刊本。此本從四庫全書定本出，不注永樂大典卷數，遇廟諱則改字，如玄作元，胤作允，卷九十六删南唐鄭玄素傳，此其特徵也。南沙席氏，新會陳氏，武昌局，五洲同文局等各本，均由此出。老同文局本亦由此本重寫影印，其書口稱乾隆四年校刊者，估人之謬也。二爲民國十年豐城熊氏影印南昌彭氏藏本。此四庫全書初寫本也，每卷注大典卷數，廟諱缺筆而不改字，惟卷七十一脱淳于晏傳，此其特徵也。三爲民國十四年吴興劉氏刻甬東盧氏藏本。此本亦從四庫館原輯本出，大體與熊本同，其傳寫在殿本前，在熊本後，故淳于晏傳已補入，而鄭玄素傳未删，此其特徵也。最近涵芬樓百衲本即用劉本影印。

故老相傳，殿本薛史，曾經改竄。熊劉本出，余嘗以校殿本，字句果有異同，最著者熊劉本戎王二字，殿本悉改爲契丹或契丹主。又嘗以册府元龜校三本，異同之處尤多。其傳寫脱誤，廟諱改字，及率意改竄者，余别有校記。其最可注意者，爲胡虜夷狄等字，莫不改易或删除也。是不獨殿本然，熊劉本亦莫不然。初以爲册府引薛史時所改竄，然册府例不改舊文；又以爲册府所引有薛史與實録之殊，然册府數門同引一事者，其詞句多同，即有不同，而胡虜夷狄等字並不改避：知非關册府所引實録之殊也。更以歐史及通鑑諸書校之，往往有歐史、通鑑與册府同，而與今輯本異者，知改竄實出自輯本。其改竄且不止一次，故有熊劉本與殿本之殊。凡所改三本皆同者，纂輯時所改者也。殿本與熊劉本異者，雕版時所改者也。殿本異而有挖補痕，或增删字句以就行款者，雕成後所改者也。第一次所改爲總纂及纂修官之事，占十之六；第二第三次所改，爲總校及分校官之事，占十之四，然發縱指示者恐仍在總裁也。一百五十年來，學者承誦引據，以爲薛史真本如此，信奉不疑，而孰料其改竄至於如此。今特著其忌改之例，以發其覆。熊劉本與殿本同者不另著，著其異者。惜余所校未爲該備，其輯本有而册府無，及册府載而輯本删者，尚無從校之也，然即此已可例其餘矣。中華民國二十六年七月，新會陳垣識於北平南官坊口寓廬。

舊五代史輯本發覆卷一

忌虜第一

卷三梁太祖紀：開平元年十月，先是帝欲親征河東，命朝臣先赴洛都，至是緩其期。

册府卷一九七朝會門，作帝欲親征北虜。今改。劉本誤註册府卷一七九。

十九梁氏叔琮傳：乃于軍中選壯士二人，深目虬鬚，貌如沙陀者，令就襄陵縣牧馬于道間。蕃寇見之不疑，二人因雜其行間，俄而伺隙各擒一人而來。

册府三六七機略門，道間作道周，各擒一人作各擒一虜。

二一梁霍存傳：復與晉軍戰于馬牢川，始入爲前鋒，出則後拒，晉不敢逼。

册府三四六佐命門，作虜不敢逼。凡此所謂虜，皆指沙陀。

五二唐李嗣昭傳：契丹三十萬奄至，嗣昭從莊宗擊之。敵騎圍之數十重，良久不解。嗣昭號泣赴之，引三百騎横擊重圍，馳突出没者數十合，契丹退，翼莊宗而還。

册府三四七佐命門，作嗣昭從莊宗擊虜於新城，阿保機在望都，莊宗深入，親與虜鬬，虜騎圍之數十重。今删去數句，以避虜字。又重圍原作虜圍，契丹退原作虜退。此以後所謂虜，類指契丹。

五六唐符存審傳：契丹犯燕薊，郭崇韜奏曰，汴寇未平，繼韜背叛，北邊捍禦，非存審不可。

册府三四七佐命門，作北邊遮虜，非存審不可。今改。此纂輯時所改者也。

九五晉皇甫遇傳：父武，流寓太原，嘗爲遮塞軍使。

熊劉本作遮虜軍使，當是大典引薛史原文。殿本改，有挖補痕，此雕成後所改者也。

卷二五唐武皇紀：乾符六年，武皇以一軍南抵遮虜城。此遮虜未改。

六四唐王晏球傳：王都據定州，契丹遣托諾率騎千餘來援。晏球督厲軍士，令短兵擊賊。賊軍大敗于嘉山之下。俄而契丹首領特哩衮率勇騎五千至唐河，是時大雨，晏球出師逆戰，特哩衮復敗，追至易州，河水暴漲，所在陷没，俘獲二千騎而還。契丹遂弱。

册府三六〇立功門，作契丹遣奚首領秃餒率虜千騎援都。晏球預督勵士卒以待之，及賊虜至，一戰敗於嘉山之下。俄而契丹首領惕隱率虜騎五千來援都，是時大雨，虜至唐河，晏球出師逆戰。與虜相遇，三戰，惕隱大敗，追至易州，河水暴漲，所在陷溺，獲虜二千騎而還。虜勢繇是援絶。此文删改甚多，皆爲避虜字。

六七唐盧程傳：豆盧革言及漢高臨廣武事，矢及於胸，紿云中足。程曰，此劉季失策。

册府三三六强很門，九四四佻薄門，均作紿云虜中吾足。史記、漢書高祖紀，本作漢王傷胸，乃捫足曰，虜中吾指。此虜指項羽，今亦删避。

八二晉少帝紀：開運元年二月，博州刺史周儒以城降契丹。左武衛將軍蔡行遇率數百騎赴之，遇伏兵于葭葦中。行遇爲賊所執，鋒鏑重傷，不能乘馬，坐畚中舁至幕帳。

册府四四四陷没門，作以城降虜；又幕帳作虜帳。

八四晉少帝紀末：行實自燕迴，得延壽書，且言久陷邊庭，願歸中國。

謂趙行實趙延壽也。册府九九八姦詐門，作久陷虜庭。歐史契丹傳節此文，亦作陷虜思歸。

八八晉景延廣傳：初高祖在位時，宣借楊光遠騎兵數百，延廣請下詔遣還，光遠由此忿延廣，怨朝廷，遣使汎海搆釁。

册府四四六生事門，九三五搆患門，均作汎海搆虜。搆虜謂勾結契丹，今改搆釁，失其義。又遣還，原作追還，今誤。

又少帝大駭，親率六師，進駐澶淵，延廣爲上將。

册府九三五搆患門，澶淵下尚有虜攻張從恩於鄴下，又分衆濟汶陽黄河北津以趣榮丘，爲我騎將皇甫遇李守真挫其鋒，虜尋退，次攻澶淵等數句。今删。

八八晉張希崇傳：天成初，契丹平州節度使盧文進南歸，契丹主以希崇繼其任，遣腹心總邊騎三百以監之。希崇莅事數歲，契丹主漸加寵信。一日登郡樓，私自計曰，昔班仲升西戍，不敢擅還，以承詔故也，我今入關，斷在胸臆，何恬于不測之地而自滯耶。部曲皆泣下沾衣，且曰，明公欲全部曲南去，善則善矣，如敵衆何？希崇曰，俟明日首領至牙帳，則先擒之。契丹無統領，其黨必散。且平州去王帳千餘里，待報至徵兵，踰旬方及此，則我等已入漢界深矣。

册府四〇五識略門，八七九計策門，邊騎均作虜騎；不測之地均作不測之虜；契丹無統領均作虜無統攝；王帳均作虜帳，歐史、通鑑亦作虜帳。惟契丹主漸加寵信，册府四〇五作虜主，八七九作虜中。如敵衆何，四〇五作虜衆，八七九作虜卒。册府二卷不同者，非一引薛史一採實録之殊，即傳寫有異也。

八八晉王庭允傳：先是契丹欲以王處直之子威爲定州節度使，處直則庭允之叔祖也。處直爲養子都所篡時，威北走契丹，契丹納之。至是契丹遣使諭高祖，云欲使王威襲先人土地。

册府九九九請求門，作威北走虜廷，虜納之，至是虜遣使云云。今改。王庭允册府作王廷裔，避宋諱；熊劉本回改爲王庭胤，缺末筆；殿本改作允。

八九晉桑維翰傳：維翰疏，契丹強盛，中華之精甲利兵，悉歸廬帳。

冊府九九四備禦門，作悉歸虜北。

九八晉趙德鈞傳：又于閻溝築壘，以戍兵守之，因名良鄉縣，以備寇鈔。又於幽州東築三河城，北接蘇州，頗爲形勝之要。

冊府四一〇壁壘門，以備寇鈔，作自是稍息虜寇。又三河城句下，原有以遏虜寇。三河接薊州，有漕運之利。初聚工興築，虜騎遮我糧舡，云此我疆界，安得設板築。德鈞以禮責之，出師將擊，虜乃退去。故城守堅完，到今爲形勝之要云云，凡五十餘字。今悉删去。

一一四周世宗紀：顯德元年二月，帝曰，劉崇幸我大喪，聞我新立，自謂良便，必發狂謀，謂天下可取，謂神器可圖，此際必來。

冊府五七英斷門，狂謀下有誑惑人心，勾誘北虜二句。今删。

一一五周世宗紀：顯德二年十一月，諭淮南州縣詔，幸數朝之多事，與北境以交通，厚啓兵端，誘爲邊患。

冊府一二三征討門，作與北虜而交通，又作厚啓戎心。熊劉本北虜改北境，與殿本同，此纂輯時所改者也。戎心熊劉本仍原文，殿本改兵端，此雕版時所改者也。

一一九周世宗紀：顯德六年五月，王師數萬，不亡一矢，邊界城邑，皆望風而下。

冊府四四神武門，一一八親征門，均作虜界城邑，皆迎刃而下。

一二五周馮暉傳：乃上章自陳，且言未老可用，而制書見遺。詔報云，非制書忽忘，實以朔方重地，蕃部窺邊，非卿雄名，何以彈壓。

一二七周盧文紀傳：兵革之後，宗社甫寧，以寇内侵，强臣在境。

冊府三二三機略門，作雜虜窺邊。

冊府三三五不稱門，三三六識闇门，均作虜寇内侵。

一三七契丹傳：天祐十三年八月，安巴堅率諸部號稱百萬，自麟勝陷振武，長驅雲朔，北邊大擾。莊宗赴援于代，其衆方退。

冊府九八七征討門，作阿保機率諸部；又作莊宗赴援於代北，虜衆方退。今刪改。熊劉本虜衆作敵衆，纂輯時改敵衆，雕版時又改其衆也。

虜改敵

三五唐明宗紀：天祐十四年四月，周德威間使告急。諸將咸言敵勢不能持久，野無所掠，食盡自還，然後踵而擊之可也。帝奏曰，德威盡忠於國家，孤城被攻，危亡在即，不宜更待敵衰。

冊府四五謀略門，敵勢作虜勢，敵衰作虜衰。通鑑同。

五九唐閻寶傳：天祐十九年正月，契丹三十萬來援鎮州，前鋒至新樂，衆心憂之。寶見莊宗，指陳方略，軍情乃定。敵退，加檢校侍中。

冊府三八七褒異門，敵退作虜退。

八二晉少帝紀：開運元年正月，太原奏，與契丹戰于秀容，斬首三千級，生擒五百人，獲敵將一十七人，賊軍散入鵶鳴谷。

冊府一一八親征門，作與契丹偉王戰於秀容。獲其虜將一十七，奪得偉王金槍鐵甲及旗幡等，潰散賊軍入鵶鳴谷。今删偉王等句，改虜將爲敵將。

八三晉少帝紀：開運二年正月，王師與契丹相拒于相州北，安陽河上。知州符彦倫曰，此敵將走矣。乃出甲士五百于城北，張弓弩以待之，契丹果引去。

冊府四二八料敵門，此敵作此虜，契丹果引去作虜果引去。

八四晉少帝紀：開運三年八月，李守貞奏，大軍至望都縣，相次至長城北，遇敵千餘騎，轉鬭四十里，斬蕃將嘉哩相公。

冊府九八七征討門，作遇虜寇千餘騎，又作解里相公。

九四晉李瓊傳：時高祖從行至涿州，與敵相遇，高祖陷於圍中。瓊顧諸軍已退，密牽高祖鐵衣，指東而遁，至劉李河，爲敵所襲。

冊府一七二求舊門，兩敵字均作虜。

九五晉郭璘傳：開運中移領易州。契丹攻其郡，璘率勵士衆，同其甘苦，敵不能克。

冊府四〇〇固守門，四二五死事門，均作虜不能克。

一〇六漢李彦從傳：鎮州逐敵之際，請兵于朝廷。

冊府四一四赴援門，作鎮州逐虜之際。

一〇六漢張鵬傳：晉開運中，契丹迫澶州，鵬爲前鋒監押，奮身擊敵。

冊府三九六勇敢門，作奮身擊虜。

一〇九漢杜重威傳：會大風狂猛，軍情憤激，符彦卿張彦澤等引軍四出，敵衆大潰。

冊府四五三怯懦門，作虜衆大潰。

虜騎改敵騎

二十梁張存敬傳：存敬引騎軍先犯敵將，諸軍翼之，敵騎大敗。

册府三四六佐命門，三九六勇敢門，四一四赴援門，均作先犯虜騎，虜騎大敗。

二二梁王檀傳：乾化元年正月，王景仁與晉人戰于柏鄉。王師敗績，河朔大震，景仁與衆爲敵騎所追。

册府四一四赴援門，作景仁餘衆爲虜騎所追。此虜騎均指沙陀。

三五唐明宗紀：天祐十四年八月，距幽州兩舍，敵騎復當谷口而陣。

册府二十功業門，敵騎作虜騎。此以後之虜騎，皆指契丹。

九五晉皇甫遇傳：審琦已至安陽河，謂首將張從恩曰，皇甫遇等未至，必爲敵騎所圍，若不急救，則成擒矣。從恩曰，敵甚盛，無以枝梧，將軍獨往何益。審琦曰，成敗命也。遂率鐵騎北渡赴之。契丹見塵起，謂救軍併至，乃引去。

謂安審琦也。册府三七四忠門，三九六勇敢門，敵騎均作虜騎，契丹見塵起均作虜見塵起。惟敵甚盛，三七四作虜原至衆，三九六作虜勢甚熾。

一〇八漢龍敏傳：夜冒敵騎，循山入大砦。雖鐵障亦可衝踏，况敵騎乎。

册府四七七謀畫門，兩敵騎均作虜騎。通鑑同。

一〇九漢杜重威傳：每敵騎數十，驅漢人千萬過城下，如入無人之境。

册府四五三怯懦門，敵騎作虜騎。歐史作胡騎。

一一五周世宗紀：顯德二年三月，築壘于李晏口，以兵戍守。功未畢，契丹衆尋至，彦超等擊退之。及壘成，頗扼要害。自是敵騎雖至，不敢涉河。

謂王彦超也。册府九九四備禦門，作功未畢而虜至，又作虜騎雖至，終不敢涉河。

一二七周盧文紀傳：敵騎倏往忽來，無利則去。

册府三三六識闇門，作虜騎倏往忽來。通鑑作胡兵倏來忽往。

虜改契丹

五三唐李存璋傳：契丹逼雲州，存璋拒守。城中有古鐵車，乃鎔爲兵仗，以給軍士。敵退，以功加檢校太傅，大同軍節度使。

册府三四七佐命門，作虜逼雲州，敵退作虜退。四〇〇固守門，作賊攻雲州，敵退作賊遂退。

七十唐張敬達傳：時以契丹率族帳自黑榆林至，云借漢界水草。敬達每聚兵塞下，以遏其衝，契丹竟不敢南牧。

册府四二九守邊門，作契丹率族帳自黑榆林擽制泊移至没越泊，云借漢界水草；又作虜竟不敢南牧。今將兩地名删去，並改虜爲契丹。㵾制泊，通鑑注引作捺剌泊。

八八晉景延廣傳：天福八年十二月，契丹乃南牧。

册府四五四豪横門，作北虜南攻；九三五搆患門，作虜乃南牧。

又契丹既至城下，使人宣言曰，景延廣唤我來相殺，何不急戰？及契丹退，延廣猶閉栅自固。士大夫曰，昔與契丹絶好，言何勇也；今契丹至若是，氣何憊也。

册府四五三怯懦門，九三五搆患門，契丹均作虜。及契丹退，册府四五三作及虜退，九三五作虜既還。

八八晉王庭允傳：契丹深怒其見拒，使人復報曰，爾自諸侯爲天子，有何階級耶？高祖畏其滋蔓，則厚賂力拒其命，契丹怒稍息。

册府九九九請求門，作王威深怒其見拒。熊劉本王威作戎王，殿本改契丹。又契丹怒稍息，册府作虜忿稍息。

八九晉桑維翰傳：因思維翰在相時，累貢謀畫，請與契丹和，慮契丹到京，窮究其事。

通鑑考異三十殺桑維翰條引薛史，作請與虜和，慮戎主到京。今改。熊劉本戎主作戎王。

九五晉皇甫遇傳：二年契丹南寇，從至澶州，戰于鄆州北津，契丹衆大敗。

開運二年也。册府三六〇立功門，三八七褒異門，契丹均作虜。

又三年，契丹率衆屯邯鄲，遇與安審琦、慕容彦超等禦之。遇將渡漳河，契丹前鋒大至。

册府三七四忠門，三九六勇敢門，均作虜長率衆屯邯鄲，虜前鋒大至。

又四年，契丹復至，從杜重威營滹水。重威送款于契丹，遇不預其議。及降，心不平之。時契丹欲遣遇先入汴，遇辭之。

册府三七四忠門，作虜復至，又作時耶律氏欲遣遇先入汴。今改。熊劉本耶律氏作戎王。

九五晉王清傳：九年春，契丹南牧，圍其城，清與張從恩守之。少帝飛蠟詔勉諭，錫之第宅。契丹退，以干城功，繼遷軍額。

天福九年也。册府三六〇立功門，四〇〇固守門，契丹退均作虜退。

又十一月，從杜重威收瀛州。聞契丹大至，重威率諸軍沿滹水而西，將保常山，及至中渡橋，契丹已屯于北岸。

册府四二五死事門，作虜已屯於北岸。

又清一擊獲其橋，契丹爲之小却。重威猶豫不進，密已貳于國矣。彦筠退走，清列陣北岸，嚴戎部曲。日暮，酣戰不息，契丹以生軍繼至，我軍無寸刃以益之。

謂宋彦筠也。册府四二五死事門，契丹均作虜。

九五晉梁漢璋傳：詔以漢璋充北面馬軍都排陣使，遣收淤口關，與契丹騎五千相遇于浮陽之北界，苦戰竟日。

册府四二五死事門，作與虜騎五千相遇。

一〇〇漢高祖紀：天福十二年，八月壬午朔，鎮州駐屯護聖左廂都指揮使白再筠等，逐契丹所命節度滿達勒，復其城。

册府九八七征討門，作鎮州先屯騎將白再榮奏，逐出虜將麻答，復其城。今改，又誤榮爲筠，熊劉本不誤。

一〇三漢隱帝紀：乾祐三年正月，故深州刺史史萬山贈太傅。先是契丹入邊，萬山城守。一日契丹數千騎迫州東門，萬山父子率兵百餘人襲之，僞退十餘里，而伏兵發，萬山死之。

册府四二五死事門，作乾祐三年春，虜大入寇，萬山城守有功，虜退。一日虜數十騎侵州東門，萬山父子以虜不多，乃率牙兵百餘人襲虜，虜僞退十餘里而兵發，萬山死之。

凡六虜字，二改契丹，餘皆删去，致文義不明。又數十騎誤數千騎。

一〇六漢劉在明傳：高祖踐阼，授幽州道行營都部署。時契丹守中山，在明出師經略，契丹乃棄城而去。

冊府三六〇立功門，三八七褒異門，契丹均作虜。

一〇九漢杜重威傳：契丹主自古北口迴軍，追躡王師。重威等狼狽而旋，至陽城，爲契丹所困。

冊府四五三怯懦門，契丹均作虜。

一二五周王饒傳：漢祖建義于晉陽，尋克復諸夏，惟常山郡爲契丹所據。時饒在其郡，乃與李筠、白再榮之儔，承間竊發，盡逐其黨。

冊府三八七褒異門，作常山郡爲虜所據。

一二六周馮道傳：契丹遣使加徽號于晉祖，晉祖亦獻徽號于契丹，謂道曰，此行非卿不可。

冊府三二九奉使門，契丹均作虜。據通鑑考異，此爲薛史因周世宗實録馮道傳之文。

又道在常山，見有中國士女爲契丹所俘者，出橐裝以贖之。

冊府八六四仁門，契丹作虜。

一二七周盧文紀傳：三年夏，晉祖引契丹拒命。

清泰三年也。冊府三三六識闇門，作晉祖引虜拒命。

一三一周賈緯傳：契丹入京師，隨契丹至真定，後與公卿還朝。

冊府四八一輕躁門，作虜陷京師，隨虜至真定，諸將逐麻荅後，與公卿還朝。今虜改契丹，並删逐麻荅句。

一三五僭僞劉崇傳：及周世宗嗣位，崇復乞師于契丹，以圖入寇。契丹遣將楊兖合勢大舉，來迫潞州。

册府二三四兵敗門，作崇乞師於虜，與虜將楊兖合勢大舉，來迫潞州。今添改。楊兖疑應作惕兖，但歐史、通鑑均作楊衮。

北虜改契丹

七十唐李嚴傳：嚴曰，子言契丹之强盛，孰若僞梁？曰比梁差劣也。嚴曰，吾國視契丹如蚤蝨耳。

册府六六〇敏辯門，作子言虜之强盛，孰若僞梁？又曰吾國視北虜如蚤虱耳。六五二宣國威門引此略殊，亦作視北虜如蚤虱。

七三唐段凝傳：契丹寇幽州，命宣徽使李紹宏監護諸軍以禦契丹。凝與董璋戍瓦橋關，凝巧事紹宏，嘗乘間奏凝蓋世奇才，可以大任。

册府九三八姦佞門，作以禦北虜；又巧事紹宏下復有紹宏二字。今脱。

八八晉景延廣傳：遂罷兵權，出爲洛都留守，兼侍中。由是鬱鬱不得志，亦意契丹强盛，國家不濟，身將危矣。

冊府四五四奢侈門，作亦意北虜强盛。

八九晉桑維翰傳：高祖建義太原，首豫其謀，復遣爲書求援于契丹，果應之。俄以趙德鈞發使聘契丹，高祖懼其改謀，命維翰詣幕帳，述其始終利害之義，其約乃定。

冊府六五五智識門，作求援於北虜，虜果應之。俄以趙德鈞發使聘虜。又幕帳作虜帳，其約乃定作虜心乃定。今悉改。

九十晉安元信傳：俄聞契丹有約赴難，元信入説朗曰，張敬達雖圍太原，而兵尚未合，代郡當雁門之衝，敵至其何以禦。

謂張朗也。冊府七九六先見門，作北虜有約赴難，又作虜至其何以禦。

九五晉翟璋傳：高祖建義，割新州屬契丹。時契丹大軍歸國，遣璋于管内配率犒宴之資，須及十萬緡。山後地貧，民不堪命。始契丹以軟語撫璋，璋謂必得南歸，及委璋平叛奚，圍雲州，皆有功，故留之不遣。

冊府四四四陷没門，作割新州屬北虜；又作戎王以軟語撫璋。熊劉本仍作戎王，殿本改。

一〇一漢隱帝紀：初契丹犯京師，侯益、趙贊皆受其命，節制岐蒲。

冊府四三五獻捷門，作北虜犯京師，侯益、趙贊皆受虜命。

一〇八漢李崧傳：先是長興三年冬，契丹入雲中。

冊府一七二求舊門，作北虜寇雲中。

虜主改契丹主

八九晉趙瑩傳：及契丹陷京城，契丹主遷少帝于北塞。

冊府九五三傷感門，作虜陷京城，虜主遷少帝於北塞。

九五晉郭璘傳：契丹主嘗謂左右曰，吾不畏一天下，乃爲此人所抑挫。重威降，契丹使通事耿崇美誘其民衆，璘不能制。

謂杜重威也。冊府四二五死事門，作虜主嘗謂左右，虜使通事耿崇美。

九九漢高祖紀：開運元年正月，契丹南下。契丹主以大軍直抵澶州，遣蕃將偉王率兵入雁門。

冊府八創業門，作虜主以大軍直抵澶州。

一〇七漢史宏肇傳：會王守恩以上黨求附，契丹主命大將耿崇美率衆登太行，欲取上黨。

冊府三四七佐命門，四一四赴援門，契丹主均作虜主。

又家僮詣宏肇上變，言契丹主之入汴也，趙延壽遣福殷齎玉枕陰遺淮南。
謂何福殷也。册府四四八殘酷門，契丹主作虜主。

一〇八漢龍敏傳：敏奏曰，臣有一計，請以援兵從東丹王李贊華取幽州，路趨西樓，契丹主必有北顧之患。
册府四七七謀畫門，契丹主作虜主。

一〇九漢杜重威傳：契丹主連年伐晉，重威但閉壁自守，部内城邑，相繼破陷。
册府四五三怯懦門，作虜主連年入寇。

一〇九漢李守貞傳：開運元年春，敵衆犯澶魏，少帝幸澶州，契丹主遣滿達勒以奇兵由鄆州馬家口濟河。開運二年春，契丹主以全軍南下。
册府三六〇立功門，敵衆作虜衆，契丹主作虜主。熊劉本虜衆改契丹，兩虜主亦改契丹，殿本改契丹主。

一二五周王繼宏傳：爲奉國指揮使，從契丹主至相州，遂令以本軍戍守。契丹主留高唐英爲相州節度使，唐英善待繼宏。
册府九四三不誼門，指揮使下有虜陷中原句，今删。又兩契丹主原均作虜主。

舊五代史輯本發覆卷二

忌戎第二

卷五九唐張温傳：同光初，契丹陷嬀儒檀順平薊六州，武州獨全。

册府卷三六〇立功門，四二九守邊門，契丹均作北戎。

八三晉少帝紀：開運二年三月，杜威召諸將議曰，北主自來，實爲勍敵，若不血戰，吾輩何以求免。

杜威即杜重威。熊劉本北主作戎首。戎字熊劉本不盡避也。卷五梁太祖紀，開平三年十一月戊戌制，外戎内夏。殿本亦不盡避。

八八晉張希崇傳：先是靈州戍兵歲運糧，經五百里，有剽攘之患。

册府五〇三屯田門，作先是州界與戎人交處，每歲以戍兵運糧。今删改。運糧熊劉本誤軍糧。

八九晉桑維翰傳：維翰疏契丹未可與爭，契丹皆騎士，利在坦途，中國用徒兵，喜於隘險。

冊府九九四備禦門，作戎人皆騎士。熊劉本仍原文，殿本改。

又維翰使親黨受寵于少帝者，密致自薦曰，陛下欲制北方，以安天下，非維翰不可。

熊劉本作欲制北戎，當是大典引薛史原文。殿本改。通鑑作欲禦北狄。

九四晉何建傳：契丹入汴，其主遣人齎詔以賜建，建憤然。

熊劉本作戎王遣人齎詔以賜建。

九七晉盧文進傳：文進引契丹寇新州，自是北師數至。

熊劉本作戎師數至。

九八晉趙德鈞傳：末帝不悦，謂左右曰，趙德鈞父子堅要鎮州，苟能逐退蕃兵，要代予位，亦所甘心。

唐末帝也。冊府四四六觀望門，作苟能逐退蕃戎。熊劉本仍原文，殿本改。通鑑作苟能却胡寇。

九八晉趙延壽傳：延壽乃導誘蕃軍，蠶食河朔。

熊劉本作導誘蕃戎。

一〇〇漢高祖紀：天福十二年五月，既而烏裕召蕃漢臣寮于鎮州牙署，矯其主遺詔，命烏裕嗣位。

烏裕永康王兀欲也。熊劉本改鄂約，殿本改烏裕。熊本作矯戎王遺詔，命鄂約嗣位；劉本脱矯字；殿本戎王改其主。

一一〇周太祖紀：乾祐三年三月，時漢帝以北兵爲患，委帝以河朔之任。

熊劉本北兵作北戎。

一二四周史彦超傳：及朝廷遣樞密使王峻總兵爲援，敵兵宵遁。

册府四〇〇固守門，作寇戎宵遁。熊本仍原文，劉本作戎寇，殿本改敵兵。惟卷九梁末帝紀，貞明四年十二月詔，寇戎未滅；卷十八梁敬翔傳，攘逐寇戎：寇戎字未盡改。

一二五周馮暉傳：桑維翰輔政，欲圖大舉，以制北方。

册府三二三機略門，作以制北戎。熊劉本仍原文，殿本改。

一二五周孫方諫傳：定州西北二百里有狼山，山上有堡，邊人賴之，以避剽掠之患。

册府九二二妖妄門，作以避戎虜之患。通鑑作以避胡寇。

一二六周馮道傳：是歲三月隨契丹北行，與晉室公卿俱抵常山。俄而北主卒，永康王代統其衆。

開運四年三月也。册府八六四仁門，作隨虜北行。又北主熊劉本作戎王，殿本改。

又馮道長樂老自叙云，契丹據汴京，爲北主所制。

册府七七〇自述門，作爲戎二主所制。二主謂耶律德光、永康王兀欲也。熊劉本作戎主，殿本改北主。

一三四僭僞李景傳：又嘗遣使私賂契丹，俾爲中國之患。

熊劉本作私賂北戎，殿本改。大抵纂輯時戎字不盡避，故熊劉本每與殿本異。

戎王改契丹

四八唐末帝紀：清泰三年閏十一月，契丹立石敬瑭爲大晉皇帝。

此葉契丹字凡六見，熊劉本均作戎王，仍大典引薛史之文也。殿本悉改爲契丹。然卷四一唐明宗紀，長興元年四月戊午册，遐荒旋襞於戎王。此戎王未改。

八三晉少帝紀：開運二年正月，契丹在邯鄲聞之，即時北遁。三月，契丹率五萬餘騎，來勢極盛。

熊劉本契丹均作戎王。

八四晉少帝紀：開運三年九月，是月契丹瀛州刺史，詐爲書與樂壽將軍王巒，願以本城歸順，且言契丹已歸本國，若聞南夏有變，地遠阻水，雖欲奔命，無能及也。

又瀛州守將劉延祚受契丹之命，詐輸誠款，以誘我軍。

册府九九八姦詐門，作戎王已歸本國；劉延祚受戎王之命。熊劉本仍原文，殿本改。

册府又作監軍王巒，北遠阻水。

八五晉少帝紀：開運三年十一月，行次武强，聞契丹入寇。十二月，帝奉表于契丹主曰，孫臣某言。

按是時耶律德光年四十五，石重貴年三十三。熊劉本作聞戎王入寇，又作帝奉表于戎主。

八八晉景延廣傳：朝廷遣使告哀契丹，無表致書，去臣稱孫。契丹怒，遣使來讓。延廣乃奏令契丹迴國使喬榮告契丹曰，先帝則北朝所立，今上則中國自策，爲鄰爲孫則可，無臣之理。由是與契丹立敵，干戈日尋。

册府四四六生事門，九三五搆患門，均作告哀北虜，虜怒，與虜立敵。今改。迴國使國字誤，册府四四六作廻圖使，九三五作圖運使。告契丹曰，四四六作告戎王，九三五作告耶律氏。今殿本改告契丹，熊劉本仍作告戎王。册府二卷不同者，一引薛史，一採實録也。

八八晉李彥韜傳：及少帝北遷，契丹遷彥韜從行。

熊劉本作戎王遣彥韜從行；殿本改戎王爲契丹，並誤遣爲遷。

八九晉桑維翰傳：及契丹至中渡橋。契丹遣使遺太后書。少帝已受契丹撫慰之命。
熊劉本契丹皆作戎王。
九八晉張彦澤傳：彦澤爲契丹所啖，密已變矣，乃通款于契丹，請爲前導。
熊劉本作通款於戎王，殿本改，有挖補痕。然下文戎王知其衆怒，遂令棄市，此戎王未改。
一二四周史懿傳：契丹入中原。時四方征鎮爲契丹所召者，靡不麕至，惟懿堅壁拒命。
熊劉本作爲戎王所召者。
一二五周王守恩傳：潞州節度使張從恩懼契丹之盛，將朝于契丹。
册府四五五貪黷門，作將朝于戎王。熊劉本仍原文，殿本改。
一二五周孫方諫傳：潛通于契丹。契丹之入中原也，以方諫爲定州節度使。
熊劉本作戎王之入中原也。

戎王改契丹主

七十唐張敬達傳：末帝聞其歿也，愴慟久之。契丹主告其部曲，及漢之降者曰，爲臣當如此人。

册府四四四陷没門，作戎王戒其部曲；三七四忠門，作虜主戒其部曲。今改。熊劉本仍作戎王。

七五晉高祖紀：清泰三年，九月辛丑，是夜帝出北門見契丹主，契丹主執帝手曰，恨會面之晚，因論父子之義。

按是時耶律德光年三十五，石敬瑭年四十五。熊劉本作是夜帝出北門與戎王相見，戎王執帝手曰。殿本兩戎王改契丹主，溢二字，故删與字相字，有挖補痕，此雕成後所改者也。

又清泰三年十一月，契丹主會帝於營中，曰我三千里赴義，事須必成。乃命築壇于晉陽城南，册帝爲大晉皇帝，契丹主解衣冠授焉。

熊劉本作戎王會帝於營，謂帝曰云云；又作戎王自解衣冠授焉。殿本兩戎王改契丹主，故上句删謂帝二字，添中字，下句删自字，有挖補痕。

又紀末：是日帝言於契丹主，願以鴈門已北及幽州之地爲壽，仍約歲輸帛三十萬，契丹主許之。

熊劉本作是日帝言於戎王，願以雁門已北及幽州之地爲戎王壽，仍約歲輸帛三十萬，戎王許之。殿本兩戎王改契丹主，故删一戎王，有挖補痕。

七六晉高祖紀：開運元年閏十一月，契丹主舉酒謂帝曰，予遠來赴義，大事已成。

熊劉本作戎王舉酒言於帝曰。殿本改戎王爲契丹主，故删於字。

八五晉少帝紀末：渡遼水至黄龍府，即契丹主所命安置之地也。

熊劉本作此即戎王所命安置之地也。殿本改戎王爲契丹主，故删此字，有挖補痕。

八九晉桑維翰傳：即以衣帶加頸報契丹主，維翰自經而死。契丹主曰，我本無心害維翰。

熊劉本作即以衣帶加頸報戎王，云維翰自經而死。戎王報曰，我本無心害維翰。殿本改戎王爲契丹主，故删云字，及下報字。云字删，文義欠明晰。

九十晉楊彦詢傳：高祖慮契丹怒安重榮之殺行人也，移兵犯境，復命彦詢使焉。仍恐重榮要之，由滄州路以入。契丹主果怒重榮，彦詢具言非高祖本意。

册府六五二達王命門，作由滄州路以入蕃，戎王果怒重榮。熊劉本仍原文。殿本改戎王爲契丹主，故删蕃字。

九八晉張彦澤傳：勳往訴其寃，時契丹主已怒彦澤剽掠京城，遂令鎖之。

謂高勳也。熊劉本作勳訴寃於戎王，時戎王已怒彦澤剽掠京城。殿本改，有挖補痕。同卷趙延壽傳，熊劉本戎王凡十二見，文津閣寫本同，蓋原輯本如此。殿本一改契丹，餘改契丹主。

一一二周太祖紀末：晉高祖受命，特製寶一座。開運末，契丹犯闕，少帝遣其子延煦賚送于契丹主。訝其非真，少帝上表具訴其事。及契丹北歸，齎以入蕃。

熊劉本作北戎犯闕，少帝遣其子延煦送於戎王，戎王訝其非真。又作戎王北歸。文獻通考百十五璽印門載此文；與熊劉本同，惟戎王作戎主。今殿本改北戎爲契丹，又改戎王爲契丹主，删一戎王，添一賚字，而不知下文有齎字也。

一二六周馮道傳：契丹入汴，道自襄鄧召入。契丹主從容問曰，天下百姓如何可救。

熊劉本作戎王因從容問曰。殿本改戎王爲契丹主，遂删因字。總之熊劉本不避戎王；其避戎王者，皆殿本付雕時或雕成後所改者也。

忌胡第三

卷五三唐李漢韶傳：會契丹侵北鄙，表令漢韶率師進討，既而大破契丹，以功加檢校右僕射。

册府卷三六〇立功門，三八七褒異門，均作大破胡寇。

五三唐李存賢傳：時契丹彊盛，城門之外，烽塵交警，一日數戰。存賢性忠謹周慎，晝夜戒

嚴，不遑寢食。

册府四三一勤戎事門，作城門之外，鞠爲胡貊，援軍自瓦橋關萬衆防衛，與胡騎一日數戰。存賢曉夕警備，廢寢與食。今删改，避胡貊、胡騎等字也。

六一唐安重霸傳：重霸善悦人，好賂遺，時人目之爲俊。

册府九三九譏誚門，作好賂遺君側，人目之爲傀胡。

九五晉皇甫遇傳：杜知敏已爲所獲，遇謂彦超曰，知敏蒼黄之中，以馬授我，義也，安可使陷于賊中。遂與彦超躍馬取知敏而還，敵騎壯之。

謂慕容彦超也。册府三七四忠門，作杜知敏已爲虜所獲，安可使陷戎賊中；三九六勇敢門，作杜知敏已爲寇獲，安可使陷於寇中。敵騎壯之，兩卷均作胡騎。

九七晉范延光傳：延光國之姦臣，若不羈縻，必北出塞，南入吴。

熊劉本作必北走胡。殿本改，有挖補痕。歐史亦作北走胡。

九七晉楊光遠傳：因奏延光不家汴洛，出舍外藩，非南走淮夷，則北走契丹。

謂范延光也。册府一七九姑息門，作南走淮，北走越；惟四四九專殺門，四五五貪黷門，均作北走胡虜。

一〇二漢隱帝紀：乾祐二年正月制，北挫諸蕃，斷其臂而折其脊。

冊府九五赦宥門，作北挫羣胡。

一一五周世宗紀：顯德二年三月辛未，以李晏口爲靜安軍。其軍南距冀州百里，北距深州三十里，夾胡盧河爲壘。先是貝冀之境，密邇北疆，居常敵騎涉河而南，馳突往來，洞無阻礙，北鄙之地，民不安居。帝乃按圖定策，遣許州節度使王彦超，曹州節度使韓通等領兵他徙。

冊府九九四備禦門，作辛未，改李晏口爲靜安軍。先是河朔生靈，自晉漢已來，常爲契丹所困，每胡兵入寇，洞無藩籬。帝甚憫之，而言事者以爲梁冀之間有胡盧河，東西横亘數百里，然其堤岸非峻，不能扼胡騎之奔突。帝乃按圖定策云云。今胡兵、胡騎悉删改。密邇北疆，熊劉本作戎疆。

一一九周世宗紀：顯德六年五月乙酉，是日先鋒都指揮使張藏英，破契丹數百騎于瓦橋關北，攻下固安縣。

冊府四三五獻捷門，作己酉，先鋒都指揮使張藏英上言，敗胡騎數百於瓦橋關北，兼攻下固安縣。今改，己酉並誤作乙酉。

一二五周馮暉傳：初張希崇鎮靈州，以久在蕃疆，頗究邊事。數年之間，侵盜並息。

冊府三九七懷撫門，作久在北蕃，頗究邊事，能駕御河西胡虜。數年之間，侵盜並息。

今删胡虜句；北蕃熊劉本仍原文，殿本改蕃疆。

一三〇周慕容彦超傳：彦超即漢高祖之同産弟也，嘗冒姓閻氏，體黑麻面，故謂之閻崑崙。

册府八三五醜陋門，作體黑胡面。歐史作黑色胡髯。又安重榮小字鐵胡，名犯周世宗諱，周人稱爲安鐵胡。册府九五一咎徵門，載安重榮爲鎮州節度使，清泰中，董温琪爲鎮帥，於城門各鑄二鐵人，虬髯拱立，以抱其關，衆謂之鐵胡。重榮未舉兵前，東門忽隕一鐵人頭，不知其故，重榮心惡之云云。此事亦載歐史，疑是薛史原文，被輯本删去。附識於此。

一三七契丹傳：十六日次於欒城縣殺虎林之側，時德光已得寒熱疾數日矣，命部人齎酒脯禱於得疾之地。

開運四年四月十六日也。熊劉本殺虎林作殺胡林，命部人作命胡人。殿本改。歐史、通鑑均作殺胡林。

忌夷狄第四

卷八九晉桑維翰傳：維翰疏，國家若與契丹相持，則必屯兵邊上。少則懼强敵之衆，固須

堅壁以自全，多則患飛輓之勞，必須逐寇而速返。

册府卷九九四備禦门，作少則懼夷狄之衆。今夷狄改强敵。

八九晉趙瑩傳：瑩初被疾，遣人祈告于契丹主，願歸骨於南朝，使羈魂幸復鄉里。契丹主閔而許之。及卒，遣其子易從家人數輩護喪而還，仍遣大將送至京師。周太祖感歎久之。

册府九四〇患難門，兩契丹主均作虜主；又作太祖閔瑩死於異域，而知夷狄亦不能違物性，歸其喪柩，感歎久之。今删夷狄等三句。

九五晉吴巒傳：及契丹還塞，彦珣出城迎謁，尋爲所擄。時巒在城中，謂其衆曰，豈有禮義之人而臣于異姓乎。

謂沙彦珣也。册府七二四武功門，作豈有禮義之人而臣於夷狄乎。通鑑引薛史亦作夷狄。

九八晉安重榮傳：重榮嘗與北來蕃使並轡而行，指飛鳥射之，應弦而落。由是名振北方。

册府八四六善射門，作名振北狄。

一二〇周恭帝紀：顯德六年七月，尚輦奉御金彦英，本高麗人也，奉使高麗，稱臣于其王，故及于罪。

册府六六四辱命門，作本東夷人，奉使高麗，稱臣于夷王。熊劉本仍原文；殿本改，有挖補痕。

一二三周安叔千傳：契丹入汴，百僚迎見于赤岡，契丹主登高岡駐馬，而撫諭漢官。叔千出班獨立，契丹主曰，爾是安没字否？俄授鎮國軍節度使。漢初遇代歸京，自以嘗附幕庭，居常愧惕。

冊府九二三不忠門，契丹入汴，作玁戎犯闕；契丹主作虜主；幕庭作虜庭；出班獨立作出班夷言。熊劉本改出班效國語，殿本改出班獨立，皆爲避夷字也。歐史仍作出班夷言，通鑑改出班胡語。

一二五馮暉傳：及暉到鎮，大張宴席，酒肴豐備，部衆告醉。

冊府三九七懷撫門，作及暉到鎮，蕃部集慶，暉大張宴席。今删蕃部句。又部衆告醉，原作羣夷告醉，熊劉本仍原文，殿本改。

一三七契丹傳：左右咸勸武皇可乘間擄之，武皇曰，逆賊未殄，不可失信于部落。

冊府九八〇通好門，作不可失信於夷狄。通鑑同。

忌犬戎第五

卷六梁太祖紀：乾化元年六月丁巳詔，密通人使，潛結沙陀。

冊府卷二一五招懷門，作潛結犬戎。

十梁末帝紀：龍德元年五月丙戌制，北有邊裔狡逞之師。

熊劉本作北有犬戎猾夏之師，當是大典引薛史原文；殿本改，有挖補痕。此犬戎指沙陀。

一三三世襲馬希範傳注，引五代史補云：丁思僅以希範受契丹冊命，深恥之，因謂希範曰，今朝廷失守，正忠臣義士奮發之時，使馳檄四方，引軍直趨京師，誅仇敵，天子反正，然後凱還，則齊桓晉文不足數矣。

五代史補三原作誅犬戎，熊劉本作驅契丹，蓋纂輯時改驅契丹，付雕時又改誅仇敵也。

此犬戎指契丹。丁思僅歐史作丁思覲。

舊五代史輯本發覆卷三

忌蕃忌酋第六

卷二三梁王景仁傳：時鎮定作逆，朋附沙陁。

册府卷四四三敗衄門作鎮州作逆，朋附蕃醜。熊劉本仍原文，殿本改。

五七唐郭崇韜傳：新破汴寇，威振北地。

册府三〇九及三四七，兩佐命門，均作威振北蕃。

八五晉少帝紀末：並令隨帳上陘，陘即契丹避暑之地也。

熊劉本作陘即蕃王避暑之地也，殿本改。惟卷七五晉高祖紀末，何福輕騎求援北蕃，蕃主自將諸部赴之。蕃字不盡避。

一三四僭僞王延羲傳注，引五代史補徐寅事：時梁祖與太原武皇爲讎敵，武皇眇一目，而又出自沙陀部落，寅欲曲媚梁祖，故詞及之，云一眼匈奴，望英威而膽落。

五代史補二原作一眼蕃人。

二九唐莊宗紀：天祐十九年正月，李嗣昭躍馬奮擊，敵衆大潰，俘斬數千，追擊至易州。

冊府九八七征討門，作賊騎大潰，俘斬數千人，獲其酋長數十，追擊至於易州。今删酋長句。

三二唐莊宗紀：同光二年九月庚戌，有司自契丹至者，言女真回鶻黄頭室韋合勢侵契丹。

冊府九九五交侵門，作有自契丹部降者上言；又合勢侵契丹下，有召北部酋長禦捍句。今删。

三五唐明宗紀：天祐十四年八月，因挺身入于敵陣，以北語論之曰，爾輩非吾敵，吾當與天皇較力耳。舞檛奮擊，萬衆披靡，俄挾其隊帥而還。

熊劉本作以邊語論之，隊帥作酋帥。冊府二十功業門亦作酋帥。殿本改。

九十晉趙在禮傳：及契丹入汴，自鎮赴闕。時契丹首領奚王伊喇等在洛下，在禮望塵致敬，首領等倨受其禮，加之凌辱，邀索貨財，在禮不勝其憤。行至鄭州，泊于逆旅，聞同州劉繼勳爲契丹所鏁，大驚。

冊府九五三困辱門，入汴作亂華，伊喇作拽刺，又作蕃酋等倨受其禮，劉繼勳爲虜所鏁。今改。

九八晉蕭翰傳：蕭翰者，契丹諸部之長也。

熊本作契丹諸部之酋長也，殿本删酋字，劉本誤奠長。六六安重誨傳：其先本北部豪長，通鑑貞明二年注引作北部酋豪。

忌僞忌賊第七

卷八五晉少帝紀：皇子延煦、延寶自帳中迴，得敵詔慰撫，帝表謝之。又契丹主下詔，應晉朝臣寮，一切仍舊。

熊劉本敵詔及契丹主下詔，均作僞詔，仍大典引薛史之文也。殿本增契丹主三字，而行款不變，此纂輯時所改者也。僞賊之忌，專指契丹，契丹以外之僞賊不避。

九七晉盧文進傳：文進遂奔契丹，命爲幽州兵馬留後。

熊劉本命上有僞字，殿本删。

九八晉張彦澤傳：彦澤與閤門使高勳不協。

册府四四八殘酷門，閤門使上有僞字。熊劉本仍原文，殿本删。

九八晉崔廷勳傳：幼陷北庭，歷仕至雲州節度使，官至侍中。

兩至字義複。熊劉本作幼陷契丹，歷僞命雲州節度使，官至侍中。

九九漢高祖紀：天福十二年二月，契丹因授暉陝州兵馬留後，暉等不受命。三月，丹州都指揮使高彦珣殺契丹所命刺史，據城歸命。

謂趙暉也。熊劉本作暉等不受僞命，高彦珣殺僞命刺史。殿本前句删僞字，後句改爲契丹所命。

又四月，契丹主先遣相州節度使高唐英率兵討之，未幾，契丹主至城下，是月四日攻拔之，遂屠其城。

謂相州城也。册府七五九忠門，作虜主先遣僞命相州節度使高唐英率兵討之，未幾虜主至城下。熊劉本僞命仍原文，殿本删。而同卷之僞制、僞命亦有未删者。

一〇〇漢高祖紀：天福十二年五月，契丹所署汴州節度使蕭翰，迎郇國公李從益至東京，請從益知南朝軍國事。

册府八創業門，作僞汴州節度使蕭翰。

一二五周趙暉傳：及聞漢祖建義于并門，乃與部將王晏、侯章，戮力叶謀，逐契丹所命官屬。

册府三六〇立功門，七六六攀附門，均作戮契丹僞命官屬。

一二六周馮道傳：契丹先留道與李崧、和凝及文武官等在常山，是歲閏七月二十九日，契丹有詔追崧，令選朝士十人赴木葉山行事，北帥滿達勒召道等至帳所。

開運四年閏七月也。冊府九四〇患難門，作虜先留馮道，又作虜有僞詔追崧，今刪改。熊劉本僞字不刪。又北帥滿達勒，冊府作虜帥解里。滿達勒本名麻答，解里例改嘉哩，今以解里爲麻答，蓋採通鑑注宋白之説也。

一三七契丹傳：五日宣制，降晉少帝爲負義侯。二月朔日，德光服漢法服，坐崇元殿，受蕃漢朝賀，宣制大赦天下，改晉國爲大遼國。

開運四年正月五日也。熊劉本兩宣制均作僞制。

三五唐明宗紀：天祐十四年四月，帝謂諸將曰，敵騎以馬上爲生，不須營壘。

冊府四五謀略門，作賊騎以馬上爲生。

八二晉少帝紀：開運元年二月，先鋒指揮使石公霸與契丹過于戚城之北，爲契丹所圍。高行周、符彥卿方息于林下，聞賊至，駭愕，督軍而進。

冊府一一八親征門，一三六慰勞門，三九六勇敢門，均作石公霸遇賊數萬騎於戚城之北，爲賊所圍。今賊均改契丹，而下文之賊至駭愕，亦未盡改也。

八三晉少帝紀：開運二年正月，杜威告事勢危急。帝曰，北敵未平，固難安寢，當悉衆一戰，以救朔方生靈。

熊本作此賊未平，劉本作北賊未平，殿本改北敵。

又開運二年三月，時敵將趙延壽部曲來降，言契丹主昨至古北口。庚申，敵騎如牆而來，我步軍爲方陣以禦之，選勁騎擊敵，鬭二十餘合，南行十餘里，賊勢稍却。

熊劉本敵將作賊將，敵騎作賊騎，擊敵作擊賊。殿本改，而下文之賊勢稍却，亦未盡改也。

八四晉少帝紀：開運三年九月，張彥澤奏，破蕃人于定州界，斬首二十餘級。

熊劉本作破蕃賊于定州界。

一二四周史彥超傳：會劉崇與契丹入寇，攻圍州城月餘。彥超與何徽協力固拒，累挫敵鋒。

册府三八七褒異門，四〇〇固守門，均作累挫賊鋒。熊劉本仍原文，殿本改。又何徽册府作何徽，今誤。卷一一三周太祖紀，一一四周世宗紀，均作何徽。

忌犯闕第八

卷九三晉趙熙傳：及契丹入汴，遣使於晉州。

熊劉本作契丹犯闕，僞旨遣使於晉州，仍大典引薛史之文也。殿本改犯闕爲入汴，並删僞旨二字。犯闕之忌，止限於契丹，黄巢犯闕不避。卷八八晉李彦韜傳，契丹犯闕，遷少帝於開封府，契丹犯闕亦未盡改。

九四晉潘環傳：契丹入汴，署劉晞爲西京留守。

熊劉本作戎王犯闕，僞署劉晞爲西京留守。殿本删僞字，行款不變，此纂輯時所删者也。契丹二字有挖補痕，此雕成後所改者也。

九四晉方太傳，一二五周高允權傳：契丹入汴。

熊劉本均作契丹犯闕。

九六晉王瑜傳：時契丹入中原前月餘。

熊劉本作時契丹來犯闕前月餘，殿本改。按來疑當作未。

九九漢高祖紀：天福十二年四月，會契丹入汴，暉收集徒黨，先入磁州，無所侵犯。

謂梁暉也。册府七五九忠門，作會契丹犯闕。

一〇六漢白再榮傳：晉末契丹入汴，明年契丹主北去，再榮從部帳至真定。其年閏七月晦，李筠、何福晉相率殺北帥滿達勒，據甲仗庫。

開運四年閏七月也。册府四四六觀望門，四五五貪黷門，均作契丹犯闕，明年虜主北去，再榮從虜帳至真定。其年閏七月晦，李筠、何福進相率殺虜帥麻答。今改。熊劉本犯闕仍原文，虜帥改契丹帥，虜帳熊本删虜字，劉本改部帳。

一〇七漢王章傳：是時契丹去汴之後，國家新造，物力未充。

册府三二九任職門，四八三材略門，均作契丹犯闕之後。熊劉本仍原文，殿本改。

一一〇周太祖紀：開運末，契丹入汴，晉帝北遷。

册府八創業門，作契丹犯闕。熊劉本仍原文，殿本改。

一一五周世宗紀：顯德二年五月，先是晉末契丹入晉，秦州節度使何建，以秦成階三州入蜀。

册府二十功業門，一二三征討門，均作晉末契丹犯闕。

忌漢第九

卷一〇〇漢高祖紀：天福十二年閏七月，禁造契丹樣鞍轡器械服裝。

册府卷一六〇革弊門，作天福十二年，左衞將軍許敬遷奏，臣伏見天下鞍轡器械，並取契丹樣裝飾，以爲美好，安有中國之人反效戎虜之俗，請下明詔毁棄，須依漢境舊儀。

勑曰，近年中華兆人浮薄，不依漢禮，却慕胡風，果致狂戎來侵諸夏，應有契丹様鞍轡器械服裝等，並令逐處禁斷。今删，因漢境舊儀、漢禮等字刺目也。不刺目之漢字，如唐漢蕃漢，當然不避。

一一〇周太祖紀：漢乾祐三年，集三軍將校諭之曰，予從微至著，輔佐國家，先皇登遐，親受顧託。

册府八創業門，作予從微至著，披肝露膽，置立漢家宗社，先皇登遐，親受顧託。今删披肝露膽二句，改爲輔佐國家，因漢家宗社四字刺目也。

一二五周王繼宏傳：會契丹主死，漢祖趨洛，唐英遣使歸款，漢祖大悦。

謂高唐英也。册府九四三不誼門，作會虜主死，唐英遣使歸漢。今改。歸漢何以諱？乾隆三十二年五月初七日諭曰：據明瑞奏到李時升呈出永昌府檄緬甸文稾，中有數應歸漢一語，實屬舛謬。夫對遠人頌述朝廷，或稱天朝，或稱中國，乃一定之理。況我國家中外一統，即蠻荒亦無不知大清聲教，何忽撰此歸漢不經之語，妄行宣示，悖誕已極云云。歸漢之諱或以此。

九八晉張礪傳：礪爲戎王翰林學士，開運末，與契丹居南松門之内。因密言曰，此人用法如此，豈能久處京師。

殿本無此文。熊劉本引自册府七九六先見門，原作與虜居南松門之内；又作此胡用法如此，豈能久處漢地。熊劉本不避戎王，然漢地二句，不敢不易。殿本全删去，劉本脱門字。

雜忌第十

敗衄　北朝　獫狁　引契丹　窮廬之長

腥膻　左衽　蕃寇　亂華　殊俗

戎虜盜國　湩酪賤類　編髮

卷三九唐明宗紀：天成三年八月，幽州趙德鈞奏，于府西邀殺契丹敗黨數千人，生擒首領特哩衮及其屬凡五十餘人。是時官軍襲殺契丹，屬秋雨繼降，泥濘莫進，人饑馬乏，散投村落，所在村民持白挺毆殺之。脱者數十，餘無噍類。

册府卷四三五獻捷門，九八七征討門，生擒首領惕隱等五十餘人下，有接殺皆盡，契丹强盛，僅三十年，雄據北戎，諸蕃鼠伏，屢爲邊患，漢兵常憚之等七十餘字，今悉删去，不欲多言契丹敗衄也。

七七晉高祖紀：天福三年十月，契丹命使以寶册上帝徽號。

册府十七尊號門，作北朝命使以寶册上帝徽號。據通鑑考異，此爲薛史因晉高祖實録之文。

八十晉高祖紀：史臣曰，圖事之初，彊鄰來援，契丹自兹而孔熾。

熊劉本彊鄰來援作召戎爲援，契丹作獫狁，仍大典引薛史之文也。殿本改。

八九晉馮玉傳：張彦澤陷京城，軍士爭湊其第，家財巨萬，一夕罄空。翌日，玉假蓋而出，猶繞指以諂彦澤，且請引送玉璽于契丹主，將利其復用。

册府三三九邪佞門，作張彦澤引契丹陷京城，又作送玉璽於虜主。今删引契丹三字，改虜主爲契丹主。引契丹何以諱？與召戎爲援之諱同。

九二晉王權傳：天福中命權使于契丹，權以前世累爲將相，未嘗有奉使而稱陪臣者，謂人曰，我雖不才，年已耄矣，豈能遠使于契丹乎。

册府四六〇正直門，八七七剛門，均作未嘗有稱臣於戎虜者，豈能稽顙於窮廬之長乎。

歐史作安能稽顙於穹廬。通鑑作安能向穹廬屈膝。

九五晉沈贇傳：贇登城呼曰，侍中父子誤計，陷于契丹，忍以氊幕之衆，殘害父母之邦，不

自羞慙，反有德色。沈贇寧爲國家死，必不效汝所爲也。

侍中父子謂趙延壽。册府四二五死事門，作侍中父子誤計，陷於腥膻，忍以犬羊之衆，殘害父母之邦。歐史同。通鑑腥膻改虜庭。贇，册府、歐史、通鑑皆作斌；卷三十三唐莊宗紀，八十三晉少帝紀亦作斌。

九六晉王瑜傳：父欽祚，刺舉義州。瑜歸寧至郡，會契丹據有中夏，何建以秦州歸蜀，瑜説欽祚曰，若不西走，當是契丹矣。

册府九四二禍敗門，作會北戎盜據區夏，又作若不西走，當爲左衽矣。熊劉本作當屬契丹。

一二四周史彦超傳：契丹營于忻代之閒，遥應賊勢。詔天雄軍節度使符彦卿率諸將屯忻州以拒之。彦卿襲契丹于忻口，彦超以先鋒軍追蕃兵。

册府一四〇旌表門，四四四陷没門，蕃兵均作蕃寇。熊劉本仍原文，殿本改。

一二五周趙暉傳：開運末，以部兵屯于陝，屬契丹入汴，慨然有憤激之意。

册府七六六攀附門，契丹入汴，作北戎亂華。

一二六周馮道傳：將達西樓，契丹主欲郊迎，其臣曰，天子無迎宰相之禮，因止焉。其名動遠俗也如此。

册府三二九奉使門，作虜長欲自出迎道，虜之羣僚曰云云。今删改，遠俗作殊俗。熊劉本仍原文，殿本改。

一二七周蘇禹珪傳：開運末，契丹入汴，漢祖即位于晉陽。

册府三〇九佐命門，作開運末，戎虜盜國。

一三七契丹傳：莊宗曰，今吾以數萬之衆，安集山東，王德明厮養小人，安巴堅生長邊地。

册府九八七征討門，作張文禮厮僕小人，非吾所敵。阿保機湩酪賤類，唯利是求。此段删改甚多，張文禮即王德明，湩酪賤類改生長邊地。

又同光中，安巴堅深著闢地之志，欲收兵大舉。

册府六六〇敏辯門，作阿保機深貯亂華之志。

一三八黑水靺鞨傳：其俗尚質朴，性猛悍。

册府九五九土風門，作俗皆編髮，性凶悍。五代會要同。熊劉本仍原文，殿本改。

論曰：有清起自黑水，明季典籍，類多指斥之詞，館臣有所忌諱，宜也。五代去清八百年，其所謂虜，在梁則指沙陀，在唐晉漢周則指契丹，與清何涉，何所庸其忌諱。雍正十一年四月曾諭内閣曰：朕覽本朝人刊寫書籍，凡遇胡虜夷狄等字，每作空白，或改易形聲，如以夷爲彝，以虜爲鹵之類，殊不可解。揣其意蓋爲本朝忌諱，避之以明其敬慎。不知此固背理犯義不敬之甚者也。嗣後臨文作字，及刊刻書籍，如仍蹈前轍，將此等字空白及更换者，照大不敬律治罪。乾隆四十二年十一月諭旨略同。館臣自應遵守。今薛史輯本之改竄，更甚於空白改寫，其敬慎耶，其不敬之甚者耶！抑以爲空白改寫，終留痕跡，不若逕將史文删改滅跡，可以免詔書之詰責耶！然亦安知後之人不能發其覆，豈非所謂欲蓋彌彰也。且輯佚之體，與撰述殊科。如李延壽之南、北史，歐陽修之新五代史，自爲一書，則索虜島夷，隨意易之可也。今乃輯佚，何能輕易其詞？此義館臣豈不知，然而仍效昔人改竄中祕書之故智，欲以一手掩盡天下目者，其視清朝之心實與明季諸人無異也。不過一則陽斥之，一則陰指之而已。嗚呼！四庫館之開，清之據中國百三十年矣，士大夫之心理仍若此，此其故亦耐人尋思哉。

附薛史輯本避諱例

薛史輯本忌諱改竄，余已發其覆。輯本之避廟諱，亦有可得言者。大抵熊劉本用缺筆法，殿本用改字法。易言之，即纂輯時用缺筆法，雕版時用改字法也。然熊劉本亦有改字，殿本且有添改史文者，殊失輯佚之體。往余有薛史輯本避諱例，兹附刊如後。

卷三梁太祖紀：開平元年四月，制東都宫殿門名額，正殿爲崇元殿，東殿爲元德殿。

册府卷一九六建都門，作東殿爲玄德殿。今三本皆作元德殿，熊劉本並誤註册府卷一八六。

七七晉高祖紀：天福三年十月，改東京諸門名額，北二門酸棗門、封邱門以元化、宣陽爲名。

册府十四都邑門，元化作玄化。熊劉本仍原文，玄缺末筆。

八〇晉高祖紀：天福七年閏三月，詔改鄴都北門爲元德門。

册府十四都邑門，元德作玄德。熊劉本仍原文，殿本改，有挖補痕。

三梁太祖紀：開平元年九月，浙西奏，道門威儀鄭章，宜賜號貞一大師，仍名元章。

冊府一九四崇釋老門，作仍名玄章。今三本皆作元章。

八九晉趙瑩傳：字元輝。

冊府八九三夢徵門，作字玄暉。歐傳亦作玄暉。今三本皆作元輝。

一四四樂志：天福四年十二月，禮官奏，正旦皇帝舉酒，請奏元同之樂。

冊府五七〇作樂門，作玄同之樂。五代會要七同。今三本皆作元同，是熊劉本亦有改字也。

右玄改元

三梁太祖紀：開平元年四月令，庶順昊穹之意。

冊府一八二名諱門，作庶順玄穹之意。熊本仍原文，劉本、殿本改昊穹，熊劉本並誤註

冊府卷二八二。

三八唐明宗紀：天成二年正月制，荷上穹之睠祐。

冊府三名諱門，作荷玄穹之睠佑。熊劉本仍原文。

右玄穹改昊穹或上穹

三十唐莊宗紀：同光元年十二月，亳州太清宫道士上言，聖祖殿前古檜，萎瘁已久，再生一

枝。又一四一五行志：太清宫道士上言，聖祖殿前枯檜，年久再生一枝。

册府二五符瑞門，作太清宫道士奏，聖祖玄元皇帝殿前枯檜再生枝。五代會要十二同。熊劉本莊宗紀仍原文，五行志删聖祖二字。殿本紀、志均删玄元皇帝四字，遂改枯檜爲古檜，並添萎瘁已久，及年久等字以足之，而不知其詞費也。

三九唐明宗紀：天成三年正月，舊制遇二月十五日爲聖祖降聖節，應休假三日。

册府五四尚黄老門，作二月十五日玄元皇帝降聖節，休假三日。五代會要十二同。熊劉本仍原文，殿本玄元皇帝改聖祖，遂添爲字應字以足之，而不知詞與義俱失也。

一四二禮志：天成二年詔，至若聖祖老君，事隔千祀。

册府三一奉先門注，作至若玄元皇帝，事隔千祀。熊劉本仍原文。

右玄元皇帝改聖祖

二七唐莊宗紀：龍紀元年，從武皇校獵于三垂岡，岡上有明皇原廟在焉。

册府一四八知子門，作玄宗原廟在焉。熊劉本仍原文。

七七晉高祖紀：天福三年二月，中書上言，唐太宗二名並諱，明皇二名亦同。

册府三一奉先門，明皇作玄宗。熊劉本仍原文。

一三四僭僞李昪傳：昪自云唐明皇第六子永王璘之裔，唐天寶末，安禄山連陷兩京，明皇幸蜀。

册府二一九姓系門，明皇均作玄宗。熊劉本仍原文。

右玄宗改明皇

一四二禮志：晉天福二年二月，太常博士段顒等議廟制，凡數引鄭氏注。

册府五九四奏議門，均作鄭玄注。熊劉本仍原文。

一〇五漢湘陰公贇傳：有鳥紺趾黑尾。

册府九五一咎徵門，作紺趾玄尾。熊劉本仍原文，殿本改，有挖補痕。

一四四樂志：一曰金錞，以和鼓，銅鑄爲之，其色黑。

册府五七〇作樂門，作其色玄。熊劉本仍原文，殿本改，有挖補痕。

右鄭玄改鄭氏玄色改黑色

七七晉高祖紀：天福三年七月注，引五代會要，唐貞觀十六年，太宗文皇帝所刻之璽，白玉爲螭首。

五代會要十三作刻之玄璽。今删玄字，添所字。劉本同，熊本無此注。册府六一立制度門，作太宗刻受命玄璽。

十五　梁馮行襲傳：刺史吕煜。

册府八七九計策門，作刺史吕燁。歐史行襲傳亦作吕燁。熊本作曄缺末筆，劉本與殿本改吕煜。

右删玄字燁改煜

一　梁太祖紀：唐大順元年九月，帝廷責諸將敗軍之罪，斬李讜、李重允以徇。

册府一八七勳業門，作李重裔。熊劉本作李重胤，胤缺末筆。

十九　梁李重允傳。

册府三六〇立功門，三八六褒異門，四三九違命門，均作李重裔。熊劉本作李重胤。熊本注云，重胤原本作重裔，蓋薛史沿避諱舊例，今改畫一；劉本注同，脱胤字。

五八　唐趙光允傳。

册府七八三兄弟齊名門，九〇九憂懼門，均作趙光裔。熊劉本作趙光胤，注云，薛史原本避宋諱，稱光胤爲光裔，今改正。

右裔熊劉本回改胤殿本改允

四八唐末帝紀：清泰三年三月，以翰林學士禮部侍郎馬裔孫爲中書侍郎，同平章事。

册府七四命相門，作馬胤孫。歐紀亦作馬胤孫。今三本皆作馬裔孫。

一二七周馬裔孫傳。

歐傳作馬胤孫。册府三三五不稱門，八二一崇釋教門，八九三夢徵門，九三九譏誚門，均作馬胤孫；三三六識闇門，八四一文章門，作馬裔孫。今三本亦作馬裔孫。

一二九周王重裔傳。

册府三七四忠門，作王重裔；三八七褒異門，作王重胤。今三本亦作王重裔。不知其本名作胤耶，卷七六晉紀馬允孫釋放，七八晉紀馬允孫致仕，一一一周紀王重允卒，殿本何爲作允？以不回改爲是耶，李重胤、趙光胤二傳，又何爲回改？甚矣畫一之難也。

右裔未回改胤亦未改允

一一四周世宗紀：顯德元年三月，以鐵騎第一軍都指揮使趙宏殷爲龍捷右廂都指揮使。

册府一二八明賞門，趙下注宣祖廟諱。殿本考證亦云原本注宣祖廟諱四字，今據宋史改作宏殷。熊劉本案語同，但宏作弘缺末筆。

六梁太祖紀：乾化元年十二月，又命將作少監姜宏道爲朗州旌節官使副。

册府二一三命使門，作姜弘道。今三本皆作宏道。

九二晉姚顗傳：祖宏慶，蘇州刺史。

册府八五三姻好門，作祖弘度。慶、度未知孰是，然原本必作弘。今三本皆作宏，是熊劉本亦有改字也。

右弘改宏

一二四周史懿傳：本名犯太祖廟諱，故改焉。

册府八二五名字門與此同。劉本與殿本考證云，案本名二句，疑爲後人竄入，考懿名匡懿，避宋太祖御名，故去匡字；薛史成于開寶六年，不應豫稱爲太祖，或係宋人讀是書者附注于後，遂混入正文也。熊本簽注同，並云無別本可考，姑存其舊云云。館臣誤認周太祖爲宋太祖也。懿本名威，此蓋薛史仍周實録之文。卷八三晉紀，開運元年十一月，以澶州節度使史威爲貝州節度使。八四晉紀，開運三年正月，以前貝州節度使史威爲涇州節度使。一〇〇漢紀，天福十二年七月，涇州節度使史威加檢校太尉。一一四周紀，顯德元年三月，前涇州節度使史匡懿卒。避周諱改匡懿，薛史又避宋諱空匡字。館臣知其一不知其二，遂疑爲宋人讀是書者附注，又謂無別本可考，而不知册府引有此文也。

一二九周曹英傳：舊名犯今上御名，故改焉。

册府八二五名字門，亦作舊名犯太祖廟諱。英亦本名威也。熊劉本仍原文，殿本改爲犯今上御名。館臣蓋始終知宋有太祖，而忘周亦有太祖也。本傳屢言太祖，皆謂郭威，此薛史仍周實録之文，何得改爲今上？並正其誤於此。通鑑顯德元年注引薛史，曹威爲奉國軍主，即此人。

右誤解誤改前代諱

〔收入勵耘書屋叢刻第二集，據原稿校核。本篇實際完成於一九三七年十月，當時北平淪陷，爲避免敵僞注意，倒書年月爲一九三七年七月。〕

陳垣全集之十五

歷史文獻學論文

安徽大學出版社

中國史料的整理

（一）引言

爲什麼我們的史料要整理呢？ 理由是很簡單的： 人類的壽命有限，史料的增加却是無窮，舉一個很淺顯的例，唐宋人研究歷史只須研究到唐宋爲止，我們現在就要研究唐宋以後的歷史了； 不止這樣，唐宋人研究歷史的範圍只局於中國及中國附近，我們現在因爲交通便利東西文化接觸的結果，就要把範圍擴大到全世界去； 這麼一來，我們若是不想法子先把中國的史料整理起來，就不免要興莊子的「吾生也有涯，而知也無涯，以有涯隨無涯殆已」之嘆了。

中國史料這麼多，使人感覺到無從整理的困難，就有人主張索性把這些史料統通燒了。 但是這種焚書的辦法到底不是根本的解決。 譬如蒙古西藏，我們暫時不能積極經營，斷無把牠放棄之理。 我以爲我們若是肯大家來想法子，把這些史料都弄成整個有用的東西，或很容易運用的史料，那自然也不用燒了。 反之，我們若是自己不來整理，恐怕不久以後，燒又燒不成，而外人却越俎代庖來替我們整理了，那才是我們的大耻辱呢！

近代西洋機械的發達可算達於極點了，什麼東西都可以用機器代替人工，印書打字的機器早就發明了，惟有替代讀書的機器現在還沒有聽到。但是我們雖然不能以機器代替我們讀書，我們儘可以改良讀書的方法，整理研究的材料，使以最經濟的時間得最高的效能，正如我們中國現在雖然不能全築起鐵路來，儘可以先修成公路馬路一樣。今天我所要説的便是這種修成公路馬路的方法。

（二）中國史料整理的方法

今天我所要説的中國史料是單就文字記録方面來説的，至於那些考古發掘遺跡遺物等等尚談不到。關於文字記録方面，我把牠們分做兩大類：一是已成書册的史籍，一是未成書册的檔案。

（甲）史籍的整理

（1）書籍翻印的改良——中國的書籍多半是不分句，不分段，不分章節的，至於標點符號更是絶少了，越是有名的著作，越是没有點句；不特古書是這樣，就是最近出版的王静安先生文集也是没有點句的；這樣使研究的人事倍功半，浪耗精力時光。所以現在我們要整理史料，第一步的工作便是有翻印舊書的時候，最低限度，要將舊書點句，能分段分節，加以標點符號更佳。從前由天津到北平要三日，有了鐵路以後，三小時可就到了；史記著成已二千年，前人要三個月讀完，我們今日仍要三個月才能讀完，豈不是因爲没有縮短的方法嗎？點句分段，就是使人節省精力時光的一種方法。原來這種需要章句標點的感覺並不是最近才有的，八九百年前宋代的學者，便已經整理出一部現在我們所見到的章節句讀非常明白的四子書了；就是舊刻的佛家的經典，也是有圈點的。

（2）類書工具書的改良——中國工具書雖然比較的不多，但也並非完全没有；不過舊式的工具書缺點頂多，若不加以改良，其利用恐亦有限。現在隨便舉出幾個例來：（一）歷代地理志韻編，這一部書成於百年前，内容係將各史地理志所有的地名按韻編成，然後在每個地名之下注以當時係郡係縣與歷朝沿革。這部書算是研究地理歷史很好的工具書，但是却有不少缺點，最明顯的，第一，本書是按韻編的，要檢查本書須先了解檢韻的大概，要不然，就很難利用了。其次是排列不得法，往往是幾個地名一行行地連下去，使檢查的人不能一目了然。（二）紀元編，這部書也是成於百年前，是專門講年號的，譬如我們要檢查某個年號係屬於某朝某帝，只須按那年號的末一字音韻檢去便可檢出；但是這部書也犯了同樣的毛病，排列並不整齊，而且年表内每頁年數又並無一定，是很不方便的。（三）説文通檢，這部書成於五十年前，自從這部書出現以後，檢查説文簡便了許多；但也有一個大毛病，就是檢查的人須先知道他所要查的字是屬於那一部，而後才能查出。這又是不便於普通學者了，且此書排列法亦不整齊，不便尋檢。（四）讀書記數略，是一部專門彙集有數字關係典故的參考書，例如：十八羅漢，三綱，五常這一類的典故都可以從那裏檢出。不過這部書也有一個缺點，就是未分數先分類，其分類又非常繁瑣，每每遇一名詞，不知其應歸何類，即須檢閲數卷而後得。總而言之，中國的工具書無論在編製方面，排列方面都是應加改良的，要做到小學生都能利用才行。

（3）書籍裝訂的改良——中國書籍的裝訂往往是只顧形式不問内容，只求每函每套册數厚薄的均等，而不問每函每套的内容是否相關聯的；並且於目録的編置更無一定，有時使檢閲的人感到無限麻煩。例如全唐文這一部書，一共有一千卷，裏面收集所有唐代的文章，以人爲單位依次編成。這部書雖然有總目和每卷的詳細目録，但是因爲目録是配置在每卷之首的，使檢查的人要檢某人的某篇文章在某卷，非花了許多時間從頭到尾慢慢查過，總是檢不出。此外中國書的裝套也是非常的不講求，往往是把一人一類的文章不裝在一套內，而隨意歸入上套或下套。這些都是裝訂方面的缺點。倘若能够把總目録和每卷的目録統通集合起來另訂成册，並且裝套時無連上連下之弊，那麽檢查全唐文的人不是要便利了許多嗎？

（4）筆記的整理——唐宋以來，筆記的著作日多一日，因爲筆記是雜誌性質，内容非常複雜，篇章不拘短長，所以較易寫作。這種筆記看來好似無關重要，其實是絶好的社會史風俗史的資料，有許多的東西在正史裏尋不到，在筆記裏却可以尋到。但是筆記是非常難讀的：一來筆記的份量多，内容複雜；二來筆記的編製非常不經濟，除了極少數的每段有目録外，其餘的不是完全無題目，便是有題目而無總目。要想從筆記裏尋材料的，除了以披沙瀝金的法子慢慢地去找尋以外，着實没有辦法。所以筆記題目的整理是非常必需的；要把所有的筆記，無目録的加上目録，有目録的加上總目，有總目的編爲索引，使後來要從筆記裏找尋任何材料的都可以一目了然。

（5）文集的整理——中國文集在所有書籍中佔最多數，四庫全書亦以集部爲最多，便可以看出中國文集的多了。但是中國文集雖然每篇必有目録，而常没有總目録，就是四庫全書裏的文集也全是没有總目録的。這的確是一個大缺點。從前我感到檢查文集手續的麻煩，曾將四庫全書集部中外間傳本稀罕的，抄了一部總目録，雖祇一小部份，但已便利許多矣。所以我以爲倘若我們有了一部完整的所有文集的總目録或索引，對於我們研究學問一定大有幫助。

（6）羣書篇目彙纂——羣書篇目彙纂是想把所有重要書籍的篇目按類編成一部總目，使人一檢即知某書的内容。這一類的書中國已經有過，清代朱彝尊撰的經義考便是一個好例：這一部書把所有關於經義書籍的序跋統通録下，並且還注其存佚，附以諸家論斷，的確是一部研究經學很好的工具書。不過其範圍只限於序跋方面；若是將各書的篇目，都彙集起來，更方便了。普通所謂目録學，多只注重書目，我以爲篇目也是要緊的，就如詩經裏的篇目，如「卷耳」，如「葛覃」，兩個字的最多，但有三個字的，如「麟之趾」，如「殷其靁」，又有一個字的，如「氓」，如「緜」，如「板」，有四個字的，如「匏有苦葉」，有五個字的，如「昊天有成命」，若是没有一種經驗，如何知得「氓」是個篇名。又如吕氏春秋裏的什麽「覽」，淮南子裏的什麽「訓」，有經驗的一望便知爲某書的篇目，無經驗的便不容易明白了。若是有一部羣書篇目彙纂或索引，豈不是幫助人容易明白許多嗎？

（7）重要書籍索引——上面所講的是限於目録的索引，此處所謂索引，是以書做單位，把每一部重要書籍的内容凡是有名可治的，都編成索引，使檢查者欲知某事某物係在某書之某卷某篇，皆能由索引内一索即得。西洋近出的書籍差不多都有索引，故學者研究學問時間極省而效能極高。我以前聽宣道師的説經，見他們每舉一經節，皆能將所有同意義的經節散見於新舊約者徵引無遺，心中頗佩其記性之强，到後來一問，才知道他們所靠的是一部聖經索引。這樣看起來，索引的功用是何等的大啊！倘若我們能够把我們的重要史籍，如左傳，如史、漢，如資治通鑑等都編出索引來，那麽除了專門研究歷史的以外，什麽人都可以不讀左傳、史、漢、通鑑而能利用牠們了。

（8）分類專題編集——分類專題編集是以題做單位，然後將羣書中所有有關係的材料統通都編集在一起，使後來研究的人不用再費時去搜集。例如：以運河或長城做專題，然後將所有書籍中有關於運河或長城的材料都編集在一塊便是。去年北平學術界不是有個古代鐵器先用於南方的論戰嗎？倘若我們已經有了關於鐵字專題的編集，那豈不是要省事得多嗎？這種分類專題的編集中國以前並非没有。類書中如藝文類聚、北堂書鈔、太平御覽、古今圖書集成都有這種意思，就如文獻通考之類也是這種意思；不過從前搜集的目的，多注重供給人作詩文的詞料，我們今日的目的，在注重便利人的檢尋，其目的不同，其方法之疏密自異。

以上八點是整理史籍的方法，現在再談談整理檔案的方法。

（乙）檔案的整理

什麽是檔案呢？　檔案，簡單點説，便是未成書册的史料。　現在北平所謂檔案，多數是前清政府的文件，有些也是明末的，裏面有很多重要史料。　從前本來是存在内閣大庫或軍機處的，到了民國，經教育部會同各部派人整理過一次，然而到底没有做成功。　有八千麻袋已作廢紙賣丢，有一部份歸到北京大學研究所國學門稍爲整理上架。　現在這些檔案大部分是分存在故宫博物院内的南三所，東華門内的實録大庫，南池子的皇史宬和景山西的大高殿各處。　檔案既然是很重要的史料並且份量又是這樣多，塵土又是這樣厚，收拾又是這樣零亂，那麽要如何整理呢？　我以爲整理檔案亦有八種方法，現在簡略地説一説。

（1）分類——分類是按照檔案的種類，或由形式分，如紙樣格式，長短大小，顔色紅白，與乎成本的，散頁的，都把牠們彙别起來；　或由文字分，如漢文的，滿文的，蒙文的，都分在一起，這是最初步的工作。

（2）分年——分年是分類之後，以年做單位，把同一年份的同類文件都集在一起。例如，先分明清，清又分康熙乾隆，乾隆又分開六十年，同年的按月日先後集在一起。

（3）分部——檔案有屬於各部署的，例如：兵部的文件歸於兵部，禮部的文件歸於禮部，這樣類推下去。

（4）分省——例如，報銷册一項，有浙江省來的歸在浙江省，福建省來的歸在福建省。

（5）分人——把一省一省的督撫所來的文件按人分在一起。雍正硃批諭旨，即是這樣分法。

（6）分事——分事是整理檔案的較爲細密的工作，把所有與某一事情有關係的文件，如乾隆時纂修四庫全書的文件，接待英國使臣的文件，凡同一事的，都按年月集在一塊，這樣便理出頭緒來，可以檢閱了。

（7）摘由——完成了分析的工作以後，再把每一文件的事由摘出來，使研究的人一看摘由便能了解内容的大概。此種工作，非常重要。

（8）編目——編目是最末一步的工作，就是把所有整理成功的檔案編成幾個總目，或分部，或分省，或分人，或分事，使後來檢查檔案的人只須將總目一查，便能依類檢出。

以上是整理檔案的方法，前五項若是有人指揮，稍認得字的，便能做的，後三項則非有相當程度的人，不能幹了。至於裝置儲藏的方法，又是另一問題，今日尚談不到。

（三）小結

我已經簡略地把中國史料整理的方法説過了；倘若能够依着這種方法整理下去，那麼中國的史料雖多也不用燒了，我們的壽命雖不加長，也不難窺見中國史料的全豹了。從前人們所謂「博聞强記」「一目十行」「過目不忘」等等也不過腦中有一部索引，假如我們各書的索引能告成功，就人人都可以有過目不忘的本領了。我們有廣濶的土地，而無普遍的鐵路；有繁盛的人口，而無精密的户口册；有豐富的物産，而無詳細的調查；有長遠的歷史，豐富的史料，而無詳細的索引；可算是中國的四大怪事。我們若是肯從此努力，把我們的史料整理起來，多做機械的工夫，笨的工夫，那就可以一人勞而萬人逸，一時勞而多時逸了。

〔作者一九二九年五月二十七日在燕京大學現代文化班的講演，原題中國史料急待整理，翁獨健筆述。記録稿經作者修改補充後，發表於燕京大學史學年報第一期（一九二九年七月）。今據作者親筆修改稿及講演提綱校訂。〕

官書與私書

今天是家常便飯，不是請客。

今天題目，是説官書與私書之力量。

從前看不起官書，都因他是官僚著作，隱諱避忌，潦草塞責。

今所言者係説個人力量，不及衆人力量。

今後史學著作漸趨向於通力合作，不容各自爲戰。

因史學上需要，如天文、律曆、發掘、調查、測繪、照相、製板、印刷，以及購置、鈔寫等等。有屬於專門技術者，有關於經濟能力者，都不是私人之力所能辦。

人以國家之力爲之，或以團體之力爲之，小固不可以敵大，寡固不可以敵衆，弱固不可以敵强。小買賣必爲大公司所吞併，自然之理也。

故今日欲成一史學上大著作，必須有組織、有計畫，合衆人之力而後成。

然欲合衆人之能力，必須先養成各個人之能力，則今日學校學生之訓鍊是也。

理想之訓鍊法，盼望學校有地方、有財力，能設各種固定專門教室，如本國史教室、外國史教室及各朝代史教室等，每教室以一教授主之。室内環置本科應用圖書標本及各種工具書，更有一二助教爲之指導。學生聽講後，應入室内實習，審問、討論習作等等。其已畢業爲研究生者，應專隨一教授研究，服從教授之指揮，練習如何搜集材料，如何選擇、如何考證，編輯及幫助校對，作索引之類，由此可養成自己研究能力。

研究生畢業後，應派到各學術團體作助手，或編譯員，或往外國作更深研究。如此則國家學術才有進步，國家需要大著作時，才有人材可用。

否則徒有教而無育，個人不易成材，即使有少數成材，而不能利用合羣之力，則終不能有大著作大貢獻。結果仍以個人之力與團體鬥，是以花生攤資本與大公司抗也，豈不悲哉！豈不悲哉！

近日學人之病，在謀生時間多，學問時間少。

最好能學問與生活打成一片。否則應求與學問接近之職事爲之。但自己必須常有一專題或專書之研究，使自己研究學問之興趣及習慣不斷，方能有所成就。否則終其身爲生活所役使，太不上算了。今日之會爲史學會，故順及之。

〔一九四一年五月十七日在輔仁大學史學會之講演。記録稿刊載於輔仁生活第十六期（一九四一年六月）。此據作者原稿。〕

編纂四庫全書始末

乾隆三十七年壬辰　西紀一七七二

正月，始下令徵書。

前此康熙二十五年四月、乾隆六年正月均曾下令採訪遺書，然與四庫全書之編纂有密切關係者，實自此始。

九月，安徽學政朱筠奏，請擇翰林中之工書者，以清漢二體書十三經，摹勒上石。得旨：緩緩細酌。

十一月，河南巡撫以所購書籍開單進呈，無胡煦著述，知遺漏尚多，特令悉心採訪。

御製詩四集自本年起。

乾隆三十八年癸巳　西紀一七七三

二月，依朱筠條議，命於永樂大典中綴輯散篇成帙，並令依經史子集蒐輯遺籍，命名四庫全書。

初下詔求遺書，朱筠奏言：翰林院貯有永樂大典，内多有古書世未見者，請開局使尋閲，且言搜輯之道甚備。時劉統勳在軍機處顧不喜，謂非政之要，而徒爲煩，欲議寢之，而于敏中獨善朱筠奏，與劉統勳固争，卒用筠説上之，四庫館遂自此啓。

永樂大典原一萬一千九十五册，每十册爲一函，計一千一百餘函，翰林三十人，匀派分閲，每人約閲三百七十册。編輯結果，得書五百十四部，著録者經七十部，史四十一部，子百一部，集百七十四部，共三百八十六部；存目者經九部，史三十八部，子七十一部，集十部，共一百二十八部。

派劉統勳、于敏中並王際華、裘曰修爲四庫全書總裁官。

劉統勳薦紀昀充纂修官，又舉昀及陸錫熊爲總辦。

五月，令將各省進到之書，分别應刊、應鈔、應存目三項，彙爲總目，並各撰提要。

此亦根據朱筠條議，即令就翰林院署設局，校勘永樂大典者在原心亭列席，校勘遺書者在寶善亭列席，又以武英殿書局爲繕寫處，書篇倣永樂大典式，印界紅欄，選舉貢監生字畫端楷者，分領繕寫，每分校二員，設覆校一員，纂修謄録凡九百餘人。總纂官爲紀昀、陸錫熊，各書提要均總其成於二人之手。

又以四庫全書卷帙繁重，命于敏中、王際華擇其尤精者别名爲四庫全書薈要，於大内之摛藻堂、圓明園之味腴書室各繕録一部。

裘曰修卒。

六月，勅編日下舊聞考。

七月，詔將進士邵晉涵、周永年、余集，舉人戴震、楊昌霖調取來京，同司校勘。

先是四庫館初開，以翰林館纂輯不敷，總裁劉統勳保邵晉涵、周永年，裘曰修保余集，于敏中保戴震，王際華保楊昌霖，後皆改入翰林，時稱五徵君。

十一月，劉統勳卒。

本年侍郎金簡奏進武英殿聚珍版程式。

勅撰音勻述微。

又勅撰開國方略。

乾隆三十九年甲午　西紀一七七四

四月，諭武英殿見辦四庫全書之活字版，著名爲「武英殿聚珍版」。

浙江採進遺書總録成。

浙江自壬辰冬迄甲午夏，凡奏書十二次，四千五百二十三種，五萬六千九百五十五卷，另不分卷者二千九十二册。

五月，令進到各書用翰林院印，辨竣後給還各家。

賞進書五百種以上者古今圖書集成一部，賞進書百種以上者佩文韻府一部。

浙江之鮑士恭、范懋柱、汪啓淑，兩淮之馬裕皆進呈五百種以上，江蘇之周厚堉、蔣曾瑩，浙江之吳玉墀、孫仰曾、汪汝瑮，京官之黄登賢、紀昀、勵守謙、汪如藻等皆進呈百種以上。

六月，命倣寧波范氏天一閣制，於熱河避暑山莊建文津閣，於北京圓明園建文源閣，以貯四庫全書。

初輯四庫全書時，以海内藏書家惟浙東范氏天一閣之制爲最善，閣凡六楹，前臨水池，蓋取「天一生水，地六成之」之義，自明嘉靖至乾隆凡二百餘年，未嘗改易，故四閣之式一仿其製爲之。而規畫經營實始於文津，其次乃文源，又次爲文淵，文溯則成於最後。文津閣在山莊玉琴軒北，穿假山石洞爲方池，池北即文津閣。文源閣在圓明園之中，舊稱四達亭。

七月，令紀昀於總目提要外另刊簡明書目，祇載書名、卷數、某朝人撰，以便繙閱。

又令將進書者姓名附載各書提要内。

八月，因採訪遺書必有違礙字句，特令及此一番查辦，盡行銷燬。
山東壽張人王倫倡清水教，討平之，詔編臨清紀略。
十月，詔於紫禁城内建文淵閣。
明代本有文淵閣，其地在内閣之東，至末葉其制盡廢，遺址僅存，本年始命於文華殿後創建文淵閣。
十一月查出屈大均各種書籍，令即行銷燬。
本年纂修官姚鼐乞養歸。
四庫館啓，非翰林而爲纂修者八人，邵晉涵等五人外，程晉芳、任大椿、姚鼐，既而六人盡改翰林，鼐與大椿獨不與。

乾隆四十年乙未　西紀一七七五
二月，詔查福建建陽縣宋時余氏勤有堂刊版源流。
又詔求成都府學漢時周公禮殿壁畫三皇五帝像，尋奏，明末已燬。
夏，文津、文源閣成，各先貯古今圖書集成一部。
建閣爲貯四庫全書，然以鈔録需時，閣中空曠，因仿四庫書函式裝潢圖書集成，全部庋閣陳列，册面用黄絹。

閏十月，查出僧澹歸即金堡所著徧行堂集，陳建所著皇明實紀及江寧清笑生所撰喜逢春傳奇，一併燬版。

弛朱璘明紀輯略禁，並令詮叙唐桂二王本末附通鑑輯覽後。

十一月，詔於宋元文集内删去青詞一種。

御製詩四集本年始有文津、文源閣詩。

本年浙江續進書二次，凡六十五種，連前共十四次，凡四千五百八十八種。

據汪啓淑水曹清暇録載，自壬辰徵訪遺書：

武英殿移取	九〇〇種
在京各官進呈	九八三種
直隸總督進呈	二三八種
奉天府尹進呈	三種
兩江總督進呈	一三六五種
安徽巡撫進呈	五二三種
江蘇巡撫進呈	一七二六種

浙江巡撫進呈	四五八八種
福建巡撫進呈	二〇五種
江西巡撫進呈	八五九種
河南巡撫進呈	一一三種
山東巡撫進呈	三七二種
山西巡撫進呈	八八種
湖南巡撫進呈	四六種
陝西巡撫進呈	一〇五種
湖北巡撫進呈	八四種
廣東巡撫進呈	一二種
雲南巡撫進呈	四種
兩淮鹽院進呈	一五七五種

共採訪得書一三七八一種，永樂大典重纂修得三二一種，浙江進呈總數最多云。

勅撰通鑑綱目三編。

重輯天祿琳琅書目。

乾隆四十一年丙申　西紀一七七六

二月，詔編勝朝殉節諸臣録。

三月，王際華卒，命侍郎董誥接管四庫全書薈要事，繼又命如式繕第二部。

夏，文淵閣成。

六月，詔定文淵閣官制，許翰林各官赴閣觀書。

閣東西約十二丈，南北約四丈，外面觀之如二層樓，内部爲三層樓。由下層西隅登中層，東西各有廣三丈之室，又有幅四尺之長廊以連絡之，故在中層可俯瞰下層。由中層西隅之階登上層，分五室，中室爲御座。

九月，令編四庫全書考證與總目提要一體付聚珍版排印。

十一月，下令禁違礙諸書。

又詔應燬書籍内有止須刪改字句，不必因一二卷遂廢全部。

本年兩金川平，詔編兩金川方略。

陝西巡撫畢沅奏進關中勝跡圖志。

按：四庫編纂之例，自官撰諸書外，生存人不録，此編以私人著述得著録，蓋特例。

乾隆四十二年丁酉　西紀一七七七

五月，詔重修明史本紀。

戴震卒，年五十有五。

八月，令四庫全書鈔録四分，完竣後，照式再鈔一分貯翰林院，其各督撫購進諸書，將來彙交武英殿另行收藏陳列。

按：其後翰林院所存祇係各書底本，並未另有鈔本。

十月，江西新昌縣舉人王錫侯，因删改康熙字典另刻字貫，凡例内開列廟諱御名，認爲大逆，拏京治罪，巡撫海成、布政司周克開、按察使馮廷丞俱革職，交刑部治罪。

十一月，程景伊奏：四庫館應進各書，經總校閲看後，總裁等於每十本内抽閲二本，黏貼總裁名籤，其未經抽閲者，於書面黏貼總校名銜，如有錯誤，各無可諉，詔從之。

十二月，詔編貳臣傳。

本年勅譯蒙古源流。

又勅撰滿洲源流考。

乾隆四十三年戊戌　西紀一七七八

五月，因進呈各書多有譌舛，總裁、總校、分校各官，未能悉心校勘，均按次記過，交部議處。

九月，查辦江蘇東臺縣已故舉人徐述夔一柱樓詩案，徐述夔及伊子徐懷祖俱戮屍，爲徐述夔作傳之沈德潛革去官銜、謚典，撤去鄉賢祠牌位，撲毁祭葬碑文。徐述夔之孫徐食田、徐食書，列名校對之徐首髮、沈成濯，意存徇縱之江蘇布政司陶易，並其幕友陸炎，俱問斬。

十一月，復令查繳違礙書籍，予限二年，限滿後仍有隱匿存留，從重治罪。

本年命重修大清一統志。

大清一統志成於雍正四年，至乾隆三十三年平定準噶爾回部，拓地二萬餘里，及府州縣增置改析者多，因命重修，以王昶充總修官。

勅撰國子監志。

又勅撰西清研譜。

乾隆四十四年己亥　西紀一七七九

二月，勅編明季奏疏。

此書後歸入明臣奏議。

十一月，令各省郡邑志書内如有登載應銷燬各書名目及悖妄著書人詩文者，一概俱行剷削。

十二月，于敏中卒。

本年薈要第一部告成，貯大内摛藻堂，每册首頁用「乾隆御覽之寶」，末頁用「摛藻堂印」。摛藻堂在神武門内坤寧宫北御花園東，向爲藏弆祕籍之所，以經史子集四部分置，至是於堂内東西增置書架庋弆薈要，計經部一百七十三種，史部七十種，子部八十二種，集部一百三十九種，凡一萬一千二百六十六册，另卷首總目六册。經六架、史十架列右，子六架、集十架列左。書用涇縣白棉紙，每册底面絹裹之，黏釘不壓綫。全書册面分色裝潢，經部用緑色絹，史部用紅色絹，子部用藍色絹，集部用灰黑色絹。

御製詩四集卷六十五，有四庫全書薈要聯句，述此書之内容極詳，堪資考證。

勅撰蒙古王公功績表傳。

勅修盛京通志。

又勅撰三合切音、清文鑑。

以四庫館總裁金簡無閱書之責，令專司考覈督催事務。

乾隆四十五年庚子　本年乾隆七十歲　西紀一七八〇

正月，令於野史詩文外，更注意於演戲曲本。

第五次南巡，始有文匯、文宗閣詩。

五月，查出和州人戴移孝及伊子戴昆所著碧落後人詩、約亭遺詩二本，語多悖逆，即令燬版。

命革職雲南巡撫孫士毅與紀昀、陸錫熊同辦總纂事務。

七月，賞孫士毅翰林院編修。

八月，程景伊卒。

九月，詔編歷代職官表。

十一月，得明永樂時周王有燉蘭亭圖跋石刻，著賈全補刻其缺略。

本年薈要第二部成，貯御園味腴書室，末頁用「味腴書室」印。

味腴書室在圓明園東之長春園，含經堂東偏。架函較摛藻堂稍多，但仍不離六一之數。

揚州文匯閣、鎮江文宗閣成。

文匯閣在揚州大觀堂，文宗閣在鎮江金山寺，閣亦倣范氏天一閣制。初以四庫全書繁重，不能分貯各處，故祇各貯古今圖書集成一部。

武英殿遺失四庫全書底本三十餘種，總裁王杰奏參：陸費墀專司提調，前後數年，事出一手。命解任審訊。嗣查明實因書卷浩繁，收發不清所致，別無情弊，得旨開復。

乾隆四十六年辛丑　西紀一七八一

四月，諭四庫全書總目提要見已告竣呈覽，頗爲詳覈，所有總纂紀昀、陸錫熊，著交部從優議叙。

閏五月，熱河志成。

六月，朱筠卒，年五十有三。

十月，金簡奏：奉命改譯遼、金、元三史人地官名，以次分帙呈進，請進欽定三史國語解，重加編次，刊於原史之前，並請御製序文冠首，報允。

重訂契丹國志。

又詔編明臣奏議。

十二月，令門應兆補繪蕭雲從離騷圖。

本年甘肅循化廳回人馬明心倡新教，討平之，勅撰蘭州紀略。

又勅撰宗室王公表傳。

本年繕書處分校趙懷玉就全書處録簡明目録副墨以歸，後由杭州鮑氏知不足齋刊行，是爲東南各省有簡明目録之始。是書印行最早，翻刻者亦最夥，與閣書差異處亦最多，凡乾隆四十六年十二月以後續入四庫之書皆未及載，而四十七年十月以後撤出四庫之書皆未撤出。

乾隆四十七年壬寅　西紀一七八二

正月，建盛京文溯閣。

四庫全書第一部告成，貯文淵閣。

全書每册首頁用「文淵閣寶」，末頁用「乾隆御覽之寶」。每部首列提要一篇，附總纂、總校官姓名，末綴謄録生、校對生姓名，另黏黄簽詳校官姓名。

始鈔四庫全書時，本議五年可成一部，今第一部至是始成，因命趕緊督辦，限二三年内四部全竣。

御製詩注：癸巳歲始思及編纂四庫全書，朕亦望七之歲矣，斯事體大，故甲午聯句詩有「逢會略嫌遲歲月」之句，今甫及十年，薈要兩部，全書一部，均已蕆事，實堪嘉慰云。蓋編纂四庫之初，恐不及覩其成，故先纂薈要二部也。

翰林院提調官王仲愚卒，年四十七。

紀昀爲仲愚墓誌，稱書局官吏繁夥，案牘浩博，提調官程功稽弊，其劇不減於郡邑，十載以來，游刃有餘者，惟仲愚蔭臺，及丹叔、純齋，于文襄公亦謂三君之才相伯仲云。蔭臺，仲愚字，丹叔陸費墀，純齋劉錫嘏也。

四月，總纂官孫士毅出爲山東布政使。

詔將明朝宫史抄入四庫全書。

改譯遼、金、元三史成。

七月，以陸費墀爲内閣學士。

進四庫全書告成表，並繕進簡明目録。

勅撰河源紀略。

以四閣書均可按期蕆事，勅續繕全書三部，分庋揚州文匯閣、鎮江文宗閣、杭州文瀾閣。文匯、文宗二閣本貯圖書集成，其中空格甚多，即可貯藏四庫全書，因令江蘇巡撫伊齡阿，若書格不敷，再行添補。咸豐三年癸丑洪秀全定都金陵，遣林鳳祥等陷鎮江、揚州，二閣並燬。

文瀾閣初擬以杭州聖因寺行宫後之玉蘭堂改建，後因地勢潮濕，乃以玉蘭堂東之藏經閣改建。其始亦以貯圖書集成，至是乃令添貯四庫全書。

詔前辦四庫全書四部，准各謄録自備資斧效力，五年期滿，給予議叙，此次續繕三部，特發内帑銀百餘萬兩，於京師覓雇書手，與值繕寫，書成後不致濫邀議叙，防礙銓政。

十月，以四庫全書内語有悖謬未經改正，下部議處。

事因四庫館進呈原任檢討毛奇齡所撰詩説内，有字句違礙，總纂官未經簽改，得旨交部議處。

本年四庫全書總目提要成。

計著録者經六百九十五部，史五百六十六部，子九百二十五部，集一千二百七十六部，共三千四百六十二部。存目者經一〇八〇部，史一五七二部，子二〇一七部，集二一二四部，共六七九三部。存目之書悉存翰林院。光緒庚子，與永樂大典同罹兵火。

四庫館進呈應全燬書目百四十四種，抽燬書目百八十一種。

文溯閣成。

本年四庫全書第一部雖成，然編纂未完，留待插架之書尚有多種，經部如繙譯五經，史部如遼金元三史語解、通鑑綱目三編、開國方略、蘭州紀略、重訂契丹國志、續通志、蒙古源流、明臣奏議、宗室王公表傳、蒙古王公表傳、勝朝殉節諸臣傳、大清一統志、日下舊聞考、滿洲源流考、盛京通志、河源紀略、歷代職官表、續通典、清通典、清通志，集部如補繪離騷等，共二十餘種，特勅立以程限，兩月一奏，俾如期早竣。

乾隆四十八年癸卯　西紀一七八三

第二分四庫全書成，令原辦内閣學士陸費墀送往盛京，會同將軍永瑋等弆庋文溯閣。

十月，詔纂古今儲貳金鑑。

又詔將乾隆四十年以前軍機處所存檔案，發交國史館增纂宗室王公表傳、蒙古王公事跡，書成寫入四庫全書。

國史館採録事實，向俱照實録紅本記載，自雍正八年設立軍機處，所有諭旨批奏事件，未經發鈔者甚多，至是特許發出。

本年始有文溯閣詩。

續通典成。

乾隆四十九年甲辰　西紀一七八四

四庫全書第三部告成，貯文源閣。

咸豐十年庚申九月五日，即陽曆十月十八日，英法聯軍陷北京文源閣，與味腴書室之四庫全書薈要同時被燬。

御製詩五集自本年起。

正月，第六次南巡，始有文瀾閣詩。

以陸費墀爲禮部侍郎。

三月，甘肅伏羌縣回教阿渾田五等仍興新教，復平之，勅撰石峰堡紀略。

七月，河源紀略成。

本年日下舊聞考成。

乾隆五十年乙巳　西紀一七八五

四庫全書第四部成，命陸費墀於今夏臨山莊之前送往文津閣。

壬寅全書第一部告成時，館員奏限六年四部可完全告竣，至是纔及三年。

二月，詔補刊通志堂經解。

九月，令將張靄生所著河防述言録入四庫全書，附靳輔治河奏績後。

十二月，續修大清一統志及遼金元三史國語解成。

清宫史續編卷九一，云大清一統志係乾隆五十五年勅修。

本年繙譯五經及續通志成。

乾隆五十一年丙午　西紀一七八六

御製文三集自本年起。

二月，石峰堡紀略成。

四月，重輯八旗通志。

按：此書至嘉慶四年始重輯成書，抄入四庫。

七月，令改正谷應泰明史紀事本末吳三桂擊走李自成事，謂擊走李自成者爲清兵，非三桂。

九月，陸錫熊出任福建學政。

十一月，台灣人林爽文倡天地會。

十二月，重訂朱載堉樂律全書。

乾隆五十二年丁未　西紀一七八七

三月，以四庫全書處呈續繕三分，内有李清所撰諸史異同，語多妄誕，總纂官未經掣燬，命交部嚴加議處。

六月，始再校文津及文淵、文源三閣書。

本年駐蹕山莊，偶閱文津閣書，見譌錯者連篇累牘，因令皇子及扈從諸臣計日校閱，得三分之一，並令在京皇子大臣派大小臣工二百餘員重校文淵、文源二閣書。

據和珅等奏：閱看各書，譌舛不一而足，此内閣若璩尚書古文疏證有引李清、錢謙益諸説，未經删削，並黄庭堅詩集註有連篇累葉空白未填者，請將承辦各員懲處。

紀昀奏：請將尚書古文疏證内各條遵照删改，陸續賠寫，並請將文源閣所貯明季國初史部、集部及子部之小説、雜記諸書，自認通行校看，凡有違礙，即行修改，仍知令文淵應作溯文津二閣詳校官畫一辦理，再行賠寫抽换。

又諭從前辦理四庫全書，係總纂紀昀、陸錫熊專司其事，今紀昀自認通行覆閲明末各書，復請將應换篇葉自行賠寫，而陸錫熊則因見出學差轉得置身局外，是使紀昀一人獨當其咎，不足以昭平允，著將文淵、文源、文津三閣書籍所有應行换寫篇葉及裝訂挖改各工價均令紀昀、陸錫熊二人一體分賠。

八月，禮部侍郎陸費墀革職。

初辦四庫全書時，原任禮部侍郎陸費墀以編修爲提調，繼爲總校，於一應收發書籍，高下其手，任意勒索，嗣因卷帙遺失，又任令謄録私買坊間之書充數，以致卷帙多有不符，既又去其檔册，無可稽核，因即降旨革職。

又諭陸費墀本係武英殿提調，復充總校，所有四庫全書伊一人實始終其事，較之紀昀、陸錫態其咎亦應更重，見在續辦三分書，應發文瀾、文匯、文宗三閣陳設者，所有面葉裝訂、木匣刻字等項，俱著陸費墀自己出貲罰賠辦理。

十二月，命據乾隆四十一年以後至五十年内閣紅本及軍機處檔案，續纂王公大臣表傳。

本年通鑑綱目三編成。

乾隆五十三年戊申　西紀一七八八

令紀昀帶原校文淵、文源二閣疏漏之員，補校文津閣書。

禮部尚書紀昀向充總纂，此次校出文淵、文源二閣譌舛之處，不能辭咎，因罰令賠寫示懲，並率領未經校出之分校、總校，前往山莊將文津閣去年未曾校竣之書補校完竣。

五月，令違禁諸書恐尚有留存之本，著各督撫嚴飭所屬，悉心查繳，解京銷燬。

十月，令文淵閣書嗣後毋庸曝曬，並責成提舉閣事一人專管。

文淵閣原置領閣事二員，以大學士兼掌院者掌之；提舉一員，以内務府大臣充之；直閣二員，以内閣學士、詹事、少詹事、學士充之；校理十六員，以庶子、侍讀、侍講、編修、檢討充之；檢閱六員，以内閣中書充之。至是領閣、直閣、校理、檢閱等官俱作爲兼充虚銜，不必辦理本閣事務，惟交提舉閣事一人專爲管理。

本年林爽文平，敕撰臺灣紀略。

敕撰詩經樂譜全書，附樂律正俗。

浙江刊布禁書總目，分爲五類：

一、即乾隆四十七年四庫館奏進本；

二、軍機處奏應全燬書七百五十種，應抽燬書四十種；

三、專案查辦錢謙益等應燬書二百十種，石刻詩文二十一種；

四、浙江歷年奏燬書五百三十八種；

五、外省移咨應燬書三百五十五種。

乾隆五十四年己酉　西紀一七八九

令陸錫熊於福建學政任滿後，帶同原校文津閣疏漏之員，覆校文溯閣書。

附録改正名字之遼金元史、遼金元三史語解、開國方略、平定兩金川方略、石峰堡紀略、臺灣紀略、蒙古源流、宗室王公表傳、外藩蒙古回部王公表傳、勝朝殉節諸臣録、清一統志、滿洲源流考、盛京通志、歷代職官表、清通典、清通志等，均以本年編纂完竣，裝潢庋閣。和素琴譜合璧、康熙千叟宴詩、汪由敦松泉文集，續入四庫。

乾隆五十五年庚戌　本年乾隆八十歲　西紀一七九〇

正月，陸錫熊任滿回京，奏請前往盛京詳校文溯閣書。

重刻石鼓文十章於太學及熱河文廟。

六月，因文瀾三閣四庫書陸續頒發，重申許士子赴閣鈔閱之令。

文瀾閣書每册前頁用「古稀天子之寶」，後頁用「乾隆御覽之寶」。咸豐十年庚申，李秀成陷杭州，閣燬，書散失三分之二，去成書之歲僅七十年。

九月，陸錫熊奏：所有書籍業經分閱各員全數校畢，覆行覈簽亦已竣事，其中錯漏偏謬各書，隨時繕寫改正，此外漏寫錯寫應行另繕之本，俱即自行賠寫完妥。

陸費墀卒。

十月，諭陸費墀本係寒士，向在于敏中處藉館爲業，諒不過千金産耳，今所辦三閣書匣等項，及繳出罰銀一萬兩，其家資已不下一二三萬，若非從前在四庫提調任内苞苴餽送，何以有此多資。見在陸費墀業已身故，所有插架裝匣等事，若令伊子接辦，恐未能諳習。此時三分書俱已校對完竣，自應全行發往三處藏弆，未便稽延，著傳諭海凝、全德即倣照前次發去裝潢書匣等式樣製造，並著海凝查明陸費墀原籍見有書房産業，酌留一千兩之數爲伊家養贍，尚有餘資即作爲三閣辦書之用。

冬，罰令文溯閣原校疏漏之員重校摛藻堂及味腴書室之四庫全書薈要。

本年乾隆千叟宴詩成。

乾隆五十六年辛亥　西紀一七九一

秋，味腴書室之四庫全書薈要覆校完竣。

本年又在山莊看出文津閣書錯誤，罰令紀昀等將四閣書再校一次，至是共校三次。

十一月，命將從前蔣衡所書十三經刻石太學，六十年刻成。

按此書係乾隆五年所獻。

十二月，陸錫熊奏全書卷帙繁富，屢校即屢有改正，文津、文源兩閣，經紀昀覆校，中間缺落舛譌尚多，所有文溯閣全書亦應一體覆加詳校，俾得益增完善，一交新春，臣即起程赴盛京覈辦報聞。

本年南巡盛典成。

乾隆五十七年壬子　西紀一七九二

正月，陸錫熊再往盛天覆校文溯閣書，比至卒，年五十九。

十月，八旬萬壽盛典成。

四庫書除乾隆御製詩五集、文三集，及改纂之八旗通志，係嘉慶年間續入四庫，每册首頁蓋「嘉慶尊親之寶」外，以八旬萬壽盛典之成爲最後。

全書六千一百四十四函，一百三架，目録三函。經部九百五十七函，二十架，在閣下層；史部一千五百八十四函，三十三架，在閣中層；子部一千五百八十四函，二十二架；集部二千十六函，二十八架，在閣上層。

〔初稿約作於一九二〇年。此爲一九二二年十二月重訂稿。〕

檢查文津閣書頁數簡章

一、文津閣書現藏安定門内京師圖書館，全書三萬六千餘册，分貯一百零三架，計經部二十架，史部三十三架，子部二十二架，集部二十八架。今擬先從集部檢起，子、史次之，經又次之。

一、擬組織同志七人，以一人總其成，並編造檢查底簿，一人任書算，四人任檢查，一人任傳遞。至收發書函，則由館員擔任。

一、檢查四人中，以二人認定檢查單架，二人認定檢查雙架。

一、檢查底簿係預將每日所檢架中書名、卷數、册數載入，以備填載頁數。

一、檢查頁數以册爲單位，數卷一册者須合算之。

一、每册頁數分填於底簿册數之下，本行填滿即填入次行，但須低一格。

一、檢查頁數時，須先整理本書册數之順序及校對底簿書各卷數册數，如有不符，須先行改正。

一、每函須初檢、覆檢各一次。預算每兩人每日檢查一架，兩個月可竣事。

一、初檢者每函檢畢後即由傳遞者交別人覆檢。
一、書有跨二架者，其書歸前架檢查。
一、數目字不拘何體。
一、合算每卷頁數時用筆算、珠算均可。
一、檢查者須於底簿右下方署名。
一、每書總頁數於每日散館後歸寓合算之。
一、筆墨算盤请同人自備。
一、同人除星期一、日及例假外，每日上午九時到館，下午六時散館。
一、午餐在館與館員同食，膳費由本團備辦。
一、同人皆居住西城，夫馬費擬由本團酌給。
一、同人應遵守館中各項規則。
一、本簡章如有未盡事宜，得隨時修訂。

〔此爲作者於一九二〇年六月至八月主持檢查文津閣四庫全書册數頁數時製訂之簡章〕

文津閣四庫全書册數頁數表

部別	類別	屬別	册數	頁數
經	易		一〇八〇	七二三六八
	書		三七一	二三一六〇
	詩		五〇三	三三〇七七
	禮	周禮	二四八	一八三四〇
		儀禮	二八五	一九二七一
		禮記	三一九	二一六〇〇
		三禮總義	一八	一二四七
		通禮	三三四	二〇五〇〇
		雜禮	一二	六六〇
		共	一二一六	八一六一八

春秋	九三一	五九一三一
孝經	一五	五四〇
五經總義	三三四	二〇九九六
四書	三七二	二五三七二
樂	一九六	一四七一一
小學		
訓詁	三九	二四六七
字書	二六七	一九八八三
韻書	一五六	一〇一六四
附録	二	一一七
共	四六四	三二六三一
總計	五四八二	三六三六〇四
史		
正史	一二九二	九四〇六二
編年	九〇六	六七七四一
紀事本末	四六五	三六六一三

別史		七四二	五四六七一
雜史		一一六	七七二七
詔令奏議	詔令	三四八	二四七三三
	奏議	四二七	三〇五二六
	共	七七五	五五二五九
傳記	聖賢	二	一七九
	名人	三八	二一七〇
	總録	二九八	二〇三二八
	雜録	一三	六六二
	共	三五一	二三三三九
史鈔		三六	二六七八
載記		九七	五九四五
時令		一九	一三四〇
地理	宮殿疏	三	二五二
	總志	二八九	二五〇〇八

都會郡縣	一七八六	一三七五七〇
河渠	二三一	一六四五四
邊防	一六	一二二一
山川	三六	二六〇四
古跡	五五	三二六一
雜記	九三	五四五七
遊記	一五	一一八八
外紀	二七	一六〇二
共	二五五一	一九四六一七
職官		
官制	一六八	一二四一六
官箴	八	二八九
共	一七六	一二七〇五
政書		
通制	八九六	六九〇七四
典禮	三五〇	二二一八八

	邦計	二九	一八三三
	軍政	一八七	一二八七三
	法令	二八	二二六七
	考工	八	六三八
	共	一四九八	一〇八八七三
目録	經籍	一三七	一〇六七九
	金石	一一三	六二三四
	共	二五〇	一六九一三
史評		二〇二	一四八〇四
總計		九四七六	六九七二八七
子	儒家	八八八	四八三七五
	兵家	八九	四七九九
	法家	四〇	一八八七
	農家	一一四	五八二五

醫家		一三一二	八二一四九
天文算法	推步	二二二	一五二七五
	算書	一二一	八二九七
	共	三四三	二三五七二
術數	數學	一一四	六二一一
	占候	四二	二〇〇三
	相宅相墓	七	三七七
	占卜	二二	一五二六
	命書相書	五六	三四六五
	陰陽五行	四五	二三六〇
	共	二八六	一五八四二
藝術	書畫	五七六	三九二九四
	琴譜	二〇	九八四
	篆刻	五	二七一
	雜技	二	五八

	共	六〇三	四〇六〇七
譜録	器物	一〇一	七〇九〇
	食譜	一〇	四六九
	草木蟲魚	七〇	四六〇二
	共	一八一	一二一六一
雜家	雜學	七五	三五六〇
	雜考	三七九	一八八七八
	雜説	二七〇	一四三六五
	雜品	三四	二一四三
	雜纂	二九五	一八三八〇
	雜編	四五	二四七九
	共	一〇九八	五九八〇五
類書		三三七五	二二七七三九
小説家	雜事	二一一	一〇六五一
	異聞	一四二	八五九五

	瑣語	一五	七七三
	共	三六八	二○○一九
釋家		一六九	一一○五五
道家		一八九	一○五○九
總計		九○五五	五六四三四四
集			
楚詞		二九	一五二五
別集	漢至五代	五九○	三三二九六
	北宋	一一二九	六一五一八
	南宋	一九八三	一○二五四二
	金元	八八八	四七九八六
	明	二○四六	一一四八九五
	清	八七三	四八一四三
	共	七五○九	四○七三八○
總集		四一五三	二二八九八八

詩文評	二九八	一四七九九
詞曲		
詞集	五七	二六〇九
詞選	一六四	七四六七
詞話	九	四八三
詞譜詞韻	三四	二〇一七
南北曲	一一	五九七
共	二七五	一三一七三
總計	一二二六四	六六五八六五
四部合計	三六二七七	二二九一一〇〇

〔作於一九二〇年八月檢查四庫全書時，以後又作了個別訂正。曾油印，並爲一些雜誌及著作所轉載或引用。但油印本只有各類別的册頁數，此次據原稿添入各屬別的册頁數。原題爲文津閣書册數頁數表，今改。〕

四庫全書中過萬頁之書

佩文韻府四百四十四卷	二八〇二七
冊府元龜一千卷	二七二六九
周定王普濟方四百二十六卷	二三五六〇
淵鑑類函四百五十卷	一九五一二
歷代名臣奏議三百五十卷	一六五九三
駢字類編二百四十卷	一六四七二
雍正硃批諭旨三百六十卷	一五八一九
乾隆御製詩四百五十四卷	一五三八七
通志二百卷	一五二九五
清一統志四百二十四卷	一五〇二九
文苑英華一千卷	一五〇一七
續通志六百四十卷	一四七八〇

續資治通鑑長編五百二十卷	一四四九九
宋史四百九十六卷	一四〇四四
山西通志二百三十卷	一三八八九
太平御覽一千卷	一三五六二
全唐詩九百卷	一三五一八
五禮通考二百六十六卷	一三四六九
四朝詩三百十七卷	一三二六〇
文章辨體彙選七百八十卷	一二八八六
六藝之一録四百二十卷	一二六七二
八旗通志三百五十四卷	一二五〇〇
文獻通考三百四十八卷	一二〇七八
清文獻通考三百卷	一二〇二三
浙江通志二百八十三卷	一一七六七
明文海四百八十二卷	一一五五八
石倉歷代詩選五百六卷	一一五四一

資治通鑑二百九十四卷　一〇八九〇
説郛一百二十卷　一〇八四〇
江南通志二百零四卷　一〇〇八九
陝西通志一百卷　一〇〇五八
四庫書每半頁八行，每行二十一字，每頁三三六字。

大唐西域記之四庫底本

叔疇仁兄史席：

尊藏大唐西域記，弟始即疑爲四庫全書所據之底本，今細考之，果然，誠可寶也。書眉簽注之人爲祖之望，之望蓋當時繕書處之分校官，名見四庫提要卷首。書内間有墨點，其一點者行也，三點者葉也。四庫書每半頁八行，行廿一字，此繕寫時計算行款之標識也。篇首方印不甚明，當爲翰林院印。進到各書，例於篇首用翰林院印，此見於乾隆三十九年五月上諭者也。卷十一第七葉「式修供養」以後一段廿九行凡五百十六字，爲宋、元藏本所無，蓋據明藏本增入者也。四庫提要地理類四未檢校宋、元、明藏本，僅以理想推定自「今之錫蘭山」句起，至「無量功德」句止三百七十字爲明人附記之語，此館臣之疏略也。日本縮印大藏經，以宋、元、明、高麗四本互勘，特將此五百十六字移附卷末，至審慎也。此爲吴氏西爽堂刊本，四庫提要所稱爲吴氏刊本者是也。不知何時流出海外，今君乃於海外復得之，其可寶貴爲何如耶！閲畢敬繳，並綴數語如右，以誌欣賞。弟陳垣謹啓　甲子二月十五日

〔這是作者一九二四年致廖世功（叔疇）的信。題目爲編校者所加。〕

四庫撤出書原委

季豫先生撰席：頃奉手示，敬悉。昨在報中拜讀大著，至爲佩服。承詢周亮工著述撤出四庫原因，據乾隆檔乾隆五十二年八月十一日，内閣奉上諭在覆勘文淵等閣所藏四庫全書，據詳校官祝堃簽出周亮工讀畫録、吴其貞書畫記，内有違礙猥褻之處，已照簽撤改矣。祝堃著交部議叙，欽此。所謂違礙者，因讀畫録詩有人皆漢魏上，花亦義熙餘之句也。所謂猥褻者，因書畫記有春宵祕戲圖也。此事年前王君似曾詢及，事冗未暇詳答，晤時乞轉致爲荷。現在通行之簡明目録，有係乾隆四十七年趙懷玉據四庫館初成稿本録副南歸刊刻者，故李清、周亮工之書目具存。至乾隆五十二年三月始發見李清諸史同異録，内有順治與崇禎相同四事一條，指爲悖謬，因而連累他書，同年八月又發見周亮工等書，遂一併撤出。趙本簡目未及照改，故與庫書不符。粤刻簡目每半葉九行，行廿一字，以爲常，間有特疏特密者，即撤出填補者也。又四庫提要内原有引周亮工語數十處，後皆挖改，敝處有詳表，文繁不録。乾隆五十二年四月初二日檔，有撤出各書後填補空函辦法一件，五十三年十月廿日檔，又有先後奏請撤出銷燬書單一件，另紙録呈。此等掌故，求之私家記載，多不

可得，古人所以願讀蘭臺東觀書也。爲之一笑。專復並頌撰安。弟垣謹上三月廿八日

附録檔案

臣等遵旨，將現在銷燬李清書四種，應行補足空函之處，與紀昀公同商酌，查得四庫全書每分六千餘匣，均祇於匣面按次標刻第幾函字樣，其書則各自分部，不相聯屬，並無通身流水卷數，是以屢次奉旨添書撤書，皆可通融辦理。此次所燬李清書四種，南北史合注一種，係在史部別史類中，諸史同異録及不知姓名録二種，係在子部類書類中，此二類備抄之書尚多，均可按其時代，另檢別種約計卷數多寡依次補入，不見抽换之跡。惟南唐書合訂一種，係在史部載記類中，此類書籍甚少，現在別無備抄之書，無可補入。查從前武英殿裝潢全書，向因册數函數厚薄不匀，有奏定襯紙之例，現在四閣書内襯紙者甚多，今此書僅只六册，匀裝此空匣之内，即可不必再補。再現在刊刻總目，應一併查明改正。所有臣等公同商酌通融辦理緣由，理合奏請皇上訓示遵行。謹奏。

右乾隆五十二年四月初二日檔。臣等者，軍機大臣也。

諸史同異録　此書係李清撰。因書内妄稱世祖章皇帝有與明崇禎相同四事，悖誕不經，續

辨三分書，繕進一分，内未照底本删去，當蒙指示，前經奉旨將全書銷燬，並將李清所撰各書，概行查燬。此係文淵閣繕進之本，其悖妄語句已經原辨之總校删去，全書應燬。

南北史合注　此書係李清撰。應燬。

南唐書合訂　此書係李清撰。應燬。

列代不知姓名録　此書係李清撰。應燬。

書畫記　此書係吳其貞撰。因書内所載春宵祕戲圖，語多猥褻，奏明應燬。

讀畫録　此書係周亮工撰。因詩内有人皆漢魏上，花亦義熙餘，語涉違礙，經文淵閣詳校簽出，奏請銷燬，並將周亮工所撰各書，一概查燬。此係文淵閣繕進之本，其違礙語句已經原辨之總校挖改，全書應燬。

閩小記　此書係周亮工撰。應燬。

印人傳　此書係周亮工撰。應燬。　垣案：周亮工尚有書影及同書二種，後亦一併撤出。

國史考異　此書不著撰人姓名。内多引用錢謙益辨證，奏明應燬。　垣案：此書潘檉章撰，已刻入功順堂叢書。

右乾隆五十三年十月二十日檔。

〔作於一九二八年，載於王重民編四庫抽燬書提要稿（一九三一年九月）一書中。編者所加之標題爲陳援庵先生致余季豫先生函，今改。〕

書于文襄論四庫全書手札後

右于文襄敏中致陸耳山錫熊論四庫全書事手札五十六通，計附函五，無月日及有日無月者各七，月日具者三十七，然皆無年，不易得其次序。函中最早者五月十八，最晚者九月初十，蓋扈從木蘭時所發，而年則不止一年。其中用箋二種，六月十一、七月初七、七月十三，均有二函，而用箋不同，殆非一年之書。又六月望日三函，其二函箋式相同，且有另札另寄語，知爲一日二書；其一函用箋不同，亦非一年之書也。原編徒以月日爲次，故事實多倒置，今細爲考證，知其間實有四年。六月初三日函云：「聞初一夜雨甚大，較廿一之雨如何？」據實録，乾隆卅八年五月廿三日諭：廿一日懷柔、密雲一帶大雨，則此六月係卅八年。七月朔日函，述璞函從軍死事，璞函趙文哲，死於卅八年六月金川之役，則此七月亦卅八年。七月十三日、九月八日函，均述及諸城，諸城爲劉統勳，卒於卅八年十一月，則此七月九月亦卅八年。五月廿三日函，述黄副憲謝賞佩文韻府，黄登賢等賞佩文韻府見卅九年五月十四日諭，則此五月爲卅九年。七月初六日函云：「接李少司空札，水經注尚有可商，希與東園言之。」李友棠卅八年八月始擢工部侍郎，水經注卅九年十月校上，則此七月爲卅九年。七夕函稱「舊五代史進呈後已蒙題詩」，舊五代史進呈於四十年七月三日，則此七夕爲四十年。五月廿二日函，稱紀、陸兩學士，六月廿四日函，稱耳山學士，陸錫熊四十年七月後始授翰林院侍讀學士，此稱學士於五月六月，當爲四十一年。據起居注，乾隆卅八年五月八日啓鑾秋獮木蘭，九月十二日回京，卅九年五月十六日啓鑾，九月十二日回京，四十年五月廿六日啓鑾，九月十六日回京，四十一年五月十三日啓鑾，九月十六日回京，故此諸函前後亘四年，而不出五月八日以前，九月十六日以後也。編纂四庫全書掌故，私家記載極稀，諸函備述當時辦理情形，多爲官文書所不及，事關中祕，殊可寶貴。于敏中以大學士總裁其事，據尋常觀察，必以爲徒擁虛名，機軸實出紀、陸二人之手，今觀諸札，所有體例之訂定，部居之分別，去取之標準，立言之法則，敏中均能發縱指示，密授機宜，不徒畫諾而已。雖其說與今四庫內容不盡相符，如六月廿三日函云：「文選照汲古閣本抄録最妥，若別用六臣注本，並寫既多費工夫，又與御覽之本不合。」今總集類六臣注文選仍與汲古閣本並録。六月廿四日函云：「子淵集迺賢作納新，對音甚不妥，祈即告小岩宋銑純齋劉錫嘏囑其另酌。」今別集類金臺集、子淵集迺賢仍作納新，蓋因四庫全書之成，在敏中既卒之後，館臣不盡從其說也。然敏中學術之名，久爲高官所掩，此册刊出，可一改從前觀察。其他遺聞軼事，足資考鏡者尚夥。今日四庫全書精華，允推大典本，集部卷帙尤富，而當時士論，並不重視，據七月十三日函，劉統勳曾有不樂裒輯之意，于敏中亦以鷄肋比之，更有主張集部概行不辦者。另一七月十三日函云：竹君火氣太盛，諒亦因此。又曹習庵仁虎承辦熱河志，欲查各處行宮間架方向，此言營造學者所樂聞也，而敏中六月十七日函則曰「何必爲此費力不討好之事」，又曰「節外生枝，徒自苦而無益」，蓋欲急於成書，不暇求備。全四庫書率如此，不獨一熱河志爲然。統觀諸札，辦書要旨：第一求速，故不能不草率；第二求無違礙，故不能不有所删改；第三求進呈本字畫無訛誤，故進呈本以外，訛誤遂不可問。敏中亦深知其弊，故其奉辦日下舊聞考附函有曰「此書私辦更勝於官辦」；六月十一日函亦曰「欲將玉海校正，另行刊板，不由官辦更妥」。然則世之震驚四庫全書者可以不必矣。此册舊爲上海徐氏所藏，後歸星沙黄氏，今歸武進陶氏，由北平圖書館重爲編次，付諸影印。黄氏跋謂敏中之撤賢良祠，係總裁四庫全書之罰，絶非史實，附正於此。民國二十二年立秋後四日。新會陳垣書於静宜園之見心齋。

〔載於北平圖書館于文襄手札影印本（一九三三年十一月）後，并載於北平圖書館館刊第七卷第五號（一九三三年九、十月合刊）及圖書館學季刊第七卷第四期（一九三三年十二月）。〕

景印四庫全書未刊本草目簽注

草目例言之一：本處奉教育部令，籌印四庫全書中未刊珍本，故選編草目，重在四庫全書中未刊諸書；其已有宋元刊本而流傳已少，有同未刊者，亦為選入，以廣流傳。

簽注：重在未刊諸書是也。其已有宋元刊本，流傳雖少，若將來有人影出，庫本即失其價值，湖北先正遺書中之雪樓集其前車也。湖北先正遺書雪樓集用庫本影印後，武進陶氏影刻洪武本出，湖北本遂失其價值。

草目例言之三之甲：江西先哲遺書所擬刻而未刻諸書，應否將庫本景印？

簽注：江西先哲遺書擬刻而未刻諸書，此次應先影印。

草目例言之三之乙：文津閣本所缺之書，應否列入目録，以備檢查文淵閣本？

簽注：文津本所缺之書，文淵本亦缺，無庸列入目録。

草目例言之三之丙：全書中頗有多書，耳聞所及，已有刊本，但不能明知其板刻，不敢決定其是否已刻，特列入以求指正。

簽注：草目中已有刊本諸書，已就所知注明其板刻共五十餘種，以待覆核。

草目例言之三之丁：四庫所收，非盡善本，殘缺訛誤，確屬實情，無庸諱言。關於草目所録，其有宋元刊刻，四庫底本及景宋精鈔，可確知現在藏處者應否剔出，留待善本之另印；或仍印庫本，以見四庫之真相，使學者將來得以原書校正庫本，明其得失？

簽注：草目所録，確知有宋元舊刻、影宋精鈔者應即剔出，以留待善本之另印。若仍印庫本，不啻自示弱點，使人對全書失信仰。前舉湖北先正遺書中之雪樓集，即其一例。況草目所録各書已達十六萬八千葉，大有可減之處。

草目例言之三之戊：續四部叢刊或續古逸叢書已影有善本，惟未出版，庫本應否付印？

簽注：續四部叢刊或續古逸叢書已影有善本，決定出板者，庫本可不付印。

草目例言之三之己：書之曾有刊本，卷數不符，庫本應否景印，以便校核？

簽注：書之曾有刊本，卷數不符，應先校核，果庫本爲優，方可影印。幸此項書籍無多也。

草目例言之三之庚：書之已有明刊，惟聞已佚，應否付印？

簽注：書之有明刊者，非確知已佚，不可用庫本，庶足保全書之威嚴。因無論何書，凡有原刻，均勝於庫本也。

草目（共三百四十三種）

籤注：右三禮圖等五十二種均應剔出，可省二萬二千四百八十一葉。原目三百四十三種，計十六萬八千六百十五葉。此外已有刊本應剔出者尚多，應俟公同訂定。

又集部中尚有大典本，未見刊本，似應查明補入。

附答質疑三條，其已在例言籤注者不復贅。

春秋例要一卷宋崔子方撰　此書連提要僅十二葉，故庫本附訂於崔著春秋經解末册，非無此書也。

衛生十全方三卷奇疾方一卷宋夏德撰　此書殿本總目不著録，惟外刻總目及簡目著之，文津、文淵均無此書。奇疾方三十八道共九葉，已附傳信適用方卷四後。

方叔淵遺稿一卷元方瀾撰　總目本無此書，杭刻趙懷玉鈔簡目有之，非定本，不足據。惟此書已有晨風閣刊本。

〔作於一九三三年八月，曾載於一九三三年九月五日北平晨報北晨學園。當時的中央圖書館籌備處編印了景印四庫全書未刊本草目，分送有關專家籤注意見。這是作者的籤注。〕

四庫提要中之周亮工

周亮工著述，四庫全書著録五種，存目三種。其書影一種，四庫提要恒引之，稱其記述典贍，足爲文獻之徵。乾隆五十二年，覆勘四庫全書，詳校官祝堃因亮工所著讀畫録有「人皆漢魏上，花亦義熙餘」之句，特行簽出，認爲違礙。於是亮工著述之已著録及存目者一律扣除，已刻提要之有亮工名者亦一律抽改。所改字數與原本同，則行款仍舊；倘增删過甚，而不挨篇改刻，則行款即有密有疏。此通行廣州小字本提要所以時與殿本異也。試舉關於錢謙益者一條爲例。

四庫提要每半葉九行，行二十一字，殿本以至廣州小字本皆同。惟廣州本别集類二十四第二十四葉，每半葉八行，行二十字或十九字，何也。則以祝允明懷星堂集提要自「藝苑卮言以乞兒唱蓮花落詆之」之下，原本有錢謙益一段，云：

錢謙益列朝詩集乃謂其晚益自放，不計工拙，興寄爛漫，時復斐然，所録桃花塢歌之類，殆於釘鉸打油。朱彝尊明詩綜凡例，謂謙益無是非之心，是亦一端乎。

凡六十一字，今本删之也。顧何以知原本有此六十一字，民國十年秋，余得四庫館精繕提要底本六十册，不全，中有紀昀塗改筆跡，所改多與今本同，而凡遇周亮工名，必行塗去，審爲乾隆五十二年以後删改之底本。其懷星堂集提要即有此被删錢謙益之一段，蓋四庫總目提要自乾隆四十七年初次告成，即付武英殿刊刻。至乾隆五十二年，因著録書中仍有違礙之詞，乃將提要抽改。今殿本提要，率乾隆五十七年四庫書全體告竣後，挨篇改刻，故無行款疏密之殊。惟廣州小字本由湖州沈氏本覆刻，湖州本由文瀾閣所藏初印殿本縮刻，後經挖改，行款不一，極易考見，然不能知所改内容。今特將原本周亮工各條録出，以抉其隱，或亦譚四庫掌故者所樂聞也。

丹鉛餘録　明楊慎撰　雜家類三　第二葉前

今本：計其平生所叙録，不下二百餘種。

原本：周亮工嘗刊其書目，凡二百餘種。

所謂今本，指通行廣州小字本，湖州本俗稱揚州本同。所謂原本，指四庫館底本，即乾隆五十二年以前未改本。

此條文津閣書提要作「其生平所著之書目凡二百餘種」，文溯閣書則作「流傳甚夥，世行書目凡二百餘種」，皆避周亮工之名也。

又　同葉後

今本：書帕之本，校讐草率，譌字如林。

原本：周亮工書影稱其譌字如落葉。

此條文津本作「或者稱其訛字如落葉」，文溯本則作「鋟板失於校讐，其訛字如落葉」。

疑耀　明李贄撰　雜家類三　第七葉後

今本：相傳坊間所刻贄四書。

原本：周亮工書影稱贄四書。

此條文溯本作「贄書多出依託，如四書」云云。文津本則删去周亮工以下三十字。

封氏聞見記　唐封演撰　雜家類四　第六葉前

今本：後人不察，有稱云云。

原本：周亮工書影稱云云。

以上各條，今本所改字數與原本同，故不見改板痕跡。惟此條殿本及文津、文溯本皆漏改，足窺原本一斑。

説郛　明陶宗儀編　雜家類七　第二一葉後

今本：因樹屋書影稱。

原本：周亮工書影稱。

此條祇改周亮工三字，以書影二字不甚刺目也。惟殿本則删去周亮工以下三十字，文津本删去尤多，文溯本則改爲「或謂曾見秦淮」六字。

雞肋　宋趙崇絢撰　類書類一　第四二葉後

今本：方中德之古事比，其體例實源於此。

原本：周亮工之同書，其體例實源於此。

此條今本多一字，故字數特密。惟殿本無「之」字，而有挖改之痕，文津本則改爲「朱謀㙔之駢雅」，文溯本則改爲「陳元龍之鏡原」，皆爲避周亮工名也。

空同集　明李夢陽撰　別集類二四　第二六葉後

今本：因樹屋書影載。

原本：周亮工書影載。

殿本删此六字，文溯本則改作「朱彝尊詩綜載」，文津本漏改，亦未删。

妙遠堂集　明馬之駿撰　別集類存目七　第二葉前

今本：萬曆季年，文體漸變，竟陵鍾惺、譚元春，倡尖新幽冷之派，以詩歸一編易天下之耳目。之駿於鍾惺爲同年，亦與王穉登之子留造作新聲，務以鮮警秀異相倡和，均别派也。鍾譚之名最盛，後來受詬亦至深，之駿與留名不甚盛，故所作亦如花香草媚，不久而自萎，談藝者遂不復抨擊，此集蓋偶爾得存耳。殿本無第二鍾字及而字

原本：周亮工書影引張菉居之言曰，新野馬仲良同鍾伯敬起家庚戌進士，自造新聲，偕吳門王留亦房唱和。其詩抉鏤性靈，鮮警秀異，足以移易一世。王馬之名，宜與鍾譚並，乃世惟口鍾譚，不及二子，則爲仲良者，不幸而詩不播于天下爲風氣所歸，抑幸而不列變中得免世詆訶耶。觀亮工所記，即之駿之詩可知矣。

此條百二十字，今本所改少三字，行款不異，蓋末行一字可作一行，惟殿本少五字，故少一行。

青溪遺稿　清程正揆撰　别集類存目八　第五葉前

今本：又有題正揆畫詩。

原本：又有爲周亮工題正揆畫詩。

此條雖删四字，然今本此三葉行數特密，每半葉十行，蓋他條另有添改也。

貽清堂集　清張習孔撰　别集類存目八　第五三葉前

今本：施閏章序其詩。

原本：施閏章序其詩，而周亮工叙其文。

此條删去一句七字，適在末行，故行數不異。惟殿本則並删施閏章句，减少一行。

此條殿本所改同。

陋軒詩　清吳嘉紀撰　別集類存目九　第三一葉後

今本：其詩頗爲王士禎所稱，後刊板散佚。

原本：周亮工爲之刊板，王士禎亦亟稱之。

漢魏六朝百三家集　明張溥編　總集類四　第五一葉後

今本：明之末年，中原雲擾，而江以南文社乃極盛。其最著者艾南英倡豫章社，衍歸有光等之説而暢其流。陳子龍倡幾社，承王世貞等之説而滌其濫。溥與張采倡復社，聲氣蔓衍，幾徧天下。然不甚爭學派，亦不甚爭文柄，故著作皆不甚多。溥所撰述，惟删定名臣奏議及此編爲巨帙。名臣奏議去取未能盡允，此篇則元元本本，足資檢核，溥之遺書，固應以此爲最矣。

原本：周亮工書影曰，西蜀楊升庵太史著書至二百餘種，豫章朱鬱儀中尉著書至一百十二種，當時曾未聞有茂陵之求。張天如雖一時名流，然無多撰著，當時至見之章奏，求其遺書，人有幸有不幸如此云云。其於溥頗致不滿。今案溥所論著，率不出當時坊刻之習，誠可付之無譏。若此一篇，則原原本本，足資檢核，實遠勝其他作，雖使肩隨於二人，固亦無不可矣。

此條百三十九字，今本與原本字數適同，可見其有意遷就行款。惟文津本此條漏改，尚留原本遺跡，文溯本則自周亮工以下，悉數删除。

唐詩解　明唐汝詢撰　總集類存目三　第四十葉前

今本：書影曰。

原本：周亮工書影曰。

此條删去三字，故今本此二行字數特疎，惟殿本則六字全删去。

三蘇談　清高阜撰　總集類存目四　第五葉前

今本：祥符人。

原本：祥符人，與周亮工友善，此書以烏絲欄繕寫，板心有賴古堂字，猶亮工家舊鈔本也。

此條删去二十九字，然不見改板痕跡，蓋前後條各添一字，一字遂占一行。

全閩詩話　清鄭方坤編　詩文評類二　第二十葉後

今本：尚以其全作七言律體，辨其出於依託。

原本：尚引周亮工書影之說，辨其出於依託。

此條殿本文津本同，惟文溯本則作「爲三山志所載者，亦能辨其出於依託」。

右關於周亮工者凡十五條。

祝氏事偶　明祝彦撰　類書類存目二　第九葉後

今本：大致與後來方中德古事比約略相似，而不及其精密，每條後云云。

原本：後來李清之諸史同異，周亮工之同書，其體實權輿於此。然彦採摘疎略，既不能及李周二書之精密，而每條後云云。

此條今本少十九字，不見改板痕跡。惟殿本作「大致與同時陳禹謨之駢志約略相似，而不能及陳書之精密」云。

右關於周亮工與李清者一條。

李清著述，四庫始亦著録，與周亮工同。乾隆五十二年覆勘庫書，先發見清所著諸史同異，以順治與崇禎相比，認爲悖謬，遂將清所著各書撤出。惟提要稱引李清之處不如周亮工之多。此外曾見一條，亦被删汰，附録如後。

懿行編　清李瀅撰　雜家類存目十　第一葉後

今本：揚州興化人。

原本：揚州興化人，李清之從弟也。

今本删去李清之從弟也一句，故後三行字數特疎。

右關於李清者一條。

凡此所列舉，雖與殿本閣本時有不同，然删除周亮工李清諸人名字則一，非覩原本，孰知其所删者爲何。惜余所見僅得半部，未能全校。然因此提要行款疎密之疑問，略得解答，何快如之。原本尚有周亮工等著述提要多篇，今本悉已扣除，兹選録二篇，亦前此未經發表者也。

賴古堂藏書　無卷數　浙江巡撫採進本

國朝周亮工編，其子在都續成之。亮工有閩小紀，已著録。是書凡十種，一曰吉祥相，周坦然撰。二曰釋冰書，孫汧如撰。三曰皺水軒詞筌，賀裳撰。四曰六研齋二筆，李日華撰。五曰陳子旅書，陳璜撰。六曰客座贅語，顧起元撰。七曰强聒録，彭堯諭撰。八曰人譜，劉宗周撰。九曰三十五忠詩，孫承宗撰。十曰漁談，郭欽華撰。在都凡例稱亮工嘗欲刻藏書百種未就，在都因先鐫爲此集，餘當次第續全。蓋一時雜採而成，苟盈卷帙，故絶無所持擇云。

右在雜家類存目十一竹裕園筆語後。

賴古堂詩集四卷　江西巡撫採進本

國朝周亮工撰。亮工有閩小紀，已著録。亮工所著書影，載論詩諸條，皆極排七子，其賴古堂印譜，並有一私印曰不讀王李鍾譚之詩。故其詩多刻意爲新語，而所作終不逮其所論，去王李誠遠，去鍾譚咫尺間耳。王士禎所稱亮工詩，花開今十日，酒冷古重陽之句，今載此集中。然是亮工述其友之作，非亮工詩，蓋士禎誤記也。

右在别集類存目八古處堂集後。

閩小紀等提要，民國二十年滬上曾有四庫抽燬書提要稿印行，故不復録。惟抽燬對全燬言，謂書中有一葉或數葉應抽出燬板也。若周亮工李清之書，除諸史同異有旨銷燬外，其他雖經奏燬，實衹撤出或扣除，撤出對著録言，扣除對存目言。今故宫此類書繕本既殘留多種，可爲未燬之證，故此等提要，應名「四庫撤出書提要」，或「四庫扣除書提要」，較爲得實。附識於此，以諗高明。民國二十五年九月，新會陳垣。

〔載於故宫博物院文獻論叢（一九三六年十月）。據原稿及作者編輯之紀（昀）改定本提要資料校訂。〕

再跋于文襄論四庫全書手札

右于文襄辦四庫時手札二册，余昔見之陶蘭泉所爲册頁式，札皆有月無年，編次錯亂，袁君守和屬爲訂正，付北平圖書館影印，此民國廿二年事也。今謝君剛主携此册見示，則已照余所編改爲書本式，其第廿六及五十頁之收藏印章，即原本之首尾二頁，其第四十一頁之印章，則原本上册之末頁也。數年之間，物已三易其主，世變之亟，可爲浩歎，謝君其寶之。一九四二年春分後五日，新會陳垣。

〔題目是編校者加的〕

中興館閣書目輯考序

秦漢以降，書經十厄，吾人居今日，賴以考文章興替，學術源流，史志尚焉。而史文簡約，徒具名數，各書旨趣，末由獲知。若別録、七略、中經、七志以及唐宋公私諸録，略叙指歸，陳其綱領，固可窺見古書之梗概矣；然亦大半湮滅，承學之士，無所取資，良可歎惜。清乾隆中，四庫館從永樂大典中輯出崇文總目、書録解題，幾於人手一編，視爲瓌寶。今貴陽趙君孟彤復有館閣書目之輯，足與崇文媲美。崇文目止於慶曆，此目下及淳熙，有宋一代人文，巖具於是；況又爲宋志之所由出，宋志蕪陋，訂正史闕，惟兹是賴，不廑考存佚、驗異同已也。吳氏西齋、李氏邯鄲舊録都佚，此書時引其遺説；陳氏書録解題，論者稱爲典覈，夷考其實，多本是書。是前者恃其保存，後者蒙其啓發，其重要轉在崇文之上。崇文輯本，經部居多，此則詳於史、子，更足互補所短。至於二三疏失，賢者不免，趙君已悉爲訂正，録在編中，兹不復舉。書成，請序於余，余憙其用力之勤，嘉惠之溥也，特志數語歸之。

民國二十二年立夏前五日，新會陳垣。

〔趙士煒中興館閣書目輯考，載於古逸書録叢輯中。〕

藝風年譜與書目答問

新刻藝風老人年譜一卷，爲繆藝風所自訂，至宣統三年止。藝風生平刻書甚夥，嘉惠士林，有清末葉，無與倫比。

書目答問爲光緒元年張之洞督學四川時所刊布，不數年即翻刻數本，幾於人手一編。康有爲講學桂林，至謂書目答問常置懷中，學問自然增長，其推重可想。

顧書目答問人多謂爲繆藝風撰，吾嘗疑之。李慈銘好臧否人倫，苟稿非己出，冒爲己作，難免譏議。同治二年張之洞以第三人及第，越縵堂記云：「探花張之洞，壬子解元，少有時名，近日劉其年劾吳台壽一疏，傳出其手。」此謂張之洞爲人捉刀也。

光緒五年二月越縵堂記云：「薌庭來，以張香濤書目答問相商。此書余未嘗過目，乃已有翻刻者，今日閱之，所取既博，條例復明，實爲切要之書。惟意在自炫，稍病貪多，非教中人之法；又經學諸門，所注太略；集部出入，尤多不塙。」是李慈銘對書目答問，頗有微詞，然未嘗謂非出張之洞手也。

潘祖蔭與張之洞、繆藝風往還甚密，同講金石目録之學。光緒九年潘祖蔭丁憂在籍，陸心源與潘札有云：「張中丞所刊書目答問，世頗風行。如考古續圖，流傳絶少，惟天禄琳琅及葉氏平安館有其書，答問列之通行；朱石君知足齋文集乃散行，而列之駢體；毛嶽生、吳仲倫、劉孟塗、管異之，稱姚門四傑，而獨遺毛氏，亦百密之一疏也。」陸氏所議，今范希曾本書目答問補正尚未爲補正。然當時未聞此書出藝風手也。

光緒十九年葉德輝跋書目答問初印本云：「同年友楊叔翹鋭爲吾言，此目出繆太夫子小山先生手，實非南皮己書。」故葉氏題記，屢爲是説。民國十年上海朝記書莊翻印書目答問，竟題曰藝風老人原著。竊嘗論之，藝風雖籍隸江陰，然既以四川籍鄉試中式爲蜀紳，張之洞督蜀學，何至請蜀紳代撰一書，稱爲己作，以告蜀中生童？且書中所述，與張之洞生平所論，及其後勸學篇諸作，同出一轍，而與藝風學派不同，謂出藝風，似乎不類。

今藝風年譜光緒元年條云：「八月，執贄張孝達先生門下受業，命撰書目答問四卷。」是藝風自言此書出其手也，然光緒三十四年藝風爲半巖厂所見書目序，僅云助理。序云：「同治甲戌，南皮師相督四川學，諸生來問應讀何書？書以何者爲善？謀所以嘉惠蜀士，於是有書目答問之編。荃孫時館吳勤惠公督署，隨同助理。」助理與代撰，本有不同，此語在張之洞未卒之前，較可信據。

民國二年藝風題邊袖石詩詞手稿云：「光緒乙亥編書目答問，南皮師屬以空青詞入詞家，今甫得讀全詞，相隔四十餘年矣。」此語在宣統元年張之洞既卒之後，今年譜又復云云，二公皆已作古，無從質證。余近得光緒二年張之洞與王懿榮手札，述此書緣起甚悉，爲張文襄全集書札門所未載，大可爲此事作證。札云：

弟在此刊書目一卷，以示生童，意在開擴見聞：(一)指示門徑，(二)分別良楛，(三)其去取分類，及偶加注記，頗有深意，即是無數語言，非僅止開一書單也。更有深意，欲人知此所列各書精美，而重刻或訪刻之。特自知譾陋，以職司所在，不敢謙避，其間舛漏必多，特寄上一本，請為補正，至感。補正後，請分條疏於别紙，速即寄川，以便改補。又一本並一函，寄繆小珊進士，望轉交，屬其訂正，亦即詳列見覆為要。此物可作公牘觀，不可作著述觀，蓋不得已也。或與潘少宗伯一觀，必無暇詳覽，但能指摘其體例大端亦好，所以不徑寄者，嫌於自衒。如非同道，不必與看，免致徒招脣舌。然此舉作法自斃，於買書大不便矣。又輶軒語一本，説更淺陋，亦呈一覽。此真是告示公牘一例物事，本不足登大雅之堂，不過欲使執事知弟在此勞精弊神，舌敝脣焦，大率皆為此等事。此物雖潘宗伯亦不可與看，見之徒令其罵耳。

末署「閏月十八日，重慶行署」，蓋光緒二年閏五月也。據此，則書目答問由蜀刻成後寄京，由王懿榮轉交藝風，屬其訂正，與寄王懿榮之請爲補正，及請潘祖蔭指摘，同一用意。然則此書王懿榮及潘祖蔭諸人，皆曾爲之訂正，不過未若藝風之先爲助理，復爲訂正，關係較深耳。然助理與訂正，均與代撰不同，今以此札與半巖厂書目序互證，終覺年譜命撰之說，稍爲過當也。民國二十五年三月二十八日陳垣。

〔載於北平圖書館圖書季刊第三卷第一、二期合刊（一九三六年三月）。據原稿校訂。〕

書大德南海志殘本後

潘氏寶禮堂藏南海志殘本，二册，今歸北京圖書館。潘跋不詳撰人，館目題爲「元陳大震、吕桂孫纂修，大德刻本」。

有人提出疑問：一、謂陳大震書名南海縣志，此書名南海志，無縣字；二、謂陳大震書二十卷，此書十卷；三、謂陳大震書大德年刻，此書敘事至致和元年。究竟是一書是二書？

答：元時南海志見於著録者只有陳大震一部。大震，番禺籍，增城人，宋寶祐元年進士，見阮廣東通志六十七選舉表；入元官廣東道儒學提舉，見殘本志卷九。

阮通志一九一藝文略有陳大震南海志序，書名縣志，序只稱南海志。序又稱此志係「廉訪使陸公垕命里耆舊陳大震、路教授吕桂孫求舊志增修之」，廉訪使、道儒學提舉、路教授皆縣級以上之官，則此志不限於南海一縣而爲一路之志可知。宋知廣州軍州事陳峴撰南海志十三卷，見宋史二〇四藝文志，今阮通志於陳峴書亦名縣志，以此例之，陳大震志書名縣字亦後人所加，並非原有，與今殘本志合。

陳大震志二十卷，今殘本志僅存卷六至卷十，共八十一頁，蓋前後皆缺，不獨缺前五卷而已。潘跋因卷十末有一終字，餘四卷否，遂疑全書已盡於此，不知卷末終字或有或無，本無定例，今觀此志所缺門類尚多，不能因此一字，遽謂此書止十卷。

陳大震序作於大德八年甲辰，殘本志各卷叙事亦多至大德七八年間，則稱大德刻本，未爲不合。獨卷九學校門叙事有至泰定元二三四年及致和元年者，則顯係書刻成後再印時續有增補，此亦事所常有。如果於大德刻本下加入「致和後續有增纂」一語，便可解決。

致和年號係泰定五年二月所改，並非明宗之號；明宗即位於天曆二年正月，致和元年亦非「明宗即位之歲」，潘跋偶誤。

一九六〇年八月　陳　垣

〔載於一九六〇年九月十一日香港大公報藝林週刊〕

附記

藝林轉載大德志曹元忠跋無新史料。所引文淵閣書目不能證明其爲元志抑宋志。陳大震志序，阮通志及道光南海志均載有全文，亦不必求之崇禎志。吕桂孫是路教授，「路」字應注意，曹跋省之，則此志爲一路之志少一證佐矣。　陳垣

墨井集源流考

墨井集之名，起於清末李問漁司鐸，漁山詩不名墨井集也。漁山三十歲前之詩名桃溪集，錢謙益有學集有桃溪詩稿序，作於順治十七年，時漁山年廿九。康熙七年唐宇昭所序者亦桃溪集也。

康熙元年，漁山喪母後，頻客吳興，有寫憂集，即余懷所序者是也。康熙三年，陳瑚有同吳漁山過吳興詩，又有相城湖懷古次漁山韻。康熙四年遊苕溪，與漁山倡和之作尤多。乃選漁山詩爲從遊集，今集中陳瑚所序者是也。桃溪、寫憂、從遊各集合爲墨井草堂詩，陳玉瑾所序者是也。陳玉瑾學文堂集名此序爲吳漁山詩序。

康熙二十年，漁山往澳門學道，乃有三巴集。三巴集前三十首爲澳中雜詠，後八十首爲聖學諸詩，宋實穎、尤侗爲之序。今徐匯書樓猶存有抄本，題受業陸道淮編。

康熙五十八年爲漁山卒後之一年，陸道淮乃將墨井詩並三巴集、墨井畫跋合編，冠以各集原序，統名墨井詩鈔，張鵬翀、陸道淮爲之跋，由飛霞閣刻版，然三巴集只刻澳中雜詠三十首，聖學詩八十首未刻也。嘉慶中震澤楊復吉刻昭代叢書已集，選刻墨井畫跋一種，自爲之跋。道光中海虞顧湘刻小石山房叢書，重刻墨井詩鈔三種，删去張陸二跋，並各序集名，統稱原序，而陸刻面目變矣。

宣統元年，李問漁司鐸杕乃據小石山房本，並將徐匯藏陸編三巴集未刻之聖學詩補入，末附口鐸一卷，由上海土山灣印書館排印，有李自序，及馬相伯先生序，其三巴集與陸氏原編不同者，中閒删去二首，卷末又從另本加入四首，是爲今本墨井集。

今徐匯尚有墨井道人三餘集抄本，凡九十首，中有數首已見墨井詩鈔，又有數首李本已附口鐸末。三餘集與同時婁東十子王撰詩集同名，吾頗疑之，繼疑所謂三餘者，乃桃溪、寫憂、從遊三集之餘，未必漁山自名之也。今將各集源流繪圖如下：

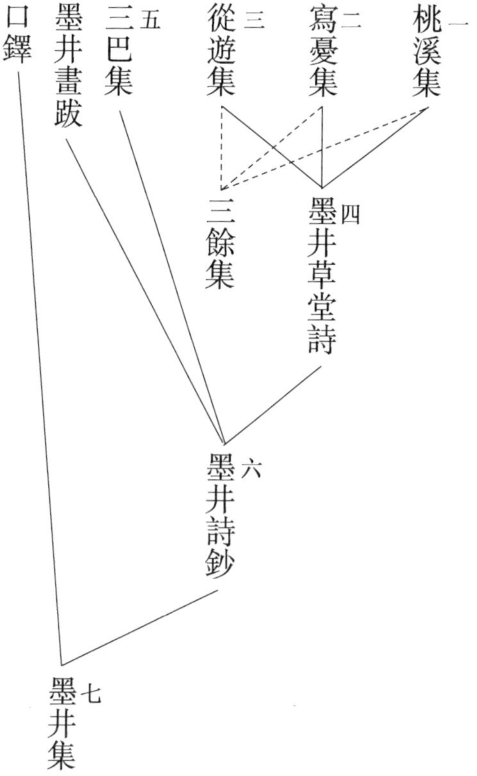

一錢謙益、唐宇昭序　二余懷序

三陳瑚序　四陳玉琪序

五宋實穎、尤侗序　六張鵬翀、陸道淮跋

七馬相伯、李杕序

此就編輯上言之也，若論板刻統系，則又如下圖：

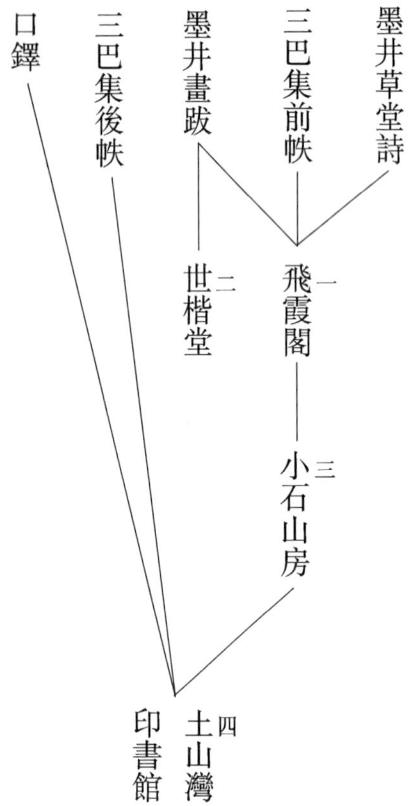

一陸刻墨井詩鈔　二楊刻昭代叢書

三顧刻墨井三種　四李印墨井集

顧本既删去張陸二跋，何以知其從陸本出，則以其目録分上下別外四卷，全與陸本同，而三巴集第一首注，三巴耶穌會之堂名，耶穌誤作即穌，亦與陸本同，知其從陸本出也。

今陸本不易得，顧李二本尚通行。李本補入聖學諸詩，及口鐸，又撰漁山行狀，爲研究漁山歷史者所必稽。惜乎漁山墓表，近在滬濱，而未能利用，以至生卒年歲，均有不符。又如陳岷爲程嘉燧高足，善鼓琴，漁山嘗與季天球從之學，今行狀誤陳岷爲陳砥阮，而詩集則誤天球爲天珠，此人名之誤也。口鐸所舉天學諸書，如闢妄，日抄，謂徐光啓闢妄，艾儒略口鐸日抄也，乃妄字闕一句點，遂誤二書爲一；崇正辨，胡致堂闢佛之書也，乃誤崇正辨序爲「崇正堂序」，此書名之誤也。康熙卅六年三月第一主日爲初二日，口鐸乃誤爲初一；陶淑所作呈漁山詩，係康熙乙亥吟草，附録乃誤爲「己亥」，己亥漁山卒後一年矣，此時日之誤也。餘如卷首余懷序，衆山皆響句下，漏王摩詰「夙世詞客，前身畫師」二句，皆美中不足，余別有校記，特發其凡於此。

前文言李本三巴集中間删去二首，茲録如後，原編三巴集遂全。

讚聖若瑟第二首

茹苦勤勞三十年，家寒擔荷謝無愆。功成應有天榮賞，死至何容世態牽。浄配瞻依慰自倍，慈君呵護寵難言。試觀千古多名聖，此日恩光誰比肩。

澳中有感第三首

牛衣臥聽小兒啼，未得無情亦自迷，天地由來終寂寞，沾巾何事爲亡妻。

〔作於一九三六年底，載於一九三七年一月一日天津益世報人文週刊第一期。收入吳漁山先生年譜木刻本時，作了校訂。今採年譜本。〕

書傅藏永樂大典本南臺備要後

永樂大典本南臺備要，原爲傅沅叔先生增湘所藏，一九二七年曾照永樂大典原本式樣影印行世，一九六〇年中華書局彙印永樂大典，已將傅印本收入第四函「臺」字韻中。

南臺者，江南行御史臺之簡稱，元時稱御史臺爲中臺，稱江南諸道行御史臺爲南臺。南臺備要係專紀南臺之事，當時並有憲臺通紀，專紀中臺之事，四庫提要謂此書乃補憲臺通紀之遺，非也。

南臺備要本名南臺備紀，摘録入永樂大典時名南臺備要，又名南臺類紀。卷首有江南行御史臺都事索元岱序，據索序此書係掾屬劉孟琛等所撰，而索爲之序，故焦竑國史經籍志、黄虞稷千頃堂書目均稱索元岱南臺備紀。乾隆間修四庫書時從永樂大典中輯出南臺備要，存其目於史部職官類，乃改題爲劉孟琛等撰。

提要係節録索序而成，然以今大典校之，數行之間，異文迭出。如「劉孟琛」作「劉孟保」、「稾城」作「稾成」、湖廣行省「左丞」作「中丞」之類，由此可推知四庫書之由大典輯出者，其謬誤當不少。傅印本有傅先生跋尾一通，附印册末，稱此册爲祕笈，推許太過，似未細考，今爲舉出，亦後學應有之責也。

傅跋開首即謂：「此卷所録爲南臺備要、烏臺筆補二書，皆不詳何人所撰。」又謂：「大典輯書目亦不載，蓋當時館臣所遺。」不知南臺備要，四庫提要職官類存目明著爲永樂大典本，何謂「大典輯書目不載，當時館臣所遺」？又烏臺筆補係王惲撰，亦記御史臺事之書，今附秋澗大全集後，何謂「不詳何人所撰」？

又謂：「考錢氏元史藝文志載索元岱南臺備紀二十九卷，與此標題少異，卷帙多寡懸絶，決非一書。」不知錢氏所載，係一據千頃堂等書目，一據永樂大典摘録，故卷帙不同。猶之憲臺通紀，係憲屬趙承禧所撰，而監察御史潘迪爲之序，故錢氏元史藝文志既載潘迪憲臺通紀二十三卷，又載趙承禧憲臺通紀一卷，卷帙懸絶，非有二書，南臺備要亦猶是耳。索元岱所序之書，即劉孟琛所撰之書，本序甚明，何謂「決非一書」？

傅跋又謂：「烏臺筆補前有序文，亦失撰人。」不知此序係王惲自撰，見秋澗集八三，何謂「亦失撰人」？

又謂：「烏臺筆補所載例文，並附題名記碑文諸篇，亦他書所未見。」不知諸文散見王惲、虞集、馬祖常、許有壬等文集，可以一一考出。如所録烏臺筆補，自「主簿例」以下，忽夾入碑記五篇，其一篇缺前半，幸有「臣集承詔再拜稽首而言」等字，知爲虞集撰御史臺記，見道園學古録廿二；其二三爲馬祖常撰察院題名記及殿中司題名記，見石田集八；其四五爲許有壬撰上都分臺題名記，見至正集卅六，陝西諸道行御史臺碑，見至正集四十五。後又續録「五使例」數行，其中書堂事記以下，則秋澗集八三卷末之文也，何謂「亦他書所未見」？至謂「所覯大典殘本，皆叢記瑣文，此帙獨完然自爲一書」，以是稱爲祕笈，不知南臺備紀原書二十九卷，此止二卷；烏臺筆補原書十卷，此止一卷，何謂「完然自爲一書」？

總之，傅先生之意，欲抬高此册聲價，遂不覺其言之失檢。其實此册若論資料當然可供參考，至於編纂鈔校點句，均一塌胡塗。編纂之草率，固不待言，若論鈔校，則開篇第六行「稾城」竟誤作「稾成」，驟閲之，以爲其書稿成，不知其指董守簡也。董守簡爲元時稾城著名人物，元史雖無傳，然黄溍金華集二十六有董守簡神道碑，何至誤「稾城」爲「稾成」。若論點句，則開篇第一行「宋既平，國家疆域廣遠」，今乃以「宋既平國家」斷句，真可爲噴飯者也。傅跋中華書局彙印本未收，今附録如後。

附：傅沅叔永樂大典南臺備要跋

此二卷所録爲南臺備要、烏臺筆補二書，皆不詳何人所撰。大典輯書目亦不載，蓋當時館臣所遺也。考錢氏元史藝文志載索元岱南臺備紀二十九卷，與此標題小異，其卷帙多寡懸絶，決非一書。疑此乃就索氏書節録而成，故開卷即録索序。其中行臺條畫三十則，見於元典章，然糾察鈔法鹽茶一則，典章即漏失不録，其餘逐年增修條例，及臺官品秩員吏禄米，與夫併省遷移始末，多出典章之外。烏臺筆補前有序文，亦失撰人。所載例文，凡四十三項，而附以題名記碑文諸篇，亦他書所未見，足補元史之缺，真祕笈矣。余頻年蒐采所覯大典殘本不下百餘，要皆叢記瑣文，無關閎旨，獨此帙乃完然自爲一書。邇來西清舊儲，散失殆盡，懸直百金，罕逢一帙，嗜古之士，咸以爲艱。爰屬工橅印，用廣流傳，紙幅、闌格、書衣、籤題，一仍原式，庶幾得此影本者，猶有中郎虎賁之似也。丙寅東坡生日藏園居士識。

〔載於北京師範大學學報（社會科學版）一九六三年第二期（四月出版）。據原稿校核。〕

擬編中西回三曆歲首表意見書

民國紀元以前，中西曆法不同，西曆歲首，恒在中曆歲暮，少者差二十餘日，多者差五十餘日。今普通史學年表，多衹爲中西年之比照，而月日闕焉。據此計年，中西曆恒有一歲之差異。例如李太白之卒，在唐寶應元年，據普通年表，爲西曆之七六二年，本無誤也。然李白之卒在十二月，以西曆紀之，當爲七六三年。又如戴東原之生，在清雍正元年，據普通年表，爲西曆之一七二三年，亦無誤也。然東原之生在十二月，以西曆紀之，當爲一七二四年。反之，泰西名人之生卒在歲一二月者，以中曆紀之，當爲前一年之十一二月。吾人苟欲實事求是，非有精密之月表爲工具不可。

西曆如此，回曆尤甚。中西曆兩年遞嬗之間，雖時有一年之誤計，然積年尚大體無異。回曆則以不置閏月之故，歲首無定，積三十年即與中西曆差一年，積百年即與中西曆差三年。例如明史卷三七，謂「回回曆起西域阿喇必年，下至洪武甲子七百八十六年」，本無誤也。然按中曆上推七八六年，謂其曆元爲隋開皇己未西五九九，則大誤也。若由洪武甲子按回曆上推七八六年，則爲唐武德五年壬午西六二二，蓋積七百八十六年，回曆與中西曆已生二十三年之差異。不有月表，何以釋明史之誤耶。又如册府元龜卷九九九，載唐開元七年二月，康國王訴大食侵略，請出援兵，其表有曰：「大食合一百年强盛，今年合滿」，此回回曆也。若照中曆由唐武德五年計至開元七年西七一九，祇九十七年耳。不有月表，於此等史料，何由解釋之。又如元史紀元太祖崩於二十二年西一二二七七月己丑，而西史則謂元太祖崩於回曆九月十日，即西曆八月二十四日。不有月表，何以知其同異，此尤爲研究中西交通史及西域史者所亟需之工具也。

顧月表繁重，非一人一時之力所能辦。今欲籌一簡便之法，專齊其歲首，而省略其他月日。略倣李申耆紀元甲子表例，分爲三表。第一表以中曆歲首爲主，而求西曆、回曆之某年月日。第二表以西曆歲首爲主，而求中曆、回曆之某年月日。均起自漢元帝初元三四年，即羅馬帝儒略始用太陽曆之年西前四十五年。前此西曆紊亂，不可紀極，縱造長曆推之，亦非當時事實也。第三表以回曆歲首爲主，求中曆、西曆之某年月日，起自回曆元年，即唐武德五年，各表均至民國紀元爲止。下層加以附注，試一展卷，而曆史中之陰陽曆月日，不難屈指而得矣。

中西曆比照年表，坊間多有。西曆與回曆比照年表，凡與回教有關係之各國亦多有，惟吾國號稱有回教徒若干萬，而中曆與回曆比照年表，從未之見。至今回教徒猶循明史以來之誤，謂回曆始於隋開皇己未，古今史實之謬，罕有如是之甚者也。前年余嘗請江寧常君福元爲中西回三曆對照表，係以回曆歲首求中西曆之年月日，即今所擬第三表辦法。年來復倩人將中西曆歲首各成一表。今特將回曆歲首表之一葉，附録於後。閲此亦可見中西回三曆之異同，而回曆三十年間已與中西曆相差至一載也。

壬午　癸未　甲申　乙酉　丙戌　丁亥　戊子　己丑

回曆歲首表

中曆	年	月	日		西曆年	月	日	回曆歲首	
唐高祖武德	五	六	三	癸丑	六二二	七	一六	一	金
	六	六	三	丁未	六二三	七	五	二	火
	七	六	四	壬寅	六二四	六	二四	三	日
	八	五	三	丙申	六二五	六	一三	四	木
	九	五	三	庚寅	六二六	六	二	五	月
唐太宗貞觀	元	四	四	乙酉	六二七	五	二三	六	土
	二	四	三	己卯	六二八	五	一二	七	水
	三	四	三	甲戌	六二九	五	一	八	月

（續表）

回曆歲首表

干支	中曆年	中曆月	中曆日	西曆年	西曆月	西曆日	回曆歲首	曜日
庚寅	四	三	三 戊辰	六三〇	四	二〇	九	金
辛卯	五	三	三 壬戌	六三一	四	九	一〇	火
壬辰	六	三	四 丁巳	六三二	三	二九	一一	日
癸巳	七	二	三 辛亥	六三三	三	一八	一二	木
甲午	八	二	三 乙巳	六三四	三	七	一三	月
乙未	九	二	三 庚子	六三五	二	二五	一四	土
丙申	一〇	正	三 甲午	六三六	二	一四	一五	水
丁酉	一一	正	二 戊子	六三七	二	二	一六	日
戊戌	一二	正	三 癸未	六三八	一	二三	一七	金
		一二	三 丁丑	六三九	一	二二	一八	火
己亥	一三	一二	四 壬申	六四〇	一	二	一九	日
庚子	一四	一一	三 丙寅		一二	二一	二〇	木
辛丑	一五	一一	三 庚申	六四一	一二	一〇	二一	月
壬寅	一六	一一	三 乙卯	六四二	一一	三〇	二二	土

（續表）

回曆歲首表

干支	中曆	年	月	日	日干支	西曆年	月	日	回曆歲首	
癸卯		一七	一〇	三	己酉	六四三	一一	一九	二三	水
甲辰		一八	一〇	三	癸卯	六四四	一一	七	二四	日
乙巳		一九	一〇	三	戊戌	六四五	一〇	二八	二五	金
丙午		二〇	九	三	壬辰	六四六	一〇	一七	二六	火
丁未		二一	九	四	丁亥	六四七	一〇	七	二七	日
戊申		二二	九	三	辛巳	六四八	九	二五	二八	木
己酉		二三	八	三	乙亥	六四九	九	一四	二九	月
庚戌	唐高宗永徽	元	八	四	庚午	六五〇	九	四	三〇	土
辛亥		二	八	三	甲子	六五一	八	二四	三一	水
壬子		三	七	三	戊午	六五二	八	一二	三二	日
癸丑		四	七	三	癸丑	六五三	八	二	三三	金
甲寅		五	六	三	丁未	六五四	七	二二	三四	火

〔載於晨報六週紀念增刊（一九二四年十二月）及一九二五年一月二十五日晨報〕

中法大學年代學講料

年代學是分二部。

一、曆算的年代學：利用天文學研究的結果以推算年月的。

二、歷史的年代學：即年代學經過的歷史。歷史上曾有何種曆法，用過何種推算。

新五代史張策傳：策父同在洛陽浚井，得古鼎，銘曰「魏黄初元年春二月」等語，同以爲奇。策時年十三，曰：「漢建安廿五年改元延康。十月，魏文受禪，始改元黄初。是黄初元年無二月也，銘何謬耶？」同大驚異之。（下缺）

〔一九二八年一月〕

耶律楚材之生卒年

以其子耶律鑄之生證其卒
以其父耶律履之卒證其生

耶律楚材卒年有癸卯、甲辰二説。元文類五七，宋子貞撰耶律楚材神道碑，言癸卯楚材忤后後，即接云「以其年五月十有四日薨，年五十五」。「其年」云者，承上文癸卯言也。蘇天爵元朝名臣事略五，楚材傳，則直云「癸卯薨，年五十五」。元史一四六楚材傳則言楚材「甲辰夏五月薨於位，年五十五」。太宗紀同。

神道碑及名臣事略均云癸卯，何以元史改爲甲辰？則以神道碑有「公以明昌元年生」之文，由明昌元年庚戌，計至五十五，當爲甲辰，故加「甲辰」二字也。

然試以耶律楚材子耶律鑄之生證耶律楚材之卒，實爲癸卯。何言之？湛然居士集十二有乙未爲子鑄壽詩序云，「鑄方年十有五」。由乙未逆數十五，當爲辛巳。卷十四又有子鑄生朝詩云，「昔年出燕然，辰當攝提格。鶉尾得鳳毛，續後予無責」。攝提格謂戊寅，鶉尾之次於辰爲巳，亦謂辛巳。元史耶律楚材傳附鑄傳云，「楚材薨，嗣領中書省事，時年二十三」。生於辛巳，二十三正當癸卯。元史既於楚材傳改癸卯爲甲辰，而同卷鑄傳年二十三之文却未改爲二十四，蓋不知其矛盾也。吾於此仍斷楚材之卒爲癸卯。

然何以解於明昌元年庚戌生之說？則「明昌元年」四字，神道碑實誤也。碑云，「公以明昌元年六月二十日生。文獻公謂所親曰，『吾年六十而得此子，他日當爲異國用』，因取左氏『楚材晉用』以爲名字。公生三歲而孤」。

既曰「六十得子」，又曰「三歲而孤」，則研究耶律楚材之生，當先研究其父耶律履之卒果在何年。元文類五七，有元好問撰耶律履神道碑，云「明昌元年，進尚書右丞。夏六月丙午，春秋六十一，薨於位。八月辛巳，車駕臨奠，謚曰文獻。」

據長曆，金明昌元年庚戌，六月甲申朔，丙午爲二十三日，是楚材生四日而孤，非生三歲而孤也。可疑一。

履年六十而生楚材，六十一卒，是楚材生二歲而孤，非生三歲而孤也。可疑二。

據長曆，明昌元年庚戌，八月癸未朔，無辛巳，則所謂「八月辛巳車駕臨奠」者，非明昌元年也。可疑三。

若楚材果以元年庚戌生，生三歲而孤，則履當卒於明昌三年壬子；然明昌三年八月辛丑朔，亦無辛巳。可疑四。

考長曆，明昌元、二、三年中，六月有丙午，八月有辛巳者，唯明昌二年辛亥。明昌二年六月戊寅朔，丙午爲二十九日，八月丁丑朔，辛巳爲初五日，因此知元文類耶律履神道碑「夏六月」之上實脱「二年」或「明年」二字。檢金史章宗紀，尚書右丞移剌履果以明昌二年六月丙午薨；而移剌履本傳亦言明昌二年六月薨，年六十一也。

履之卒年既明，則楚材之生年可定。履以明昌二年辛亥卒，則楚材所謂「三歲而孤」者，當生於己酉也。

西遊録云，「戊寅之春，三月既望，詔徵扈從西遊」。西遊之前，曾參萬松三年。萬松撰湛然集序云，「居士年二十有七，受顯訣於萬松；冒寒暑，無晝夜者三年」。湛然集八從容録序、十一琴道喻序亦云「參萬松三年」。是戊寅西遊時年三十，而始參萬松之年實爲乙亥五月燕京被圍之後。從容録序所謂「遭憂患以來，求祖道愈亟」也。乙亥年二十七，則亦當生於己酉。

然有左之疑問：

一、己酉爲大定二十九年，何以楚材神道碑謂爲「明昌元年」？蓋誤以章宗即位之年爲明昌元年也。據金史，世宗以大定二十九年正月二日崩，章宗即皇帝位於柩前，明年改元明昌。今碑所謂明昌元年者，應爲章宗即位之年己酉，而非明昌元年庚戌也。

二、己酉履年五十九，何以云「六十而得此子」？ 舉大數也。 履五十九生楚材，六十一卒，故楚材三歲而孤。

生於己酉，年五十五，則當卒於癸卯。 元史輕信明昌元年庚戌生之説，故誤改其卒年爲甲辰。 經以上研究之結果，諸史料應改正者有下列三點：

一、元史楚材傳，應仍照楚材神道碑，不加「甲辰」二字。 太宗紀同。

二、耶律履神道碑「夏六月」上，應照金史加「二年」二字。

三、楚材神道碑之「明昌元年」，當改爲「大定二十九年」或「章宗即位之年」。

附 年 表

金世宗大定廿九年，己酉。 正月二日金世宗卒，六月楚材生。

金章宗明昌　元年，庚戌。 二歲。

二年，辛亥。 三歲，父履卒。

元太祖　元年，丙寅。 十八歲。

十年，乙亥。 廿七歲，燕京陷，始參萬松。

十三年，戊寅。三十歲，西遊。

十六年，辛巳。卅三歲，子鑄生。

元太宗七年，乙未。四七歲，鑄年十五。

乃馬真后稱制元年，壬寅。五四歲，夫人蘇氏卒，時鑄年廿二。雙溪集六，過國夫人墓詩，有「二十二年恩與愛」句。

二年，癸卯。五五歲，卒，時鑄歸燕葬母。

三年，甲辰。

〔發表於燕京學報第八期（一九三〇年十二月）。據原稿校訂。〕

耶律楚材之卒年

石公先生撰席：昨晤袁公，得覩祕藏，至爲欣幸。更有一意外之獲，則耶律卷宋跋是也。曩讀元史耶律楚材傳，其卒年與元名臣事略相差一年，事略云癸卯，元史云甲辰，致疑者久之。昨觀宋跋，言「公生於庚戌，廿六歲入國朝，庚子年五十一」云云，知元史楚材傳甲辰云者，亦宋公修元史時所加也。宋公蓋誤信楚材神道碑「明昌元年生」之文，認定楚材生於庚戌，卒年五十五，應爲甲辰，而不知神道碑實誤以金章宗即位之年爲明昌元年。因章宗以大定廿九年己酉正月二日即位，明年始改元明昌，楚材實生於己酉，廿七歲入元，庚子當五十二歲。知宋跋所由誤，即知元史所由誤。十年疑悶，釋於一旦，快何如之，謹録呈舊作一篇，小技不足觀，因近年張蔚西、王静安撰耶律年譜，皆承元史之誤，未及訂正，故略申鄙見如此，乞指正。即頌撰安，不一。弟垣謹上九月廿七日

〔本篇爲致尹炎武（石公）函，時間當在三十年代前期。〕

抄本張青琱平圃遺稿跋

張宸字青琱，號平圃，上海人。順治間官中書舍人，以擬撰董后祭文，爲清帝所賞識得名。康熙六年，以覆欽天監楊光先疏事罷官。民國二十年，上海人文月刊曾登其雜記一篇，記順治宫廷掌故頗詳。張青琱著述遂爲人注意。然上海志青琱傳寥寥數行，事跡簡略。龔定盦續集有張青琱文集叙，稱其書三十卷。本年一月，余在江安傅氏許見此稿，爲道州何氏舊藏，凡十四卷。與定盦所見本異。書衣有何氏識語，題曰張青琱集，並云：魏默深曾采入經世文編。今按經世文編卷三十四屯墾門，有商屯議，即此稿之開墾議。卷百十三江蘇水利門有濬吴淞江建閘議，即此稿之濬吴淞江議；又有再陳吴淞江應濬條議：均見此稿卷四，不過略有删節而已。則青琱固留心經世之學者，不僅以文字見長也。

惜此稿非青琱所手定，乃後人彙集而成，故每混入他人之作。欲辨其僞，當先考青琱卒年。據卷首徐元文撰張平圃六十壽序，稱平圃歸里七八年，始爲六十之壽。由康熙六年更曆七八年，則康熙十三四年也。又據平圃自序，稱汪苕文譏其不自爲文而以文傭。末署康熙甲辰，則康熙三年也。堯峰文鈔廿九有張青琱詩集序，稱青琱官不越郎署，年不及耄期，最後遂轗軻困頓以歿，異時詔舉博學宏儒，假令青琱在列，即掄首選非難，而追惟青琱之歿已久矣。據此，則青琱之歿，必在康熙十八年己未之前。

今此稿開卷第一篇幸魯頌，乃康熙廿三年甲子作。末篇賜觀御題詩序有豫撫閻興邦語，閻興邦以康熙廿七年至三十一年撫豫。則此稿第一卷，殆皆非青琱之文。卷四有上海黄婆祠記，道光十年撰；何氏已覺其非，特於眉端批爲後人附録。然所僞尚不止此。卷十二有范承謨傳；承謨以康熙十五年卒，尚可謂爲青琱作。又有杜立德神道碑，立德以康熙三十年卒，則斷非青琱作矣。耆獻類徵宰輔二採此文，稱爲張宸代某撰，蓋本之此稿，然何以不一考青琱與立德之時代而遽信爲青琱撰也。卷十三淮郡水利論上，叙事至康熙廿三年南巡。卷十四末塞北紀程乃康熙廿九年事；篇末曾云同行者爲新安朱君，屬其每日筆記，而於旋師之暇，薈萃成録，則非青琱之筆可知。聖武記卷三康熙親征準葛爾記附此文，删去諸詩，云見上海張宸青琱集，而不著爲青琱作，蓋已疑之矣。汪堯峰青琱集序明言青琱年不及耄期，而汪亦以康熙廿九年卒，則青琱豈能於康熙廿九年後，尚爲人傭文乎？何子貞於稿中道光之文，知爲後人附録，而不知稿中康熙十八年以後之文皆後人混入也。張鵬飛評梓經世文編，於商屯議評云：「青琱先生在雍正時，官止部曹」云云，更可詫異。康熙十三四年，青琱年已六十，雍正初，青琱當百有十齡矣。汪堯峰猶謂其年不及耄期，何哉？近代史不易辨如此，可以此稿爲例。民國二十八年一月廿五日新會陳垣。

〔載於北平圖書館圖書季刊新第二卷第一期（一九四〇年三月）。據校訂本校訂。〕

金石中以甲子紀月例

以甲子紀月，金石文中罕見，潛研堂金石文跋尾卷十及十一，有尊勝陀羅尼二幢，一題梁貞明三年歲次丁丑，十一月壬子，朔二十六日辛丑建；一題吳天祚二年歲次丙申，閏十一月庚子，朔一日□□建。竹汀先生謂二幢朔日甲子皆譌，不知此壬子、庚子指十一月，非指朔，朔字連下不連上讀也。民國三十二年夏曆癸未，五月戊午，朔三日甲午，謹寫呈元白先生正之。陳垣。

（據底稿）

甲子紀月法

甲年己年　丙寅

乙年庚年　戊寅

丙年辛年　庚寅

丁年壬年　壬寅

戊年癸年　甲寅

甲年己年正月必值丙寅，五年一周，周而復始。

晉長沙王乂卒年考

晉書四惠帝紀：「太安二年十一月，景辰，地震。癸亥，東海王越執長沙王乂，尋爲張方所害。」此十二月事也。十一月辛未朔，無丙辰、癸亥。十二月庚子朔，丙辰十七，癸亥廿四也。據宋書卅四五行志：「太安二年十二月，丙辰，地震。」晉書廿九五行志因之，知今本晉書本紀漏「十二月」也。

五九東海王越傳：「密與左衛將軍朱默夜收乂別省，啓惠帝免乂官。」此未言月日，據本紀當爲十二月癸亥廿四夜，收之在夜，啓帝免官，自在甲子廿五晨。

同卷長沙王乂傳：「乂執權之始，洛下謡曰草木萌牙，殺長沙。乂以正月二十五日廢，二十七日死，如謡言焉。」據本紀未言乂何日被殺，而傳以爲正月廿七，著者以爲草木萌牙，當在正月，而不知荆楚歲時記有「臘鼓鳴，春草生」之諺也。

通鑑不從本紀而從乂傳，作永興元年正月癸亥夜收乂，甲子免乂官，丙寅殺乂。考異曰：「樂廣傳云：成都王穎，廣之壻也。及與長沙王乂遘難，而廣處朝望，羣小讒謗之，廣以憂卒。惠帝紀：永興元年，正月，丙午，樂廣卒。若廣卒時乂未死，合移在永興元年正月。今年正月末，亦有甲子、丙寅」云云。

本紀未言何日殺乂，而通鑑以爲丙寅，蓋引三十國、晉春秋，取其日不取其月，故云「今年正月亦有甲子、丙寅」，而不知永興元年正月己亥朔，甲子廿六，丙寅廿八，與乂傳廿五廢、廿七死之説不符也。

考異又引晉春秋「太安二年，八月，欒廣自裁」，則乂十二月卒，亦在廣後，何必移在永興元年正月！

且乂傳明言武帝崩時，乂年十五，卒年二十八。乂蓋生於咸寧二年丙申西二七六，太安二年癸亥卒西三〇三，正年二十八，若永興元年卒，則當二十九矣。故吾人寧舍通鑑而從晉書本紀。

〔約作於四十年代前期〕

李志常之卒年

是元憲宗六年丙辰(西一二五六),非八年戊午。

余撰明季滇黔佛教考,於僧徒外學篇,謂蒼雪生萬曆十五年丁亥,陳君乃乾自滬來書,詢余所據,余答以據牧齋有學集三十六蒼雪塔銘。

余撰清初僧諍記年表,謂澹歸卒康熙十八年己未,汪君宗衍自粵來書,詢余所據,余答以據紀蔭宗統編年三十二。

是皆余之誤據也,蒼雪實生萬曆十六年戊子,澹歸實卒康熙十九年庚申,諸君萬里馳書,告余以過,何幸如之。

余撰南宋初河北新道教考,全真掌教表,謂李志常卒元憲宗六年丙辰,係據甘水仙源録三,王鶚撰真常真人李志常道行碑;而或者據至元辯僞録三小注,謂志常卒於憲宗八年戊午,評余説爲誤。夫余説果誤,何憚於改,或兩説皆持之有故,不過觀點不同,又何待於辯,惟志常之卒年,實無異説。

辯僞録三清藏本四言丙辰年五月,那摩大師再共少林長老,並上合剌鶻林,預待李志常等，共對朝廷，而李志常怯不敢去，乃使權教張志敬等，遷延緩進，竟不會面，李志常見僧上行，愁思内鬱，又感雷震，因而殂焉，故時人爲詩云，楂子店前不死方，老丘傳與李真常，全真業貫年來滿，霹靂掀簷罪玉皇。注，即戊午年六月日也。

夫丙辰年五月上合剌和林，預待李志常等，志常怯不敢去，張志敬又遷延不會面，是丙辰年之僧道辨論未成，僧方以爲志常不敢出席，不知其已卒也。至戊午辨論之時，知志常已卒，乃造爲詩謠以毁之。注謂戊午六月者，對方傳聞之詞，豈能據爲事實，且詩謠所謂霹靂掀簷，正丙辰五月間事也。

王鶚撰志常道行碑云，甲寅冬，十有二月，有旨召公，乙卯七月，見上於行宫，丙辰春正月以老辭，夏四月至自北庭，五月晦，總真閣之北簷，無故摧壞，六月庚申朔，公倦於接應，謝絶賓客，戊寅，語左右曰，昨夜境界異常，吾自知歸其時矣，主管教門，向已奏聞，令誠明張志敬受代，餘無可議者，翌日悉以符印法衣付之，乃留頌而化，春秋六十有四。

六月庚申朔，戊寅，十九日也。碑又言公生於癸丑，至丙辰，正六十四。碑言五月晦，總真閣北簷，無故摧壞，即詩謠所謂霹靂掀簷也。

甘水録五，王磐撰張志敬道行碑云，甲寅歲，以師提點教門事，後兩年，真常示化，易簀之際，衆以後事爲請，真常曰，志敬在，諸君何慮焉，哭臨既畢，衆環師而拜，内外翕然欽服。

甲寅之後兩年，正丙辰，非戊午。

又同卷徒單公履撰潘德沖神道碑云，甲寅春，天子在藩邸，命設普天醮於長春宮，召四方羽侶道行清高者畢集，師首與其選，事畢還永樂，丙辰夏四月，適上宮，至五月朔旦，忽謂左右曰，吾其行乎，衆不知所謂，二十六日，返下宮，二更將盡，忽索筆書頌一篇，翛然而逝，門人奔訃於掌教，誠明真人遣提點孟公賻賵甚厚。

永樂今奉天錦縣，距燕凡二千里，德沖以丙辰五月卒，志常以六月卒，德沖訃至燕時，掌教已爲張志敬，尤可證志常之卒，在丙辰六月也。

甘水録六李鼎撰孟志源碑云，癸丑，掌教真常大宗師奉朝命，普度戒籙，委公爲監度師，丙辰，真常羽化，誠明真人張公嗣教，以公玄門大老之故，已又在制，遂授以教門都提點印，俾攝其事。

又卷八張好古撰申志貞墓誌云，甲寅，以提舉教門事，從宗師徧祀嶽瀆，明年復從宗師北覲，又明年宗師厭世，誠明嗣教，命公宗主天壇上方紫微宮事。

甲寅之明年爲乙卯，志常入覲和林，又明年爲丙辰，志常還燕卒，統觀諸碑無異詞，或者以爲戊午，蓋過信辯僞録小注，並未深考，遂以余説爲誤，恰如余之過信有學集、宗統編年，致蒼雪之生年，澹歸之卒年皆誤也，特爲辨之如右。

〔載於輔仁學誌第十二卷第一、二合期（一九四三年十二月）。〕

黃東發之卒年

黃東發之生年，據寶祐四年登科録年四十四，則應生於嘉定六年癸酉，其卒年則各家疑年録均未之及也。陳著本堂集九十有挽黄提舉震及挽黄祖勉夢榦各三首，祖勉，東發子，本堂與東發爲同年進士，與祖勉爲親家，其次女祖勉冢婦也。

其挽東發詩注云「戊寅十月訪於山居」，又云「先生六十七歲作醉吟先生傳」，則祥興二年己卯，東發猶健在也。

其挽祖勉詩云「誰料生芻奠，今年又乃翁」，又云「九京不可作，喬梓北風悲」，則東發父子同一年卒也。

其挽祖勉詩注云「到山北葺精舍，未竟得病，返寓所寶幢見親，未見而歿」。則祖勉先卒於東發也。

然兩詩均不著撰年，惟挽祖勉詩有「辰龍竟歸夢」之句。辰龍似指元至元十七年庚辰，則東發卒年當六十有八。

本堂集三十七有贈吳安仲序，安仲，東發壻，序亦不著撰年，而有「余交國史黃公爲深，公死已十有五年」之語。假定東發卒於庚辰，則此序當作於元貞元年乙未。此序之前一序爲蔣定叔樵吟集序，末署「旃蒙協洽孟春，嵩溪遺耄陳某八十二歲書」，正是元貞乙未，即續有發見，當不至大謬。諸生有欲撰東發年譜者，因舉以示之。新會陳垣。

或問登科録年歲盡足據乎？曰：登科録年歲，有實有虚，不盡足據。即如陳本堂生於嘉定七年甲戌，集中證據不一，寶祐四年丙辰應年四十三，然登科録乃作三十二。據本堂集九十，前妻童氏墓表，妻生於嘉定九年丙子，淳祐十一年壬子卒，得年三十有七，則寶祐四年妻當四十一，本堂長於妻二歲，據登科録則妻長於本堂九歲，其不足信明矣。學者分別觀之可也。陳垣又識。

（載於輔仁學誌第十二卷第一、二合期（一九四三年十二月））

汪容甫述學年月日多誤

述學有荀卿子、賈誼年表，知汪君對年代未嘗不注意。然今本述學年月日多誤。粤雅本廣陵對，乾隆五十二年誤作乾隆二十五年無論矣，其各本同誤者，如朱先生學政記序，作於乾隆四十年乙未，應作旃蒙協洽，今乃署旃蒙敦牂，敦牂者午，其爲誤顯然。

又釋印云：徐壽煇治平三年，當至正之十三年，歲在丙戌也。按元至正十三年癸巳，非丙戌，丙戌至正六年也。

又江德量墓誌云：德量以乾隆五十八年十月辛丑歿。江喜孫撰容甫年譜又云江侍御以十月癸丑歿。按乾隆五十八年十月辛酉朔，無辛丑，亦無癸丑也。

馮廷丞碑銘云，廷丞以乾隆五十年十一月乙丑卒，次年十一月乙丑葬於代州。按乾隆五十一年十一月辛未朔，無乙丑。據朱石君撰廷丞墓志，廷丞實以乾隆四十九年甲辰十一月八日卒，五十年十一月某日葬。乾隆四十九年十一月壬子朔，八日己未，亦非乙丑也。

江德量誌撰於容甫卒之前夕，爲未定稿，其誤不足異。馮廷丞碑乃精心結構之作，竟誤葬年爲卒年，何也？

其先考靈表云，乾隆十四年四月卒，中生凡七歲。按喜孫撰容甫年譜，乾隆十五年，容甫七歲，若十四年則容甫六歲。二者必有一誤。

其先母靈表云，乾隆五十二年七月辛丑朔卒。按乾隆五十二年七月丙寅朔，非辛丑。語曰：父母之年，不可不知也。文爲汪君所手定，何舛誤至此？

哀鹽船文尤有名，然其首句云：乾隆三十五年十二月乙卯，儀徵鹽船火。按乾隆三十五年十二月癸酉朔，無乙卯。據道光儀徵志祥異門，乾隆三十六年十二月十九日，沙漫洲火，焚鹽船六十餘隻。乾隆三十六年十二月丁卯朔，十九日乙酉，亦非乙卯也。嘉慶揚州志事略門載此事，雖不書日，而以爲乾隆三十六年十二月事，與儀徵志同。則述學之文，日與年俱誤也。

以上所舉，其誤皆可在本文發見。有非參考他書，不知其誤者。倘一一尋其史源，所得當不止此。如洪君妻蔣氏墓誌云：乾隆四十二年十月友人洪禮吉喪其母。考之北江年譜，北江實以乾隆四十一年十月喪母也。

又開卷第一頁，釋闕第一行，春秋僖公二十一年傳云云，考之左傳，僖公實莊公之訛也。

今述學重刊匯刻小字本，附有校勘記，然於上列諸點，全未指出。由是可得兩種教訓：

一、校讎之事，非徒廣搜異本，校其字句之異同而已。

二、汪君近在百數十年，其所著書年月日之訛如是，則欲考先秦古籍年月之訛，豈易易耶！

（此文曾發表於一九四七年五月三十日天津大公報文史週刊第三十期）

楊貴妃入道之年

唐大詔令集四十，有關於楊妃事文書三道。

一、册楊玄璬女爲壽王妃文。開元二十三年乙亥，十二月二十四日。

二、册韋昭訓女爲壽王妃文。天寶四載乙酉，七月二十六日。

三、度壽王妃楊氏爲女道士勅。年月闕。當在開元二十九年正月二日。

朱竹垞曝書亭集五五有書楊太真外傳後，謂妃以處子入宫。其解釋二十三年册文，據開元禮，謂親王納妃，由納采、問名、納吉、納徵、請期、親迎，動需卜日，無納采受册即歸壽邸之禮。

今考通典一二九開元禮，親王納妃，受册在請期之後，親迎之前，是受册後即親迎，不得據此謂妃未歸壽邸也。

其解釋入道勅文，因文中有「屬太后忌辰」句，謂太后爲玄宗生母昭成竇后，以長壽二年正月二日受害，則天以建子月爲歲首，據唐會要二十三，永貞元年，方改正以十一月二日爲忌，開元中猶循舊，則妃入道之期，當在正月二日。其説甚精。

然以爲在開元二十五年正月，則其時玄宗武惠妃尚未薨。武惠妃之薨，在開元二十五年十二月丙午，舊紀九、新紀五、通鑑二一四皆同。唐會要三作十二月七日，七日即丙午，是月庚子朔也。

舊五一惠妃傳，及舊一〇七壽王傳，亦作二十五年。惟舊楊妃傳作二十四年惠妃薨，新楊妃傳因之，乃删惠妃傳之薨年，以期畫一，而不知本紀仍作二十五年。此紀、傳不出一人手之故。

竹垞乃依楊妃傳之説，推楊妃入道，在開元二十五年，實失之過早。且果未歸壽邸，則太后忌辰與未婚之妃何涉？此不得曲爲回護者也。

章實齋遺書外編三丙辰劄記，則與竹垞之説相反，謂開元二十三年册楊氏爲壽王妃，妃生方十七年；天寶四年有度壽王妃楊氏入道勑文，則楊氏入壽邸已十年矣。

不知入道勑文，本無年月，實齋何所據以爲天寶四載，殊嫌武斷。其意以入道入宫與册爲貴妃，皆在一年；不知度爲道士，與册爲貴妃，用意不同。未册貴妃之前，盡可先入宫；未離壽邸之前，不可以納諸宫中也。度爲道士，在使之正式脱離壽邸關係耳。自二十五年惠妃薨後，帝求當意之人甚急，既發見有當意之人，豈能待至天寶四載之久。故實齋推楊妃入道之年，又失之過晚。

然則楊妃入道，究在何年？曰：楊妃入道年月，新紀於開元二十八年十月甲子幸温泉宫條下，即接書「以壽王妃楊氏爲道士，號太真」。以舊紀校之，知此條爲新紀所增，通鑑亦未之載也。新紀何所據，據太真外傳耳。

外傳云：開元二十二年十一月歸壽邸，二十八年十月玄宗幸温泉宫，使高力士取楊氏女於壽邸，度爲女道士，號太真。竹垞以此爲傳聞之謬，蓋不信已歸壽邸之説耳。

樂史見宋史三〇六，生北宋初，其言當有所據。二十二年十一月者，今本外傳字之訛，有册文年月甲子可證。然取楊氏女於壽邸，與度爲女道士，未必同時。據入道勑文，明謂因太后忌辰求度，則度爲女道士，當在翌年之正月二日。新紀既取外傳，當繫其事於二十九年正月，不當繫其事於二十八年十月也。

〔此文曾發表於一九四八年四月三日申報文史第十七期〕

書讀史拾瀋楊妃年歲條後

楊妃年歲，見於舊、新唐書楊妃本傳，無問題。平景孫讀史拾瀋二考此，乃犯四病：

一、册爲壽王妃年月，據外傳誤文，不據唐大詔令集，是謂無識。

二、聘韋昭訓女爲壽王妃之日，壬午誤爲壬辰，未加糾正，又以爲册貴妃與之同月，是謂粗率。

三、楊妃卒時年歲，引外傳不引正史，是謂不知輕重。

四、考史至引乩語，是謂遁入魔道。

皆學者所當引以爲戒也。

跋胡金竹草書千字文

考史而注意人之生卒年，特末節耳，然苟不注意此末節，則往往不能得事物之真相，錢竹汀所以有疑年録之作，而賡續之者且至再至三也。

一九二九年，余得胡金竹先生臨智永草書千字文，末署「乾隆丁未人日書於朱草詩林，金竹胡方臨」，有「信天」、「胡方」二印。當時曾影印數百本，以貽鄉里，初不虞其爲僞作也。

胡金竹名方，字大靈，號信天翁，新會金竹岡人，學者稱金竹先生。陳東塾序先生鴻桷堂集，有曰：「粤之先儒，自白沙先生後，越百餘年而有金竹先生，粤人皆以金竹比白沙。」則金竹之時望可知也。余少時趁棠下墟，必經金竹岡村口，村口有豐碑，高尋丈，刻曰「金竹先生故里」，故余對金竹之名甚熟，而未嘗注意其生卒年。

既而覺此帖署乾隆年號，與先生時代不合。考此帖之真僞，應先考先生之生卒年。據竹汀門人李文藻南澗集金竹先生傳，稱先生卒年七十四，而先生送羅戒軒詩注有「君生癸未，余生甲午」之説，甲午順治十一年，卒年七十四，則雍正五年丁未也，今曰「乾隆丁未」，則先生卒已周甲矣。雍正間人，何能知有乾隆年號，此帖之僞無疑。而余不先考先生之生卒年，遽信此帖爲真，影印傳布，疏忽之咎，誠不能辭。

言良鈺續岡州遺稿選先生詩，稱先生善書法。余求先生墨跡數十年，僅得直幅一軸及此帖，直幅一九五三年已壽老友黄仲敏。今此帖雖僞，仍可證先生善書，使不善書，無書名，人亦僞之何爲，此可爲反證者也。

一九六三年十二月

〔載於一九六四年二月二日香港大公報藝林週刊。據原稿校核。〕

戴子高年歲及遺文

戴望字子高，浙江德清人，與俞樾曲園同縣、同時、同有學術上高名，而先卒於曲園者三十餘年，故吾人恒感覺子高爲前輩，曲園爲後輩，而不知其實適相反。

曲園卒於光緒三十二年丙午，年八十六；子高卒於同治十二年癸酉，有年三十五、三十七兩説，則生年有問題也。如果卒年三十五，則當生於道光十九年己亥（一八三九），如果卒年三十七，則當生於道光十七年丁酉（一八三七）。

據趙之謙撰謫麐堂遺集序，則子高卒年三十五，劉師培撰子高傳本之；據施補華撰子高墓表，則子高卒年三十七，張鳴珂撰疑年賡録本之。趙、施皆子高友人，其説不同，非更有確證，不能定其孰是。

據子高撰顔氏學記序言：「始得顔先生書之歲，以迄丁巳，中更習爲詞賦家言。丁巳後，得從陳方正、宋大令二先生遊，始治西漢儒説。」

又據子高與陳東塾書言：「望年二十餘，曾執經於宋于庭、陳碩甫二先生之門。」丁巳年二十餘，則生於道光丁酉矣，若生於道光己亥，則丁巳才十九耳。年歲之事，據友人之言不若據家人之言，據家人之言不若據本人之言。顏氏學記序與與東塾書皆子高本人之言，自較友人之言爲可信，則子高卒年實三十七也。

東塾集四有復戴子高書，原書今藏予勵耘書屋，與集詳略不同。子高與東塾書作於同治十一年壬申，即子高卒前一年，謫麐堂遺集未收，原書今仍藏廣州陳氏，見汪君宗衍撰陳東塾年譜。

〔此文曾發表於一九六四年五月十日香港大公報藝林週刊，附録戴望與陳澧來往書信兩封，今從略。〕

薩都刺的疑年

——答友人書

講中國文學史至元朝，不能不提到薩都刺。薩都刺爲元朝著名回回詩人，有雁門集傳世，但其年歲至今未能考定。今欲考薩都刺年歲，不能不涉及爲雁門集作序之干文傳年歲，但干文傳卒年有問題，雁門集序紀年亦有問題。今先辨之如下：

一、關於雁門集序紀年之誤。此誤容易看出，但知其錯誤易，考其實在則難，因所署爲至正丁丑，至正無丁丑，其誤顯然。日人島田翰刻薩天錫逸詩作至正十七年丁酉，余初亦信之，見元西域人華化考卷四。今大著據黄溍金華集卷廿七干公神道碑，知干文傳生於前至元十三年丙子，卒於至正十三年癸巳，年七十八，則又何能於至正十七年爲雁門集作序，此所論最爲明確。

至謂至正丁丑當爲至元丁丑，則殊不然，此節薩龍光雁門集注曾辨之。因序明言作於休老以後，干至正六年丙戌才退休，故薩龍光推此序作於至正九年己丑；余則推此序作於至正七年丁亥，時干年七十二，薩年六十左右。大著仍主張至元丁丑。由泰定四年丁卯登第，至至元三年丁丑，不過十年，而集中爲姑蘇陳子平題黄公望山居圖有「塵途宦遊廿年餘」之語，則請干作序在至正不在至元也。

二、關於干文傳卒年之誤。錢椒補疑年録根據元詩選干文傳小傳，謂干卒於至正三年。至正三年召修宋史，兩年書成，然後致仕，致仕垂十年然後卒。干神道碑記載甚明，何能以召修宋史之年爲干卒年，此不得不謂爲讀史疏忽也。元詩選干文傳小傳，本於元史，元史本於干神道碑。删其卒年，而存其壽數，此史家恒例，在元史、元詩選未爲誤，補疑年録以「至正三年」與「卒」字連讀，則大誤也。

黄溍文集傳世者有十卷本，俗名文獻集；有四十三卷本，俗名金華集。干神道碑見四十三卷本，爲十卷本所無。陸心源三續疑年録曾數利用黄文獻集，但因所據者爲十卷本，故未見干神道碑，不能糾正補疑年録之誤，同類之書所以貴廣求異本也。疑年録彙編抄自各録，不自檢書，故亦不能糾正補録之誤。大著據四十三卷本金華集發現干神道碑，雖屬偶然，實爲創獲。

三、關於薩都剌年歲之推測。薩都剌雖有大名，但元史無傳，元詩選、元史類編、元書、新元史，雖各爲補傳，而碑銘墓碣挽詞之屬，至今尚未發現，故薩都剌的確生卒年無考，只可推測。

吳修續疑年録據干文傳雁門集序，以「年二十登泰定丁卯進士」推之，謂生於至大元年戊申。但干敘明謂「逾弱冠登第」，未確指爲年二十也。疑年録彙編照抄續録，亦無新證。

薩龍光據雁門集北人冢上詩有「自言家住大河北，閩嶺相望六十六」之句，謂「此是公自數其年，本年爲後至元丁丑，逆數至六十六，當爲前至元九年壬申，此公之生年也」。此語殊傅會，愚見所謂六十六者，言閩與嶺相距甚遠，各有三十三天之遥，故云六十六，與六十六歲無涉。

集又有李清庵見過詩，有「何人更有八十歲，與子須傾三百杯」之句，遂謂此是公八十歲時語。不知所謂「何人更有八十歲」者，言人生七十且不易得，何人更有八十，須及時痛飲，不能證明薩都剌時有八十歲也。

楊維楨至正八年序西湖竹枝集，謂薩都剌已卒，是薩都剌卒於至正八年以前。然雁門集有壽大宗伯致仕干公詞，末有「成全今古稀」句，是至正五年乙酉，干年七十，薩仍有賀詞，可爲其時薩未卒之證。

照吳修所説，干長於薩者三十二歲，固不足信；照薩龍光所説，則薩尚長於干者四歲，亦不足信。薩與干互稱爲友，干雁門集序稱薩爲「吾友薩君」，薩又有去吳留别干陳諸友詩。在干爲長，稱薩爲友不足奇，在薩亦稱干爲友，則干長於薩者諒不過十餘歲。

據溪行中秋翫月詩，至元丁丑，薩母年八十餘，薩龍光説薩都刺爲長子，則其時當有五十餘，丁卯登第時當有四十餘。然何解於雁門集序之「逾弱冠登第」一語，是二者矛盾，終不能統一，吾恐干序有訛誤，此節須待將來之發現。

大著中時有不穩之句，如謂雁門集中並無有關廬州之作，今集中題蜀山驛，宿龍潭寺諸詩，非廬州地耶。

又謂集中並無有關淮西詩詞，今集中有「賀山長丘臣敬復淮西田」詩一首，非淮西事耶。

又謂薩同時人未有稱薩爲郎中爲侍御史者，今元詩選李孝光五峰集即有和薩天錫郎中詩多首，何得謂無。

「未有」是一事，「未見」又是一事，不能以未見爲未有，且雁門集佚詩多矣，此等不穩之句似應修飾。

又文中屢評柯、劉二家之書，至斥爲夢囈，未免太過。又謂我三十年前著元西域人華化考。查此書係一九二三年發表，至今已四十餘年。少作不足觀，以不引爲妙。

一九六四年五月

〔載於一九六五年七月十八日香港大公報藝林週刊。據原稿校核。〕

以册府校薛史計畫

以册府校薛史，係一種試作。

最難者要知薛史此文，見於册府何部何門。

次難者要知册府此文，見於薛史何卷何傳。

欲祛此二難，須先編四種目録。

第一種薛史人名目録：將薛史人名按姓編列，分注其見於各卷頁數。

欲成此目録，又須先點薛史一遍，將人名標出，並將本紀年月，誌於書眉。

次將全部人名，不論有傳無傳，按卷録出，記其所見頁數，爲第一種目録底稿。

第二種薛史年月目録：將薛史紀志中年與月逐卷録出，注其頁數。此種目録編成較易。

第三種册府五代事跡目録：將册府全部五代事跡，按紀年或人名，逐卷録出。

第四種薛史册府目録：將薛史紀傳按年按月按傳，彙注册府有關本年本人事跡之卷數於其下。

第五步工作：四種目録既成，即可按第四種目録，將册府各條檢出，與薛史核對。有則互注二書卷數於眉端，無則將目録下所注册府卷數取銷。此種工作，需時甚久。

第六步工作：册府所有，不見於紀，或見於傳；不見於此傳，或見於彼傳。應按第三種目録將册府未見薛史各條，因其年月或人名，利用第一第二兩種目録以檢薛史，有則互注書眉，無則於第三種目録下注「輯本闕」三字。此種工作，需時亦久。

第七步工作：薛史眉端既全部注有册府卷數，即可按眉端所注，再將册府各條檢出，逐字校讎，依薛史之卷頁行數，作成校記。

（約作於一九三六年）

舊五代史作業題

薛史輯本末卷郡縣志引太平御覽二條，見御覽何卷？尚有遺漏否？通鑑考異及胡注天復三年兩引薛史地理志，是薛史不名郡縣志也。此外考異及胡注尚有引薛史地理志或郡縣志者否？試備舉以對。

〔輔仁大學清代史學考證法作業題，時在二十世紀三十年代前期。〕

舊五代史札記

原本薛史，宋初見採於册府元龜，明初見採於永樂大典。惟册府引書，例不舉書名；大典引書，則舉書名。故乾隆時輯薛史，捨册府而取大典。然出大典所採，可證册府所採孰爲薛史。今大典既亡，又可由册府所採，以校今本薛史，所謂相得益彰也。

原本薛史——册府元龜
　　　　　　永樂大典——輯本薛史

〔約作於二十世紀三十年代中期，標題爲編者所加。〕

爲册府錯簡事復傅沅叔先生

承詢明本册府五一七卷憲官部振舉門一四頁一行勳舊下，忽接加冠及伏曼容一段，必有錯簡。

今按上半係晉天福五年竇貞固奏國忌事，此奏册府凡三見，三一卷一六頁奉先門與五一七卷一四頁振舉門所載較詳，蓋採自實録。五九四卷一四頁奏議門所載較略，蓋採自會要四卷八頁忌日條。或採自薛史晉高祖紀，見今輯本七九卷二頁。

下半加冠一段，係採自南齊書九卷禮志，見殿本三二頁。又伏曼容一段，係採自南齊書一七卷輿服志，見殿本三頁。

由加冠至一七行「軍容」，係册府五七七卷掌禮部奏議門九頁一四行司徒下戎事上脱文，錯簡在此，正可補其闕。

至於竇貞固奏，勳舊下闕文五十八字，可據三一卷奉先門一六頁補足之。

又五一七卷一四頁一七行之「是月」，究係何月，據會要一七卷一四頁知班條載賈玭此狀，係周廣順三年三月事，知其前一條亦必是周廣順三年三月事，故此條承上文言「是月」

也。謹復。

參考書如下：

册府三一卷奉先門一六頁　五一七卷振舉門一四頁　五七七卷奏議門九頁　五九四卷奏議門一四頁

會要四卷忌日條八頁　一七卷知班條一四頁

薛史七九卷晉高祖紀二頁

南齊書九卷禮志三二頁　一七卷輿服志三頁

〔作於一九三七年十二月〕

册府元龜五二〇下倪若水等四則文義不屬顯有錯簡應用何書何法校正之

一 倪若水條頁十五見舊唐書一八九下儒學祝欽明傳。詔浚以下廿一字，係張著條錯簡。

二 張著條頁十七並見本書五二二私曲門及會要六一彈劾門。劾字以下係崔植條錯簡，郢奏下應接十五頁十七行詔浚至彈之廿一字，奏應作奉，行時作時行，若水二字衍，著豸冠應作著冠豸冠。

三 周太玄條頁二十見舊唐書一三三李聽傳及唐文粹廿八全唐文七四四即出自文粹。簡書下應接廿二頁七行羞字，原文作不忝苞羞，蔑棄朝章。簡書二字衍。

四 崔植條頁廿二並見本書四五五貪黷門。羞字以下係周太玄條錯簡，詣臺按下應接十七頁十一行劾字，著奏得應作植奏得。

倪若水

張　著　　　　張　著

周太玄　　　　崔　植

崔　植　　　　周太玄

〔約作於二十世紀二三十年代，據原稿。〕

影印明本册府元龜序

册府元龜爲宋朝四大部書之一，亦爲清四庫全書中最大部書之一，庫本凡二萬七千二百餘頁，其數比太平御覽多一倍。二者同是類書，然前人每重御覽而輕册府，故御覽自明以來有數刻，册府只有一刻。御覽採摭範圍較廣，每條皆著出處，便於引據，爲校讎輯佚家所喜用。册府所採大抵以「正史」爲主，間及經子，不採説部，故楓窗小牘謂其「開卷皆目所常見，無罕覯異聞，不爲藝林所重」。明末諸儒如顧炎武等對册府尚不斷引用，其後致力者遂稀。

乾隆中四庫館輯薛五代史，大部分本可由册府輯出，乃以册府習見，外間多有，永樂大典孤本，爲内府所藏，遂標榜採用大典，而册府只可爲輔。雖然如此，册府已漸爲人所注意。道光間，劉文淇諸人爲岑氏校勘舊唐書，即大用册府，成績甚著，亦以册府所採唐五代事，不獨用劉薛二家之書，當其修册府時，唐五代各朝實録存者尚衆，故今册府所載，每與舊史不盡同也。

册府材料豐富，自上古至五代，按人事人物，分門編纂，凡一千一百餘門，概括全部十七史。其所見史，又皆北宋以前古本，故可以校史，亦可以補史。舊唐舊五代史無論，魏書自宋南渡後即有缺頁，嚴可均輯全後魏文，其三十八卷劉芳上書言樂事，引魏書樂志僅一行，即注「原有闕頁」；盧文弨撰羣書拾補，於魏書此頁認爲「無從考補」，僅從通典補得十六字。不知册府五百六十七卷載有此頁全文，一字無闕。盧嚴輯佚名家，號稱博洽，乃均失之交臂，致魏書此頁埋没八百年，亦可爲清儒不重視册府之一證。

册府可以校史，亦可以史校之。昔傅沅叔增湘以宋本册府殘卷校明本，至五百十七卷十四頁一行，發見有錯簡，宋明本皆誤，馳書詢余。余審上下文義，上半係晉天福五年竇貞固奏國忌事，「勳舊」下缺文五十八字，可以本書三十一卷十六頁奉先門互見之文補足之。下半加冠一段，有王奐等十四人議，係南齊書禮志之文，伏曼容一段，亦採自南齊書輿服志。由加冠至十七行軍容，係本書五百七十七卷九頁十四行奏議門司徒下脱文，正可補其闕。至軍容下之「是月」究係何月，據五代會要十七卷知班條載賈玭此狀，係周廣順三年三月，知其前一條亦必是周廣順三年三月事，故承上文言是月也。以此覆沅叔，沅叔大喜，以爲問一得三。知宋本亦未爲盡善，要在讀者能以校勘學之「他校法」校之。陸心源亦曾校此二卷，未能校出，蓋對校易，他校難也。

此書自明以來，只有一刻，康乾而後，雖續有補版，實同出一源，非有二刻。據卷首藏本姓氏，明人所見，俱係鈔本。至清代，皕宋樓曾藏有北宋刻本殘帙四百七十一卷，京師圖書館有宋本七十五卷，鐵琴銅劍樓有五卷，袁克文有十卷。傅沅叔曾借校袁氏等各卷。宋本實比明本爲强：如二百九十卷明本卷首前三頁半，係二百九十七卷讃讓門卷首之文，重出於此；所缺去者係立功門小序及周公旦等九條，凡一千二百餘字，非宋本何由補足之。又如明本五百八十九卷十一頁三行「踈降」下，脱宋本二頁，凡一千三百五十餘字。又如明本六百十九卷二十頁三行後，脱武懿宗等七條，凡六百餘字，均非宋本無由補足。故今影印本已將宋本諸條補遺於後矣。

然亦有宋本誤而明本不誤者：如傅校本三百七十四卷十八頁二行「擊虜」下，宋本有張奉國、劉滙等二條，凡三百三十餘字，已見本卷四至五頁，顯係錯簡衍文，明本删之，是也。又五百九十卷十七頁四行「章」字下，宋本有黄鐘一宫等三百三十餘字，係五百六十八卷十八頁之文，錯簡於此，脱固不可，衍亦何用，明本亦已删去。此皆明本勝宋本處。可見明人對此書集體校讎，曾用相當功力，不得以「明人空疎」，遂一筆抹煞也。

陸心源北宋本册府元龜跋所舉明本脱文甚多，有真脱者，固可由宋本補足；有非脱而爲明本有意删去者，固不必復由宋本補之也。如謂五百五十九卷十二頁李翺條前脱路隋一條，凡五百七十餘字，今按路隋條已見五百五十七卷一頁。又謂六百十七卷十六頁張仁願條前脱劉三復一條，凡四百餘字，十八頁顧榮條前脱王觀一條，凡四十餘字，崔振條前脱王彪之一條，凡八十餘字，今按劉三復條已見六百十六卷二十一頁，王觀、王彪之條已見六百十七卷五頁。謂六百十八卷十二頁狄仁傑條後脱徐有功一條，凡八十餘字，十三頁李棲筠條前脱李峴一條，凡二百餘字，十七頁蘇頲條前脱李日知一條，凡九十餘字，今按徐有功條已見六百十七卷二十頁，李峴條已見六百十六卷十二頁，李日知條已見六百十七卷十九頁。謂六百十九卷十四頁李殷夢條前脱崔器一條，凡二百二十餘字，今按崔器條與李峴條同詞，已見六百十六卷十二頁。謂六百五十卷十頁高彪條後脱羊陟、王堂二條，凡四十五字，孔昱條後脱蘇章一條，凡二十字，今按羊陟條已見本卷八頁，王堂、蘇章條已見本卷四頁。謂六百九十七卷五頁李章條前脱董宣一條，凡二百四十餘字，陽球條前脱黄昌一條，凡四十餘字，今按董宣條已見六百九十六卷十一頁，黄昌條已見六百九十六卷十三頁。謂八百六十四卷十八頁封隆之條前脱楊愔一條，凡三十字，今按楊愔即在本卷本頁封隆之後。

凡此諸條，非陸跋所舉有錯誤，即宋本重出或互見之文，可以用校勘學之「本校法」以本書前後互校，即知其重出或互見而删之，故與其説是明本脱文，毋寧説是明本删宋本重出之文爲得其實也。因此，益信明人校刻此書之勞不可没。今宋刻既無完本，以明刻初印本影印，亦其宜也。

一九五九年六月

〔影印明本册府元龜，中華書局一九六〇年出版。本文同時發表於北京師範大學學報（社會科學版）一九五九年第四期（一九五九年七月）。〕

顧千里元祕史跋文校異

「元朝祕史載永樂大典中，錢竹汀少詹家所有，即從之出，凡首尾十五卷。後少詹聞桐鄉金主事德輿有殘元槧本，分卷不同，屬彼記出，據以著録於其元史藝文志者是也。殘本主事嘗攜在吳門，予首先見之，卒卒未得寫録，近不知歸何處，頗用爲憾。去年授徒廬州府晉江張太守許，見所收影元槧舊鈔本，通體完善，今年至揚州，遂慫恿古餘先生借來，覆影此部，仍見命校勘，乃知異於錢少詹本者，不特分元朝祕史十卷續集二卷一事也，即如卷首標題下分注二行，左忙豁侖紐察五字，右脱察安三字，必是所署撰書人名銜，而少詹本無之，當依此補正，其餘字句行段，亦往往較勝，可稱佳本矣。校勘既畢，記其顛末如此。若夫所以訂明修元史之疏略，少詹題跋洎考異中見其大概，引而伸之，惟善讀之君子，茲不及詳論云。嘉慶乙丑七月元和顧廣圻書於郡署之六一堂。」

右顧千里影鈔元祕史跋，見四部叢刊三編影印本元祕史，末有年月及姓名，文廷式鈔本無之，葉德輝刻本出自文本，故葉刻注云「此跋舊無撰人」，所謂舊，即指文鈔本，其實此跋並載顧千里思適齋文集卷十四，葉君未之考耳。茲將此跋各本異字，列表如後：

顧鈔本	顧集本	文鈔本	葉刻本
據以著録於其元史藝文志	元上無其字	元上有其字	元上無其字
殘本主事嘗携在吳門	携在作携至	主上有金字携下無在字	主上有金字携下無在字
近不知歸何處	同	近下有後字	近下有後字
見所收影元槧舊鈔本	同	舊下無鈔字	舊下無鈔字
不特分元朝祕史十卷	同	同	元上無分字

第一條，其字本可省，故葉刻删去。

第二條，金字本可省，葉刻因文本，然携吳門及携在吳門，均不若顧集之作携至吳門也。

第三第四條，文本先誤，葉刻因之。

第五條，葉刻漏分字，此分字不可省也。

李文田鈔本顧跋全與顧鈔本同。

舊五代史輯本引書卷數多誤例

四庫全書本舊五代史，號稱從永樂大典諸書輯出，初次定稿每條均注有所引永樂大典及册府元龜卷數，後來定本及武英殿刻本將所引大典、册府書名卷數盡行删去，讀者以爲憾，不知辨書者當時實有隱衷也。隱衷爲何？即所注引書卷數多誤，而四庫成書，期限迫促，無法覆檢，索性盡删之也。

近年熊氏羅宿、劉氏嘉業堂先後將舊五代史輯本初次定稿印出，涵芬樓百衲本廿四史復用劉本影印，此三本均注有引書卷數，大典八百十六條，册府三百條，學者善之。今永樂大典原書不全，而目録六十卷尚有連筠簃刻本；又册府元龜全書具在，試將熊、劉兩本所注引書卷數細爲覆覈，錯誤者竟達十之一二，開卷第一條引大典即誤：

卷一梁太祖紀本名温條，引大典八六八七，據大典目録係騰字及滕字韻，與名温何涉。

又卷一誕孩條，引大典一六〇一九，係旱字韻，與孩何涉。

又卷一星隕條，引大典三二七一，係軍字韻，與星何涉。

又卷一飛矢條，引大典二〇七一二，係易字韻，與矢何涉。

以上皆在第一卷，知其所引卷數有誤，而一時不知爲何誤者。有知其誤而並知爲何誤，可以改正者：

卷四梁太祖紀，四次引大典二六三〇，據目録係萊字韻，誤。應作二六三一，災字韻。

又卷四燃燈條，引大典六六六六，係江字韻，誤。應作八六六六，燈字韻。

又卷四昇壇條，引大典四三七六，係檀字韻，誤。應作四三七五，壇字韻。

又卷四奔鳳翔條，引大典三五一三，係坤字韻，誤。應作三五一六，奔字韻。

又卷五祠嵩岳條，卷六分禱靈跡條，均引大典一五二一，係齊字韻，誤。應作二五二一，齋字韻。

大典五代漢高祖事跡有五卷，從一六一九八至一六二零二，大抵採自舊五代史。今輯本漢高祖紀併作二卷，自九九至一百，三次注出處，皆引大典一六〇九八。據大典目録一六〇九八係漢字韻漢宣帝事跡，與五代漢高祖何涉，亦可見當日館臣之粗略也。

大典凡二萬二千八百餘卷，書型特大，覆檢一次誠不易。册府不過千卷，且有刻本，覆檢不算甚難，但今輯本所注册府卷數亦多錯誤：

卷三梁太祖紀避諱條，引册府二八二，係承襲門，誤。應作一八二，名諱門。

又卷三制定殿門條，引册府一八六，係勳業門，誤。應作一九六，建都門。
又卷三搜訪賢良條，引册府二一〇，係旌表等門，誤。應作二一三，求賢門。
又卷三詔書給復賦租條，引册府一九四，係崇儒等門，誤。應作一九五，征役門。
册府以朱梁爲閏位，閏位部自一八二卷起，凡一八二卷以前，皆屬帝王部，與梁無涉，今輯本梁本紀引册府有在一八二卷之前者，如：
卷三梁太祖紀進百官衣條，引册府一六七，乃帝王部招懷門，誤。應作一九七，閏位部納貢獻門。
又卷三高季昌進瑞橘條，引册府一六九，乃帝王部納貢獻門，誤。應作一九七，閏位部納貢獻門。
又卷三赦逃亡條，引册府九五，乃帝王部赦宥門，誤。應作一九五，閏位部仁愛門。
又卷三廣南管内獲白鹿條，引册府一六九，乃帝王部納貢獻門，誤。應作二〇二，閏位部祥瑞門。
凡此皆可以常識斷其誤，而並知爲何誤者也。而當時輯書諸臣全不注意及此，迨至發見錯誤時，又未能一一覆覈，乃盡舉而删之，所謂因噎廢食也。以上緒論，以下分六例説明之。

一　引大典卷數誤例

輯本引大典卷數誤而又知爲何誤者，除上述各條外，尚有下列諸條。

卷一七成汭傳，巨蛇繞身條，引大典五九四〇，係車字韻，誤。應作五九五〇，蛇字韻。

卷二〇寇彦卿傳，兩次引大典一九三三〇，係寇字韻，莊子列禦寇篇，誤。應作一九三三一，寇字韻，姓氏。

卷二五唐武皇紀，引大典一八一五五，係將字韻，宋將，誤。應作一八一二五，將字韻，唐將。

卷四六唐末帝紀，引大典一七七四，係書字韻，誤。應作七一七四，唐字韻，唐廢帝。

卷四九夏皇后傳，引大典一三五五二，曹皇后、魏皇后、孔皇后傳，引大典一三五五五，均係制字韻，誤。應作一三三五二，謚字韻，皇后謚。

卷五五康君立傳，引大典一八一一八，係將字韻，唐將，誤。應作一八一二八，將字韻，後唐將。

卷五九丁會傳，引大典一八一八九，係將字韻，元將，誤。應作一八一二九，將字韻，後唐將。

卷六五李建及、石君立、高行珪傳，卷六六康義誠傳，均引大典一八〇二九，係將字韻，鄭衛燕楚將，誤。應作一八一二九，後唐將。

卷六八封舜卿傳，請御前香條，引大典六〇三四，係陽字韻，誤。應作六六三四，香字韻。

卷七〇元行欽、姚洪傳，均引大典一八一八九，係將字韻，元將，誤。應作一八一二九，後唐將。

卷八八李從璋傳，引大典一八一二〇，係將字韻，唐將，誤。應作一八一三〇，後晉將。

卷八九殷鵬傳，引大典二二〇六，係盧字韻，誤。應作三二〇六，殷字韻。

卷九〇安重阮傳，引大典一八三三一，係葬字韻，誤。應作一八一三一，將字韻，後晉將。

卷九四祕瓊傳，引大典一二八六六，係宋字韻，誤。應作一三八六六，祕字韻。

卷九五皇甫遇傳，引大典一八〇三一，係將字韻，吳越魏趙將，誤。應作一八一三一，後晉將。

卷九五翟璋傳，引大典二二三四〇，係責字韻，誤。應作二二二四〇，翟字韻。

卷九八安從進傳，空名宣勅條，引大典二〇四七〇，係尺字韻，誤。應作二〇四七五，勅字韻。

卷九九卷一〇〇漢高祖紀，三次引大典一六〇九八，係漢字韻，漢宣帝，誤。應作一六一九八，五代漢高祖。

卷一二三安審暉、安審信、安叔千傳，均引大典一八一四四，係將字韻，宋將，誤。應作一八一三二，後周將。

卷一二六馮道傳，三次引大典一七九三〇，係相字韻，宋相，誤。應作一七九一〇，五代相。

卷一二七和凝傳，引大典五七一〇，係渦字韻，誤。應作五七一八，和字韻。

卷一二八王朴傳，引大典一八一二三，係將字韻，唐將，誤。應作一八一三二，後周將。

卷一二八司徒詡傳，引大典二一二八，係婁字韻，誤。應作二一六八，徒字韻，司徒。

卷一三七契丹傳，引大典四五五八，係天字韻，誤。應作四三五八，丹字韻，契丹。

二　引册府卷數誤例

輯本引册府卷數誤，而又知爲何誤可以改正者，除緒論所述各條外，亦尚有下列諸條，惟輯本自梁書太祖紀後，引册府者無幾，未能盡册府之用也。

卷四梁太祖紀，帝御金祥殿條，引册府一九〇，係姿表等門，誤。應作一九七，朝會及納貢獻門。

卷四李嵸封萊國公條及立二王三恪條，均引册府二一二，係招諫等門，誤。應作二一一，繼絶門。

卷四詔裴迪復爲右僕射條，卷五念王重榮舊功下詔褒奬條，亦引册府二一二，詔諫等門，誤。應作二一一，求舊門。

卷四李存勗誘結北蕃條，引册府一一七，係親征門，誤。應作二一七，交侵門。

卷四賜僧法通等紫衣條，亦引册府一一七，親征門，誤。應作一九四，崇釋老門。

卷四以繁臺爲講武臺條，引册府一九五，係惠民等門，誤。應作一九六，建都門。

卷四獵畋於含耀門外條，引册府二〇九，係欽卹等門，誤。應作二〇五，畋遊門。

卷四車駕發西都及駕巡朝邑條，均引册府二〇二，係祥瑞門，誤。應作二〇五，巡幸門。

卷五梁太祖紀，勑改乾文院爲文思院條，引册府一九九，係命相等門，誤。應作一九六，建都門。

卷五帝御朝元殿條，引册府二〇五，係巡幸等門，誤。應作一九七，朝會門。

卷五追贈常參官先世條，引册府二五〇，係攻伐門，誤。應作二一〇，延賞門。

卷五衡王友諒進瑞麥條，引册府二二〇，係形貌等門，誤。應作二〇二，祥瑞門。

卷五禁造假犀玉真珠條，引册府一九七，係朝會等門，誤。應作一九一，政令門。

卷六梁太祖紀，帝御朝元殿及畋於伊水條，引册府一七九，係姑息門，誤。應作一九七，朝會門，及二〇五，畋遊門。

卷六至榆林觀稼條，引册府二二〇，係形貌等門，誤。應作二〇五，巡幸門。

卷七梁太祖紀，丁亥復至貝州條，引册府二〇二，係祥瑞門，誤。應作二〇五，巡幸門。

卷七辛未宴於食殿條，引册府一七九，係姑息門，誤。應作一九七，宴會門。

卷七制加博王友文爲特進檢校太保條，引册府二六六，係儀貌等門，誤。應作二六九，委任門。

卷五一李存乂傳，歷鄜州刺史條，引册府二〇五，係巡幸、畋遊等門，誤。應作二八一，領鎮門，歷鄜州節度使。

卷五一李重吉傳，詔贈太尉條，引册府二七五，褒寵門，誤。應作二七七，褒寵門。

卷一三一扈載傳，文價爲一時之冠條，引册府八四二，係知人門，誤。應作八四一，文章門。

又扈載傳附劉袞年二十八而卒條，引册府九三〇，係傲慢、不恭等門，誤。應作九三一，短命門。

卷一三四王延鈞傳，仍稱藩於朝廷條，引册府二二二，係勳伐門，誤。應作二三二，稱藩門。

卷一三六王建傳，改元天漢又改元光天，子衍嗣條，引册府一一九，係選將門，誤。應作二一九，姓系及年號門。

卷一三六孟知祥傳，應順元年稱帝，改元明德條，引册府二二九，係求納、聽諫等門，誤。應作二一九，姓系及年號門。

三　引大典卷數誤不知爲何誤例

輯本引大典卷數有知其誤而不知爲何誤者，緒論已言之，此等錯誤，多在大典各韻姓氏之中，但大典姓氏每占數卷或數十卷，僅據目録未見原書不能確定其在何卷也。

卷一三蔣殷傳，引大典一〇八三一，據目録係補字韻，誤。或應作一一八三一，蔣字韻。但大典蔣字韻姓氏有六卷，自一一八三〇至一一八三五，不知在何卷。

卷二四杜荀鶴傳，引大典一五七三〇，係論字韻，誤。或應作一四七三〇，杜字韻。但大典杜字韻姓氏有九卷，自一四七二五至一四七三三，不知在何卷。

卷五六周德威傳，引大典九九九七，係占字韻，誤。或應作八九九七，周字韻。但大典周字韻姓氏有廿七卷，自八九九〇至九〇一六，不知在何卷。

卷五八趙光逢傳，引大典一八九九一，係令字韻，誤。或應作一六九九一，趙字韻。但大典趙字韻姓氏有四十卷，自一六九八五至一七〇二四，不知在何卷。

卷五九王瓚傳，引大典六六八〇，係江字韻，鎮江府，誤。或應作六八六〇，王字韻。但大典王字韻姓氏有一〇二卷，自六八一六至六九一七，不知在何卷。

卷九一王建立傳，引大典六五三〇，係長字韻，誤。或應作六八八〇，王字韻。

卷九五王清傳，引大典六三五一，係張字韻，誤。或應作六八五一，王字韻。

卷五九張溫傳，引大典六六六〇，係江字韻，詩文，誤。或應作六三六〇，張字韻。但大典張字韻姓氏有六十五卷，自六三三一至六三九五，不知在何卷。

卷六五張廷裕傳，卷一二九張彥超傳，均引大典五三六〇，係朝字韻，誤。或應作六三六〇，張字韻。

卷七〇張敬達傳，引大典六六五一，係江字韻，江名，誤。或應作六三五一，張字韻。

卷六九孫岳傳，引大典三五九一，係榛字韻，誤。或應作三五七一，孫字韻。但大典孫字韻姓氏有廿五卷，自三五五四至三五七八，不知在何卷。

卷七四楊彥温傳，兩引大典六三五一，係張字韻，誤。或應作六〇五一，楊字韻。但大典楊字韻姓氏有廿九卷，自六〇四一至六〇六九，不知在何卷。

卷九〇李承約、李德琉傳，均引大典二〇四二〇，係稷字韻，誤。或應作一〇四二〇，李字韻。但大典李字韻姓氏有九十卷，自一〇三五六至一〇四四五，不知在何卷。

卷九四李瓊傳，引大典一〇三四〇，係里字韻，誤。或應作一〇三九〇，李字韻。

卷九二吳承範傳，引大典三三二一，係春字韻，誤。或應作二三二一，吳字韻。但大典吳字韻姓氏有十八卷，自二三一九至二三三六，不知在何卷。

卷九四劉處讓傳，引大典九九〇九，係嚴字韻，誤。或應作九〇九九，劉字韻。但大典劉字韻姓氏有五十九卷，自九〇七三至九一三一，不知在何卷。

卷一二八段希堯傳，引大典一六三一〇，係判字韻，誤。或應作一六三七〇，段字韻。但大典段字韻姓氏有三卷，自一六三六九至一六三七一，不知在何卷。

卷一三八占城傳，引大典八四三九，係平字韻，太平府，誤。據目録八一一六城字韻，有占城國。

卷一四七刑法志，引大典八二九〇，係兵字韻，元兵，誤。據目録七七六七刑字韻，有五代刑。

四　熊劉兩本異而皆誤例

熊、劉兩本，均鈔自輯本初次定稿，而兩本所注大典卷數，時有異同。有熊、劉兩本異而皆誤者：

卷二梁太祖紀，帝夢白龍條，熊本引大典一五二〇七，係歲字韻，誤。劉本作一五二七〇，係尉字韻，太尉，亦誤。

卷五九李紹文傳，熊本引大典一〇一八九，係史字韻，誤。劉本作一〇一九八，係齒字韻，亦誤。

卷六一孫璋傳，熊本兩次引大典三四六一，係渾字韻，誤。劉本作三萬四千四百六十三，萬字衍，三四六三係温字韻，誤；又一次作三四六二，係昆字韻，亦誤。

卷九一張從訓傳，熊本引大典五三六〇，係朝字韻，誤。劉本作五三七〇，堯字韻，亦誤。

卷九六孟承誨傳，熊本引大典一一一一三，係水字韻，劉本作一一一一二，亦水字韻，均與孟無涉。

卷一二七蘇禹珪傳，熊本引大典三三九二，係文字韻，誤。劉本作三三九三，文字韻，亦誤。

卷一三八牂牁蠻傳，熊本引大典五一五〇，係元字韻，改元。劉本作五一〇五，係專字韻，均與牂牁無涉。

五　熊劉兩本異不知誰誤例

又有熊、劉兩本異而不知其孰誤者，熊本係用原鈔本影印，劉本則由鈔本重寫一次付刻，在未得大典原書對勘前，吾人寧信熊本所引爲少誤也。

卷一八李振傳，熊本引大典一〇三八六，係李字韻；劉本作一〇三八〇，亦李字韻，未知孰誤。

卷二一李唐賓傳，熊本引大典一〇三八八，係李字韻；劉本作一〇三六〇，亦李字韻，未知孰誤。

卷六七李愚傳，熊本引大典一〇三八九，係李字韻；劉本作一〇三九八，亦李字韻，未知孰誤。

卷六九胡裝傳，熊本引大典二二四二，係胡字韻；劉本作二二四三，亦胡字韻，未知孰誤。

卷一三四李昪傳，熊本引大典一〇三九一，係李字韻；劉本作一〇三九〇，亦李字韻，未知孰誤。

六　熊本不誤劉本誤例

應有熊本誤而劉本不誤者，但尚未發見。至於熊本不誤而劉本誤者，其數不少，此則後來刻書者之責，而非當日輯書諸臣之責也。

卷四梁太祖紀，白龍見條，熊本引大典五二〇，係龍字韻。劉本作五六〇，係庸字韻，中庸，誤。

卷七梁太祖紀，告諭百姓備淫雨條，熊本引大典二六三二，係災字韻，弭災。劉本作一六三二，係虞字韻，姓氏，誤。

又卷七帝泛九曲池條，熊本引大典一〇五二，係池字韻，池名。劉本作一五〇二，係圻字韻，崎字韻，誤。

卷一五馮行襲傳，熊本引大典四〇三，係馮字韻。劉本誤作四萬三。

卷一五孫德昭傳，熊本引大典一八一二六，係將字韻，後梁將。劉本作一八一四六，係將字韻，宋將，誤。

卷一七成汭傳，勤於惠養條，熊本引大典一一八二七，係養字韻。劉本作一一八一七，係若字韻，誤。又汭赧然而屈條，熊本引大典二一一二八，係屈字韻，劉本二萬誤作云萬。

卷一九朱友恭傳，熊本引大典二〇三一，係朱字韻。劉本誤作二十三十一。

卷二四張儁傳，熊本引大典六三五〇，係張字韻。劉本作六三二〇，係漳字韻，誤。

卷五〇李嗣肱傳，熊本引大典一八一二八，係將字韻，後唐將。劉本作一八一二六，係將字韻，後梁將，誤。

卷五三李漢韶傳，熊本引大典一八一二八，係將字韻，後唐將。劉本作一八〇二八，係將字韻，列國晉將，誤。

卷五六符存審傳，熊本引大典一八一二八，係將字韻，後唐將。劉本作一八二一八，係象字韻，誤。

卷六七豆盧革傳，熊本引大典二二一一四，係盧字韻，姓氏。劉本作三二一一四，係雲字韻，誤。

卷七一藥縱之傳，熊本引大典二一六一七，係藥字韻，姓氏。劉本作二一六七〇，係樂字韻，晉樂，誤。

卷七三李鄴傳，熊本兩次引大典一〇三八九，係李字韻。劉本删第二次。

卷七七晉高祖紀，熊本引大典一五六四三，係晉字韻，五代後晉高祖。劉本作一五六四二，係晉字韻，東晉總論，誤。

卷一〇七閻晉卿傳，熊本引大典一八一三二，係將字韻，五代後漢將。劉本作一八一三一，係將字韻，五代後晉將，誤。

卷一二七景範傳，熊本引大典一七九一一，係相字韻，後周相。劉本作一七九一〇，係相字韻，後梁相，誤。

卷一二八楊凝式傳，熊本引大典六〇五二，係楊字韻。劉本作六五一二，係莊字韻，誤。

卷一二九趙鳳傳，熊本引大典一六九九一，係趙字韻。劉本作一五九九一，係韻字韻，詩，誤。

卷一三二李彝興傳，熊本引大典一八一三三，係將字韻，後周將。劉本作一八一三〇，係將字韻，後唐將，誤。

卷一四五樂志，熊本引大典二一六七八，係樂字韻，五代樂。劉本缺出處。

又卷三梁太祖紀，宰臣請每月初入閤條，熊本引册府一九七，係朝會門。劉本作一七九，係姑息門，誤。

卷一二朱全昱傳，授宋州節度使條，熊本引册府二八一，係領鎮門。劉本作二七七，係褒寵門，誤。

卷一二朱友文傳，嗜酒怠於爲政條，熊本引册府二九八，係躭溺門。劉本作二九六，係追封門，誤。

卷五一李從榮傳，充天下兵馬大元帥條，熊本引册府二六九，係將兵門。劉本作二九九，係專恣等門，誤。

卷七一馬縞傳，于事多遺忘條，熊本引册府九五四，係寡學門。劉本作九五五十四，誤。

卷一三四王審知傳末，王延鈞附傳前，熊本仍重注一次册府二一九，姓系門，劉本删之。

書經三寫，烏焉成馬，劉本引書卷數之錯誤，比熊本特多，本無足怪，惟吾人今日之所以能校出者，亦因其注有出處，倘並此而無之，則吾人又何由知其誤，故與其去之，毋寧留之。當時參預輯書者有彭元瑞，彭元瑞知聖道齋讀書跋云：「永樂大典散篇輯成之書，以舊五代史爲最，以其注明大典卷數及採補書名卷數，不没其實也。後武英殿鐫本盡删之，曾屢爭之，總裁不見聽」云云，總裁蓋懼主者發其覆耳，然留之終勝於去之也。

〔一九三七年舊稿，一九五八年十一月重訂六稿，一九六三年五月重訂七稿。載於文史第三輯（一九六三年）。據原稿校核。〕

標點舊五代史問題

舊五代史輯本，今通行者有三種本子：一、武英殿本；二、熊氏羅宿影印本；三、劉氏嘉業堂刻本。熊本及劉刻底本爲初次定稿，殿本爲後來定稿。劉本雕板時又曾照殿本增補。三種本子之中，標點應用何種本子，有下列諸問題。

一、引書卷數問題

舊五代史輯本每條原有引永樂大典及册府元龜卷數，殿本雕板時因其多誤而盡去之，讀者以爲憾。今熊、劉本引書卷數具在，但劉本比熊本多誤，故標點本引書卷數應依據熊本，明知其誤者改之，知其誤不知爲何誤者仍之。

二、附注問題

舊五代史輯本注有兩種：一、初次定稿之注，即熊、劉本注；二、後來定稿之注，即殿本注。此種注皆係修書時諸臣案語，或因字句異同，或因事有詳略，引他書作注。

熊本及劉刻底本之注多被殿本删去，如一卷熊、劉本有注四十餘段，殿本只删存二段。又殿本注有爲熊本及劉刻底本所無者，劉本雕板時已照殿本補入，如二卷殿本有注四段爲熊本所無，劉本則已由殿本補入。間有漏者，亦在卷末補遺，如四卷末五代會要一條是，故三本之中，劉本注較備。

三、卷末考證問題

殿本舊五代史，每卷末均有考證若干條，此種考證，亦係修書時諸臣案語。熊本每卷有浮簽案語，無考證，殿本爲與各史體例一律，在案語中抽出一部分作爲考證。

劉刻底本亦無考證，雕板時乃將殿本考證照抄一通，附刻各卷之末，其中多與注重出未及删芟，如一卷庚午，朱瑄等條是，標點本應將與注重出之考證清除之。或留考證删注，如八九卷劉昫傳及九七卷胡漢筠等條是。至於考證與注互有詳略不便删并者應仍其舊，如八六卷晉后妃傳是。

四、劉本多誤問題

劉本注雖較備，但錯誤特多，如：

八二卷晉少帝紀注，引東都事略陶穀傳一段，殿本已移前八一卷，劉本雕板時將八一卷之注補入，而未將八二卷之注删除，遂致兩注重出。

八五卷晉少帝紀注，引遼史以楊承信爲平盧軍節度使一段，劉本亦在本卷内重出。

九三卷尹玉羽傳，劉本第一段注與正文重出者三行，未及削去。

一三〇卷王峻傳殿本有注一段引通鑑，劉本錯簡在一二八卷邊蔚傳，又在考證末補之。

一三三卷馬希範傳注，采五代史補十四段，劉本中多闕字，未及填補，凡此皆可見劉本刻書時之草率，然涵芬樓百衲本二十四史終采劉本，亦因其較備。如果標點用劉刻爲底本，而以熊本、殿本及册府等校正之，亦較爲方便。

五、譯名問題

遼、金、元史譯名，經乾隆時改譯，最爲紛亂，舊五代史輯本亦有之，且熊、劉本與殿本所改，又不盡一致，如三九卷秃餒，熊、劉本作塔納，殿本作託諾；四一卷突欲，熊、劉本作托允，殿本作托雲；九八卷兀欲，熊、劉本作鄂約，殿本作烏裕等，應一律恢復薛史原名。

六、補輯問題

册府所載五代時史料尚多，詔、勅、制、奏之文，輯本缺載者尤衆，有人主張補輯，但此等史料既未明著爲薛史原文，或爲修史時有意刊落，似不必復補。且標點與補輯不同，凡可以不動者即應不動，庶可保存四庫館輯本薛史之舊。至於補輯，乃另一回事。

一九六〇年九月　陳垣

〔此文曾四易其稿，於一九六三年十一月交中華書局編輯部。〕

墨井道人傳校釋

大畫家墨井道人吴歷，晚年棄家學道，傳教上海嘉定，民國二十六年爲道人晉升司鐸二百五十年紀念，余嘗爲文介紹之，載輔仁學誌第五卷；今東方雜誌二十六年元旦號徵文於余，余以本年研究道人事跡者必多，乃以墨井道人傳校釋應之。

墨井道人傳著者嘉定張雲章，博學能文，嘗爲興化李清之子都御史枏整理南北史增注稿，閱七載而成，所著有樸村文集二十四卷，今各家畫傳及府縣志之吴歷傳，皆以此傳爲藍本，故此傳實吴歷傳記最早之史源也。

余所見墨井道人傳有三本：（一）康熙末張雲章自刻樸村文集本，（二）康熙末嘉定陸道淮編刻墨井詩鈔本，（三）宣統間上海李杕輯印墨井集本。前二本不易得，李本最通行，然多譌誤，且有任意添改之跡，疑李所據之本已如此，未必李所改也。今以李本爲主，而以二本校釋之，以見古本之不可輕改焉。

李本係活字版排印，開始題目道人傳，即誤作道傳人。著此傳時，墨井年八十四，據上海南門外墨井墓碑，墨井康熙五十七年卒，年八十七，是此傳撰於康熙五十四年，李本題康熙五十三年撰，亦誤。李本傳云：

墨井道人姓吴名歷，字漁山，世居常熟，即明都察御史文恪公名訥之七世孫也，少孤，其母守節。

陸本原文爲墨井道人吴氏名歷，字漁山，常熟人，明都御史文恪公訥之七世孫，少孤，母守節。李本添改數字，殊無謂，都御史改爲都察御史，尤不合。七世孫樸村集本作十一世孫。

漁山清潔自好，於世俗多不屑意，問學於陳孝廉確庵，問詩於錢宗伯牧齋，學畫於王太常煙客，學琴於陳高士硍阮，皆得其指授矣。念無以給母氏之養，尤專意於畫，人爭購之，漁山度可以奉高堂，即不輕出也。

陸本清潔作潔清，高堂作堂上。硍樸村集本作岷，其人名岷，字山民，見海虞畫苑略，墨井詩鈔謂學琴於山民陳先生之門是也。阮樸村集本作既，屬下爲句，謂既皆得其指授矣；陸本誤作阮，李本因之，屬上爲句，故李撰墨井行狀亦作陳高士硍阮，此大誤也。

太常既甚賞之，盡發所藏宋元人真跡示之，日夜復習，縮爲小本，實心默會古人神髓於腕下，而漁山之畫，遂名一時，同輩爲之屈服。

陸本復習作伏習，實心作冥心，默下有契字，同輩爲之屈服，作而屈服同輩。

其爲詩也，宗伯嘗稱之曰思清格老，孝廉亦曰然。所居有言子之墨井，遂以墨井名其詩稿，而自號曰墨井道人。

陸本無也字嘗字，曰然作云然，詩稿作詩草。

又於書好法東坡，嘗遊吴興，謁其郡守，入未即見，信步至一僧舍，得見東坡真筆醉翁亭記，喜甚，即就其寮，貿紙筆，布席展卷，臨摹三日，無倦色；太守遣人遍索墨井道人，無有也，逆旅主人亦不知其所往；摹竟欣欣然若有所得，不告太守而去。

陸本就作僦，三日作三四日，末二句作欣欣然若有得，弗告太守去矣。太守吴綺，字園次，江都拔貢，康熙五年官湖州府，喜賓客，竟以是罷官，著有林蕙堂集。墨井畫跋云，曩予客吴興，吴刺史招入墨妙亭，即此人也。

母没後，其妻亦喪，雖有二子，亦竟棄其家矣，於是浮海至於西洋，經數萬里，盡平生奇絶之觀，歸而隱於上海，或往來嘉定，不復他出，其畫益奇，非學力所能臻也，故購之者益以難矣。

陸本作母没後，妻亦喪，有二子，竟棄其家，東浮海至西洋。末二句作不可以學力到，購之者益以難矣。李本添字太多，文筆蕪稚。墨井僅至澳門，未至西洋，經數萬里句，稍過其實。

其與漁山少同里同學於太常者，姓王名翬，號石谷。亦名滿天下，持縑素者，日塞其門，然高官大賈，皆得飽欲以去；而漁山跧海濱而隱，求其寸楮尺幅，莫能致也。

陸本作其與漁山少同里同學於太常者爲王翬石谷。石谷名滿天下，持縑素而請者，日塞其門。然高官大賈，皆得飽所欲以去；而漁山跧伏海濱，名隱隱與之埒，求其寸楮尺幅，莫能致也。

兩人今皆八十有四，王公年八十餘時，畫益超詣，時時掉一葉之扁舟，徜徉於虞山之下，其流風餘韻，意亦山水之鍾靈耶？是以得遊戲於翰墨之間，享此長年也夫！

陸本作兩人今皆八十有四，昔黃公望九十餘，畫益超詣，時時掉扁舟徜徉虞山之下，其流風餘韻，意亦山水之靈之鍾於是，得以遊戲翰墨，享此長年也夫！黃公望誤爲王公，又以石谷年不滿九十，遂改九十爲八十，愈改愈誤，而原意失矣。

張子曰：余與道人無一日之舊，與石谷交，時言及道人之高志，相與歎然者久之。

陸本作張子曰，余與道人無一日之舊，而交石谷甚歡。然道人之高致，非獨余高之，即石谷子亦高之也。

但墨井之筆墨甚寡，其徒陸上游貽予一小幅，得之不勝狂喜，予每過其處，出而觀之，往往徬徨歎息而不能去云。

陸本作余見筆墨甚寡，其徒陸上游貽予一小幅，而余家北田子羅致之特多，余每過其處，出而觀之，往往徬徨歎息而不能去云。陸上游即刻墨井詩鈔之陸道淮，善山水，師事石谷墨井，嘗浮海至日本。北田子樸村集本作漢昭。漢昭張覲光，亦嘉定人，墨井詩鈔有題畫贈漢昭詩，李本删其人，則所謂每過其處者何處也。

吾人讀古人書，患有脱誤，尤患有妄改；遇脱誤處仍之，後人猶可知其誤，妄改則似是而非，而古書真相没矣。此傳不過五百五十餘字，距今不過二百二十餘年，版僅三傳，歧異若是；其中無意誤者才十之一，有意改者乃十之九，此校刻古書之通病也。兹特其一例云爾。

民國廿五年大雪後四日，新會陳垣。

〔載於東方雜誌第三十四卷第一號（一九三七年一月）。據原稿核對。〕

墨井書畫集録文訂誤

墨井書畫集有二本，皆上海土山灣印書館出版，卷首有李鍾珏序。一本二十九幅，宣統二年影印，以附墨井集末者，無録文，已絶版。一本三十八幅，民國三年增輯本，由張漁珊司鐸與普司鐸譯爲法文，收入漢學叢書第三十七種，今所論者即此本。

此本録文多誤，初以爲排印使然，後知譯文亦誤，則是録者之過也。其致誤之由，固因畫本模糊，行草難辨，然詩句有平仄，有對仗，稍加研究，錯誤當不至如是之多。今全集三十八幅，誤者乃十九幅，凡二十餘處，本書勘誤表所自訂正者僅二處而已。誠恐引用此書者隨之而誤，特爲訂正如左。

第三幅　糟粕未能也。　粕誤糠。

第四幅　棕竹枝葉修整，蒼翠處陰陰欲滴。　誤以葉字處字斷句。

第七幅　到來逢醉客。　逢誤逡。

知散暖比鄰。　散暖誤倒。

松厓先生。　誤招厓。過雲樓書畫記云，松厓爲錢封，字軼

第八幅　癸丑清和朔日。

十二幅　漢章屬畫。

十三幅　萬軸圖書充石閣。

服朮養芝顏轉少。

十七幅　畏景如相避。

十八幅　有此山川。

聊得吾逸。

二十幅　羨看牧童歸去穩。

此中容我置茆堂。

廿四幅　傾蓋相看北海同。

醉聽鶯燕語春風。

廿五幅　喜晤汲古諸昆。

廿六幅　康熙十六年丁巳。

秦，隱西湖，游情翰墨，故漁山贈以湖上之詩。

朔誤朝。

誤模章扇畫。

萬軸對千章，今誤禹軸。

朮誤木。

如誤病。

川誤水。

誤斯得吾益。

羨誤我。

容誤客。

北誤地。

鶯誤老。

古誤左。毛氏汲古閣，爲著名藏書之所，何至誤爲汲左。

漏十字，已自訂正。

廿八幅　先滿逐吟鞍。　逐誤畫。

廿九幅　漁盤三渡怯。　怯誤慘。

三十幅　己酉立冬後。　漏後字，已自訂正。

卅三幅　重九後一日。　誤重九日後一日。

卅六幅　分北者久之。　誤作分南北者久之。分北猶言分異，不得其解，遂加南字。

尤能脱去平時畦徑。　尤能誤作猶然。

奈何奈何。　漏一奈何。

卅七幅　詩草松雲亂茅屋。　雲誤雪。

卅八幅　臨於毘陵許氏之槐榮堂。　漏許氏二字。

此專就録文之誤訂之也，其非録文之誤不録。抑有言者，墨井書畫集，一方録文，一方有原畫可證，故吾人能確知其誤，若其他書畫録，無原畫可證，其誤否又何從而證之，推而至於鐘鼎石刻，若僅據迻録之文，而不追求原物原拓，則書經三寫，烏焉成馬，其誤何可勝道，又豈獨一墨井書畫集然耶。

〔載於一九三七年一月七日天津大公報圖書副刊第一六四期。與原稿核對。〕

郤克跛考

郤克跛眇，春秋三傳與史記齊、晉世家，所載各不同。

公羊成二年，言前此者晉郤克與臧孫許同時而聘於齊，客或跛或眇。以行文慣例言，則跛者應屬郤克。

穀梁成元年，言晉郤克眇，衛孫良夫跛。然二年「敖郤獻子」，范注謂笑其跛也。

左氏宣十七年，言郤子登，婦人笑。杜注謂「跛而登階，故笑之」。

史記齊世家言郤克上，夫人笑。上與登義同，亦言其跛也。

晉世家言郤克僂，魯使蹇，衛使眇。斯爲獨異。

五説中，公、左、齊世家皆暗言郤克跛，惟穀梁獨明言郤克眇。然據范注，則范所見穀梁本作郤克跛。

左氏宣十七年疏，據沈氏引穀梁，亦言郤克跛，孫良夫眇。則沈氏所見穀梁與范同。沈文阿，梁東宮學士，見陳書三十三儒林傳。

陸德明、楊士勳所見穀梁作郤克眇，則唐初穀梁與唐以前本有異。

藝文類聚十九引穀梁與范、沈同，則所引猶是古本。太平御覽七三八引穀梁與類聚同，則恐引自類書，非引自穀梁本傳也。合而觀之，三傳皆作郤克跛，惟唐以後本穀梁作郤克眇，此則傳本之不同而非記載之不同也。

至晉世家言郤克僂，與齊世家自相歧異，則史記往往如此，不必爲之辯矣。

〔約作於四十年代前期〕

漢書蘇武傳校記

蘇武在漢書卷五十四附其父蘇建傳，故傳首無姓及籍貫。

武以武帝天漢元年（西紀前一〇〇）出使匈奴，昭帝始元六年（西紀前八一）歸國。

武出國後十四年，武帝崩。

衛律降在武出使前，勸武凡二次。

李陵降在天漢二年，初不敢見武，後十餘年，始奉單于命往説武。

李陵見武三次，初次在武帝崩前，二次在武帝崩後，三次送武歸。

荀悦漢紀，蘇武事專載於卷十六昭帝始元六年武歸國之時。

通鑑則分載蘇武事於卷廿一天漢元年及卷廿三始元六年。

以漢紀校今漢書，有可從者，如曹柯之盟作「曹劌於柯之盟」；有不可從者，如趙終根作「趙終、王良」，則多出一人。

以通鑑校今漢書，多可從。胡注也有可取，如「王必欲降武」，王指李陵封右校王。漢紀作少卿必欲降武。

以百衲影宋本漢書校殿本，可校出誤字，如「遺武」作遺武，「棫陽官」作棫陽宫。

以册府元龜六六一、太平御覽七七七奉使部亦可校出今本漢書誤字。

王益之西漢年紀以李陵勸蘇武事載於天漢四年，不顧其中有「今後十餘年，存亡不可知」語。

「曹柯之盟」見公羊莊十三年傳，及史記刺客傳，左氏不載，穀梁不詳。

「常惠自有傳」，卷七十。

「麒麟閣十一人皆有傳」，霍光六五，張安世五九，趙充國六九，魏相、丙吉七四，杜延年六十，劉德三六，梁丘賀八八，蕭望之七八，惟韓增無傳，散見於昭紀、宣紀、韓王信等傳。

〔作於一九四七年。此據原稿。〕

關於徐光啓著作中一個可疑的書名

今年是徐光啓誕生四百周年，很多報刊都發表文章來紀念他，文中提到他著作的時候，往往有一部徐氏庖言。「庖言」二字無出處，而且欠解。有人疑是「卮言」或「危言」之誤。所以作「庖言」者，因爲它是清朝禁書，唯巴黎國立圖書館有藏本，一九三三年上海徐家匯光啓社托人在巴黎照相寄歸，整理重行排印，因顯微膠片字太小，看不清楚，又因咫進齋叢書乾隆五十三年禁書總目十五頁，作「徐氏庖言」，遂認定此書爲庖言，由馬相伯先生用徑寸大字書寫封面行世，復登廣告，稱爲「一部再世的徐氏庖言」。其實「庖言」二字是有疑問的，咫進齋乾隆四十三年違礙書目第廿二頁實作「卮言」，「卮言」二字出莊子。三十年來，凡提到此書，千篇一律，都作「庖言」，這個可疑的書名，如果不加考正，將來新編的徐光啓集，一定仍作庖言。今當新編徐集未出之前，特爲揭出，幸巴黎所藏原本尚存，顯微膠片聞亦在上海圖書館，仔細一看，便得真象。

〔載於一九六二年六月二日光明日報。據原稿校核。〕

關於徐氏庖言

前日我提出徐光啓著作中可疑書名一則，載於六月二日本報三版。頃得有關方面來信，解釋庖言係代庖之言。徐光啓崇禎三年四月初二日鎮臣騤求制銃謹據職掌疏，曾說過「臣職司邦禮，不與兵戎，止因奉旨差遣，拮據代庖」云云，這樣解釋庖言，亦說得去。又根據此書顯微膠片，確實作庖言。可疑之點，既得解答，可作定論。余昔講校勘學有四例：一對校，以同書的祖本或別本對讀；二本校，以本書前後互校；三他校，以他書校本書；四理校，用理想來校勘。謂庖言可疑，是理校法，用顯微膠片證實，是對校法，看來理校不如對校穩當，又得一證。

〔載於一九六二年六月九日光明日報〕

廿二史劄記一補表條所本

劄記謂「後人有因各史無表而補之者」，其説本之朱彝尊撰萬斯同歷代史表序。伏無忌、黄景作諸王、王子、功臣、恩澤侯表；崔寔、曹壽、延篤雜作百官表，見史通十二正史篇。此東觀漢記之表，非後人因前史無表而補之也。

作百官表者崔寔、曹壽，朱序誤作邊韶，趙未考而沿之也。史通舊注謂曹壽「字世叔，即娶班彪女昭者」，亦非也。桓帝時世叔早卒，不然，當有百二十餘歲。或另一人與世叔同名，不然，則史通誤也。朱序删曹壽，或已見及此，然胡爲易以邊韶，不可解也。

袁希之漢表十卷，見舊唐志雜史類；熊方後漢表十卷，今存；李燾歷代宰相年表三十二卷，見宋志史鈔類：此真補前史之缺者也。

〔約作於二十世紀四十年代，以下二十九篇同。〕

廿二史劄記一列傳名目沿革條正誤

各史朝代之先後，與成書之先後不同。今本前十五史成書先後，爲史、漢、三國、後漢、宋、南齊、魏、梁、陳、北齊、周、隋、晉、南、北。論朝代，後漢在三國前，晉在宋前；論成書，則後漢在三國後，晉又在梁、陳、北齊、周、隋後也。

序各史類傳名目之因革，自應按成書先後，不應按朝代先後。劄記未注意此點，故所述多誤。如謂晉書「改循吏爲良吏，方術爲藝術」，「又增孝友、忠義」；齊書「改孝友、忠義爲孝義」；魏書「改孝行爲孝感，忠義爲節義」，皆誤之尤者也。

若按成書先後，當謂宋書改循吏爲良吏；周書改方術爲藝術；宋書孝義，魏書分爲孝感、節義，晉書分爲孝友、忠義，庶不至倒果爲因。今列簡表如左，即知劄記所言之誤也。

循吏　史、漢、後漢、　北齊、隋、　北、　新唐、
良吏　宋、魏、梁、　晉、南、　舊唐、
良政　南齊、

方術　後漢、
術藝　魏、
方技　北齊、　舊唐　三國本傳不著方技而目録有之，疑後人所加。
藝術　周、隋、晉、北、

孝義　宋、南齊、　周、隋、　南、
孝感　魏、
節義　魏、　北、
孝行　梁、陳、　北、
誠節　隋、
孝友　晉、　舊唐、
忠義　晉、　舊唐、

廿二史劄記一漢王父母妻子條書後

劄記漢王父母妻子條，爲趙先生最得意之筆。蓋曾以史、漢兩高紀漢王二年、四年事對讀，發現漢王家屬被楚軍所得者，漢書稱「太公呂后」，史記稱「父母妻子」，遂疑高祖母雖死，尚有庶母，孝惠帝尚有庶兄肥，必同爲羽所得。史記所謂「父母妻子」，乃無一字虚設；漢書改爲「太公、吕后」，轉疏漏矣。

日知録二十一陸機文誤條，曾據史記高紀正義引漢儀注，高帝母兵起時已死於小黄，漢書高紀，侯公説羽，羽歸太公、吕后，並無皇媪，證明陸機漢高功臣頌「侯公伏軾，皇媪來歸」，爲「不考史書之誤」。今劄記又據「皇媪來歸」及「父母妻子」句，證明高祖實有母在楚軍。二説對立，人將誰從？

然此乃史漢用語不同問題，非高祖有無母子在楚軍問題。試觀下表，則「太公吕后」，「父母妻子」，二語隨意使用。史亦有稱「太公、吕后」者，則非漢書所改也；漢亦有稱「父母妻子」者，則此乃家屬通稱，非必各有其人也。

漢	元年	二年	四年
史七項紀		太公呂后遇楚軍	歸漢王父母妻子
史八高紀	迎太公呂后於沛	取漢王父母妻子	歸漢王父母妻子
史十六月表			太公呂后歸自楚
史五六漢四十審食其傳		取太上皇呂后爲質	
漢一高紀		太公呂后遇楚軍	歸太公呂后
漢三一項傳		太公呂后遇楚軍	歸漢王父母妻子

日知録據「太公、呂后」句，以爲並無皇媪；劄記據「父母妻子」句，以爲無一字虚設。皆僅據兩書片面之詞，未統觀兩書全面也。以此表釋兩家之説，不幾如以湯沃雪乎？

〔此文曾發表於輔仁生活第四卷第二期（一九四二年四月）及一九四七年九月十五日天津益世報人文周刊新第十九期。〕

廿二史劄記一七國反條考證

「七國反」，在漢景帝三年。據史記十一景帝紀，七國謂吳、楚、趙、膠西、濟南、菑川、膠東；漢書五景帝紀，膠西列楚前。史記一〇六吳王濞傳，謂膠西王聽吳王計，約同反，遂發使約齊、菑川、膠東、濟南、濟北，皆許諾；漢書三五濞傳獨無濟北，蓋偶遺之，或後人傳寫脱漏耳。

劄記謂以其未成反，故爲之隱諱，非也。下文明言濟北王城壞未完，其郎中令劫守王不得發兵。漢書五一鄒陽傳，亦言梁孝王爲濟北王辨雪，乃得不坐。則漢書何嘗爲之隱諱耶？

劄記又謂漢書「以齊王自殺，遂坐以反謀」，亦非也。齊與濟北，皆與約而不同反。漢書三八高五王傳，言景帝以齊迫劫有謀，非其罪，召立孝王太子壽續齊後，文與史記五二齊悼惠王世家同，又何嘗坐以反謀耶？

趙先生以史、漢吳王濞傳對讀，發見漢書闕「濟北」二字，可謂得間，惜乎其求之過深也。

又膠西王所約之五國，有菑川；因齊孝王狐疑，三國兵共圍齊，亦有菑川，劄記皆作臨菑，臨菑乃齊都，筆偶誤耳。

又梁孝王爲濟北王辨雪事，見漢書鄒陽傳，不見史記八三鄒陽傳。劄記注鄒陽傳上不冠漢書，亦其一疏也。

廿二史劄記二漢書書恒山王條書後

漢惠帝在位七年，吕后稱制八年。史記惠帝事，均書於卷九吕后紀。今本通篇不提行，頗不易讀。漢書另立惠帝紀作卷二，高后紀作卷三，每年提行，眉目清晰；惟書恒山王事，不如史記之密，爲廿二史劄記所譏。

恒山王者，吕后稱制時所立少帝之一。惠帝崩後，曾兩立少帝，皆稱後宫子。其一不知名，立四年，被吕后廢殺；其一即恒山王，繼前少帝而立。吕后崩後，大臣以其非孝惠子，並誅之。王一人三改名：后稱制元年立爲襄城侯，名山；二年恒山王不疑薨，立山爲恒山王，更名義；四年立爲帝，更名弘。史記吕后紀所叙甚明晰。

漢書高后紀，元年立爲襄城侯，已名弘。據荀紀六，知今本漢書二年下脱去立襄城侯弘爲恒山王一節，四年忽書立恒山王爲帝，語出無根，劄記譏之是也。然此乃傳寫脱漏，非漢書有意删節；且恐唐本已然，故師古釋晉灼説，云即元年所立弘爲襄城侯者，而不及二年所立之恒山王弘也。惟以襄城侯爲弘，荀紀同，自是漢書所改，晉灼所謂以後名爲正也。然今本灼注以高后元年爲惠帝元年，亦誤。

劄記又譏漢書前稱孝惠後宫子，後云皆非孝惠子，以此爲歧互，非也。前所書者係立之之時，太后謂爲孝惠後宫子；後所書者係誅之之時，大臣謂爲皆非孝惠子。據事直書，並不歧互。且史、漢同詞，不得獨謂漢書歧互也。

「恒山」史記作「常山」，避文帝諱。漢書仍作恒山，蓋已祧不諱，或後人回改也。「弘」劄記作「宏」，避清諱。

廿二史劄記四光武及漢文年歲考證

中國歷史年代學，有一年兩紀元或三紀元之例，如光武建武三十二年四月，改爲建武中元元年，中元二年崩，在位凡三十三年。不知此例，則以建武三十二年，加中元二年，在位三十四年矣，此大謬也。

據後漢書光武紀論，光武以建平元年乙卯十二月生，建武中元二年丁巳二月崩，壽應六十三，今紀作六十二，字之譌耳。劄記云，光武即位，改元建武，時年三十一，建武凡三十二年，加中元二年始崩，應六十四。是未注意一年有兩紀元之例，中間須少算一年也。

漢書四文帝紀，文帝高祖中子，母薄姬，高祖十一年立爲代王，代王十七年高后崩。九七外戚薄姬傳，漢王四年召幸有身，歲中生文帝，八歲立爲代王，爲代王十七年立爲帝。

四年幸，五年生，十一年立爲代王，時應七歲，傳云八歲，蓋以四年幸爲四年生也。文帝紀末臣瓚注，帝年二十三即位，即位二十三年，壽四十六，是帝生於高祖五年也。

然史記十文帝紀，集解引徐廣注云：帝崩年四十七。則亦以爲生於高祖四年，即帝位時應二十四。劄記以爲應二十五者，以八加十七。不知八即十七之首年，一年兩用，中間亦須少算一年也。今殿本漢書臣瓚注，作年二十二即位，又字之譌耳。

廿二史劄記六論魏紀對漢獻及陳留王書法

劄記三國志多回護條，言漢獻帝遜位，魏封山陽公，及薨，謚孝獻皇帝，魏紀即稱爲獻帝，不曰山陽公也。魏常道鄉公遜位，晉封陳留王，及薨，謚元皇帝，則魏紀亦應稱爲元帝，乃僅以陳留王紀事，絶無元帝之稱，異於山陽書法矣。

按陳留王之薨，在太安元年，年五十八，見魏紀四注引魏世譜，時西曆三〇二也。晉書八二陳壽傳，壽元康七年卒，年六十五，時西曆二九七。是壽先卒於陳留王者五年，魏紀何由書爲元帝耶，劄記誤矣。據魏世譜，陳留亡國時年應二十一，今魏紀作二十，脱「一」字耳。

廿二史劄記六三國志注條載袁暐獻帝春秋又載孫思光獻帝春秋載殷基通語又載顧禮通語其誤何在

袁暐獻帝春秋，裴注所引凡二十餘次，魏武紀，袁紹、荀彧、馬超等傳注作袁暐；吳志十二陸瑁傳「廣陵袁迪」注作袁曄，曰「迪孫曄，字思光，作獻帝春秋」，是也。隋、唐志亦作袁曄，傳寫異文耳。

廿二史劄記三國志注條，既出袁暐獻帝春秋，復出孫思光獻帝春秋，蓋誤以陸瑁傳注之「孫曄」爲孫姓，又避清諱「燁」稱其字，而不知即魏武紀注之袁暐也。

殷基通語見蜀費禕、吳朱據、孫和等傳注。吳志七顧邵傳「雲陽殷禮」注引文士傳曰：「禮子基，以才學知名，著通語數十篇」，是也。

惟殷基隋志儒家類作殷興，春秋家有春秋釋滯十卷，亦殷興撰。今聞人本舊唐志，春秋家作「興」，儒家作「奥」。鮑本御覽六一四引通語又作殷典。是殷基一名而有四説，典、奥自是傳寫之譌，基、興未知孰正也。

殷禮見吳志顧邵傳，字德嗣，零陵太守；又見吳十二張温傳、十八趙達傳，惟殿本孫權傳赤烏四年注誤作殷札。

御覽六一四云：禮字往嗣。抱朴子正郭篇云：故零陵太守殷伯緒。「往」爲「德」之譌，伯緒其別號耳。

舊唐志云：「通語十卷，文禮撰，殷奥續。」「文」爲「父」之訛。原本當作「殷興續父禮撰」，小注雙行。「父」既誤「文」，乃左右互易。新唐志遂作「文禮通語十卷，殷興續」矣。無獨有偶，廿二史劄記三國志注條，既出殷基通語，復出顧禮通語，蓋誤以顧邵傳注之「禮」爲顧姓，亦著書名通語，而不知禮即殷基之父，顧邵之友，注因父及其子耳。兩唐志誤「殷」爲「文」，劄記又誤「殷」爲「顧」，是謂無獨有偶。

廿二史劄記七晉書條末引唐藝文志訂誤

隋經籍志所據，皆唐初現存之書。舊唐志據開元時毋煚古今書録，新唐志據舊志而續增天寶以後書。論唐初所存晉史，自應引隋志，不應引唐志，更不應引新唐志也。

劄記七晉書條末引新唐志晉史凡十種，幾無一種無問題。今疏舉如下：

一，陸機晉紀，見隋志。今作陸機晉帝紀，新志沿舊志誤也。

二，劉彤注干寶晉紀，見梁書四九、南史七二劉昭傳，及史通五補注篇。今作劉協，舊志誤而新志沿之也。

三至五，劉謙之、曹嘉之、鄧粲，皆著書名晉紀，見隋志。劉，宋中散大夫；曹，晉前軍諮議；鄧，晉荆州别駕。按朝代，曹、鄧應在劉前，新志沿舊志之誤，劄記又誤脱兩「之」字，不知以「之」爲名，南朝風氣也。

六，晉紀鄧粲撰，晉陽秋孫盛撰。隋志兩書相連，舊志誤讀爲鄧粲撰晉陽秋，今本舊志又誤作晉陽春秋。「春」爲東晉簡文鄭太后諱，當時著書名「春秋」者皆曰「陽秋」，後人於「陽」字旁注「春」字，遂連寫爲「晉陽春秋」。新志既出孫盛書，又沿舊志之誤，重出鄧粲書，失考。

七，檀道鸞續晉陽秋，見隋志及南史七二檀超傳。舊志誤「續」爲「注」，新志又誤「陽秋」爲「春秋」。

八，蕭子顯晉史草，隋志入正史類。子顯字景陽，古今書録避唐中宗諱稱其字。新志沿舊志誤作景暢，蓋不知爲子顯也。

九，續晉紀五卷，宋新興太守郭季産撰，見隋志。季産名疊見宋書五七、南史二九蔡興宗傳。舊志作晉續紀，郭秀彦撰，誤也。新志作季産，是矣，然何以仍作晉續紀？且季産應列蕭子顯前，今沿舊志列子顯後，亦誤。

十，晉録五卷，不見隋志，舊唐志亦無撰人。是否實有其書，頗爲疑問。

統計十種之中：

人名誤者五：劉協、劉謙、曹嘉、蕭景暢、郭秀彦。

書名誤者四：陸機晉帝紀、晉陽春秋、晉春秋、晉續紀。

撰注誤者二：鄧粲撰晉陽秋、檀道鸞注晉陽秋。

次第誤者二：劉謙之在曹嘉之、鄧粲前；蕭子顯在郭季産前。

大抵皆舊志之誤也。新志改正者一：郭季産；新志自誤者一：晉春秋；劄記自誤者二：劉謙、曹嘉。尚有卷數之誤，以劄記未引，姑從略。

隋志格式，撰人在書名下，小字雙行，冠以朝代，次第明晰。舊唐志盡將朝代删去，遂有宋在晉前、梁在宋前之弊。新志因之，更將撰人改在書名上，遂有撰注不明之弊。不知劄記考唐初晉史，何以不引隋志而引新唐也。

廿二史劄記九陳書劉師知傳條正誤

廿二史劄記九，謂陳書劉師知傳於師知弒逆之罪，絕無一字及之，而以議禮三千餘字，敷衍成篇，可謂正中陳書之失。然使無南史，後人亦何由知師知弒逆耶？此史筆之可畏也。

陳書劉師知傳，凡一六七一字，大行靈座服制議全案，凡一三八六字，劄記謂各議三千餘字，非也。

劉師知建議凡二次，是議非疏，是二非一，劄記「一疏」二字，亦有語病。若以全案言，則應作一案或一事也。

至以江德藻爲劉德藻，則因蔡景歷二次建議，末有「猶依前議，同劉舍人」之句，劉舍人即師知；下文「德藻又議」云云，則江德藻也。劄記以「劉舍人」與「德藻」連讀，遂誤爲劉德藻，不可謂小誤也。

茲將陳書劉師知傳服制全案撰爲簡明提要如後：

一、議題：大行靈座俠御人服制議。

二、議員：預議者六人，並八座以下諸通六人，共十二人。

三、辯論内容：

主吉服者，謂山陵儀有吉凶二鹵簿，故靈座亦宜有吉服俠御。

反對者謂山陵有凶吉二儀，成服唯凶無吉。

四、辯論經過：

甲、博士沈文阿提議，謂宜吉服。

乙、中書舍人劉師知駁議，謂宜凶服。

丙、中書舍人蔡景歷、江德藻、謝岐等同師知議。

丁、文阿重議引晉、宋山陵儀，成服儀及靈輿梓宫進止儀。

戊、乃啓左丞徐陵取決，陵同文阿議。

己、師知又議，引王文憲喪服記及昭明儀注。

庚、謝岐、蔡景歷、江德藻又議，並諮詢八座以下，亦同師知議。

辛、陵重答書，願守緘默，文阿猶執所見，乃具二録奏聞，從師知議。

劄記劉德藻之誤，即在庚條蔡景歷與江德藻之間也。

廿二史劄記九之八朝史至宋始行條云蘇洵等進陳書劉攽等校北齊書其說信否

今本南齊、梁、陳書卷首，皆有臣鞏等校上序。梁書僅稱臣鞏，齊、陳書則以臣恂爲頭，臣鞏殿後，蓋三序皆曾鞏主撰，故並載今南豐集也。然臣恂之「恂」，各本皆從「心」，劄記指爲蘇洵，不知何據。

據續通鑒長編庫本一九五，嘉祐六年十月，以孟恂與王獵並除編校書籍，恂時爲都官郎中，宋史無傳。所謂臣恂，當即此人，與蘇洵無涉也。

又今本北齊書卷三末有校記，言「臣等詳文襄紀」云云，此嘉祐諸臣校語也，然無校者主名，劄記指爲劉攽，亦未知何據？

據晁氏讀書志，嘉祐中命館職讎校宋、齊、梁、陳、魏、齊、周七史，曾鞏校上齊、梁、陳三書，劉恕等上魏書，林希、王安國上周書，宋與北齊，獨無校上主名，史闕文也。劄記實以劉攽，蓋因校上魏書由劉攽領銜耳，然與北齊書何涉。

北宋校刊南北八史諸臣考

廿二史劄記九，南北八史至宋始行條，所舉校刊人名皆誤；十七史商榷九九，及廿二史考異南齊、魏、周書末，亦各考之而未盡，今爲通考如左：

宋時南北八史，隋書最先刊行，宋、齊等七史在後。續資治通鑒長編庫本一〇二，天聖二年六月，命官校勘南北史。今惟隋書卷末有天聖時校語，云臣綬、臣燁提點，張觀、黄鑑等校勘。黄鑑宋史四四二文苑傳及宋會要輯本崇儒四俱作黄鑒；張觀見宋史二九二；綬者宋綬，敏求父，宋史二九一；燁者劉燁，宋史二六二。商榷闕考。

又長編一九四，嘉祐六年八月，詔三館、祕閣校宋、齊、梁、陳、後魏、後周、北齊七史。今南齊、梁、陳書卷首，皆有臣鞏等校上序，魏書有臣攽等校上序，周書有臣燾等校上序，惟宋書、北齊書無校上主名。

南齊書稱臣恂、臣寶臣、臣穆、臣藻、臣洙、臣覺、臣彦若、臣鞏八人；梁書稱臣鞏等；陳書與齊書同，惟少寶臣。三序皆見元豐類稿十一，蓋曾鞏撰也。臣恂商榷及南齊書考異闕注，劄記以爲蘇洵，殊誤；恂，諸本皆從「心」，長編一九五，嘉祐六年十月，有都官郎中孟恂，與王獵並除編校書籍，當即此人。穆者鄭穆，見宋史三四七，考異闕注。寶臣者丁寶臣，瀛奎律髓載其和永叔新晴獨游東山詩，宋詩紀事十三採之。藻者錢藻，宋史三一七。洙者孫洙或陳洙，孫洙見宋史三二一，陳洙見宋史新編一七九。覺者孫覺，宋史三四四。彦若者趙彦若，元祐中預撰神宗實録，見書録解題，宋史翼三曾補詳傳。以上諸人，皆見宋會要輯本崇儒四。

魏書校上序稱臣攽、臣恕、臣燾、臣祖禹；周書稱臣燾、臣安國、臣希。攽者劉攽，與劉恕、范祖禹，三人名最著，人所易知。王安國、林希校周書，見晁氏讀書志，安國宋史三二七，林希宋史三四三。周書考異謂燾爲安燾，而魏書考異獨闕燾不注，蓋同時以燾名而編校祕閣者，尚有梁燾也。安燾見宋史三二八，梁燾見宋史三四二，據宋會要輯本崇儒四，與安國共事者實梁燾。

宋書、北齊書雖無校上序，然宋書卷四六末有臣穆等案，殿本跋以爲即鄭穆，是也。北齊書卷三末有臣等詳，不署名，劄記以爲劉攽，蓋誤以魏書校者爲北齊校者耳，非别有所據也。

〔此篇曾發表於輔仁學誌第十二卷第一、二合期（一九四三年十二月）。〕

廿二史劄記十一載劉昶奔魏有子承緒孫文遠不誤

劉昶，宋文帝第九子，宋七二、南十四、魏五九、北二九皆有傳。

宋書載其奔魏後，二妾還都，各生一子，長思遠，小懷遠。

魏書載其在魏嫡子承緒，先昶卒。長子文遠，次輝云云。此長子是昶長子，抑承緒長子，不甚顯明。

北史不載文遠，載承緒子暉。暉即輝，傳寫偶異。暉爲承緒子，則文遠亦承緒子。然魏書之文遠，與宋書之思遠、懷遠，同以「遠」名。思遠、懷遠爲昶子，似文遠亦爲昶子。然思遠、懷遠之名乃宋明帝所命，言其父奔虜而思之、懷之也，與文遠之「遠」偶同而不相聯絡。

魏書載承緒尚魏孝文妹，輝尚孝文女。北史同。輝卑承緒一輩甚顯明。輝爲承緒子，文遠當然亦承緒子，廿二史劄記不誤也。

〔約作於四十年代前期〕

日知録引唐割屬東川六州制考

引書當標原題，不標原題，或另造一題，其史源每不易尋找，如日知録卷八屬縣條，引唐憲宗元和元年割屬東川六州制是也。制云：

分疆設都，蓋資共理，形束壤制，亦在稍均。將懲難以銷萌，在立防而不紊。故賈生之議，以楚益梁；宋氏之規，割荆爲郢。酌於前事，宜有變通。

此制不見兩唐書憲宗紀，亦不見兩唐書地理志。唐會要、通鑑載其事，亦不載其詞。

通鑑二三七憲宗紀云：

元和元年十月，制割資、簡、陵、榮、昌、瀘六州隸東川。

唐會要七一州縣改置門 梓州條云：

元和元年十月，以平劉闢，乃割西川所管資、簡、陵、榮、昌、瀘等六州隸東川。至四年正月，以東川所部，跨制太遠。武元衡論奏，復隸西川。

會要所載，較通鑑爲詳，然皆非原制。此制蓋平劉闢詔中之一段，見唐大詔令一二四平亂門。全唐文五九憲宗文曾採之，非特有一割屬東川六州制也。故詔令九九建易州縣門不載。日知録引此文，不冠以平劉闢詔，而單稱割屬東川六州制，實不可爲法。吾嘗以尋找此制史源測驗同學，有經練者需時三、二日，無經練者竟求之不得也。至其中字句，與今適園叢書本大詔令偶有不同，則所據本異耳。

〔載於一九四七年十月十三日天津益世報人文週刊新第二三期。據原稿校核。〕

日知録停年格條注引辛琡考

日知録通行本有多種，然可大别爲二類：一潘耒遂初堂本，二黄汝成集釋本。黄本即由潘本出，故潘本誤者，黄本多誤。若黄本自誤，則覆刻黄本者更無不誤也。

日知録八停年格條，注引吏部尚書辛琡言，不著朝代，遍檢諸史無辛琡。惟反對停年格者有薛琡，「辛」蓋「薛」之譌。薛琡見北齊書廿六、北史廿五，日知録所引乃北齊書也。「薛」何以誤「辛」？字闕左上旁，又涉下文魏書辛雄而誤耳。潘本先誤，黄本未能校正，故僅據史姓韻編等工具書尋求辛琡，必無所獲，非考其事之内容不可也。事之内容爲選舉，故可於選舉類求之。然通典十六選舉典引北史，乃作薛淑，淑字曇珍，文應從「玉」，參諸魏書四四薛野賭傳亦然，今從「水」誤也。

何以知日知録所引爲北齊？通典所引爲北史？則以北齊此傳較略，北史此傳較詳。北齊謂琡遷吏部尚書，請廢崔亮停年格；北史謂琡遷吏部郎中，請廢前吏部尚書崔亮停年格。北史所載，爲得其實，琡蓋先行洛陽令，免官復用，累遷吏部郎中，今本北齊書蓋脱去郎中一節，遂誤琡爲吏部尚書，可以北史校之也。通鑑一四九載此事，稱琡爲洛陽令，亦誤。因崔亮奏立停年格，在魏孝明帝神龜中，薛琡請廢停年格，在孝昌改元後，相距凡七、八年。通鑑統叙其事於神龜二年，時琡固未爲吏部郎中，亦未爲洛陽令也。鄭氏通志五九選舉略、文獻通考三十六選舉考，稱淑爲吏部郎中，是矣。然誤「琡」爲「淑」，與通典同，知其引自通典，非直接引自北史。是故一薛琡也，日知録誤其姓，通典、通志、通考誤其名，北齊書、通鑑、日知録誤其官，惟北史不誤，通志一五三列傳引北史，亦不誤。

〔載於輔仁學誌第十五卷第一、二合期（一九四七年十二月）。〕

日知録部刺史條唐置採訪使原委

日知録卷九部刺史條，引開元廿二年二月置十道採訪處置使詔。此詔同時有二道，均見張曲江集七：一爲勅置十道使；一爲勅授十道使。先置官，後授職也。唐大詔令集卷一百官制門，卷百十五慰撫門分載之。今日知録所引者爲第二道，蓋採自册府元龜一六二命使門也。册府誤作開元廿三年，潘本日知録因之，黄本已加改正。唐採訪處置使本由巡察使、按察使沿變而來，據通典卅二，神龍二年二月置十道巡察使，景雲二年改置按察使，開元廿二年改置採訪處置使，唐會要、舊唐書、通鑑略同。

日知録注謂：唐開元中或請選擇守令，停採訪使，姚崇奏十道採訪，猶未盡得人，云云，語本通鑑二一一開元三年十二月條。然通鑑原文作按察使，不作採訪使。採訪使始置於開元二十二年，姚崇已先於開元九年卒，安得有採訪未盡得人之奏，日知録注蓋據舊唐紀而誤也。舊紀八開元四年十二月條，載停十道採訪使，採訪二字偶誤，二年復置時名按察使，不應於罷使時名採訪使也。新書四九下百官志乃因舊紀之異文，併稱爲按察採訪處置使，尤誤，可以通鑑校之。通鑑開元四年十二月條，實作罷十道按察使，不作罷採訪使，更不作罷按察採訪處置使也。日知録乃據舊紀而改通鑑，實爲失考。今將開元中改置採訪使之原委，鉤稽各書，列表如下，庶於史源學及校勘學均有取焉。

巡察使　神龍二年置　通典三十二　通志五六
會要七七　通考六一
舊紀七　通鑑二〇八
册府一六二　新志四九下
詔令一〇三

按察使　景雲二年置　通典三十二　通志五六
舊紀七　通鑑二一〇
册府一六二
會要七七作景龍三年
通考六一作景龍二年
會要誤景雲爲景龍，通考因之。但通考所本之會要尚是二年，今本會要又誤作三年。

開元元年九月罷　通鑑二一〇
開元二年閏　舊紀八　通鑑二一一

二月復置	詔令一〇〇，又一〇四重出。
開元四年十二月罷	舊紀八作採訪使，誤。新志四九下作按察採訪處置使尤誤，通考五九乃因之。通鑑二一一作按察使。
開元八年五月復置	會要七七　通考六一 册府一六二　通鑑二一二 詔令一〇四
開元十二年五月罷	通鑑二一二 通典三十二作十年，新志四九下、通志五六、通考六一均因之，疑十下脱二字。
開元十七年五月復置	通典三十二　通志五六 舊紀八　通鑑二一三
採訪處置使　開元二十二年二月置	通典三十二　通志五六 會要七八　通考六一 舊紀八 通鑑二一三繫於二十一年末。册府一六二作二十三年，誤。新志

四九下作二十年，亦誤。通考六一兩見，其一作二十七年，尤誤。

據右表，通典、會要、舊紀，均爲第一等史源。册府元龜、唐大詔令則本於舊書及實録，通志則本於通典，通考則本於會要，通鑑及新志則雜採諸書而折衷之：然皆不能無誤。通典誤以開元十二年爲十年，會要誤以景雲爲景龍，舊紀誤以按察爲採訪，册府誤以開元二十二爲二十三，新志則誤以開元二十二爲二十，大詔令則開元二年復置按察制重出，均不得謂之無誤。至日知録注之誤以按察爲採訪，則又以通鑑之不誤爲誤，而改從舊紀之誤者也。校勘學之不可不講如此！

〔載於一九四八年一月十九日天津益世報人文週刊新第三六期〕

題蔡寬夫詩話

蔡寬夫詩話今佚，友人郭紹虞先生有輯本，刊宋詩話輯佚中，頗便檢閲。日知録三十一江乘條所引，見苕溪漁隱叢話前集二十四。寬夫名居厚，宋史三五六有傳。宋詩紀事三十七引梅磵詩話，載其和人治字韻。漁隱叢話前集九亦載之，但稱爲蔡寬夫啓。朱緒曾開有益齋讀書志六以此疑寬夫名啓；又據南窗紀談，謂寬夫曾官侍郎，與宋詩紀事所言歷官不合，不知宋史本傳明言居厚曾官户部侍郎也。

且蔡啓何人，他書曾見其名否，似應注意。或以爲蔡天啓，則「寬」字是衍文，「夫」字是「天」之譌，尚有可能。蔡天啓名肇，見宋史四四四，及宋詩紀事二十七。若蔡啓，則無是公烏有先生也。

然此僅就治字韻詩言，若蔡寬夫詩話爲蔡居厚作，本無疑義。朱緒曾疑宋詩紀事爲誤，蓋不知蔡居厚宋史有傳耳。宋詩話輯佚序，乃信朱緒曾説，謂蔡寬夫詩話爲蔡啓作。在朱固未免輕疑，宋詩話輯佚序似亦未免輕信也。

〔本篇原題日知録江乘條蔡寬夫詩話考證，發表於輔仁學誌第十五卷第一、二合期（一九四七年十二月）時改今名。〕

書鮚埼亭集陳忠肅祠堂碑後

鮚埼亭集二三陳忠肅祠堂碑，言忠肅以尊堯之作爲元祐黨魁，而其妹壻西山先生李深亦豫焉。李深見宋元學案十九，字叔平，光澤人，宋史翼五有傳，然爲陳忠肅妹壻之説未詳。據朱文公集九十西山先生李郁墓表，言郁爲元祐黨人朝散郎深之子，母爲陳忠肅公女兄。謝山之説蓋本此。偶誤姊壻爲妹壻；又誤李深爲西山，不知深乃西山之父也。然非此墓表，亦無由知深爲忠肅姊壻。謝山原本當作「其姊壻朝散郎李深亦豫焉」。因其説出於西山墓表，遂誤李深爲西山先生。西山見學案二五，楊龜山壻也。

書全謝山先侍郎府君生辰記後

鮚埼亭集三十有先侍郎府君生辰記，侍郎者謝山之六世祖，以明弘治十一年戊午閏十一月三十日生。全氏子孫以閏十一月不易遇，即遇亦未必有三十日，故凡遇閏十一月則有慶；若並遇三十日則大慶。自弘治戊午至永曆庚寅，一百五十三年，七遇閏，再遇晦，子孫皆有詩，謝山乃爲文記之。文僅六百三十言，而年月日之誤凡八。其中有並非閏十一月者二，則記文所謂「九遇閏」者實得七也。今疏其誤點如下：

開首第一句曰：「弘治十年戊午閏十月」。弘治戊午是十一年，非十年，誤一；是年閏十一月，非十月，誤二。

又曰：「己丑六十八歲」。戊午生，六十八歲是乙丑，非己丑，誤三。

又曰：「隆慶甲戌置閏於是月，亦無晦。」甲戌是萬曆二年，非隆慶，誤四；是年閏十二月，非十一月，誤五；且大建，不得謂無晦，誤六。

又曰：「萬曆癸未，置閏於是月，亦無晦」。癸未萬曆十一年，是閏二月，非十一月，誤七。

又曰，崇禎壬午，順治庚寅，「皆置閏於是月」。順治用時憲曆，閏在辛卯二月；其閏在庚寅十一月者，是永曆四年大統曆，非順治也，誤八。

右八點，除二、三兩點可委爲手民之誤，順治庚寅，或因時忌而改外，餘皆不得其致誤之由。疑所據者爲家譜，從後追紀，工具書不完備，故有此誤。十駕齋養新録所以謂「家譜不可信」也。

謝山之文，撰於乾隆八年癸亥，去崇禎之亡國正百年，而未嘗一閏十一月。謝山以此爲置閏之失，曆學之疏，安得精於甲子者考而正之云云。是豈獨乾隆以前，終有清之世，亦未嘗閏十一月，此時憲曆之法也。然明清所用曆法不同，謝山豈不知，而復有云者，慨故國之久亡，特借閏以寄其意耳。

〔此文曾發表於輔仁學誌第十一卷第一、二合期（一九四二年十二月）。〕

蕺山相韓舊塾記考釋

宋世二韓並盛。真定之韓居京師，庭有桐木，都人以桐樹目之，以別於相韓，見揮塵前録二。相韓者相州之韓，自魏公以相人守相，其孫治又守相。治請祠，詔其子肖胄代之。陛辭，帝曰，韓氏世官於相，卿父子相代，榮事也。見宋史三七九肖胄傳，此相韓所由名也。謝山文作治知和州，字之譌耳。

謝山此文述蕺山韓氏學統，自言本之吳禮部師道集及徐大年集。然吳禮部集並無韓貫道父子兄弟事，魏鶴山集六五有題楊慈湖所書韓貫道墓銘後，亦無劉子澄教貫道以一「實」字，及蕺山隱居教授，仲和、仲容兄弟能傳其學之言，非謝山所本也。惟杜範清獻集十七有跋韓仲和尊人墓銘，與謝山所言合，集並有與韓仲和、韓蕺山唱和詩，此謝山所本也。其名歷則似曾參韓氏家譜者。顧何以誤爲吳師道集，豈以師道與莊節先生性同在元史一九〇儒學傳，因性而誤及師道歟？

徐大年者徐尊生，不聞有集，大年蓋大章之譌。大章徐一夔，與徐尊生同在明史二八五文苑傳。一夔始豐稿九有韓諤墓誌，諤即義行先生亢之孫，莊節先生之從孫，此謝山所本也。亢爲莊節從兄，非親兄。始豐稿作亢，此文及宋元學案五九作伉，似誤。

莊節名甚著，劉念臺立尹和靖祠，以石墪、俞浙、潘府及莊節四人配享，有古小學尹先生從祀論，見劉子文編十。謝山於莊節不言所本，以元史有傳也。然元史性傳，實本之黄溍金華集三十二韓性墓誌。誌述其父詢齋，大理寺主簿，亦謝山所本。詢、恂傳寫偶異耳。顧此文及宋元學案六四均不舉金華集，何也？

附蕺山韓氏學統表

治
- 膚胄—囗
  - 冠卿（貫道）—爕（仲和）
  - 宜卿—度（蕺山）
- 膺胄—囗
  - 埜卿—境（仲容）
  - 楚卿—識
    - 翼甫（詢齋）—性（莊節）
    - 桂甫—亢（義行）—耘之—諤

右表五行，前三行，本杜清獻集；第四行，本黄金華集；第五行，本徐始豐稿。

書全謝山論漢豫章太守賈萌事後

謝山喜提倡節義，故於鮚埼亭集三一西漢節義傳題詞及困學紀聞十二注中，曾補載豫章太守賈萌討莽事，集外編四九又有專篇論賈萌，均謂其事出水經注。然水經注並未言其討莽，亦未言其爲張普所賣也。

水經注三九贛水條，言「贛水又逕郡北爲津步。步有故守賈萌廟，萌與安侯張普爭地，爲普所害」。爭地與討莽不同，所害亦與所賣不同，然則謝山所引者非酈注也。

謝山又言此事亦見太平御覽，然御覽九五〇蜂字條引謝承後漢書，言豫章太守賈萌，舉兵欲誅王莽，有蜂附萌車衡，主簿嚴豐以爲不祥，萌果見殺。雖言討莽，未言爲張普所賣，然則謝山所引者亦非出御覽也。

謝山何所據？蓋據太平寰宇記。寰宇記一〇六南昌縣龍沙廟條，言西漢末太守賈萌與安成侯張普，共謀誅莽，普反告莽，收萌而殺之。時人感歎，故爲立廟。此張普賣賈萌之說也。事並見寰宇記一〇九安福縣新茨山條引王烈之安城記，及廢安福縣條引顧野王輿地志，此謝山所本也。

居攝元年，劉崇與張紹謀討莽，紹從弟竦詣闕自歸，莽赦弗罪，又封爲淑德侯，見漢書莽傳上。竦之賣紹，與普之賣賈萌同，故謝山以張竦比張普也。

然謝山何以不提寰宇記一字？蓋所謂太平御覽者，乃太平寰宇記之訛。朱謀瑋箋水經注，已誤作御覽引安成記，謝山特襲其訛耳。然則當云「寰宇記載賈萌殉節，爲張普所賣，亦見水經注」，不當云「水經注載賈萌殉節，爲張普所賣，亦見太平御覽」也。今謝山云，不獨誤寰宇記爲御覽，並誤寰宇記爲水經注，皆不檢原書之過也。

謝山又言賈萌之名，不見於班史。其經史問答十，及校水經注，又引莽傳末九江連率賈萌拒漢而死。夫拒漢與討莽，雖傳聞異詞，然同名同時同地同被殺，其爲一人無疑，謂班史不載其名亦非也。

〔此文曾發表於一九四七年六月二十七日天津大公報文史週刊第三十二期〕

尚左尚右淺釋

鮚埼亭集外編三十一題真西山集，謂黃文潔生平，左西江而右建安。語本不誤，而諸生多以爲左右二字應互易，非也。

左襄十年，王叔與伯輿爭政，王右伯輿。范宣子曰：天子所右，寡君亦右之。杜注：右，助也。孔疏：人有左右，右便而左不便，故以所助者爲右。

國語七，晉士蔿曰：太子君之貳也，今分之土而官之，是左之也。韋昭注：左猶外也。

戰國　趙策：趙國豪傑之士，多在君之右。

史記八一廉頗藺相如傳：相如拜上卿，位在廉頗之右。索隱據王劭引董勛答禮曰：職高者名録在上，於人爲右；職卑者名録在下，於人爲左，是以謂下遷爲左。

謝山之言，蓋本之戰國策。戰國　魏策：蘇代曰，衍將右韓而左魏，文將右齊而左魏，二人者將中道而不可。高誘注：右近左遠。鮑彪注：右言助之力。中道猶中立也。謝山「左西江而右建安」之言，即本於此，不得謂謝山爲誤也。

且尚左尚右，有時代之不同，如漢尚右，唐宋尚左，元尚右，明尚左是。有地域之不同，如左桓八年，謂楚人尚左是。有人事之不同，如老子偃武章，謂吉事尚左，凶事尚右是。不可以一概論也。今將漢人尚右之例列後，以發其凡。

史記十文帝紀：十四年詔，右賢左戚。集解韋昭曰：右猶高，左猶下也。漢書四文紀同。師古曰：以賢爲上，然後及親也。康熙字典「左」字條，引史記及注，均左右互易。此以意妄改古書之顯著者也，學者應垂爲厲戒。

史記五六陳丞相世家，願以右丞相讓周勃。文帝乃以勃爲右丞相，位次第一。平徙爲左丞相，位次第二。漢書四十王陵傳同。

漢書一高紀，九年二月條，言漢廷臣無能出其右者。師古曰：言材用無能過之也。

漢書十四諸侯王表序：左官之律。應劭曰：人道上右，今捨天子而仕諸侯，故謂之左官。師古曰：漢時朝廷之列，以右爲尊，故謂降秩爲左遷，仕諸侯爲左官也。

漢書五二灌夫傳：貴戚諸勢在己之右，欲必陵之；士在己左，禮敬與鈞。師古曰：右，尊也；左，卑也；鈞，等也。史記一〇七灌夫傳同。

詳見兩漢刊誤補遺一，十七史商榷二十三，陔餘叢考二十一，十駕齋養新録十，韓門綴學三，鮚埼亭集 經史問答九。

書全謝山通鑑分修諸子考後

鮚埼亭集外編四十，有通鑑分修諸子考，陳漢章綴學堂初稿四，曾書其後，然皆不能無誤。通鑑之修，諸子先爲長編，温公乃筆削爲定本。今通鑑定本，周秦八卷，漢六十卷，三國南北朝一百十六卷，唐八十一卷，五代二十九卷。長編分屬，據胡注通鑑序言，漢則劉攽，三國南北朝則劉恕，唐則范祖禹。説本無誤，特未言及五代耳。周秦八卷，本温公自修，名通志。温公集五七進通志表，言「臣有先所述通志八卷，起周威烈王二十三年，盡秦二世」，是也。

治平三年（一〇六六）四月，命光續成此書，光乃薦劉恕、趙君錫同修。君錫不赴，命劉攽代之。明年十月，神宗親製序，賜名資治通鑑。熙寧三年（一〇七〇），光又薦范祖禹同修，見續資治通鑑長編。李燾書名長編，即自比於分修諸子。綴學堂初稿引此條，作熙寧二年，偶誤。計其時，漢紀、三國已成，攽修南北朝，恕修五代，范修唐。謝山所引温公與范帖，皆范初任職時語。顧棟高温公年譜編此帖於本年，是也。綴學堂稿謂爲熙寧元二年初議，熙寧元二年，范尚未預修書事也。元豐七年（一〇八四）十二月書成。李燾追述修書經過，謂攽在局五年，通判泰州，范祖禹代之，是范任職未久，攽即離局。恕之接修南北朝，當在五代長編既成之後。

温公集六二與劉道原書，謂道原五代長編，計不日即成。集五三乞官劉恕一子劄，又言十國五代之際，傳記訛謬，非恕精博，他人莫能整治。是恕分修五代之證。范太史集三八劉君墓碣，言道原於魏晉以後事，尤能精詳，司馬公悉委而取決。通鑑問疑中，又有君實問「道原於長編何故書景平二年二月癸巳朔日有食之」等四條，是恕分修三國南北朝之證。

謝山據温公與范帖，有隋以前與貢父，梁以后與道原語，謂五代爲道原所修，是也；謂隋以前一百八十四卷，皆貢父所修，則實未深考。攽在局五年，只修漢六十卷。宋史三一九攽傳，亦言攽「專職漢史」。三國至隋百十六卷，並五代二十九卷，皆道原所修，故當時論者，推道原之功爲多也。與范帖附今通鑑釋例末，爲原本温公集所無。十七史商榷百謂此帖温公文集亦收，蓋後來刻本補入耳。胡氏通鑑釋文辯誤序，謂此帖得之三衢學官，司馬伋取以編於前例之後，是胡氏曾見此帖，而不以南北朝屬攽者，知其後已改屬恕也。

四庫提要史評類通鑑問疑條，引邵伯温聞見録，謂通鑑以史記前後漢屬劉攽，唐五代屬范祖禹，三國歷九朝至隋屬劉恕。綴學堂稿因之，謂邵伯温從其父侍温公几杖間，聞見必審。不知邵氏並無是説，四庫提要謬也。是説實出晁説之，嵩山集十七送王性之序云：温公之子康公休嘗相告曰，資治通鑑之成，蓋得人焉：史記前後漢則劉貢父，三國歷七朝而隋則劉道原，唐及五代則范純甫，三公者天下之豪英也。

晁説之傳温公潛虚之學，見宋元學案二十二，而於通鑑之編纂，似未預聞。嵩山集十八題長編疑事，於通鑑稿名長編，爲温公自名，抑道原名之，尚不甚了了，則其所述公休之語，於漢前加史記，唐後加五代，未必無誤，故胡氏不採其説。綴學堂稿謂梅磵用其言以爲序，梅磵序何嘗有史記五代之言？又謂其説與宋史同，宋史攽傳、范傳，亦何嘗有史記五代之言？又謂李燾上續通鑑長編表，與邵説同，李表只言唐三百年，范實掌之，何嘗有范修五代之説？綴學堂稿蓋失考也。

綴學堂稿頗注意每卷結銜，然結銜只可考通鑑定本之年，不能考諸子分修長編之年。如五代長編，早成於元豐元年道原未卒之前，而定本則五代成於最後。范終其事，故誤五代爲范修；攽始其事，故誤史記爲攽修。緯略十二，載温公與宋次道書，言到洛八年，僅了得晉、宋、齊、梁、陳、隋六代，此自是指定本，而或又誤以南北朝爲公自修，不知長編除周秦外，皆諸子分修，定本則無一字非公自修也。

長編卷帙浩繁，時愈近則愈甚。單唐一代，已有六百餘卷，定本只八十一卷。醇夫又自爲一書，名曰唐鑑，僅十二卷，本非通鑑中之唐紀也。伊川諸公頗許之，見三朝名臣言行録十三引范太史遺事。謝山以爲冗，似混二書爲一。又通鑑漢至隋，一百七十六卷，謝山作一百八十四卷；五代二十九卷，謝山作二十七卷，皆誤。嵩山集言三國歷七朝而隋，通考經籍考引作九朝，四庫提要引經籍考誤作邵氏，綴學堂稿引邵氏又誤作九朝，與提要同，知其採自提要，並未檢邵氏原書也。

（此文曾發表於一九四七年二月十二日天津大公報文史週刊第十七期）

書全謝山與杭堇浦論金史第四帖子後

謝山與堇浦論金史第四帖子，駁于思容齊乘濟南有劉豫墓之説，謂豫在官數月，安得有墓在濟南？且豫以不愛濟南故降金，寧復視濟南爲桐鄉也。以此二點，推論于説之妄；而附點則謂歸骨阜城，恐亦不可得。蓋深爲豫之徒警也。

謝山論據第一點本弱，在官數月，何以不得有墓在濟南？施北研答謝山帖子，考劉豫與濟南之關係，得王秋澗集二十九題齊王讀書堂一詩，以爲他無可證。不知此讀書堂在阜城，明見秋澗詩注，與濟南無涉；而北研誤記爲濟南，不足以難謝山也。

考劉豫與濟南之關係，有宣和四年豫題蘇門山泉詩石刻，自稱濟南劉豫，詩有「我居東秦濟水南，無限泉池日親炙」之句。見潛研堂金石文跋尾十五，及宋史考異十六。竹汀先生以爲豫雖生阜城，實居濟南。足證豫與濟南關係甚深，不僅如謝山所云在官數月而已。北研既未能以此駁謝山，又攻謝山論據之附點，謂上京兩世不能歸骨阜城非篤論，引秋澗集阜城御莊石馬尚在爲證。不知此乃廢齊祖塋，並非豫父子之墓，亦不足以難謝山也。

至謝山論據第二點則殊有意義，與齊乘相反而實相成。齊乘謂其墓中生蝎，特以著其毒耳。謝山則根本不信豫有墓在濟南，並謂濟南既受松壽之污，不應復受羖羱之屈。羖羱，指高洋。高洋篡時，有河邊羖羱之謡，見北史齊文宣紀。元遺山龍泉寺詩所謂「河邊羖羱尚能飛，無角無鱗自一齊」，是也。松壽，李璮小字，見元史叛臣傳。璮專制山東三十餘年，反側宋元之間以自利，亦劉豫之亞也。謝山以爲濟南既受李璮之污，不應復受豫墓之辱。以是推其墓必不在濟南，雖戲論，亦正論也。

然細觀齊乘所載，其意並不在墓，而在斥遺山之黨豫，故詆爲文士害理。此與謝山跋遺山集，譏遺山爲文章之士正同。北研箋遺山詩，謂思容何知？思容不任受也。且豫在當時，實爲人世所不齒。道園學古録十三有福州總管劉侯墓碑。侯，字濟川，遺山所數稱爲阜昌諸孫者也。碑曰：「劉氏世爲大名人，在金時常顯宦，而事軼不傳」。嗚呼！非不傳也，所不齒也。人至爲子孫所羞稱，則亦已矣！有墓無墓，何辨焉？

〔此文曾發表於一九四八年五月十日天津益世報人文週刊新第四十八期〕

作者在文後附注：「北平淪陷時校課，特以補白。」

全謝山聯姻春氏

隨筆雜記之屬，有裨於史學。然史學重考證，如只憑記憶，或僅據所聞，漫然載筆，其事每不可據。董秉純撰全謝山年譜，於雍正十二年條下，言先生三十歲，「續娶曹孺人於京師」。鮚埼亭集二十二韭兒埋銘，曹孺人三字凡六見。外編八先公墓石蓋文，亦言不肖續娶於京，婦曹氏。然皆不言曹氏之系屬。唯韭兒銘述韭兒罷罷愛我之言，謂「罷罷者，關東人呼其父之稱也」。鄞兒何以效關東語，頗疑其母爲旗人，而未有確證。

據隨園詩話六，云謝山年三十六，方娶滿洲學士春臺之女，逾年舉一子。又據陳勾山紫竹山房集一答全謝山苦熱詩注，謂謝山爲春學士館甥。春臺索佳氏，滿洲人，康熙五十二年癸巳進士，累官翰林院侍讀學士，見鐵保熙朝雅頌集。稱春臺爲春學士，猶之稱鐵保爲鐵尚書，旗人以名首字爲稱，乃通例。然則鮚埼亭集所謂曹孺人者，實旗籍。其所以稱爲曹氏者，吾始疑春、曹形近而訛，繼思索佳氏之呼爲曹，猶瓜爾佳氏之呼爲關，富察氏之呼爲傅也。隨園、勾山均與謝山同時，其言足補鮚埼亭集之闕，此隨筆雜記之有裨於考史者也。

唯謝山三十六歲方娶之説，殊有問題。雪橋詩話五已據董撰年譜駁之，謂謝山續娶時當三十歲。蔣天樞撰謝山年譜，又據陳勾山詩注駁董譜，謂謝山續娶，應在雍正十三年三十一歲。其説更爲邃密。蓋勾山以十三年四月至都，時謝山正始昏於春氏也。

至逾年舉子之説，在謝山更爲重大問題。如隨園言，是謝山服中生子也。鮚埼亭集外編三十九，有請復服内生子律議，言唐宋以來，俱嚴服内生子之禁，明太祖著孝慈録，詆爲不近人情，遂削其律。今世以爲習有之事，恬然無忌，是去律之害中於人者深也。卷四六又有因友人服内生子而與之絶交書。夫服内生子應否禁止，另一問題；而謝山之不敢服内生子，可斷言也。如隨園言，謝山之續娶及舉子，皆在服中。試列謝山年表如下：

雍正十三年乙卯　三十一歲　續娶曹孺人於京師。

乾隆元年丙辰　三十二歲　先薦鴻博，後成進士，未與試。

二年丁巳　三十三歲　十月出都，曹孺人以新産女留京。後此女爲方望溪孫婦。

三年戊午　三十四歲　十二月丁父憂。

四年己未　三十五歲　十二月丁母憂。

五年庚申　三十六歲　在服中。

六年辛酉　三十七歲　在服中。

七年壬戌　三十八歲　三月除服。

八年癸亥　三十九歲　五月曹孺人生子小韭。

據此表，是謝山續娶曹孺人後，逾年先舉一女，丁憂後五年乃舉一子。隨園之言，殊不足據。或疑隨園素主蕩佚禮教，以謝山曾有請復服内生子律議，故以此誣之。此則求之過深，恐隨園不至如此，特僅據所聞或追憶，信手記載，致有此誤。史學所以重考證也。

謝山承祖若父遺志，故國觀念獨深，其竭力表彰忠義，即無異提倡革命。然未遭清廷之忌者，以徒申忠孝之節，而不言夷夏之防，其與春氏聯姻，亦與鮚埼亭集卷首之頌揚聖德，用意相類，近代所謂煙幕彈也。金毓黻中國史學史謂謝山之時，文網正密，以喜談明史受禍者不知凡幾，而謝山積稿，獨得流傳，亦無人爲之訐發，抑何幸也云云。謝山亦幸有此煙幕彈耳。

然謝山亦嘗遭不測矣。乾隆十年，謝山里居，與寧守魏崿不睦。守與巡道欲興大獄，搆之於撫院常安。常置不問，而私屬草塘通判鮑鈖以告謝山，並請謝山爲撰愛宜堂集序。常、鮑皆旗人；鮑與杭守鄂敏，又與謝山善，頗調護之，遂得免禍。其晚年長端溪書院，應粵撫蘇昌之招，蘇亦旗人也。謝山在當時蓋實行旗漢通婚而收其效者。

〔此文曾發表於一九四六年十月三十日天津大公報文史週刊第三期〕

全謝山曾遭文字獄辨

鮚埼亭集開卷有聖清戎樂詞十六篇，其第四篇名大討賊，志順治入關「討」李自成也。中有「爲我討賊清乾坤」一語，説者謂謝山曾因此入獄，非也。乾隆二十年（一七五五）胡中藻堅磨生詩鈔案因詩中有「一把心腸論濁清」句，上諭謂加「濁」字於國號之上，是何肺腑，以此爲獲罪條款之一；鮚埼亭集「爲我討賊清乾坤」句，加「賊」字於清字之上，自然更爲違礙，但謝山文集刊於謝山卒後四十九年，謝山生前未聞入獄，此蓋説者因胡案推論及之耳。胡案公佈在乾隆二十年三月，謝山卒在同年七月。謝山病中手定文稿，如果覺此等句語有礙，自當删除；門人董秉純等親受遺稿，如果覺此等句語有礙，亦必不敢録存。何以輾轉傳鈔，至嘉慶九年（一八〇四）集刊出時，「爲我討賊清乾坤」一句，尚赫然在集中卷一之五葉，未嘗因忌諱鏟除，則其生前未嘗因此語受禍可知也。

書十七史商榷第一條後

王西莊好駡人，昔賢每遭其輕薄，如謂劉向爲西漢俗儒；謂李延壽學淺識陋，才短位卑；謂杜元凱剽竊；蔡九峰妄謬；又謂陳振孫爲宋南渡後微末小儒；王應麟茫無定見。其於時賢如顧亭林、戴東原，亦力斥之，又謂朱竹垞學識不高，皆見其所著蛾術篇及十七史商榷。蓋其天性如此，又乏修養，自以爲是，而不知人之竊笑之也。

十七史商榷第一條講目録學謂宋之晁公武，下迄明之焦弱侯，「皆學識未高」；講校勘則謂錢遵王「但可云能藏書，未敢許爲能校書」。不知此條於目録學則開口便錯，於校勘亦謌字不一也。

此條所駡之某氏，即指錢遵王。遵王曾集諸宋本史記爲一書，因李汧公嘗取桐孫精者雜綴爲琴，名百衲琴，故亦戲名此爲百衲史記，語見錢所著讀書敏求記。商榷引其言，據誤本敏求記，稱李汧公爲李沂公，又誤桐孫爲桐絲。

李汧公者李勉，大曆中封汧國公，見兩唐書一三一本傳。唐時李姓無封沂國公者。商榷之誤，此其一。

李勉百衲琴事，出唐人李綽撰尚書故實，韋絢劉賓客嘉話録亦載之。今學海類編本劉賓客嘉話作李汧公勉取桐絲之精者雜綴爲琴。桐絲當作桐孫，草書相似而訛也，寶顔堂祕笈本尚書故實正作桐孫。桐孫者桐之幼枝，太平御覽九五六引風俗通云：「梧桐生於嶧山陽巖石之上，採東南孫枝爲琴，聲甚清雅。」庾子山集五咏樹詩，「楓子留爲式，桐孫待作琴」，以孫對子，是也。商榷之誤，此其二。

海山仙館本敏求記更誤作絲桐。絲、桐是二物，桐孫是一物。校者習見絲桐，以桐絲爲誤，遂臆改之。不知桐絲固誤，絲桐更誤，此又在商榷下矣！商榷未敢許遵王能校書，然則西莊可云能校書乎？一眼前習見故事，而誤者二字。翻刻本商榷如此，固可委爲手民之誤也，乾隆五十二年洞涇草堂原刻本商榷亦如此，西莊能辭其責乎？且在全書第一條，正是駡人不能校書，何自疏忽如此。

不獨此也，漢書藝文志載太史公百三十篇，馮商所續太史公七篇。漢志稱司馬遷書爲太史公，不稱史記也。漢書所稱「史記」，皆謂古史所記，不專指司馬遷書。司馬遷書所稱「史記」，如周本紀言太史伯陽讀史記，十二諸侯年表言孔子論史記舊聞，陳杞世家言孔子讀史記，亦皆指古史。錢竹汀史記考異五，太史公書條曾詳論之；漢書考異二，又曾歷舉班書五行志所引「史記」凡十餘條，多不見於司馬遷書，知「史記」二字，在班志以前，爲古史通名，東漢以後，始以爲司馬遷書之專名也。

今商榷第一句乃曰，「漢志史記百三十篇，無卷數。裴駰集解則分八十卷，見司馬貞史記索隱序」云云。漢志安得有史記百三十篇乎？單稱史記百三十篇未爲誤，連漢志稱史記百三十篇則誤矣。錢竹汀於此事不惜一再言之，殆爲西莊發也。商榷之誤此其三。

且由百三十篇改爲八十卷，應云合不云分，今商榷曰：「裴駰集解分八十卷」，亦誤也。單稱裴駰集解分八十卷未爲誤，連上文言「史記百三十篇，裴駰集解分八十卷」則誤矣。由少而多謂之分，由多而少則當謂之合。且商榷此語明謂引自史記索隱序，今索隱序明謂裴參軍作集解，合爲八十卷，何嘗言「分八十卷」乎？商榷之誤此其四。

在一條四百餘字中而有四誤，且誤在全書第一卷第一行第一句，所謂「開口便錯」也。錯固人所恒有，胡爲開口罵人耶？蛾術篇九有史記但稱太史公條，言「漢藝文志春秋類有太史公百三十篇，即史記也，而不名史記，則史記之名，起於後人」云。西莊蓋自知十七史商榷之失言，而思以此彌縫之也。又書名商榷，「榷」當從「手」不從「木」，西莊亦辨之於蛾術篇三十，認前此誤引「木」部，其書已行，不及追改云。昔人每自悔其少作，然商榷之刊行，在乾隆丁未，時西莊年六十六，不可謂少矣！書此以爲吾老年人著書者戒。

〔此文曾發表於一九四六年十月十六日天津大公報文史週刊第一期〕

書十七史商榷齊高帝紀增添皆非條後

十七史商榷五五，言南史齊高紀增添者二事：一爲建元三年烏程令吳郡顧昌玄不孝，有司請加以清議；二爲紀末附言符瑞，凡一千一百餘言。

第一事，商榷以爲入之本紀，「語覺不倫」，不知建元三年，曾遣使巡行天下，凡孝義詔表門閭者，今皆見孝義傳；其有不孝不義，法律無可制裁者，亦宜有所懲誡。顧昌玄父泰始中北征陷殁，昌玄宴樂如常，此等無心肝之人，劾付鄉邑清議，即懲誡之一法。南齊書二四張瓌傳，言建元三年，瓌爲吳興太守，因烏程令顧昌玄有罪，瓌坐不糾免官。所謂有罪，即指不孝。又南史七三孝義王虚之傳，有顧昌衍，亦吳人，居喪幾至滅性。王儉言之天子曰：昌衍既有至行，宜居禮闈，以光郎署。此事亦爲南齊書所無，必延壽新得史料。昌衍疑即昌玄兄弟，一孝一不孝，孝者既增入孝義傳，不孝者入之本紀，以彰其罪，實爲得宜。今此事已採入册府元龜九二三不孝門，垂誡且及百世，則南史之所書，爲效大矣，何謂不倫。

第二事，商榷以爲「巫媪不經之談」，「皆南齊書所無，此因增添而失者」。不知紀末所附符瑞，一千一百餘言，大概可分爲二十二節，除明帝寢疾一節外，餘皆見南齊書十八祥瑞志。延壽之書，既不撰志，凡舊志史料可採者，皆設法散入紀、傳中，此著書之體應爾也。商榷未經細勘，以爲皆南齊書所無，何其陋耶！至以此爲巫媪不經之談，史不應載，亦未盡然。史家記事，如鏡照物，其時社會之知識如此，攘奪者之虚僞宣傳又如此，史家不過據事直書而已，豈待十七史商榷始知其妄乎？此不足辯者也。今本南史，頗有譌誤，吾以南齊志校之外，曾取册府二〇三徵應門校之，其中「東城天子出」一節，言宋明帝常閉東府，又使子安成王代之。「代」字欠解，疑涉下文「安成王代立」而誤；其上文又有「改代作伐」四字，疑係校者識語，誤入正文。今册府所引，實作「使子安成王居之」，而無「改代作伐」四字，知北宋時南史未誤也。

〔此文曾發表於一九四六年十二月十八日天津大公報文史週刊第十期〕

書通鑑外紀温公序後

劉道原著述行誼，具見於温公十國紀年序，及范淳夫、黄山谷二家所撰墓文，宋史道原傳即本於此。未聞温公别有通鑑外紀序也。今傳本通鑑外紀之温公序，乃删改十國紀年序而成，剪截之跡宛然，一勘即見。而前此人鮮注意，流傳七八百年，王西莊亦不察而信之。信之不已，反賓爲主，謂「司馬公外紀序，文集乃作十國紀年序，大誤」。又謂「五代十國紀年，去五代二字，亦非」云云。其説見十七史商榷卷末。

今按温公文集六五，十國紀年序稱：道原好讀書，不幸早夭。其成者十國紀年四十二卷，疑年譜、年略譜各一卷，資治通鑑外紀十卷，餘皆未成。病亟，乃口授其子羲仲爲書，屬光使撰埋銘及十國紀年序，且曰：始欲諸國各作百官及藩鎮表，未能就，幸於序中言之。光不爲人撰銘文已累年，所拒且數十家，故序平生所知道原之美，附於其書，以傳來世。據此知道原所求者埋銘及十國紀年序，而非通鑑外紀序。温公所撰者亦十國紀年序，而非通鑑外紀序也。

又按豫章黄先生集二三劉道原墓誌銘云：道原卒於元豐元年九月。其父涣字凝之，葬道原於星子城西，以故司馬文正公十國紀年序爲銘，納諸壙中。其僚今翰林學士范淳夫爲文，碣於墓次。後道原子羲仲以元祐八年十有一月遷葬道原於江州德化縣之龍泉，以十國紀年序及墓碣義論，撰其遺事，乞銘於豫章黄庭堅。據此知當時人所稱述者亦十國紀年序，而非通鑑外紀序，且可證「十國」上並無「五代」二字也。

又趙希弁郡齋讀書附志五上通鑑問疑條，言「恕子羲仲纂集此書，附十國紀年序於後」。三朝名臣言行録十四，録道原言行，稱引十國紀年序者凡七條。是南宋人所見者亦十國紀年序，「十國」上亦無「五代」二字也。

且十國紀年序稱道原六世祖度，唐末爲臨川令，其説與范太史集三八祕書丞劉君墓碣同。今外紀序乃節去「六世」及「唐末」等字，云「祖度爲臨川令」，是以六世祖爲祖，以唐末爲北宋，此何等疏謬乎！咸淳間劉氏子孫輯三劉家集，採有關道原文字，收十國紀年序，而不收所謂温公外紀序，知其謬也。王西莊乃不一勘，而遽信之，不可謂非失察。四庫提要通鑑外紀條亦信此序，並誤祖度爲祖受，又誤道原曾令之和川爲和州。和州屬今安徽，和川屬今山西，風馬牛不相及。官書不足責，十七史商榷以是爲非，以不誤爲大誤，抑又何耶？

鐵琴銅劍樓藏書目九載宋刊通鑑外紀詳節，尚無所謂温公序；愛日精廬藏書志九載陸狀元集百家注通鑑詳節，則有温公外紀序矣。此蓋南宋時書估所爲，以外紀無温公序，乃删改十國紀年序以爲序也。夫十國紀年序可以爲埋銘，則刻外紀而以十國紀年序爲序，未爲不可。天一閣書目載北宋刊外紀有司馬公序，當即十國紀年序，後乃删改爲外紀序耳，所謂弄巧反拙也。然不校以十國紀年序，亦無由知其僞。今雖揭破，仍恐不能廢，則以此序流傳已久，古今僞書之似此者多矣！

（此文曾發表於一九四六年十一月二十七日北平經世日報讀書週刊第十六期）

隋書百官志後周禄秩解

文字本欲人易曉，然北周時曾一度復古，有極顯淺之事實而以極紆迴之文字叙述之，如隋書二十七百官志周制禄秩條是也。今先引原文而解釋之如後：

周制：禄秩，下士一百二十五石，中士已上至於上大夫，各倍之，上大夫是爲四千石。

卿二分，孤三分，公四分，各益其一。公因盈數爲一萬石。

其九秩一百二十石，八秩至於七秩，每二秩六分而下各去其一，二秩俱爲四十石。

「中士已上至於上大夫，各倍之」者，謂中士二百五十石，上士五百石，下大夫一千石，中大夫二千石也。

「卿二分，孤三分，公四分，各益其一」者，謂卿益上大夫之二分一爲六千石，孤益卿之三分一爲八千石，公益孤之四分一爲一萬石也。

「八秩至於七秩，每二秩六分而下各去其一」者，謂八秩以下，每二秩各去九秩之六分一，故八秩七秩百石，六秩五秩八十石，四秩三秩六十石，二秩一秩四十石也。

吾始疑原文末句有脱字，應作「一二秩俱爲四十石」，後據通典三五禄秩門，册府元龜五〇五俸禄門所引，果作「二秩一秩俱爲四十石」，知今本隋書實脱「一秩」二字，疑乃大白。試列爲表，則一目了然。

後周禄秩表：

下士	一二五
中士	二五〇
上士	五〇〇
下大夫	一〇〇〇
中大夫	二〇〇〇
上大夫	四〇〇〇
上各倍之	
卿	六〇〇〇
孤	八〇〇〇

公	一〇〇〇〇
上遞增二千石	
九秩	一二〇
八秩七秩	一〇〇
六秩五秩	八〇
四秩三秩	六〇
二秩一秩	四〇
上遞減二十石	

〔此文曾發表於一九四八年三月二十日申報文史第十五期〕

奴才

滿員稱臣稱奴才體制

乾隆二十三年二月壬申上諭軍機大臣等，滿洲大臣奏事稱臣，稱奴才，字樣不一，著傳諭嗣後頒行公事摺奏稱臣，請安謝恩尋常摺奏仍稱奴才，以存滿洲舊體。

滿員稱臣被斥一

乾隆三十八年四月乙丑上諭軍機大臣等，前因于秀病故，據舒赫德奏副將喬照於伊犂屯田事務，尚爲熟諳，因降旨令其署理涼州鎮總兵。今覽其奏謝摺內，書銜稱臣，殊屬不合。武員即官至提督，亦稱奴才。此乃向來定例，喬照豈容不知。雖臣僕本屬一理，稱謂原無重輕，但喬照甫加總兵，即如此妄行無忌，足見其器小易盈，恐在彼管理屯務，亦未必如俞金鰲之經久妥協。著舒赫德傳旨嚴行申飭，並留心訪察，如有自滿貽誤，即行據實參奏，毋稍瞻徇。

滿員稱臣被斥二

道光六年八月己巳上諭内閣，道光五年曾經降旨，督撫藩臬之内，如係旗員，於請安謝恩摺内著繕寫「奴才」字樣，凡遇一切公事奏摺，著寫「臣」字。此特專指文職而言，並未指出武職如此繕寫，原降諭旨甚屬明晰。穆蘭岱前此會同陝甘總督奏事一摺，自應繕寫「臣」字，今伊自行陳奏青海、蒙古事件，亦寫「臣」字，竟染漢人習氣，殊屬不合。況此際各省將軍都統等奏摺，並無一繕寫「臣」字者，穆蘭岱身任副都統，兼西寧辦事大臣，而倣傚文職，殊屬非是。穆蘭岱著傳旨申飭。

漢員不隨滿員稱奴才者被斥

乾隆三十五年閏五月丁卯，諭軍機大臣等，今日周元理會同西甯等奏到搜捕蝗孽一摺，業已隨摺批示發回。至摺内列名處，西甯、達翎阿則稱奴才，周元理則稱臣，殊覺可笑。

臣僕本屬一體，均係奉上之稱，字義雖殊，其理則一，滿漢臣工自稱固有不同，然遇部院章奏，雖滿洲大員亦一例稱臣，而滿洲督撫奏地方公事亦然，並非以奴才之稱爲卑而近，稱臣爲尊而遠也。即如滿洲大學士，在朕前亦自稱奴才，而漢人雖丞簿末秩，引見亦稱臣，豈丞簿漢員因此遂得謂尊於滿大學士乎？朕撫御臣民，並無歧視，而朝廷體統，本自尊嚴，又豈因臣下之稱奴才而尊崇有加，稱臣而體制有減乎？朕於此等事從不計較，即漢人中間有於召對時稱奴才者，亦並無嘉賞之意，而摺奏列銜，則不宜參錯，止當論首銜何人，或滿或漢，皆可以一稱貫之。此次三人會奏之摺，而甯名列在前，既稱奴才，則達翎阿、周元理自當連名直寫，又何事妄生區別於其間耶！若周元理不屑隨西甯同稱，有意立異，是視周元理身分太高，諒彼亦不敢萌此念。但此等節目，必拘泥若此，又何其不達事理耶，可笑之至，將此傳諭周元理知之。

漢員隨滿員稱奴才者亦被斥

乾隆三十八年十一月戊申上諭内閣，本日御史天保、馬人龍奏監考教習查出代倩之弊一摺，已交部查辦。至其摺内書銜，因天保在前，遂概稱奴才。向來奏摺，滿洲率稱奴才，漢官率稱臣。此不過相沿舊例，且亦惟請安謝恩及陳奏己事則然，若因公奏事，則滿漢俱應稱臣。蓋奴才即僕，僕即臣，本屬一體，朕從不稍存歧視，不過書臣覺字冠冕耳，初非稱奴才即爲親近而盡敬，稱臣即爲自疏而失禮也。且爲君者豈繫臣下之稱臣稱奴才爲榮辱乎！今天保、馬人龍之摺如此，朕所不取，若不即爲指斥，恐此後轉相效尤，而無知之徒，或因爲獻媚，否或竊爲後言，不可不防其漸。即如各部院衙門題奏摺本，雖至微之筆帖式，無不稱媚，又何容强爲區别於其間耶！嗣後凡内外滿漢諸會奏公事，均著一體稱臣，以昭畫一，著爲令。

〔載於北京大學研究所國學門周刊一卷六期（一九二五年十一月）。爲寧遠堂叢録之一篇。〕

武科

一 漢人武力不如滿洲

雍正五年十一月丁丑諭八旗都統等，歷來滿洲人材壯健，弓馬技勇，罕與比倫。前令八旗查得親軍護軍內，能開八個力以上硬弓者，現有一萬八千餘人。昨朕在瀛臺考試天下武舉騎射之後，令八旗人等當衆人之前校射。伊等所用之弓，自十八個力以至十三個力不等，舉重若輕，從容合度，衆武舉等咸驚異，以爲從來罕覩。朕心甚爲嘉悦，著分别賞給銀兩。伊等藝勇超羣，是其盡心學習之所致，嗣後務須更加勉勵，演習熟練，不可弓力相爭，尚將此通諭八旗知之。

二 滿洲停止武試

雍正十二年四月乙卯諭内閣。朕御極以來，於滿洲人材，廣開登進之路，冀收得人之效。是以雍正元年定有滿洲亦准考試武場之例。今思滿洲弓馬技勇,遠勝漢人。將來行之日久,必致科場前列,悉爲滿洲。文藝不及漢人,又恐考試内場時,不免有傳遞代作等弊,於作養人材之道,未有裨益,著行停止。

三 武科不貴讀書明理

乾隆二十五年十月壬申諭内閣,學政馮成修奏考試事宜一摺,所見明昧各半,其事之可行與否,自有部議。惟是借事紛紜,侈騰口説,爲臣工章奏爭持惡習,不可不防其漸。蓋朕向於科場及學政條奏,率皆飭部議覆,所謂耕當問奴,織當問婢,科甲非朕所習,不可强不知以爲知,其中是非可否,原無煩朕爲區别也。馮成修此摺,未免揣朕巡狩在外,亦不過一覽付部而已,故得騰其口頰,肆彼攻擊,而朕實反覆紬繹,兹故明斥其非,然亦不棄其是。如馮成修稱「考試武生請復用四書論題」一條,所稱「讀書明理,乃能宣猷閫外」等語,尤屬誕謬。武科一項,不過舊制相沿,因仍不廢。若論我國家用兵,自開創以來,暨近日平準夷,蕩回部,皆我滿洲及索倫勇將健卒,折衝萬里,蕆成大功,緑營兵尚無所用,更何嘗恃武科出身之人,而藉其干城腹心之寄。至侈談昇平羽林棄武尚文之論,此不過見之詩歌,寄興尚可，其實文恬武嬉耶。宴安酖毒，爲國家之大害，朕必不出此，而我子孫萬世所當奉爲家法，永爲深戒。馮成修或别有深意，欲爲嘗試乎！從前明季陋習，每遇一事，舉朝各挾意見，議論紛然。其時人主皆漫不省視，是以諸臣得遇事風生，紛呶噂沓，甚至借建白之多，黨援門户，無所不至，究與國事毫無裨益。朕於内外章奏，何一不親覽，而肯令此風稍啓其漸耶！馮成修識見卑詐如此，不可仍令司鐸，著開缺來京供職。

四 武科不准改試鳥槍

乾隆四十二年十一月癸亥朔諭軍機大臣等，高晉奏請將武闈二場舞刀改用鳥槍，以中靶之多寡，分别字號考試一摺，所奏不可行。國家武鄉、會試之設，原以文武制科，相沿舊例。不但舞刀一項，全無實際，其開弓掇石，又何獨不然，即伊等之騎射，亦難盡期有用。且向來用兵時，何嘗仗此項武舉臨陣克敵耶！至鳥槍一項，原係制勝要器，而民間斷不宜演習多藏，即如山東逆匪王倫聚衆之事，幸羣賊不諳放槍，易於勦滅，此顯而易見者。前因民壯内有鳥槍手，恐日久或致滋事，曾諭令各督撫不動聲色，將鳥槍改爲弓箭。所降諭旨甚明，高晉豈遂忘之耶？若如高晉所奏武科改用鳥槍，考驗準頭，則應試之武生，勢必時常習學打靶，凡應禁之火藥鉛丸，俱難禁民間私相售賣。且一縣中添無數能放鳥槍之人，久而傳習漸多，於事實爲有礙。高晉雖意在覈實，而未計及其流弊將無所底止，所謂知其一未知其二。高晉久任封疆，尚屬歷練曉事，何此奏不達事理若是耶！所奏斷不可行，不必復交部議，將此諭令知之。

〔載於北京大學研究所國學門周刊一卷八期（一九二五年十二月）。爲寧遠堂叢録之一篇。〕

胡中藻詩案

譏滿洲　譏南巡　譏中宮　怨悵　詆毁

乾隆廿年三月乙酉，召大學士九卿翰林詹事科道等入見，諭曰：我朝撫有方夏，於今百有餘年，列祖列宗，深仁厚澤，漸洽寰區，薄海内外，共享昇平。凡爲臣子，自乃祖乃父以來，食毛踐土，宜其胥識尊親大義。乃尚有出身科目，名列清華，而鬼蜮爲心，於語言吟詠之間，肆其悖逆詆訕怨望如胡中藻者，實非人類中所應有。其所刻詩，題曰堅磨生詩鈔，「堅磨」出自魯論，孔子所稱磨涅，乃指佛肸而言，胡中藻以此自號，是誠何心？從前查嗣庭、汪景祺、吕留良等詩文日記，謗訕譸張，大逆不道，蒙我皇考申明大義，嚴加懲創，以正倫紀而維世道。數十年來，意謂中外臣民，咸知警惕，而不意尚有此等鴟張狺吠之胡中藻，即檢閲查嗣庭等舊案，其悖逆之詞，亦未有累牘連篇至於如此之甚者。

如其集内所云「一世無日月」，又曰「又降一世夏秋冬」，「三代而下，享國之久，莫如漢、唐、宋、明，皆一再傳而多故。本朝定鼎以來，承平熙皞，蓋遠過之，乃曰「又降一世」，是尚有人心者乎！又曰「一把心腸論濁清」，加「濁」字於國號之上，是何肺腑！至謁羅池廟詩，則曰「天非開清泰」，又曰「斯文欲被蠻」，滿洲俗稱漢人曰蠻子，漢人亦俗稱滿洲曰達子，此不過如鄉籍而言，即孟子所爲東夷、西夷是也，如以稱蠻爲斯文之辱，則漢人之稱滿洲曰達子者，亦將有罪乎！再觀其「與一世爭在醜夷」之句，益可見矣。又曰「相見請看都盎背，誰知生色屬裘人」，此非謂旃裘之人而何！又曰「南斗送我南，北斗送我北，南北斗中間，不能一黍闊」，又曰「再汎瀟湘朝北海，細看來歷是如何」，又曰「雖然北風好，難用可如何」，又曰「撳雲揭北斗，怒竅生南風」，又曰「暫歇南風競」，兩兩以南北分提，重言反復，竟何所指？

其吾溪照景石詩中用「周時穆天子，車馬走不停」，及「武皇爲夫傾城色」兩典故，此與照景石有何關涉，特欲借題以寓其譏刺訕謗耳！至若「老佛如今無病病，朝門聞説不開開」之句，尤爲奇誕，朕每日聽政，召見臣工，何乃有「朝門不開」之語！又曰「人間豈是無中氣」，此是何等語乎！其和初雪元韻，則曰「白雲高難和，單辭贊莫加」，單辭出尚書呂刑，於詠雪何涉！進呈南巡詩，則曰「三才生後生今日」，天地人爲三才，生於三才之後，是爲何物？其指斥之意，可勝誅乎！又曰「天所照臨皆日月，地無道里計西東，諸公五嶽諸侯瀆，一百年來頫首同」，蓋謂嶽瀆蒙羞，頫首無奈而已，謗訕顯然。又曰「亦天之子亦來衣」，兩「亦」字悖慢已極。又曰「不爲遊觀縱盜驪」，八駿人所常用，必用盜驪，義何所取！又曰「一川水已快南巡」，下接云「周王淠彼因時邁」，蓋暗用昭王南征故事，謂朕不覺耳。又曰「如今亦是塗山會，玉帛相方十倍多」，「亦是」二字，與前兩「亦」字同意。其頌蠲免，則曰「那似偏災今降雨，況如平日佛燃燈」，朕一聞災歉，立加賑卹，何乃謂「如佛燈」之難覯耶！

至如孝賢皇后之喪，乃有「並花已覺單無蔕」之句。孝賢皇后，係朕藩邸時皇考世宗憲皇帝禮聘賢淑，作配朕躬，正位中宮、母儀天下者一十三年，然朕亦何嘗令有干與朝政驕縱外家之事，此誠可對天下後世者。至大事之後，朕思顧飾終，然一切禮儀，並無於會典之外有所增益。乃胡中藻與鄂昌往復酬詠，自謂殊似晉人，是已爲王法所必誅，而其詩曰：「其夫我父屬，妻皆母道之，女君君一體，焉得漠然爲。」夫君父人之通稱，君應冠於父上，曰父君尚不可，而不過謂其父之類而已可乎，帝后也，而直斥曰其夫，曰妻，喪心病狂，一至於此，是豈覆載所可容者乎！

他如自桂林調回京師，則曰「得免我冠是出頭」，伊由翰林洊擢京堂，督學陝西，復調廣西，屢司文柄，其調取回京，並非遷謫，乃以掛冠爲出頭，有是理乎？又有曰「一世璞誰完，吾身甑恐破」，又曰「若能自主張，除是脱轠鎮」，又曰「一世眩如鳥在笯」，又曰「蝨官我曾慝」，又曰「天方省事應間我」，又曰「直道恐難行」，又曰「世事於今怕促風」，無非怨悵之語。述懷詩又曰「瑣沙偷射蜮，讒舌狠張箕」，賢良祠詩又曰「青蠅投昊肯容辭」，試問此時於朕前進讒言者誰乎？伊在鄂爾泰門下，依草附木，而詩中乃有「記出西林第一門」之句，攀援門户，恬不知恥。

朕初見其進呈詩文，語多險僻，知心術叵測，於命督學政時，曾訓以論文取士，宜崇平正，今見其詩中即有「下眼訓平夷」之句，「下眼」並無典據，蓋以爲垂照之義亦可，以爲識力卑下亦可，巧用雙關云耳。至其所出試題内，考經義有「乾三爻不象龍説」，乾卦六爻，皆取象於龍，故象傳言「時乘六龍以御天」，如伊所言，豈三爻不在六龍之内耶！乾隆乃朕年號，「龍」與「隆」同音，其詆毁之意可見。又如「鳥獸不可與同羣」，「狗彘食人食」，「牝雞無晨」等題，若謂出題欲避熟，經書不乏閒冷題目，乃必檢此等語句，意何所指！其種種悖逆，不可悉數。十餘年來，在廷諸臣所和韻及進呈詩册，何止千萬首，其中字句之間，亦偶有不知檢點者，朕俱置而不論，從未嘗以語言文字責人。若胡中藻之詩，措詞用意，實非語言文字之罪可比。夫謗及朕躬猶可，謗及本朝則叛逆耳！朕見其詩已經數年，意謂必有明於大義之人，待其參奏，而在廷諸臣及言官中，並無一人參奏者，足見相習成風，牢不可破，朕更不得不申我國法，正爾囂風，效皇考之誅查嗣庭矣。

且内廷侍從，曾列卿貳之張泰開，重師門而罔顧大義，爲之出資刊刻。至鄂昌身爲滿洲世僕，歷任巡撫，見此悖逆之作，不但不知憤恨，且喪心與之倡和，引爲同調，其罪實不容誅。此所關於世道人心者甚大，用俾天下後世，共知炯鑒。張泰開著革職交刑部，胡中藻、鄂昌已降旨拏解來京，俟到日交大學士九卿翰林詹事科道公同逐節嚴審，定擬具奏。

胡中藻處斬　鄂爾泰撤出賢良祠　張泰開免罪

乾隆二十年四月甲寅諭内閣：朕御極以來，從未嘗以語言文字罪人，在廷諸臣和進詩册，何止數千萬篇，其中字句謬戾，亦所時有，朕皆不加指摘，何惡於胡中藻一人，實以其所刻堅磨生詩内，連篇累牘，無非謗訕詆毁之詞，不惟謗及朕躬，且敢詆毁國家。本朝撫寧中夏，百有餘年，凡天下臣民，自祖父以至孫子，世蒙教養深恩，而胡中藻逆倫悖叛，乃至於此，其得罪於列祖列宗者至大。昔皇考於查嗣庭等案，大示義正，意以狂誕之徒，必應知所畏懼，而不謂尚有胡中藻其人，自不得不申明憲典，以儆嚚頑。今大學士九卿翰詹科道等公同確訊，屢經面對，僉請處以極刑，自屬按律定擬。朕意肆市已足示衆，胡中藻免其凌遲，著即行處斬，爲天下後世炯戒。

胡中藻係鄂爾泰門生，文詞險怪，人所共知，而鄂爾泰獨加贊賞，以致肆無忌憚，悖慢譸張，且於其姪鄂昌叙門誼，論杯酒，則鄂爾泰從前標榜之私，適以釀成惡逆耳。胡中藻依附師門，甘爲鷹犬，其詩中「讒舌」「青蠅」，據供實指張廷玉、張照二人，可見其門户之見，牢不可破，即張廷玉之用人，亦未必不以鄂爾泰、胡中藻輩爲匪類也。鄂爾泰、張廷玉亦因遇皇考及朕之主，不能大有爲耳，不然，何事不可爲哉！大臣立朝，當以公忠體國爲心，若各存意見，則依附之小人，遂至妄爲揣摩，羣相附和，漸至判若水火，古來朋黨之弊，悉由於此。鄂爾泰爲滿洲大臣，尤不應蹈此惡習，今伊姪鄂昌，即援引世誼，親暱標榜，積習蔽錮，所關於世道人心者甚鉅。使鄂爾泰此時尚在，必將伊革職重治其罪，爲大臣植黨者戒。鄂爾泰著撤出賢良祠，不准入祀，其配享太廟，係奉皇考遺詔遵行，與現在准張廷玉之配享相同，應仍照舊。

張泰開本一庸懦無能之人，其出資刊刻，由被勒索，而序文又俱係胡中藻自構，張泰開著從寬免其治罪，即行釋放，仍在尚書房行走，效力贖罪。

胡中藻之母年已八十，其孫亦在幼穉，及伊弟胡中藩等，著從寬免其緣坐。其胡中藻詩案内一應干涉之人，除鄂昌俟解京之日，另行審結外，其餘俱著加恩一概免其查究。

鄂昌賜令自盡　史貽直勒令休致

乾隆廿年五月庚寅諭：鄂昌身爲滿洲，乃在廣西巡撫任内，與逆犯胡中藻唱和往來，見其大逆不道之辭，不但不知憤恨，而且引爲同調，喪心已極，是以將伊拿解來京。廷鞫之下，伊亦俯首無辭，惟稱萬死而已。至伊從前身獲重罪，但令坐臺，已屬寬典，而於伊署中查出詩稾書札，其所著塞上吟一編，則種種怨望，不一而足，但未至如胡中藻之大肆訕謗耳。而於鄂容安之差往軍營，則云「奈何奈何」，滿洲舊俗，遇有行師，無不踴躍爭先，以不預爲恥，不謂竟有如此敗類也。

又與史貽直札稾内，有「玉成佳器」之語，朕初不知所指名，問史貽直，則據奏曾經致書通候，並未有所請託，今訊之鄂昌，則供稱史貽直致書與伊，有「河道之缺已補，甘藩之任尚懸，望鼎力玉成」等語，而史貽直尚堅不承認。及刑訊鄂昌，又問及此條，仍與初供無異。鄂昌所犯之罪甚重，何獨於此一事而茹刑堅執，且伊向日尚與史貽直相厚，何至誣賴。史貽直又已年老，本不至因此事而革職刑訊也，但爲伊子請託於前，又不據實陳奏，以圖掩飾，且向日亦非安靜之人，本應重治其罪，念其邇年尚屬勤慎奔走，著從寬以原品休致，勒令回籍，閉户家居。

鄂昌負恩黨逆，劾其情罪，必應肆市，方足蔽辜，但伊尚能自知罪狀，一一供認，而於史貽直屬託書詞，毫無隱諱，致朕得明正官常，有此一節，著從寬賜令自盡。將此通行曉諭知之。

〔載於北京大學研究所國學門周刊一卷十二期（一九二五年十二月）。爲寧遠堂叢録之一篇。〕

查嗣庭軼事

查嗣庭，字潤木，號橫浦，浙江海寧人。康熙四十五年進士，授編修，雍正四年，以禮部侍郎典試江西，因文字獲罪。其日記内容，略見當時諭旨。雍正四年九月廿六日諭曰：「查嗣庭向來趨附隆科多，隆科多曾經薦舉，朕令在内廷行走，授爲内閣學士。後見其語言虛詐，兼有狼顧之相，料其心術不端，從未信任。及禮部侍郎員缺需人，蔡珽又復將伊薦舉。今歲各省鄉試屆期，朕以江西大省，須得大員以典試事，故用伊爲正考官。今閲江西試録，所出題目，顯露心懷怨望，譏刺時事之意，料其居心澆薄乖張，平日必有紀載。遣人查其寓所及行李中，則有日記二本，悖亂荒唐，怨誹捏造之語甚多。又於聖祖仁皇帝用人行政大肆訕謗，以翰林改授科道爲可恥，以裁汰冗員爲當厄，以欽賜進士爲濫舉，以戴名世獲罪爲文字之禍，以趙晉正法爲因江南之流傳對句所致，以科場作弊之知縣方名正法爲冤抑，以清書庶常復考漢書爲苛刻，以庶常散館爲畏途，以多選庶常爲蔓草爲厄運，以殿試不完卷黜革之進士爲非罪。熱河偶然發水則書淹死官員八百人，其餘不計其數。又書雨中飛蝗蔽天。似此一派荒唐之言，皆未有之事，而伊公然造作書寫。至其受人屬託，代人營求之事，不可枚舉。又有科場關節及科場作弊書信，皆甚屬詭祕。今若但就科場題目加以處分，則天下之人，必有以查嗣庭爲出於無心，偶因文字獲罪，爲伊稱屈者。今種種實跡見在，尚有何辭以爲之解免乎！著將查嗣庭革職拏問，交三法司嚴審定擬。」按雍正四年丙子科江西鄉試，首題爲「君子不以言舉人，不以人廢言」，次題爲「日省月試」，三題爲「山徑之蹊間」。

〔載於輔仁美術月刊第二期（一九三三年五月）。爲寧遠堂叢録之一篇。〕

何焯軼事

何焯字屺瞻，號義門，江南長洲人。康熙四十二年賜進士，授編修，學者稱義門先生，著有義門讀書記、行遠集等。康熙五十四年十一月十一日上諭：翰林何焯，爲人狂妄，衆所共知。朕欽賜以舉人進士，伊當終身感激，乃生性不識恩義，將今時文章，比之萬曆末年文章，將伊女與允禩撫養，又爲潘耒之子夤緣，罪應正法。但念其稍能記誦，從寬免死，著將伊官銜並進士舉人革去，在修書處行走，如不悛改，著該管官員，即行參奏。此諭爲先生墓誌墓碑行狀所不載，蓋爲賢者諱也。

〔載於輔仁美術月刊第二期（一九三三年五月），爲寧遠堂叢録之一篇。〕

年羹堯軼事

年羹堯，字亮工，號雙峰，鑲黄旗漢軍人。康熙三十九年進士，授檢討，官至川陜總督，撫遠大將軍。雍正三年三月廿三日，年羹堯以日月合璧五星聯珠具本奏賀，得旨：年羹堯所奏本内，字畫潦草，且將朝乾夕惕，寫作夕惕朝乾，年羹堯平日非粗心辦事之人，直不欲以朝乾夕惕四字歸之於朕耳。朕自臨御以來，日理萬幾，兢兢業業，雖不敢謂乾惕之心，足以仰承天貺，然敬天勤民之心，時切於中，未嘗有一時懈怠，此四海所知者。今年羹堯既不以朝乾夕惕許朕，則年羹堯青海之功，亦在朕許與不許之間而未定也。朕今降旨詰責，年羹堯必推託患病，係他人代書。夫臣子事君，必誠必敬，陳奏本章，縱係他人代書，豈有不經目之理。觀此，則年羹堯自恃己功，顯露不敬之意，其謬誤之處，斷非無心。此本發與年羹堯，令其明白回奏。語曰：「凡曾參與人機密者危」。年羹堯久在雍邸，參與機密，至是大有獸盡狗烹之感矣。欲加之罪，何患無詞，此汪景祺所以有功臣不可爲之論也。

〔載於輔仁美術月刊第三期（一九三三年六月），爲寧遠堂叢録之一篇。〕

錢名世軼事

錢名世，字亮工，號絅庵，江南武進人。康熙四十二年一甲三人進士，官至侍講。雍正四年三月三十日，大學士九卿等奏：食侍講俸之錢名世，作詩投贈年羹堯，稱功頌德，備極諂媚。且以平藏之功，歸美年羹堯，謂當立碑於聖祖仁皇帝平藏碑之後。甚屬悖逆，應革職，交與刑部從重治罪。得旨：向來如錢名世、何焯、陳夢雷等，皆頗有文名，可惜行止不端，立身卑污，所以聖祖仁皇帝擯斥不用，置之閒散之地。而錢名世諂媚性成，作爲詩詞，頌揚姦惡，措詞悖謬，自取罪戾，今既敗露，益足以彰聖祖知人之明。但其所犯尚不至於死，伊既以文詞諂媚姦惡，爲名教所不容，朕即以文詞爲國法示人臣之炯戒。著將錢名世革去職銜，發回原籍，朕書「名教罪人」四字，令該地方官製造扁額，張挂錢名世所居之宅。且錢名世係讀書之人，不知大義，廉恥蕩然，凡文學正士，必深惡痛絶，共爲切齒。可令在京見任官員，由舉人進士出身者，倣詩人刺惡之意，各爲詩文，紀其劣跡，以儆頑邪，並使天下讀書人知所激勸。其所爲詩文，一併彙齊繕寫進呈，俟朕覽過，給付錢名世。今故宫出版有名教罪人詩一卷，作者凡三百八十五人，武英殿纂修原進士方苞詩云：「名教貽羞世共嗤，此生空負聖明時，行邪慣履欹危徑，記醜偏工諛佞詞。宵枕慚多惟夢覺，夏畦勞甚獨心知，人間無地堪容立，老去翻然悔已遲。」今諸人詩集多不録此等詩，殆物傷其類歟！

〔載於輔仁美術月刊第三期（一九三三年六月），爲寧遠堂叢録之一篇。〕

方孝標方苞軼事

方氏爲桐城望族。方孝標，字樓岡，方苞族祖，順治六年進士，官至侍讀學士，著有鈍齋文集、滇黔紀聞。方苞，字靈皋，號望溪，康熙四十五年會試中式，官至禮部侍郎。二人皆以古文名，同與於南山集之獄。南山集者，桐城戴名世集名。名世康熙四十八年一甲二名進士，亦治古文，與苞齊名。名世門人尤雲鶚，宛平人，寄居江寧，與苞同爲隆都蔡氏壻。雲鶚刻南山集，苞爲之作序，集中有與余生書，稱明季三王年號，又引孝標滇黔紀聞，語有違悖。康熙五十年，副都御史趙申喬發其事，時孝標已前卒，名世論斬，苞以與孝標同宗，又爲名世作序，凡方氏族人多因此獲罪。康熙五十一年正月廿二日，刑部等衙門奏："察審戴名世所著南山集、孑遺録内有大逆等語，應即行凌遲；已故方孝標所著滇黔紀聞内亦有大逆等語，應剉其屍骸；戴名世、方孝標之祖父子孫兄弟，及伯叔父兄弟之子，年十六歲以上者，俱查出解部，即行立斬，其母女妻妾姊妹，子之妻妾，十五歲以下子孫，伯叔父兄弟之子，亦俱查出，給功臣家爲奴。方孝標歸順吴逆，身受僞官，迨其投誠，又蒙恩免罪，仍不改悖逆之心，書大逆之言，令該撫將方孝標同族人，不論服之已盡未盡，逐一嚴查，有職銜者，盡皆革退，除已嫁女外，子女一併即解到部，發與烏喇、寧古塔、白都納等處安插。汪灝、方苞，爲戴名世逆書作序，俱應立斬。方正玉、尤雲鶚，聞拏自首，應將伊等妻子一併發寧古塔安插。編修劉巖，雖不曾作序，然不將書出首，亦應革職，僉妻流三千里。上曰：此事著問九卿具奏，案内方姓人，俱係惡亂之輩，方光琛投順吴三桂，曾爲僞相，方孝標亦曾爲吴三桂大吏，伊等族人，不可留本處也。康熙五十一年四月初十日，刑部等衙門議覆戴名世等一案，上諭大學士等，案内擬絞之汪灝，在内廷纂修年久，已經革職，著從寬免死，但令家口入旗。方登嶧之父，曾爲吴逆僞學士，吴三桂之叛，係伊從中慫恿，僞朱三太子一案，亦有其名，今又犯法妄行，方氏族人，若仍留在本處，則爲亂階矣，將伊等或入八旗，或即正法，始爲允當。此事所關甚大，本交内閣收貯，另行啓奏。康熙五十二年二月初七日，大學士等以刑部等衙門審擬戴名世私造南山集，照大逆例凌遲一案請旨。上諭戴名世從寬免凌遲，著即處斬，方登嶧、方雲旅、方世樵，俱從寬免死，並伊妻子充發黑龍江。此案内干連人犯，俱從寬免治罪，著入旗。至是苞遂隸旗籍，雍正元年，始赦歸，並其族人，悉令出旗還籍。方登嶧者，方兆及子，乾隆時直隸總督方觀承之祖。工書能詩，著有述古堂詩。滿漢名臣傳方苞傳，誤登嶧爲苞子，清史稿方苞傳又誤登嶧爲孝標子，均未考。

〔載於輔仁美術月刊第四期（一九三三年七月），亦爲寧遠堂叢録之一篇。據原稿校訂。〕

彭家屏軼事

彭家屏，字樂君，河南夏邑人。康熙六十年進士，官至江蘇布政使，以病家居。乾隆二十二年夏，因勘災，發見夏邑生員段昌緒有收藏吳三桂檄文事，召家屏詣京，問有無傳鈔此項檄文及禁書。家屏供出藏有潞河紀聞、豫變紀略、南遷録，並鈔本天啓崇禎政事等數種。又搜出家屏乾隆九年所刻族譜，名大彭統記，遇明萬曆年號，「曆」字並未闕筆，以此議斬，從寬賜令自盡。

乾隆二十二年四月二十日諭：河南夏邑等縣被災一事，初因詢問彭家屏，特命該撫同往查勘，復密遣司員觀音保前往查訪得實，是以將圖爾炳阿革職，發往軍營效力，道府以次議處，夏邑永城二縣知縣俱革職拏問，所以深爲地方官玩視民瘼之戒也。此觀音保未回之先，復有夏邑民人劉元德，遮道陳訴，並稱縣令不職，乞易賢而愛民者，朕即知其必有指使之人矣，親加詢問，供出生員段昌緒，武生劉東震，主謀指使。因令侍衛成林帶往豫省，會同該撫查訊。今據成林回奏，至夏邑時，令該縣差提段昌緒等，竟抗不到案。知縣孫默，親往查拏，乃於段昌緒卧室中，搜出逆犯吳三桂僞檄一紙呈覽。閱其僞檄，則皆毁謗本朝之言，極其悖逆，段昌緒爲之濃圈密點，加評贊賞，見者無不髮指。夫吴逆之檄，不過曹操、司馬懿之作爲耳，乃有喪心毒惡之徒，於此等僞檄，竟忍鈔録收藏，動筆批閲、稱贊，朕實爲之寒心。夫地方被災，封疆大吏不能據實查辦，自有應得之罪；然百姓中有如此悖逆之人，滅絶倫紀，居心叵測至此，自足上干天和，災祲之來，實由自召。朕從前降旨治圖爾炳阿等之罪，原因諱災，今經辦出逆檄一事，是緝邪之功大，諱災之罪小，圖爾炳阿不必革職，著仍留河南巡撫之任，夏邑縣知縣孫默，能查出此事，尚屬能辦事之員，並永城縣知縣，俱免其革職拏問，各仍留原任。但段昌緒家既有此書，傳鈔何自，此外必尚有收存。即彭家屏家，恐亦不能保其必無，即應委大員前往伊家，嚴行詳查，並著方觀承前往會同圖爾炳阿查辦。

乾隆二十二年四月二十七日諭：彭家屏係久列大員，世受國恩之人，乃據稱吴三桂僞檄，實未寓目，再三詰問，但稱有明末野史等類，存留未燒，實不曾看等語。既云未看，何以知其不當存留？天下豈有止見一書之名目而遂曉然其爲何等書者乎！人家藏書，固不能偏閲，但既知爲不當存留之書，而又故爲藏匿，是誠何心？豈必如段昌緒之批閲僞檄，始爲上干憲典耶！彭家屏著革職拏問，俟方觀承等查奏到日，審明按律治罪。

乾隆二十二年五月十一日諭軍機大臣等：前因彭家屏供出家藏有明末野史潞河紀聞、日本乞師、豫變紀略等書，續又供出酌中志、南遷録，並鈔本小字書，係天啓崇禎年間政事等書。以上各種，該督等何並未查出一種？甚屬草率，著將供出書目，並寄該督等逐一詳細查明具奏。尋奏：段昌緒所抄逆檄，由司存存給，而司存存鈔自司淑信，司淑信得自已故郭芳尋家，此外實無傳鈔之人。至彭家屏家書籍，查出明季豫變紀略刻本，其餘日本乞師等書，據彭家屏之子彭傳笏供稱，於四月十六日聞段昌緒有逆書之信，查閱家中書籍，見有明末鈔本等書，恐有違礙，未暇檢閱，概行燒毁等語。查彭傳笏燒毁各書，係出己意，抑係彭家屏傳信，及得書來歷，均須對質明確。除段昌緒等按律定擬外，請將彭傳笏等交部嚴訊。得旨：細閱供單，爾等不無將就了事之意，著將犯人交方觀承親帶至京請旨。

乾隆二十二年六月初七日諭：九卿科道等審擬段昌緒彭家屏一案：段昌緒鈔録僞檄，圈點評贊，悖逆已極，其罪自不容誅。至彭家屏前因段昌緒家查出僞檄，彼時以該處人心惡劣，即彭家屏家亦不能保其必無，因降旨嚴查。及到京後，召九卿科道面詢彭家屏，所問者僞檄，及詆毁悖逆類於僞檄之書耳，而彭家屏果供出抄存明末野史數種。蓋彼時彭家屏意中，以朕已查獲伊家中書籍，難以狡飾，是以據實供認，尚冀消滅萬一。而伊子不知，希圖滅跡，先已聞風燒毁。若使此數種書中果無悖逆詆毁之言，亦何必作此鬼蜮伎倆耶！其以彭家屏居心觀之，則其所抄藏者自係詆毁悖逆之詞，又焉知其不加以批閲評點耶！其所供之書，俱稱得自崑山徐乾學家，此時若逐加根究，何難追出原本。然蔓引株連，獲罪者衆，朕所不忍。試思本朝撫有中夏，厚澤深仁，薄海臣民，共享太平之福，在定鼎之初，野史所紀，好事之徒，造爲荒誕不經之談，無足深怪，乃迄今百有餘年，海内搢紳之家，自其祖父世受國恩，何忍傳寫收藏！此實天地鬼神所不容，未有不終於敗露者，如段昌緒、彭家屏之敗露，豈由搜求而得者乎！彭家屏本應斬決，但所藏之書，既經燒毀，罪疑爲輕，著從寬改爲應斬監候，段昌緒從寬改爲斬決，司存存、司淑信，俱從寬改爲應斬，彭傳笏依擬應斬，俱著監候，秋後處決。

乾隆二十二年七月十三日諭：圖爾炳阿奏彭家屏所刻族譜，取名大彭統記，甚屬狂妄等語，因命新調巡撫胡寶瑔查取進呈。則以大彭得姓之始，本於黄帝、昌意、顓頊。夫氏族譜系，士大夫家恒有之，亦何至附會荒遠，以爲迢迢華胄，乃身爲臣庶，而牽引上古得姓之初，自居帝王苗裔，其意何居？且以大彭統記命名，尤屬悖謬，不幾與累朝國號同一稱謂乎！至閲其譜刻於乾隆甲子年，而凡遇明神宗年號，於朕御名，皆不闕筆。朕自即位以來，從未以犯朕御諱罪人，但伊歷任大員，非新進小臣及草野椎陋者可比，其心實不可問。彭家屏原係應斬立決之犯，即秋審時亦必予勾，著從寬免其肆市，即賜令自盡，以爲人臣之負恩狂悖者戒。

〔載於輔仁美術月刊第四期（一九三三年七月），爲寧遠堂叢録之一篇。〕

記呂晚村子孫

呂晚村先生留良，卒於康熙二十二年，其子呂無黨葆中，康熙四十五年一甲第二人及第，不久亦下世。雍正七年因湖南人曾靜上書總督岳鍾琪，遂發見晚村文集、日記有詆毀清朝之語，時去晚村之卒已四十六年矣。五月廿一日乙丑，特降諭旨，呂留良及其子孫，嫡親兄弟子姪，應照何定律治罪，著九卿翰詹科道，督撫提督兩司，各抒己見，詳核議奏。旋合詞陳請應照大逆例治罪。又降旨各省學臣詢問各學生監，取具結狀具奏。咸謂呂留良父子之罪，罄竹難書，律以大逆不道，實爲至當，並無一人異詞。雍正十年十二月十二日乙丑諭，呂留良、呂葆中俱著戮屍梟示，呂毅中著改斬立決，其孫輩俱應即正典刑，但以人數衆多，著從寬免死發遣寧古塔給與披甲人爲奴。事具大義覺迷録，及世宗實録。

乾隆四十年正月十二日庚申，上諭有曰：「前據弘晌等奏，查審逆犯呂留良之孫呂懿兼，曾孫呂敷先，捐納監生一事，係户部辦理錯誤。朕前諭令將發遣之曾爲職官及舉貢生監出身者，免其爲奴，於戍所另編入旗，出户當差，係指尋常爲奴遣犯而言。其真正反叛人犯，原旨即在開除不辦之列。若呂留良子孫，係大逆重犯緣坐，豈可援輕罪有職人員，概免爲奴出户，致令逆惡餘孽，得仍竄籍良民，所有吕懿兼、吕敷先二犯，前既倖爲開户，今復妄思溷厠衣冠，情罪尤爲可惡。若僅照該將軍所擬，永遠枷號，罪及其身而止，尚不足蔽辜，著將該二犯及其家屬俱發往黑龍江給與披甲之人爲奴。」諭見高宗實録。

關於吕懿兼、吕敷先捐監之事，實録所書只此。余藏有乾隆四十年舊檔，載此事甚詳。録之可見晚村先生子孫當時在戍所之生活狀況。

據盛京將軍弘晌等奏，吕懿兼之捐納監生，係伊堂侄吕衡先、吕念先出資，托客民辛金山代捐。吕敷先之捐納監生，係吕敷先將房契一紙，向吕衡先押銀，托客民朱尚周代捐。

吕懿兼曾充寧古塔醫官，後因旗人不准充醫官，被副都統增海革退。但發遣之人，每五日點卯。吕懿兼欲捐納監生，免其點卯。又以無力，因吕衡先開設麵舖，且作官票人參牙行，吕念先開設藥舖，遂向二人各挪借銀六十餘兩，共得銀一百二十五兩，隨開寫三代履歷，託吕衡先舖内夥計辛金山進京之便，於乾隆三十八年四月捐納監生。

吕敷先見吕懿兼已經捐監，亦欲告假親自上京捐監，該管協領佐領查係發遣之人，不許出境。伊乃將房契一紙，原價三百兩，託吕衡先押銀一百二十五兩。適有江蘇客民朱尚周在寧古塔販置官參上京，吕敷先即將履歷及銀託其報捐，將監照寄至盛京開裕昌號之客民葉楚蘭，交吕衡先之外甥李朝彦，轉交吕敷先收執。

呂姓本係發遣爲奴之犯，何以饒有餘資？ 因伊等於乾隆二年得旨隨旗當差以後，遂各自謀生。 呂懿兼學習行醫，呂念先即在藥行生意，後開藥鋪，兼販賣米鹽。 呂敷先先曾讀書，後在永泰號學習生理，旋即據有其鋪，换赫哲費雅哈等處貂狐皮張，又在寧古塔旗下包放賬目。 其賬以二八月關錢糧後放出，不拘借過幾月，每兩利銀二錢，至下次關錢糧月分清還。 後又在所居之東京城村，設燒鍋一處。 呂衡先先學麵鋪生理，又作官參牙行，兑换赫哲費雅哈貂皮，及放給領票刨參之人賬目，遂積有多金，此皆各該人供詞所述也。

又據吉林將軍衙門移咨，查封各該人等家産。 呂懿兼房十二間。 呂敷先房一百六十五間，地四百一十四垧，燒鍋鋪一座。 呂衡先房三十五間，地五十垧，鹽二萬五千觔。 呂念先草房二十八間，銀三百兩，春雨堂藥鋪一座。 其餘錢文牲畜器具等物，及放給客人之銀貨賬目，各具清册到部。 緣寧古塔地方，米糧價賤，市販易于獲利，呂敷先、呂衡先冒禁取利，轉鬻參貂，故挾貲獨厚。

又據刑部議奏，該犯等以逆惡子孫，胆敢違禁取利，盤剥旗人，已屬罪無可逭，乃呂懿兼、呂敷先妄思濫列仕籍，尤屬不法。 應將呂懿兼、呂敷先二犯并其家屬，俱發黑龍江給與披甲人爲奴，呂衡先、呂念先係代爲出資之人，俱解往寧古塔枷號三個月示衆，僉妻子往黑龍江充當苦差。辛金山、朱尚周審無别情，但爲大逆子孫帶銀捐監，甚屬不合，應在寧古塔地方枷號兩個月，滿日各折責三十板，解回各原籍管束。

又查原經發遣之吕姓在寧古塔者，共十二户，男婦大小及家人僕婦等一百零十一名，俱已分編入旗。除改遣人犯外，其餘應交各該管官嚴加管束，並永遠禁其考試捐納。

至户部收捐各項官生，原憑本籍出有保結，方准入册。今閲該二犯監照四張，内俱開有吕留良名字，似此逆惡之人，户部國子監各官豈容漫無詳察，即令厠名學舍，亦應一體交部議處。實録所載乾隆四十年正月十二日之諭旨，即根據上列各件而發也。

民國二十四年六月，北平輔仁大學有教育系畢業生吕永泰，黑龍江人，其家長吕子珍，在黑龍江省城開張湧巨廣生意。永泰來見，温文有禮。余叩其家世，知爲晚村先生之後，相與欷歔者久之。

（載於故宫博物院文獻特刊（一九三五年十月））

記徐松遣戍事

清國史館徐松傳：「嘉慶十六年，督學湖南，因事戍伊犂。」不言何事也。清史稿徐松傳：「簡湖南學政，坐事戍伊犂。」不言何事，更不言何年。光緒畿輔通志徐松傳：「嘉慶十四年，視學湖南，坐事謫伊犂。」不言何事，而云十四年。

藝風堂集徐星伯事輯曰：「嘉慶十五年，簡湖南學政，畿輔通志以爲十四年，誤。」又曰：「十七年爲御史趙慎畛所糾，謫戍伊犂。」亦未明言何事。而云爲趙慎畛所糾，已較明晰；特當云十六年爲趙慎畛所糾，十七年謫戍伊犂耳。

李元度國朝先正事略趙慎畛傳：「湖南學政某，以矜愎失士心，欲附公自固，列公諸子優等，公仍奏劾之。」某即徐松也。清史稿慎畛傳採此，明著徐松，然所劾何事，仍不明也。

東溟後集姚瑩撰趙慎畛行狀云：「嘉慶十六年，湖南學政父干試事，公奏論之。」此徐松父也。徐松父曾隨任到湖南，余藏鮑桂星致湯金釗札載之。札云：「星伯遠戍可憐，聞其家公竟無以爲行費，未稔有爲之贈策者無也？唯先生生死而肉骨之，幸甚！彼過鄂時，當爲竭綿耳。」鮑時爲湖北學政，湯繼徐爲湖南學政也。

又一札云：「星伯到楚，只餘數十金，家人典我敝裘助之而去。其尊人舟過，前後共『毛詩』以外，亦聊盡吾心而已！此子失之輕燥，然實佳才，可爲歎惋！」據此，則徐父實曾隨任，趙慎畛行狀所説，或可信也。

然清國史館趙慎畛傳無此説。傳云：「慎畛湖南武陵人，嘉慶十五年補禮科給事中。十六年奏參湖南學政徐松乘轎入櫺星門；每試各屬，發交詩文，苛派重價；需索紅案陋規；縱容家丁，陵辱士子；所出題目割裂聖經。上命工部左侍郎初彭齡會同巡撫廣厚訊明，褫松職，遣戍烏魯木齊。」不言其父干試事也。

又初彭齡傳：「彭齡山東萊陽人，嘉慶十六年十一月轉工部左侍郎。十二月給事中趙慎畛奏參湖南學政徐松需索陋規及出題割裂聖經等款，命彭齡赴湖南會同巡撫廣厚查辦，鞫實，褫松職，戍烏魯木齊。」亦不言其父干試事也。

清仁宗聖訓嚴法紀類載：「嘉慶十六年十二月廿八日諭，初彭齡等奏查辦學政徐松款跡一摺，此案徐松於按試時每學發交經文試帖新編，派出重價一款，現據訊明長沙府及長沙善化兩縣，每處發給一百四十本，一百二十本不等，均令士子每本繳銀三錢六分。又招覆優等生員每人繳錢數百文，爲刊刻考卷所需。又擅將備卷童生發縣充佾，每學自五六名至二十餘名不等，實屬違例！其出題割裂，亦查明有據。徐松身爲學政，罔顧廉隅，取戾甚重。伊考試各郡，不止一處，長沙三學勒索如此，其餘可知。著初彭齡等查明伊各處所得賣書價值，及優等生員繳錢之數，共有若干，將來應併贓計罪。至於考試題目，出自聖賢經傳，亦不應妄行割裂，侮慢聖言，此一節亦有應得罪名。伊既如此狂妄，恐平日所著詩文有悖謬之處，亦未可定。將來定案時，當一併叙列，覈擬具奏。」此諭實録不載，故東華録亦缺，然亦無父干試事之說也。

嘉慶會典事例學政考覈門載：「嘉慶十七年，刑部議覆侍郎初彭齡等奏湖南學政徐松考試勒索並發賣書籍漁利等情，此案已革學政徐松考試出題割裂文義，並違例濫取佾生，不派教官監場，失察家人書役轎夫勒索喜錢，散賣熟食，搶拾箭枝，並令優等生員出錢刊刻試卷各欵，或咎止降罰，或贓非入己，均屬輕罪。其將書籍分派教官，轉令童生購買，除去工本銀兩外，計得餘利銀四百七十六兩，依律罪止杖一百，流三千里。惟該學政賣書漁利，種種失察，又復任意派令家人查號，割裂出題，以致士論沸騰，實屬猥鄙不職，應請旨發往新疆效力贖罪。」此最後定案之刑部議奏也。其所以遣戍者，爲發賣書籍漁利，其所得利爲四百七十六兩，未嘗有父干試事一欵也。

然則父干試事之說何自來？或趙慎畛原奏有之，部覆不置議，如乘轎入櫺星門一節乎？嘗求之軍機處檔，趙慎畛參徐松原摺尚在，摺云：「禮科給事中臣趙慎畛爲請旨查辦事，竊臣籍隸湖南，風聞本省學政編修臣徐松，案試寶慶，乘轎進櫺星門，士子紛議不服，經提調官懲責轎夫始息。每試各府州屬，每學發交陰騭文排律詩，乙丑會闈經文百二十册，卷帙無多，派價轉重，其價責令各學教官彙繳，士子推卸不領，教官賠累難堪，已于案試長沙時，經舉監生員公呈訴告撫藩臬各處有案。招覆取列優等之生員，每人於點名前各繳錢數百文。招覆取進之新生，向有紅案陋規，加增至十數兩，恐人不遵依呈繳，懸牌示諭有云：『如該童生有任意玩延，觀望不前，受人把持，立即扣除另補，將廩生教官亦並懲治不貸』等語。聞經公呈訴告後，獨長沙郡屬較他處稍減。考試文童，每縣發備卷二三十名，每名索費數金，即令注册，准作佾生，惟長沙郡屬僅發一二名。又縱容家丁，陵辱士子，往往指斥爲苗子，該學臣即出『子曰苗』之題目。每考試教官及招覆新生，每人賣給熟食，索錢數百文不等。考試武童，强取弓箭，仍復發賣。其出四書題目，割裂經文，如『緌飾』，『室車』，『至於犬』，『不畜牛』，『駟不及舌至虎』，『南宮适出至東里』之類。以上各節，現今都中紛紛遍傳，臣既有所聞，又兼奏事之責，不敢不繕摺具奏，伏祈皇上勑下湖南巡撫詳密查明辦理，爲此謹奏。嘉慶十六年十一月二十日。」

計原摺所參，可分九欵：

一乘轎進櫺星門，二重價發賣詩文，三優等生員繳錢，四加增紅案陋規，五濫取佾生索費，六家丁陵辱士子，七賣給熟食索錢，八强取弓箭發賣，九出題割裂經文。並無父干試事一欵。光緒十六年江標視學湖南，寶慶府學教官吳德襄出示徐松所藏同人書札，江標爲題六絶句，其四云：「公有奇才吾可知，公耽奇癖吾非之，尋常一樣刊書賣，一負宏名一罪私！」並注云：「公使湘中，以所刻書勒諸生買讀，被議去官，而祁文端使吳亦刻書命諸生買讀，而至今人頌之，何耶？」是江標時猶知徐松爲賣書漁利而被譴，不知姚瑩何以誤爲父干試事也。意者姚瑩誤以朱士彥之事爲徐松事歟？

光緒會典事例學政考覈門載：道光六年，御史錢儀吉奏參浙江學政朱士彥之父隨棚分閱試卷，出題割截太甚。上諭：「該學政之父朱彬，迎養到浙，止宜在署居住，不應隨棚閱卷，若亦幫同校閱，豈不與干預公事無異？」此錢儀吉參朱士彥事也。趙慎畛卒於道光六年，時適有朱士彥之事發生，朝野喧傳，姚瑩爲趙慎畛撰行狀，遂誤以趙慎畛之奏猶錢儀吉，徐松之事猶朱士彥，故謬曰「湖南學政父干試事，公奏論之」也。

附録

文成後復在軍機處檔得初彭齡等擬奏，及徐松親供，此事史料遂完備。按徐松生平著述最有價值者，爲西域水道諸書，其得力全在七年之遺戍。故不嫌繁複，並將二件附録如後。丙子二月，陳垣。

一　初彭齡等擬奏

臣初彭齡臣廣厚爲審明定擬具奏事，竊照給事中趙慎畛參奏湖南學政徐松考試勒索等欵，臣等欽遵諭旨，請將徐松革職挐問，一面檄調寶慶府知府及教官來省質訊在案。嗣據該府柳邁祖，邵陽縣學教官周世舉，於上年十二月二十六日到省，臣等即提集犯證，隔别研訊。

如原參徐松按試寶慶，乘轎進櫺星門一節，審據徐松供稱：是日天雨，轎夫並不在下馬牌住轎，伊因轎簾放下，直至角門小簷下住轎，始行知悉，當將轎夫呵斥，並無坐轎進櫺星門。質之寶慶府知府柳邁祖，縣學教官周世舉亦稱：櫺星門向來不開，出入俱由角門，學政都從下馬牌下轎，步行入角門。士子見學政在角門簷下始行住轎，不知係轎夫錯誤，頗有談論，並無紛議不服，將轎夫責懲始息之事。

又原參各府州縣每學發交排律經文一百二十册，教官賠累難堪一節，訊據該學政家人劉貴供稱：伊主刻有經文試帖新編一册，每到各府州考試時，交教官賣給生童，大學一百四十册至一百二十册，中學七八十册至四五十册，小學二三十册不等，每册取工價銀三錢六分。伊主原吩咐教官聽生童自願購買，如有不願買者，即將原書交還，不必勉强。共考過六府三州，發過書四千零一十册，各教官繳還書一千六百三十册，實賣出書二千三百八十册，收過元絲市平銀八百五十六兩八錢，除每册工價銀一錢六分，共工本銀三百八十兩八錢外，實得餘利銀四百七十六兩。至發過長沙府學一百四十册，長沙善化二縣學各一百二十册，三學教官繳價時，原説書已發完，有幾名未交價，係該教官先行墊繳，伊主並無抑勒賠墊。質之長沙府縣學教官，據稱：徐學政分發書籍，原有生童不願購買不必勉强之語，但生童中貧苦者多，内有已經散給未經交價者，伊等先措銀墊繳，隨後向生童收回是實。臣等查該學政考過已有六府三州，恐發賣書籍不僅二千三百八十册，其所得餘利亦斷不止四百七十餘兩。隨提徐松嚴行究訊，據稱：「我刻有經文試帖發售生童取利，實屬糊塗妄爲。但刊刷書籍實止六千册，除賣出二千三百八十册外，其各學繳還一千六百三十册，並其餘各書俱現存署中。至每册實需刊刷工價銀一錢六分，我止得餘利銀四百七十六兩，有工匠可質」等語。臣等隨提工匠質訊，並吊取所存書册，與徐松所供相符。

又原參招覆取列優等生員，每於點名前各繳錢數百文一節，據該學政家人劉貴，承差周琪供，係該學政考取各學生員，在一等前列者，欲將文字選定刊刻，令每人各繳刊價錢二百文。計考過六府三州，共六十二學，每學取六七百文不等，統共收錢三十七千八百文。除買梨板用去九千九百文外，劉貴現存錢二十千，周琪存錢七千九百文。因該學政未將文字選定發刊，是以此項錢文尚存，並未侵用。臣等恐不止此數，摘傳長善兩縣學前列優等生員質訊，據稱，每名實止繳錢二百文，尚有不能足數者，與劉貴等所供相同，此外實無多索。

又原參加增紅案陋規至十數兩一節，訊係該學政家人劉貴起意與同主家人楊元及書辦唐聯芳，承差蔣謙商允，因紅案陋規已奉例禁，無錢使用，令蔣謙向新進童生覆試時討取喜錢，內中有給有不給，所給錢數自一二千文及五六百文不等，並無索取十餘兩之多。前後六府三州共得錢六百六十餘千文，該學政並不知情，亦無懸牌示諭之事。臣等查該家丁劉貴與書辦唐聯芳等內外交通，索取喜錢至六百餘千之多，該學政徐松何致漫無覺察？且徐松發賣書籍，尚圖取利，豈獨於此項錢文毫無入己之事？難保非授意勒索，陽托喜錢爲名，隱蹈紅案陋規舊習，不可不切實根究。隨傳長沙府縣學及邵陽縣教官并摘傳廪生及新進生員等查訊，據稱：實止家人書役討取喜錢，並非徐學政加增紅案陋規，果有其事，何肯代爲隱飾。似當可信。

又原參縱容家丁陵辱士子，指斥爲苗子，即出「子曰苗」之題目一節，不特該學政堅稱出題本屬無心，並非有意譏誚，即訊之教官等，亦止稱該學政場規過嚴，並不派教官監場，專派家丁查號，見有生童交頭接耳，出號行走，即扭禀罰跪，是以士子多有怨望，並無非理陵辱，並斥爲苗子情事。

又原參考試教官及招覆新生，賣給熟食索錢一節，訊係家丁劉貴每逢考試教官，預備熟食點心，送給各教官，賞銀一二錢不等。並茶房吴八劉六先期買備點心，放在考棚，賣給招覆新生，雖較尋常買價稍昂，爲數尚屬無多。

又原參考試武童，强取弓箭，仍復發賣一節，審緣轎夫張勇見武童射箭時，箭枝落靶，隨同執事人役大家撿拾。該武童等多有用錢贖取，每枝七八文不等，並未搶弓。

至原參出題割裂經文一節，據該學政供稱：爲防閑生童抄襲舊文起見。但如「緅飾」、「室車」、「至於犬」、「不畜牛」、「駟不及舌至虎」、「南宫适出至東里」等題，雖係防閒抄襲，實屬割裂句讀，有乖文體，殊失命題課士之道。

以上各欵，臣等逐一推鞫，反覆研審，該學政徐松無可置辨。查律載監臨官挾勢將自己物貨散與部民多取價者，計餘利准不枉法論；又不枉法贓折半科罪；又名例稱准，但准其罪，罪止杖一百流三千里。又律載官吏非因公務科斂人財物入己者，計贓以不枉法論，無禍人，罪止杖一百流三千里，各等語。此案學政徐松除出題割裂文義，違例濫取佾生，不派教官監場，及失察家人書役轎夫勒索喜錢，散賣熟食，搶拾箭枝，並令優等生員出錢刊刷試卷各欵，或咎止降罰，或贓非入己，均屬輕罪不議外，其將書籍分派教官，轉令生童購買，除去工本銀外，計得餘利銀四百七十六兩，應依監臨官挾勢將自己物貨散與部民多取價者，計贓准不枉法論罪，止杖一百流三千里。該學政賣書漁利，種種失察，又復任意派令家人查號，割裂命題，以致士論沸騰，實屬猥鄙不職。徐松前已請旨革職，應請發往新疆效力贖罪。除供册咨部外，謹將審明定擬緣由，合詞恭摺馳奏，伏乞睿鑒訓示施行。嘉慶十七年正月十九日，硃批刑部議奏。

二　徐松親供

具親供徐松，我蒙皇上天恩簡放湖南學政，嘉慶十六年二月考試寶慶府，遵例恭謁聖廟，講讀聖諭。適是日天雨，轎夫不從下馬牌住轎。我因轎簾放下，未經查知，直至角門外簷下住轎，始行知悉，即將轎夫呵斥。并無乘轎進櫺星門，士子紛議不服，經提調將轎夫責懲始息情事。

又我舊存有陰騭文排律詩數十首，對偶工穩之中兼寓勸懲之意，并近科鄉試録中選有經文數十篇，詞義醇正，我想將此刊刻賣給赴考生童，可以啓迪後進，就令工匠刊就，陸續發交各學教官散給生童，按學分大小，自一百三十四册至二三十册不等，每册約銀三錢六分，吩咐教官聽生童自願領買，不願者仍令將原書繳還，并不敢抑勒教官墊價賠累。計刊刷六千册，考過六府三州，發出四千一十册，各學繳還一千六百三十册，實賣出二千三百八十册，實是糊塗見小。

又考取各學生員在一等前列者，我原要將他們試卷選定刊刻，俾生童等咸知程式，每人繳刻價錢二百文，計收過錢三十七千八百文，因尚未選定，未經發刻，其錢係我家丁劉貴及承差周琪經手，並未侵用。

又紅案陋規久奉裁革，我曾吩咐門丁書役不許索取，何敢以違例之事公然出示，向人取討！我家人劉貴們如何串通書辦承差索取喜錢，我并不知情。如果欲圖加增紅案陋規，授意勒索，難瞞衆人耳目，求問教官廪生們就是。

又每學額設佾生三十六名，我到任後，查各學止有十數名，丁祭樂舞生皆未足額，殊非慎重祀典之道，因於考取童生備卷内，挑取數卷，傳令到案驗看獎賞，以示鼓勵。故牌示教官傳諭各該童靜候獎賞，不得先行回歸，如不到學報名，毋許入册充佾。原要本童到案驗看，以杜假冒頂替，并非希圖索費。惟不遵例由州縣會同教官考送，是我錯處。

又我每逢考試，恐有代鎗情弊，因教官與生童平素熟識，不令監場。專派家丁查察，如有生童交頭接耳，出號行走，即行稟明罰跪，原是有的，并不敢縱容家丁，陵辱士子，斥爲苗子。前在永州府屬考試，出「子曰苗」之題目，本屬無心，並非有意譏誚。

惟我出題想防閑生童抄襲舊文，意圖見巧，如「緅飾」，「室車」，「至於犬」，「不畜牛」，「駟不及舌至虎」，「南宮适出至東里子産」等題，細思實屬割裂句讀，有乖文體。

至考試教官及新進文武童生，家丁劉貴，茶房吳八劉六，轎夫張勇等，如何散賣熟食，搶拾箭枝，實是失於覺察。

我蒙皇上恩典，簡放學政，不知檢束，出題割裂文義，違例濫准佾生，不派教官監場，又失察家人書役轎夫藉端需索，已無可辭咎，況又冒昧令優等生員出錢刊刷考卷，並將自己書籍散賣，實屬辜負天恩，只求將我從重治罪！　所具親供是實。　具親供徐松。

〔載於國學季刊第五卷第三號（一九三六年九月）。　據原稿及作者編輯之徐星伯事件資料校訂。〕

跋陳東塾與鄭小谷書墨跡

東塾與鄭小谷論學書一通，凡十五箋，垂二千言，集所未載。小谷名存紵，廣西象州人。名避咸豐奕詝諱，以字獻甫行，東塾集卷五有傳。書首署五月十五日，書中言「去年大病」，又言「注疏已刊成」，「譚玉生已逝」，皆同治十年一八七一事。又稱曾滌生爲文正，滌生卒於同治十一年二月清史稿本傳誤作十三年，小谷卒於同治十一年十月。據此種種，則此書作於同治十一年五月無疑。時東塾年六十三，小谷年七十二。

惟書中有「弟新新喪一女，又一門生胡錫燕死於水」等語。此女爲誰，集中有胡伯蓟墓碣，即錫燕，然不著卒於何年。集又有女律遺奠文，言「四月汝姊阿婉死」，與「新新」二字正合，然女婉卒於光緒元年一八七五，時小谷卒已四年矣。然則同治十一年春夏之間，東塾當另喪一女，今集中女可考者五人：曰阿謹，最長，曰阿嫻、阿婉、阿律、阿雅。雅咸豐十年一八六〇殤，婉、律光緒元年卒。嫻卒年無明文，惟東塾同治七年一八六八重刻琅邪臺秦篆，係女嫻所摹，及再跋琅邪臺新刻本時，已稱嫻夭死矣。然則此書所謂「新新喪一女」者，殆指嫻也。嫻蓋卒於同治十一年春夏之間，胡錫燕亦當在此年卒，足補記載所未備。本欲考此書何年作，今乃得女嫻及胡錫燕何年卒；本欲以女某及胡錫燕之卒年證作此書之年，今乃以作此書之年證女嫻及胡錫燕之卒年，並證再跋琅邪刻石之年，所謂問一得三，實出望外。

書末言「伍紫垣之子子升續刻叢書，曾託人以汪氏書示之」，今汪氏律呂通解已刻入粵雅堂叢書第廿八集，惟跋仍署同治元年一八六二伍崇曜名。跋中稱「此寫本得自象州鄭小谷比部，屬付諸梓」，是此稿小谷早已交玉生，玉生早已爲紫垣跋之，特東塾未之知，聞子升欲續刻叢書，遂又慫恿刻之耳。粵雅堂叢書自道光廿九年一八四九起，至同治元年一八六二止，皆稱伍崇曜跋；崇曜同治二年卒，至同治十三年一八七四續刻，則稱伍紹棠跋。今此稿明係紹棠續刻，而仍稱崇曜跋者，蓋跋在先刻在後也。粵雅堂叢書例署譚瑩校，至伍紹棠續刻時，玉生已逝猶然，今此稿特署劉昌齡校，亦可爲先跋後刻之一證。

附東塾原書

五月十五日，小弟陳澧頓首小谷先生閣下：前者龍司馬維霖來，得悉閣下精神强健，主講省城書院，私衷喜慰。越二日接奉手示，辭翰精美，無纖毫頹唐意態，知司馬之言實然。惟聞去秋有鼓盆之戚，夫人福壽已高，幸勿過於傷悼。來示云隻身出遊，閣下有曲禮之長妾，想必如左傳杜注所云攝治内事矣。去年惠寄律吕書等件，昨遣人到廣全號問之，其人回鄉，旬日後返省城乃可知也。玉仲入都營葬，尚未回粤，想不久即回筮仕粤東矣。弟新新喪一女，又一門生胡錫燕，最有學問，死於水，以此兩事，悲慟不能支，鬚將盡白，左臂又作痛，去年大病後，尚不至此也。得意之事，則在刻書。曾文正公去年致書粤東當道，重刊注疏武英殿本，今已刊成，又刊通志堂諸書，勞文毅公督粤時，欲刊唐以前甲部書，今亦陸續付刻，當道屬弟司其事，此難得之盛舉，故樂此不疲。承乏菊坡精舍講席，諸生肯來聽講，此亦堪慰老懷。朋舊中譚玉生之浩博，鄒特夫之專精，今皆逝矣，陶淵明詩云：「雖無昔侶，衆聲每諧」，弟非無昔侶，然未必每諧，知陶公亦善於措語耳。拙著學思録一書，今改名東塾讀書記，十餘年未成，今自覺衰老，竟欲寫出清本，寫畢當寄呈教削。各在省會，書問往來甚便，誠如來示云云也。肅此，敬請道安，伏惟遠鑒不宣，弟澧再拜。

前書繕畢後，屢遣人往廣全催問數次，乃得去年惠寄手札書帙，乃寄諸公書函楹帖，俱分送訖。問其所以遲遲者，其人歿於半途，此等件緘置書箱内，其父恒悲泣不忍啓視，故竟不知有此，今因催問，乃檢得之也。捧讀手示，詳哉言之，無異會面暢談，爲之大快。

獲聞大著仿晁氏讀書志以所藏書各爲考訂，其爲精博可想而知，後漢紀載君家次都，隱於漁釣，盡其學問，弟最愛「盡其學問」四字范書改爲「盡問學道」便不佳，以爲人之有福莫過於此。今先生遠紹家風矣，何日成書得快讀也。

承獎譽拙著水道、切韻二書，聲律書更蒙題識，爲之愧汗，亦爲之喜躍，當日爲此甚勞，今得明眼人讚賞，當竊以自慰也。切韻考新刻一卷呈教，此皆論切語之法，此後尚有二卷，論唐末沙門字母呼等之説，須字字檢對，老眼昏眩，故嬾爲之耳。

陸氏釋文爾雅諂字，當注云沈作諂，蔫字當注云沈作蔗，誠如尊喻，而陸氏但注反切，此失之太簡。論語居不容注苦百反，則通志堂刻本之誤，當作居不客也。釋文每以音切分別字形，如乾卦曰可注云人實反，以見其非曰字，冠義鄉大夫鄉先生注云並音香，以見其非卿字，鄉飲酒義謂卿注云去京反，以見其非鄉字，居不客注云苦百反，即此例也。論語季氏使閔子騫爲費宰，注云音祕，其餘費字皆注云悲位反，悲位反即祕字音也，廣韻六至有鄪字，與祕字同音，拙著切韻考六至祕字與位字横同一列，悲字與祕字直同一行，可證也。廣韻一字數音者，拙著但能收第一字，八未費字是第一字，故收之，六至鄪字在祕字下，故不能收也。以上諸字，先生老年看書，而抉摘精細至此，精神完固，真不可及矣。

北史長孫紹遠傳所論周禮，拙著未引，以其不言某律爲某聲也。凡古書言樂者，一句之内有律有聲，乃可考其高下。如云黄鍾爲宫，乃知其吹九寸管，爲今之上字，若只云黄鍾，則只知其吹九寸管，不知爲何字，又若只云宫聲，則只知其爲上字，不知其吹幾寸管，如此之類，無可捉摸，故不引之。拙著書欲使字字皆可實指竹聲之第幾孔，絲聲之第幾柱，立可被之管弦耳。諸承下問，敢以鄙見質之座右。

示讀論説文及段注二篇，鈎稽詳密，無微不到。又示讀汪氏樂律書，誠如所評，讀書多，用力深，原委粲如者，俱捧讀欽服之至，謹以鄙見書於别紙呈教。又讀大作與張撫軍書，真可謂謙尊而光，卑而不可踰者矣。

來示詢及周孟貽孝廉，惜已逝矣。鄧嘯篔茂才肺病失音，亦可憂也。羊城人士自伍紫垣後無刻書者，刻汪氏書但可望之學海堂、菊坡精舍耳，弟當徐圖之。此二處所藏書板，發坊刷印，收其板租，可爲刻書之用也。草此再覆，澧再拜。令侄雲舫四兄，並此奉詢安祺，恕不另啓。

大著説文引經異字書後，排比鈎稽，抉摘疑義，讀之心目俱快。竊謂許君自叙云，其偁易孟氏與下文，皆古文也，不相應，若謂皆古文也，但承詩毛氏以下而言，則恐無此文法也。且既云詩毛氏，而如大著所舉數十條，皆與毛不同，若謂是三家詩，則叙何以但云毛氏。再三思之，蓋許君作此叙時，其書只用毛氏耳。叙末云粤在永元困頓之年，爲漢和帝永元十二年庚子，其遣子沖上書，則在安帝建光元年辛酉，相去廿二年矣。此廿二年中，其書必多修改，蓋變其舊例，而增入諸家異字，特未改叙中詩毛氏三字。許沖上書云今慎已病，遣臣齎詒闕，病中疏忽，固情理所有。古人書用卷軸，亦不似今人書葉抽换之易，故仍用舊叙也。不識如此解之，可通否，幸教之。

汪氏書第一卷録樂記而解之，第二、三卷録蔡西山律吕新書而解之，第四、五卷則續蔡氏書而作，其言曰：西山蔡子既著律吕新書，因即欲均調節奏，被之管弦，别爲樂書以究其業，而惜乎竟未之及，烜是以忘其固陋爲之續編云云。今讀其書，於八音之器，皆繪爲圖，而琴尤備録指法，蓋最精此藝也。拙著書採録儀禮經傳通解所載開元十二詩譜：但能注以工尺，汪氏改訂鹿鳴琴譜，及新訂關雎葛覃卷耳譜，則皆注明指法，拙著所不及也。汪氏不載開元譜，蓋當時儀禮經傳通解甚難得，馬宛斯繹史亦言初求儀禮經傳通解不可得也，汪氏采聶雙江周南召南六詩譜，汪氏以爲謬而改定之，澧則未見聶氏譜，今乃於汪氏書見之耳。昨聞伍紫垣之子子升續刻叢書，弟託人以汪氏此書示之，渠欲刻入叢書，俟其開刻，再以奉聞。

〔載於一九六二年三月十一日香港大公報藝林週刊。據原稿校核。〕

跋凌次仲藏孫淵如殘札

凌次仲藏錢竹汀、阮芸臺尺牘一册，内有殘札四頁，有頭無尾，據内容及筆跡，知爲孫淵如札。札中不信西人推步之説，謂「後世之談天有最不可通者，謂日大于地數倍，此西人之戲言，不過欲亂吾中法，而江慎修、戴東原篤信之，江鄭堂及吾兄亦頗助其張目，要知古學天文與算法，截然兩塗」云云，此淵如平日之論調也。校禮堂集卷廿四有復孫淵如書，即復此札。此札上款爲凌次仲無疑，所費考索者此札年月耳。

凌復書亦無年月，凌仲子年譜繫復書於嘉慶五年庚申，但此札有「弟服闋後已半載」一語，則當先研究淵如何年丁憂。淵如丁憂有三説：

一、嘉慶二年丁巳説，見冶城絜養集卷下，云「嘉慶丁巳歲予丁母艱」，又云「予以丁巳歲歸南」，此淵如自道也。然冶城集補遺又有「丁巳九月二日工次作」一首，是丁巳九月淵如猶辦河工；淵如外集五又有島山謁太昊陵記，丁巳閏六月作，曹南嘉穀記，丁巳七月作，皆未聞有丁憂之事，是「丁巳丁艱」爲誤記，在淵如著作中，此等錯誤常有也。淵如撰倉頡篇集本序，有「星衍以戊辰歲讀書江寧瓦官寺」語，戊辰二字無着，拙著中國佛教史籍概論曾指出之。

二、嘉慶三年戊午說，見張紹南撰孫淵如年譜。紹南爲淵如表弟，云「嘉慶三年戊午六月廿七日，君母金太夫人卒于兗州官舍，九月君奉大母及父南歸，嘉慶五年庚申九月除母喪」。由丁憂至除喪，凡二十七個月，係當時體制，其說最詳。

三、嘉慶四年己未說，見孶經室二集卷三孫淵如傳，云「嘉慶四年六月，君丁母金夫人憂，歸里僑居金陵祠屋」。清史儒林傳等因之，但張紹南不從其說。

三說以張紹南說爲較可信，戊午六月丁憂，庚申九月除喪，再加半載，則此札應爲嘉慶六年辛酉四五月作，與札中「溽暑苦陸行」語亦合，時淵如大母年九十四，父年七十三，札稱「大母九旬，老父七十」，舉成數也。

札中以畢恬谿與凌次仲相比，恬谿何人？亦值得一考。恬谿名以田，山東文登人，爲孫淵如撰述最得力之助手，淵如集屢見其名，並稱其「經學無雙，負重名」。惜著述存者無多，僅有九水山房文存二卷，聊城楊以增、涇縣包世臣爲之序。在後人視之，恬谿似不能與次仲比，然在當日，恬谿固負重名也。

恬谿後中嘉慶十二年丁卯舉人，改名亨，清史儒林傳附淵如傳。然淵如嘉慶元年著元和郡縣圖志序及嘉慶二年著周易口訣義序，已稱恬谿爲畢孝廉，嘉慶元二年恬谿何能有孝廉之稱，此二序或後來追改未定，然淵如雄才大略，於此等節目多不注意，自己丁憂年歲尚可誤記，何有於朋友中舉之年，此不必責諸淵如者也。

附孫淵如殘札原件今藏勵耘書屋

前得手翰，反復千言，窺見足下好學深思之志，別後進而不已，惟畢恬谿與足下，古人有見賈生不及之嘆，正以此也。唯過譽拙文，徒增媿耳。廣文一席，可以撰述，弟近因大母九旬，老父七十，出門惘惘，深羨此席，聞足下留賓之饌甚工，諒不乏菽水之供矣。弟服闋後已半載，溽暑苦陸行，尚未定入都之日。兩年負米江淮，賴阮中丞招邀，不致有窮途之戹，行篋不能携書，學殖荒落，莫甚于此，知己無多人，何以教之！弟所爲陰陽五行之學，取其考證經傳，非古法不究也，六合之外，聖人存而不論，謂其同于語怪，後世之談天有最不可通者，願質左右，日月徑千里之説，自是中法，且白虎通言千里畿法此制作，今則反之，謂日大于地數倍，夫日躔所在，月令名之日在營室云云，廿八宿每一宿相距不過幾度幾十度，一度爲二千九百餘里，若云日大于地，則日在營室，左掩女虚危，右掩壁奎婁，且不止矣。此西人之戲言，不過欲亂吾中法，而江慎修、戴東原篤信之，江鄭堂及吾兄亦頗助其張

目。要知古學天文與算法截然兩下闕

〔載於文物一九六二年第六期。據原稿校核。〕

注：次仲，凌廷堪；淵如，孫星衍；竹汀，錢大昕；芸臺，阮元；慎修，江永；東原，戴震；鄭堂，江藩；皆乾嘉間著名學者。

跋洪北江與王復手札

上海市文物保管委員會尹同志寄示乾嘉諸儒手札墨跡，中有洪亮吉與秋塍明府一札，有月無年，試釋其時地人事如下：

「秋塍」者王復，浙江秀水人，王又曾之子。初客陝撫畢沅幕，與北江訂交，畢移撫汴，隨往河南，歷任臨漳、武陟、偃師諸縣，事跡具武億所爲行狀。著有偃師金石遺文補録，又有樹萱堂、晚晴軒詩，畢沅採入吳會英才集。

據北江年譜，乾隆五十三年戊申，北江春夏在開封撫署，秋後隨節武昌。卷葹閣詩集七，是年有「送王大令復之官臨漳、兼寄徐州倅書受」詩，又有「偶得五百字、酬景方伯安枉贈之作」，此札當作於是年二詩之後。

札中「尚之」即徐書受。翌年正月，北江計偕北上，由漢陽抵開封，即居尚之寓齋，據此札，時尚之當已「入省城爲通志局提舉矣」。尚之生子，乞北江命名，北江以己姓名之曰洪，以己名字之曰孟吉，並爲作洪兒歌，見卷葹閣詩集八。尚之蓋北江副榜同年，同爲毘陵七子之一，唱酬甚密，詩集名教經堂集。

札中「新方伯」即景安。景安和珅族人，乾隆五十三年二月，由河南按察使遷河南布政使，曰新方伯，正是接任未久時語。移前一年，景安未爲方伯，移後一年，不得謂之新方伯，因此斷定此札作於乾隆五十三年，當無疑義。

景安既任河南布政，則王復、徐書受皆其所管屬，北江特爲道地，「并轉致感激之誠」，此節實爲此札中心之點，贈詩所謂「不因新作黑頭公」者，特飾詞耳。今卷施閣集無此詩，殆另一首也。景安清國史列傳有長傳，凡三千五百餘言，未嘗説其能詩，而今所傳景安有深省堂閑吟集，國史蓋略之也。

札中「尚書師哲弟」，指畢沅胞弟畢竹癡瀧，味辛趙懷玉，竹初錢維喬，名皆習見，不贅。「老夫子」當指畢沅，畢沅以是年七月補湖廣總督，是札作於五月，北江猶在開封，王復時官臨漳，到任未久，故札首曰「足徵新政宜人」，臨漳在豫北，故札末曰「飛鴻倘南，有以復我」。札中對書記及勤務員皆稱「奴子」，統治階級氣十足，可見當時風氣。

原札録後：

洪北江與王復手札原文

貴治兩獲甘霖，足徵新政宜人所致，佩誦之至。比惟榴花獻節，動定勝常爲慰。尚之已攝汝州之倅，不久即入省城爲通志局提舉矣。尚書師哲弟不日南來，味辛亦聞日内到此，皆近日之消息也。新方伯詩及爲人皆近今所少，今早復至齋頭過訪，肫摯之意，感人殊深，亮吉又言及吾弟及尚之，並爲轉致感激之誠也。昨亮吉贈渠詩，末句「我瓣名香爲詩伯，不因新作黑頭公。」其和詩甚佳，已屬奴子鈔寄一紙。足下以名士出宰名都，琴堂小暇，麗句應多，能見示一二否？兹因奴子胡順仍依戀舊主，遠叩花封，草草附札，詢近日升祺，想見銅臺左右，鄴水東西，靈蛇出賨，銜漳浦之元珠，舊燕來巢，帶洛河之皎月，樂可知矣，不其然乎？飛鴻倘南，有以復我，不一。秋塍明府二弟足下，亮吉手啓，五月初一。

竹初乞食圖曲本，渠專人來取，老夫子云在尊處，祈寫副本，竟即寄來，至屬。

〔載於文物一九六二年第九期。據原稿校核。〕

錢竹汀手簡十五函考釋

錢竹汀手簡十五函，原裱十四開，尹石公先生自滬寄京，展閱一過，皆竹汀寄家人子弟信，其中三開有「東壁圖書」印，當爲竹汀長子東壁所藏，今考其年月如下：

第一至第五函凡六開，皆乾隆三十九年竹汀由河南鄉試正考官轉任廣東學政，九月至十一月寄京家信。信無上下款，皆點句，時妻王夫人已前卒，蓋寄浦夫人者。信中有浦爺，即浦兄弟，奶奶，竹汀母親。大官、二官，即東壁、東塾，小姐，即竹汀長女。時東壁九歲，東塾七歲，女二歲，皆浦所出。

第一函之曹慕堂，名學閔，竹汀同年，京官而兼山西幫，當時同人恒倚以爲緩急。第二函之白大人，爲河南鄉試副考官白麟，制臺何大人，爲河南巡撫何煟，曾加總督銜，故稱制臺。姑爺，爲竹汀妹壻陳燊耘曦，見竹汀自編年譜。第三、第四函之金大人，爲前任廣東學政金士松。第五函之曹仁虎、邵晉涵，均請進内書房，曹爲嘉定同鄉，邵爲浙闈所取得意士，故特許入室。

第六函約可廬携眷至蘇城觀競渡。可廬竹汀弟大昭，字晦之。乾隆五十四年正月，竹汀初至蘇州，主講紫陽書院，一住十六年，此函當作於五十四年四月。

第七函付東塾，蓋乾隆五十五年六月入京祝八十壽時作。信中言王臬司已落職，書制臺亦罷官，臬司王士棻，制臺書麟，皆因高郵州僞串冒徵案革職。是年東塾廿三歲，故誡以讀書爲上，閒遊無益。

第八、第九函皆付東壁、東塾。訂廿七日接大妹妹歸家，冬至前要回去，信中並問阿同、阿閏好否。大妹妹即大小姐，乾隆五十六年年十九，適同縣瞿木夫。木夫名中溶，號鏡濤，見潛研堂詩續集七洞庭雜咏詩注。此二信蓋作於五十七年十月，是年十一月初八日冬至，歸寧僅可住十日，故嫌太速。阿同東壁子，名師慎，阿閏東塾子，名師康，時阿同五歲，阿閏一歲。嘉業堂刻瞿木夫自訂年譜，不載鏡濤舊號，不合，非洞庭雜咏詩注，孰知鏡濤爲誰。

第十函付東壁、東塾，箋墨與前二札全同，札中所言人事亦相接，蓋同一時作，即乾隆五十七年十一月。二姐竹汀次女，亦浦出。

第十一函寄晦之，托小松轉，並候覃溪。乾隆五十九年阮元繼翁方綱任山東學政，晦之曾佐阮元幕，翁撰復初齋詩卷四十五，甲寅題黃秋盦同知得碑十二圖，有「近與錢家仲，停車意不忘」之句，即在此年。黃易字小松，號秋盦，官山東運河同知。

第十二函與既勤大侄，既勤係晦之長子東垣。札中問「節内尊大人已解館否？前所訂尊堂同往武林之説，今擬在蘇啓行」，當是嘉慶元年晦之又佐阮元浙江學政幕時作。擘經室四集二，有丙辰題錢可廬明經蕉窗注雅圖詩，即在此時。札中又言「張芑堂欲將豐宫瓦刊入金石契」，張芑堂補刻金石契，正在嘉慶元年。

第十三函與可廬，札無月日。涉齋瞿塘，瞿中溶父，嘉慶二年八月，涉齋招竹汀爲洞庭西山之遊，見竹汀年譜，此札當作於是年。

第十四、第十五函皆與可廬。二札無月日，共裱一開，箋墨相同，蓋同一年作。札中言「邑志採訪陸續已到，正可删定成書，了此一事」，嘉慶六年，長興令延竹汀、可廬總修縣志，八年志成，此二札當作於是年，即竹汀卒前一年。時屢患病，故札中有消極語。滄來鰲圖，述庵王昶。

綜核此册，雖寥寥十五簡，但自乾隆三十九年竹汀四十七歲起，至嘉慶八年竹汀七十六歲止，綿亘凡三十年，中多有月無年，或有日無月，或月日並缺，今爲一一注出，以質石公。陳垣。

錢竹汀手簡原文

一　我自起身以後，上下俱平安，九月初三日出榜，定於十二日起身進京。今於十一日下午接到部文，知蒙恩差廣東學政，即赴新任，不必來京請訓，隨即在此略辦行裝，俟有兵部勘合，即起身赴廣矣。此時已交冬令，且山東路上亦難行，今歲斷乎不能接家眷矣。拜匣上鑰匙昨已遺失，即可另配開出，箱内存銀，隨時取用，用去即記一總帳，庶不致遺忘。我到廣後，有人賫摺進京，汝等再商量起身，不可造次。起身已有定局，然後將房子轉典，元價及修理，須得四百兩，典期三年爲滿，方可成交。萬一典局不定，起身時與曹大人慕堂借二三百金，其房即算典與曹處亦妙。此時路上盤纏短少，幕賓或到江西，或到廣東，再行延請，若在京中請去，我不能有盤纏多幫也。今遣胡陞進京遞摺，帶回汴綾五個元青二 紅紫 藕褐，綿綢一個，搭包四個，手帕八條，逐一點收可也。十一日字。

二　十二日送白大人回京，是晚制臺何大人仍回汴城。我在此只買羊皮袍一件，及狐狄統子一件，所有布政司支給路費銀二百兩，已經繳還。其主考所領勘合，亦交與何大人，托其咨部代繳，另由河南驛道填給勘合。從歸德一路入安徽鳳陽府境，即是上廣東正站矣。今於本月十五日從祥符起馬，恐京中不放心，故寄信告知。張大人曾敞薦來家人一名，名喚胡德，係桐城人，現已收用。今冬家眷斷乎不可南行，俟明春我有信來，再定起身赴任之局。浦爺囑其照應家中門户，伊第二兒子在此尚好。順天鄉試全録尚未得見，姑爺已得中否？家中盤纏尚可支持，且安心過此冬。大官二官肯讀書否？餘不多及，九月十五日字。在汴梁城封寄，即刻起身矣。

三　自胡陞回京後，又有兩次安報，想俱已收到矣。我於十月初三日過江，到九江府，今於十七日過梅嶺，已達廣東境，離省城尚有一千餘里，大約此月内可接印任事。路上人馬俱平安，惟天氣太暖，不但皮袍用不著，即皮馬褂下半日亦不能穿也。家中須用銀子，箱内開出應用，仍要立一本帳簿，開明支用若干，方不致有記憶不清之患。家眷起身之期，當在明年，然於何月起身，尚未可定，須問李鐵拐斜街曹大人，及米市衚衕曹老爺，斟酌妥當，然後可雇船起行也。自京師雇船到家，從家中到杭州須六日，換船至常玉山，約須六七日，常玉山起旱一日，再換船到江西，不過七八日；又從江西雇船到南安，係上水，有灘，須要十七八日，起旱過梅嶺一日，再換船至廣州省城，不消十日矣。我到任後，即有承差賫摺至京，俟我所差之承差到日，將上次所進摺硃批封好，交其帶回，不可悮也。奶奶大官二官小姐俱問好，今因金大人承差賫摺之便，寄此安信。十月十七日字，在南雄府燈下。

四　我在河南起身，路上又寄過三次安報，想已收到。胡陞想於九月二十五前後到京，未識謝恩摺已投遞否？茲於十月二十七日已到廣州省城，接印任事，衙門甚爲寬大，房子亦多，又有太湖石，樹木茂盛，將來家眷到此，頗不寂寞也。學院每年出巡，在省中居住之日甚少，必須有家眷在此照應，方爲便益，不然，則一應家伙什物，豈能盡行搬移，於事甚不便。但今歲既不能來，明春開凍，路上好走，亦須打聽明白，方可起身也。從京師雇船到蘇州至嘉定，約須四五十日，將家伙粗重及書籍可不帶來者，留在家中。另雇船至杭州，約計五六日，換船至常玉山，約七八日，在常玉山起旱一日，又換船至江西，不過七八日，在江西換船至南安府，上水，須十七八日，過梅嶺一日，換船到廣東省城，順水不過七八日，路上不算辛苦。盤費要得數百金，亦不必顧惜，因任所無人照看，恐花費更大也。我到任才二三天，事情忙極，精神亦不大佳，今差承差徐光到京進摺，其上次所奉硃批，即交承差徐光帶回，決不可誤。家中一應大小事，俱寫在信上，要寫得明白；奶奶及大官二官俱好否？南邊有家信，亦可封在信内帶來也。廣東天氣甚暖，此時或穿綿夾衣，或穿小馬褂，亦無一定，大約雨後略冷，平時總甚暖，但身上宜於略熱，常出些汗方好，一受寒，便不爽快矣。學院衙門無事，長隨不必多用，相公看文字者，須要五六位，現在金大人薦來一位，係其外甥。此外前已寫信到家，要請幾人，未知何時得到這裏也。今晚辦題本及摺子，此時已及三鼓，故不能多寫。十月二十九日字。　再承差回時，要買奏摺幾付，白奏摺十個，黃奏摺五個，俱要封套，黃綾夾板四付，一並交彼帶來。

五　十一月初一日遣承差徐光入京，已有家信，想已接到矣。今又有要緊事，須托米市衕衕曹老爺仁虎代辦，字到即於家中取銀八兩封好用綿紙緊包粘一紅簽，寫微敬二字，同書信一並寄去，斷不可遲悞。內書房一應書籍碑帖，不可遺失，如曹老爺仁虎要來檢取書籍，可開書房，請其進去，邵爺晉涵要進到書房，亦可請進。將來南歸時，收拾書籍，或應帶到廣東，或應存在嘉定，俱請邵爺酌定。凡我所抄寫自己著述，即隨筆零碎之件，俱要一一檢好，放在一箱，帶到廣東，其碑帖亦盡行帶到廣東方好。餘具前信。初三日字。

外信兩封，一寄曹老爺仁虎，並另加銀信，一寄邵老爺晉涵。

六　昨接來札，言及重固添價一事，此產本不取利，只可聽其冬間翻贖。至借貸一說，此時用度甚費，亦無以應之，乞寄信婉復之可也。端陽節蘇城龍舟頗盛，望吾弟同二奶奶並侄媳侄女到蘇一觀，已遣李瑞買舟奉候，幸勿它辭爲荷，餘容晤悉。可廬二弟，大昕頓首，二十七日。

七　初七日更餘到胥門馬頭，即上大船，初八日往各處辭行，初九日晚間移舟閶門外小泊，明早便北行矣。書院束修未曾支取，所買生絹夏布等物，並有零星物件，俱寄航船帶回。兩日甚熱，體中尚好。餘俟有便，當隨時寄信回來也。王臬使亦已落職，候審，並聞書制臺亦罷官矣。新任臬使陳公奉茲，江西人，尚未到任，現委松太道張公署事，亦往江寧公幹矣。天暑，緑豆湯金銀花湯俱可常服，冷水不宜吃，戒之戒之！六月初九日酉刻，字付東塾閲看。讀書爲上，閒遊無益。

八　昨接家信，即遣人到于斯，訂於本月二十七日接大妹妹歸家，今早得鏡濤信，已經允諾，屆時即在蘇買舟遣徐陞送歸矣。天氣驟冷，務須多穿衣服爲妙。汝母親近日飲食能多進否，據于斯説，本欲於冬至後到嘉，今恐天冷，故遵於二十七日來，冬至前要回去也。家中上下想安好，阿同阿閏俱好否？餘俟後信。二十二日申刻，字付東壁東塾二姐同閲。

九　今日買舟接大小姐並鏡濤到嘉，我本擬同來，因初三日課期伊邇，省得多此一番來往，是以不歸矣。家中想上下俱平安。于斯云冬至前要接回家，愚意似乎太速，即或渠家中有要事，或鏡濤暫歸去數日，似無不可。此間新米久已吃完，有便望寄新米並陳米數袋，丸藥亦將次吃完，從前所製料豆仍望寄來，以便接續。今寄歸湘蓮二斤，核桃肉大棗各一包，糖食一籃。二十七日辰刻，字付東壁東塾二姐同閲。

十　昨菉葭浜程先生送來選擇起造照牆吉日，今遣徐陞帶歸，如事忙無暇及此，或另擇日亦可，但明年方向不通耳。天氣尚不甚冷，頗似三春，租米想尚未收也。汝母親飲食比前稍加否？日間不宜過於勞碌，夜來亦須早睡爲佳。東塾夫婦往羅店已歸否？寄歸羊肉五斤，鷄蛋糕五斤，餘不多及。初四日字付東壁東塾及二姐閲。初三日藩臺到院課題

「以友輔仁，秋澄萬景清，得澄字」。浙江墨卷一部並寄。道藏目録乙小本，尋出交徐陞帶來。

十一　前二次信俱經收到，轉送尊宅。上下俱極安好。今將二侄寄來安信，托小松先生轉致。前一次信因無便人，稽遲兩月，今亦並致。覃溪先生前希代請安。因來人即要起身，不及另具啓也。晦之賢弟，大昕白。七夕前一日。

十二　別來二十餘日，想闔宅納福爲慰。節内尊大人已解館否？前所訂尊堂同往武林之説，今擬於十九日在蘇啓行，唯船隻尚在未定，大約即在此間雇舟矣。望轉禀尊堂，務於十七日先期到院，家中相候甚殷也。海鹽張芑堂欲將豐宮瓦刊入金石契中，乞搴一紙付下，以便轉寄，匆匆不多及。既勤大侄，竹汀拾紙。三月十日。

十三　涉齋之約，兄雖曾辭過，昨又來面訂，諒不可却。吾弟若能同來，相叙半日，亦甚妙也。餘不多及。可廬賢弟，大昕頓首。原帖仍留尊處，並及。

十四　可廬賢弟，來信具悉，家信亦即日寄去矣。邑志採訪陸續已到，正可删定成書，了此一事矣。兄咳嗽雖止，而精神漸漸恍忽，恐不能久駐人世也。太倉志曾閲過，所載人物頗詳備，此鰲滄來、王述庵之力，而同人亦有助焉，可喜也。匆匆不多及。竹汀居士便紙。

十五　別後已逾月，得手書知精神康健爲慰。適有便人回嘉，已將來信帶去矣。兄日來感冒漸除，翻胃亦少止，而元氣未復，夜常不寐，殊可慮也。既勤告假之計，未審已定否？兩家上下俱安好，餘不多及。可廬二弟，大昕頓首。

〔載於文物一九六三年第五期。據原稿校核。〕

跋陳東塾與玉仲札

陳東塾與繩齋陳昌治札一册，末附一札與玉仲。玉仲何人？東塾集三有送蘊玉仲赴順天鄉試序，云：「玉仲爲嚮亭太守之賢子，小谷先生之高弟。家本旗籍，不由科第，亦可以出仕。」則玉仲乃旗人，蘊特其名上一字，非姓也。

汪輯東塾遺詩五十一頁有王玉仲招看荷花詩，王玉仲即蘊玉仲。東塾集六有署肇慶府事王君墓碑，王君即玉仲之父，碑云：「君諱五福，字嚮庭，内務府旗人。同治六年調署肇慶府，七年十一月卒，子蘊璘，奉君柩歸葬。」蘊璘即玉仲，蘊璘其名，玉仲其字，王則其漢姓也。

東塾遺詩四十二頁又有壽嚮亭太守五福詩，起聯云「剛直循聲著，吾欽五大夫」，五亦其名上一字。稱五福爲五大夫，猶稱蘊璘爲蘊玉仲耳。

余藏有東塾與鄭小谷書，集所未載，亦曾提及玉仲，云：「玉仲入都營葬，想不久即回。」書作於同治十一年五月，由此可證墓碑所稱歸葬在何時也。

東塾與玉仲此札，係索閲前擬肇慶府志章程。同治八年，東塾應聘修廣州府志，時五福已卒，故向其子索閱肇慶府志章程，此札之作當在此時。

附件

前日奉詣未晤，兹因修廣府志商議章程，弟前擬肇慶府志章程，如尚存，祈檢發一閱，爲荷，此候

安適！前借去通鑑如已閱畢，並祈發還。

玉仲二兄閣下　弟澧頓首

〔載於一九六三年十二月八日香港大公報藝林週刊〕

兩封無名字無年月的信

在封建王朝檔案中，有所謂「上諭」、「諭旨」、「聖訓」，此等資料，多數已無價值，但考當年事實，有時尚可利用。前些年我得到一本湯金釗所藏各家尺牘，其中有二札，無上下款，有日無年月，與阮元、姚文田等牘同裱一册。察其筆跡，甚似王杰，吳脩刻昭代名人尺牘第廿三册，有王杰與梁山舟一札，筆跡與此二札相類，但無確證。後根據二札内容，並利用「上諭」及其他資料，確定了二札作者和年月，今特寫出，以爲考無款函件之一例。

第一札全文如下：

懇者，日内緻省蒙恩緩徵之項，再予緩徵，理合公詞謝恩，煩年兄代作一摺是荷。上諭一道，舊摺底一件，並乞檢收，廿二日來取。名心泐。二十日未刻。

札無名字無年月，札中緻省指何省，雖有「上諭」，亦無年月。且此諭不見東華録，亦不見實録，余在十朝聖訓嘉慶朝卷五十五蠲賑門得之，始知爲嘉慶七年五月諭。諭云：

嘉慶七年五月戊子諭：昨據陸有仁奏，陝省歷年緩徵銀糧，分別開單呈覽。該省各州縣自軍興以來，及今七載，應徵各項錢糧，疊經展緩，現在大功將次告蕆，小民等自可共安耕鑿，踴躍輸將。但節年積欠既多，若同時新舊並徵，民力仍恐拮据，所有陝省各屬，均著再予緩徵一年，以副朕廑念民艱至意。

第一札所謂「緩徵上諭」即指此。札稱「敝省」，當指陝西。陸有仁時爲陝西巡撫。「大功將次告蕆」，指當時鎮壓白蓮教起義。緩徵祇有益於地主，無益於農民，諭稱「廑念民艱」實欺人語。是年五月庚午朔，戊子月之十九日。此札署二十日，即獲上諭之翌日。時陝西京官首席爲王杰，緩徵謝恩摺應由京官首席領銜，故知此札爲王杰手筆。王杰，陝西韓城人，工書，乾隆二十六年辛巳狀元，官至大學士。趙甌北翼簷曝雜記卷二，有辛巳殿試記事一則，云：

先是歷科進呈卷皆彌封，俟上親定甲乙然後拆，是科因御史奏改，遂先拆封。上是日閱卷，見拙卷係江南人，第二胡高望浙江人，第三卷王惺園杰，則陝西籍。因召讀卷大臣問本朝陝西有狀元否，皆對云前朝有康海，本朝則未有，上因以王卷與翼卷互易。

這裏所説的王惺園杰即此人。札中上款只稱「年兄」，蓋即指收藏此札之湯金釗。湯金釗字敦甫，浙江蕭山人，官至協辦大學士。其自訂年譜有云：

嘉慶四年己未，二十八歲，會試中式，改翰林院庶吉士，六年四月散館，授職編修。冬，可亭師招至橫街宅中授徒。七年十月，聞祖母訃，請假省親。

可亭，戴均元，江西大庾人，乾隆四十年進士，亦官至大學士。據此譜，則王杰屬湯代作謝摺時，湯正在戴均元家授館，七年十月以後則南返省親矣。

第二札全文如下：

昨初三日具摺乞休，仰蒙温諭慰留，感何可言！惟是半月以來，飲食仍未復舊，精神日覺衰憊，不得不乞恩允其所請，乞年兄即代作一四六摺，於十二日來取。摺中後半，將「依戀闕庭，解任之後並不預作歸計，且軍營蕆功在即，正幸樂觀其成」意思叙入爲妥。原摺一件，初三日奉上諭一道，並乞檢閲，此佈不具。名心泐。

第二札亦無名字，無年月，札中亦提到「上諭」，見嘉慶朝東華録，載：

嘉慶七年秋七月辛未諭：大學士王杰，年近八旬，精神尚未衰減，兹以夏間屢嬰疾病，具摺乞休。朕念老成宿望，未肯令其驟離左右，當經再四慰留。王杰以年衰氣弱，深恐戀職誤公，堅詞求退，情意懇誠。在王杰並非家有田園，思耽林泉之樂，而朕眷懷耆舊，繾綣彌深，豈忍恝然遽令歸去。王杰著不必開大學士缺，無庸票閲内閣本章，其各館所纂書籍亦無庸閲看，以便安心頤養。

此諭指明王杰，更可證此札與前札同爲王杰手筆無疑。是年七月己巳朔，辛未月之初三日，札作初三，諭作辛未，實同一日。汪輝祖夢痕録餘亦曾記及此札乞休事，云：

嘉慶七年九月朔，繼培歸，齎到葆淳師手書二函，一七月望日書，云：愚告休摺，已於月之初三日具奏，仰蒙聖恩，過於優崇，益加慚悚，將來恩允之後，愚亦不忍急作歸計也。前函已封，茲又略佈數行，病後不能縷及。

汪輝祖號龍莊，與湯金釗同爲浙江蕭山人，爲王杰乾隆四十年會試所取士。汪著病榻夢痕録中與王杰往來書札特多。繼培，輝祖子，嘉慶十年進士。葆淳師即王杰，王杰號惺園，又號葆淳，今其文集猶名葆淳閣集。湯金釗寸心知室存稿卷六，有嘉慶十二年祭汪龍莊文云：

釗年廿一，獲拜先生，時爲先生書介壽幀，先生謂釗，字秀在骨，似韓城師，來者必發。

韓城師亦即指王杰。王杰屢掌文衡，門生甚衆，三任浙江學政，所識浙士尤多，汪輝祖、湯金釗其著也。王杰以達官講理學，嘉慶八年致仕歸里，清帝送之詩，有「直道一身立廊廟，清風兩袖返韓城」之句。其後湯金釗亦以達官講理學。王謚文端，湯亦謚文端，二人行輩相距四十年，實同一脈。

此二札雖無上下款及年月，但下款及年月，均可由「諭旨」考出。惟上款如果不是湯金釗將此札和其他尺牘保存在一起，則不易知爲湯金釗。故凡做檔案工作者，不宜將檔案輕易分散及移動，所謂秤不離鉈也。

〔這是作者最後一篇論文。一九六五年十月二十一日改定後送文史，因「文革」爆發、雜誌停刊而未能發表。今據原稿第八稿(定稿)録出。〕

陳垣全集之十六

雜著

安徽大學出版社

吴漁山與王石谷書跋

右爲吴漁山與王石谷一尺牘。漁山年五十一，始往澳門，入耶穌會學道，習蠟頂文。七年學成，膺神職，歸滬，時康熙二十七年，漁山年已五十七。其後傳教上海嘉定間者三十餘年。此云蘇堂相會，當在漁山自澳回滬後，又加二十餘年，則二人殆皆八十矣。書中言告解，言聖體，皆教中聖禮，所謂七聖事之一也。然告解，領聖體，均須在領洗入教後，方能舉行。今漁山以此勸石谷，則石谷必爲曾領聖洗之人。特石谷之領洗，僅爲居士，而漁山之學道，則直出家，故其入教之名尤著。二人本同庚同里同學，晚又同教，又同享高年，奇也。書中「半我」二字甚新，蓋出利瑪竇友論，曰：「吾友非他，即我之半，乃第二我也。」王肯堂筆麈録友論，删此句，則「半我」二字，不知所云。而四庫提要雜家類存目二謂友論曾爲王肯堂所點竄，一若非經點竄，即不能如是者。今友論原文具載天學初函，王肯堂改本亦載鬱岡齋筆麈，試相比勘，未見王所改者爲優，而利原文爲劣也。此簡現藏大阪上野氏有竹齋，内藤虎曾收入清朝書畫譜，縱英尺九寸一分，横三寸九分，中闕一字，非「傾」字即「盡」字也。一九一九年九月新會陳垣。

（載於東方雜誌第二十七卷第二號（一九三〇年一月））

吴漁山生平

吴漁山以畫家晚年學道，康熙廿七年西一六八八陽曆八月一日與萬其淵劉藴德由羅文藻主教祝聖爲司鐸，華籍司鐸由華籍主教祝聖者，以漁山等三人爲始。漁山名最顯，壽最高，宣教最久，今華籍司鐸每以漁爲號，雖出聖經故事，猶承漁山餘風。李輯墨井集有漁父吟云：「朋儕改業去漁人，聞比漁魚更苦辛。」謂此也。民國廿六年八月一日，爲漁山晉鐸二百五十年紀念，茲特爲文介紹之。

一　吳漁山之家世及生卒

據墨井詩鈔之陳瑚從遊集序，及張雲章墨井道人傳，漁山爲明都御史文恪公訥七世孫，惟樸村文集本卷廿三道人傳則作訥十一世孫，確庵文稿無從遊集序，而有吳節母王孺人墓誌銘卷十九，謂漁山父士傑爲訥十世孫，則漁山仍當爲十一世，今各家畫傳及府縣志之吳歷傳，均取材於確庵、樸村之文，而不知其版本之異有如此也。訥事跡具明史本傳卷一五八。明末馮復京撰常熟先賢事略，謂訥爲言子游苗裔，其先坐事亡匿，以子游封吳公，改姓吳氏，名曰訥，藏言於內也，同時龔立本已非之，李司鐸杕猶信其說，見李輯墨井集。然據訥撰吳氏譜圖序謂：

> 常熟去吳城百里，爲吳屬邑。先君子嘗言吾家世居是邑，元入中國，邑里被兵，宗族星散，譜牒亡失，吾曾大父誠庵府君始自邑城東隅遷居文學橋子游巷，言公故里之側，以至于今，自是而上，不可得而詳矣。訥佩服遺訓，訪尋舊譜，終莫能得。海虞文徵卷二

是吴爲言後，訥並未自言，不過居近言子宅旁而已，馮説未可遽信。光緒常昭志卷四二謂吴文恪宅本在城外，文恪孫正統進士吴惇，乃移居子游巷，其説亦非。子游巷乃吴氏祖居，至訥已五世，譜序所載甚明，城外其别墅耳。言子宅明季曾爲天主堂，漁山薰習天主教至早，衍聖公孔傳鐸復言子宅記云：

常熟治城，言子始生之地，虞山稍折而南，入城西北隅有言子墓，去山半里爲子游巷，有故宅，明永樂初廢。至明季泰西氏之教，淫溢中國，其人蔓引根據，所在多有，於是言子宅遂爲天主教堂矣。皇帝尊先君孔子之道，以爲邪教惑民，命天下郡縣驅其人，使就外國，或置嶺海窮處。所謂教堂者既廢，而言子裔孫因得以請復故宅，言於撫藩，檄下有司，置木主而釋奠焉。光緒蘇州府志四八

此雍正二年西一七二四事也。孔傳鐸以雍正元年襲封衍聖公，雍正二年禁天主教，各省天主堂悉廢，故言子宅得復，時漁山卒後才六年。漁山未卒之前，其鄰固天主堂也。此於漁山晚年學道至有關係，必當時西士言行，能令漁山欽服，有所印於中，積久遇機而發也。

漁山父士傑，崇禎初客死河北，母王氏，生三子，長啓泰，次啓雍，少啓歷，啓歷即漁山本名。陳瑚吴節母墓誌作於康熙二年癸卯秋，節母卒於康熙元年春，年六十八，孫九人，女孫八人，見汲古閣本確庵文稿，余從吴興徐氏假得之，通行本確庵文鈔無此誌也。

至漁山年歲有三說，據海虞詩苑卷六年八十六，據墓碑年八十七，據李杕撰行狀，年八十八。墓碑、行狀，均作卒於康熙五十七年戊戌西一七一八，卒於戊戌，年八十七，則生於崇禎五年壬申西一六三二。

古緣萃録卷八載墨井鳳阿山房圖，有王石谷跋，謂墨井道人與余同里同學同庚，穰梨館過眼録卷三十九載墨井壽石谷詩，有「今日壽君還自壽」語，是漁山與石谷同歲，彼此無異詞。沈德潛撰石谷墓誌，謂石谷生於壬申，卒年八十六，則漁山亦當生於壬申，行狀誤作生於崇禎四年辛未，故誤作卒年八十八，海虞詩苑則誤以石谷卒年爲漁山卒年，故作八十六。

康熙二十年西一六八一，漁山隨柏應理往澳門，時年五十，墨井畫跋謂年垂五十，學道三巴，是也。行狀作時年五十一，亦誤，往澳之明年，年五十一入耶穌會，康熙廿七年西一六八八升司鐸，年五十七，行狀作五十八，亦誤。

行狀之誤，蓋根據費氏會士傳略，謂漁山生於一六三一年，伯希和先生曾辨之，見通報二十五卷七十五頁，余近得一佳證，夢園書畫録卷廿載漁山湖山秋曉卷自跋，有予齒七十加三，腕力漸衰語，款署康熙甲申西一七〇四十月，照中國計算，甲申七十三，生年應在壬申，則一六三一之說誠誤也。

墓碑作卒於聖瑪第亞瞻禮日，是爲陽曆二月二十四，康熙五十七年舊曆正月二十五也，葉德輝觀畫百詠引墓碑，聖瑪第亞作聖瑪利亞，亦誤。

二　吳漁山之學畫及畫品

漁山學畫，始自何年，無確證，過雲樓書畫記卷六載漁山秦吉了軸，其自題有予稚年學畫，搰搰塗抹之言，則漁山學畫甚早。錢謙益序桃溪詩稿云，漁山不獨善畫，其於詩尤工，序作於順治十七年庚子西一六六〇，時漁山年二十九，則其學畫必在二十九以前。又漁山少年臨宋元畫縮本，有錢謙益王時敏跋，錢主熏習之説，以爲子久一派，近在虞山，漁山熏習得之有學集四六，王則以爲漁山方在妙年，遂已度越時流，後正未見其止王奉常題跋下，是漁山之畫，妙年已稱獨步。今其畫之見於各家著録者，張譯墨井書畫集有湖山一曲扇面，題辛丑重九後一日，別下齋書畫録卷四有雪景立軸，題辛丑夏秋之間，皆順治十八年西一六六一漁山三十歲時作品也。

至漁山之畫師，墨井道人傳祇謂其學畫於王奉常煙客，然吳越所見書畫録卷六有漁山寫劉長卿詩意立軸，題乙卯端午前二日畫，恭呈湘翁老夫子教正，下署門人吳歷。又過雲樓書畫記卷六有漁山山水軸，跋云，山居曉坐，並題七言，呈湘翁夫子，丙辰年三月十二日。湘翁謂湘碧，乙卯丙辰，康熙十四十五年，爲王鑑卒前之一二年，是漁山並受學於王鑑。鎮洋畢瀧題農村喜雨圖卷，謂漁山與石谷同歲，同處虞山，同學畫於吾婁廉州奉常二王先生，是也。

至論漁山畫品，畢瀧又謂：

> 石谷畫自五十歲前二十年，臨摹宋元本，超妙入神，五十歲後三十年，紛於酬應，有畫史習氣，而神韵去矣，獨漁山晚年從嶴中歸，歷盡奇絶之觀，筆底愈見蒼古，能得古人神髓。此農村喜雨卷，書畫並絶，是晚年得意之筆，余得之，自幸與墨井有緣，益信神物之不脛而走也。乙巳仲冬，竹癡子畢瀧題。虛齋名畫録五

乙巳爲乾隆五十年，時張庚國朝畫徵録刊布已久，張庚對漁山頗致不滿，謂麓臺論畫，每右漁山而左石谷，余見漁山筆墨，功力尚未抵石谷之半云云。畢瀧亦右漁山而左石谷者也。

虛齋名畫録又有乾隆三十六年看雲山人張棟題漁山葑溪會琴圖云：

> 漁山先生，人極高雅，早爲前輩所推，本朝畫格稱第一，王奉常麓臺司農俱云漁山畫古雅出石谷之上，是圖氣韻深醇，筆情高澹，在元人中亦居上座，豈餘子所能企及。虛齋名畫録五

是亦右漁山者也，然皆未嘗針對張庚立論。至乾隆五十六年，墨香居士馮金伯題葑溪會琴圖云：

同時師友譽同歸，妙手冥心到者稀，獨有瓜田强解事，漫言功力半清暉。虚齋名畫録五

則針對張庚立論者也。道光中梁章鉅亦有題漁山畫詩云：

渾厚華滋氣獨全，密林陡壑有真傳，不教墨井輸烏目，論畫司農見未偏。退庵金石書畫跋十九

是亦針對畫徵録立論。蓋所見漁山畫有多寡，有真贋，又有好惡不同，主觀不一，未可漫爲軒輊也。

咸同間葉廷琯著鷗陂漁話，謂漁山老年作畫，好用西洋法，迥異平日，葉德輝觀畫百詠和之，清史稿吳歷傳亦因之，然墨井畫跋曾有言，曰：

去澳未遠，有大西小西之風，禮文俗尚，與吾鄉相背，書畫亦然。我之畫不取形似，不落窩臼，謂之神逸，彼全以陰陽向背形似窩臼上用工夫。

據此，則謂漁山畫用西洋法者，殆咸同間人理想之詞，漁山畫不爾也。

三　吴漁山與王石谷

張庚不特不滿漁山之畫，且於畫徵録載一謡傳，謂漁山假去石谷所橅黄子久陡壑密

林圖不還，交遂疏，又於圖畫精意識謂石谷曾臨陸壑密林圖，甚珍惜，後爲漁山借去，屢索不還，遂絶交。畫徵録刊於乾隆四年，短書二册，流傳頗廣，四庫雖以其時代太近，人多未經論定，不盡足徵，僅附存目，然坊間翻刻者再，以訛傳訛，遂若漁山果有借畫不還之事。清末李葆恂無益有益齋讀畫詩猶沿其説，則畫徵録一言之流毒孔長也。

道光初，海鹽吴修以漁山何至乾没石谷樵本，所乾没者必爲黄子久陸壑密林圖原本，故又造理想之謡，公然見之青霞館論畫絶句。梁章鉅退庵書畫跋卷十九信之，戴熙習苦齋畫絜卷六亦信之，直至民國十五年，吾友姚大榮先生始辭而闢之，文載東方雜志廿三卷廿一號，歷述陸壑密林圖授受之源流，謂此圖早由煙客售與山左張應甲，康熙四十年又由張氏售與高士奇，有各家畫跋及宋犖詩爲據。漁山借畫不還之誣乃大白。

至吴王絶交之事，亦子虛烏有，清史稿吴歷傳不採借畫説，仍採絶交説，究爲未考。吴王交誼，至老不渝，張雲章爲墨井道人傳時，兩人已八十有四，張子曰，余與道人無一日之舊，而交石谷甚歡，然道人之高致，非獨余高之，即石谷子亦高之也。則所謂絶交者何也。蓋漁山晚年宣道，職務至忙，二人蹤跡較疏，自是事實，古緣萃録卷八載石谷跋鳳阿山房圖云，墨井道人自遁跡高蹈以來，余亦奔走四方，分北者久之，是也。不獨石谷爲然，即凡平日交好，恐亦無不然也。

且兩人同籍海虞，假有借畫不還而至絶交之事，宜乎鄉里莫不聞知，然乾隆四年張庚撰畫徵録之時，據蔣泰序謂其年五十五，則漁山卒年，張庚年三十四，乾隆十年魚翼撰海虞畫苑略之時，據自序謂年七十一，則漁山卒年，魚翼年四十四，其書後成於畫徵録者六年，而其年則長於張庚十歲，又與吳王同里，見聞較切，海虞畫苑略未聞吳王有絶交之事如畫徵録所云也。

然則畫徵録之説何自來，盛大士谿山卧游録有王石谷與友人手札一通，與此事極相類，其略云：

壬子秋，與正叔同館宜興潘元白家，行篋中偶携大卷，主人歎賞不置，屬陳其年先生持三十金求易，爾時即堅執不允，拙筆固不足重，蓋念諸名公題跋，實難購求，且費三十年精力心血，一遇能詩善文者，即叩首下拜，並餽禮物求之，曩求盛珍翁題詠，因其無暇，暫留案頭，並非有求售之念，何至久假不歸。昔在京師，再四相訂，蒙許回崑即還，今屈指已十八年，弟老頹朽質，兒輩雖屬不肖，夙知此卷非可易得，斷不忍坐視輕擲也。弟與仁兄爲道義交，未審何故將此卷勒住不還，望乞示期，以便趨領，弟雖耳聾目瞶，必不聽吾兄播弄也，翬頓首元章道社兄足下。

盛大士謂元章姓顧名卓，崑山人，亦善畫，然則石谷晚年果有因友人借畫不還而至絶交之事，特不知何以誤爲漁山，張庚遽著於録耳。壬子康熙十一年，正叔惲壽平，潘元白名眉，嘗與陳維崧定今詞選行世，盛珍翁名符升，康熙三年進士。由康熙十一，經三十，又經十八，當爲康熙五十九年，然石谷康熙五十六年卒，此所謂三十，諒舉成數，則此札之作，當在石谷臨終之一二年，其詞憤慨極矣，然與漁山何涉也。

漁山晚年有與石谷手札一通，載清朝書畫譜，勸石谷告解領聖體，備百年一着，知石谷亦曾領洗入教。款稱清暉先生半我，半我出利瑪竇友論，曰友者非他，我之半也，則二人實身心性命之交。余曾跋之，見東方雜誌廿七卷第二號，兹不贅。

四　吴漁山與許青嶼

許青嶼即許之漸，武進人，官御史，康熙四年西一六六五與許纘曾因湯若望案罷職，其罪名爲與天學傳概作序，然其序實非之漸作也，東莞倫氏藏有許之漸擊壤紀年箋述此事，其略云：

楊光先詐僞萬端，先將天學翻案，忽過余曰，天學傳概序，知非公手筆，公但辯其借託，便爾並行不悖。余知其行徑，值微恙杜門不應，而渠已徧布網羅，余並罹其中矣。讞者問此序原由，余對以世祖皇帝御賜碑額，煌煌陳列，舉朝大老詞臣，撰述成編，我獨何人，遽敢斥爲邪教。讞者云，汝且一一開來。余曰，只就我一篇文字論定是非便了，又何事旁及他人。坐上一滿官云，這也是好人心術，擬降三級，而無級可降，遂罷歸。

之漸罷歸後，與漁山往還最密，施愚山集卷六有許侍御詩序，云：「青嶼爲侍御，號敢言，以細故去官，日與其友吳漁山文酒相娛，放浪公卿耆舊間。」今墨井詩鈔時有與青嶼唱和之作，各家著録漁山畫，亦以與青嶼者爲衆。墨井書畫集有梅道人村莊歸棹圖，臨於毘陵許氏之槐榮堂，王奉常題跋有吳漁山小景，爲青嶼侍御作，又有漁山苦雨詩圖跋，云漁山以名賢後裔，博物工詩，兼精繪事，與毘陵許青嶼侍御訂文章筆墨之交，相視莫逆，每遊覽名勝，未嘗不共，詩文互相唱和，積久成帙，近復有歎雨十六韻，繫之以圖，尤稱合作云云。圖爲康熙十三年甲寅作，見麓雲樓並選學齋書畫記。

清朝書畫譜有漁山仿元人山居圖，款署甲寅長至日，寄毘陵青嶼先生。

過雲樓有漁山贈青嶼墨井草堂消夏圖卷，康熙十八年己未作，顧文彬跋謂青嶼與漁山同入西教，往還甚洽，蓋因湯案而誤。青嶼不過出名爲天主教作序，未嘗入教，晚年且信佛，法名濟霈，見宗統編年序，又與道士往還，擊壤紀年箋序，即道士周天游作。

虛齋名畫録卷五有漁山白傳湓江圖卷，款云，偶檢□篋得此圖，以寄青嶼先生，下署辛酉七月，此康熙二十年漁山在澳時所寄，□笥當是行笥。張迪跋謂漁山與青嶼遊最久，康熙辛酉還常熟後，畫此以寄先生，蓋不知漁山是時已在澳，因款有寄字，遂以爲還常熟也。

考漁山與青嶼往還之見於記載者，最早爲康熙七年戊申西一六六八，墨井畫跋云：

昆陵唐氏，世藏叔明夏日山居圖，其款戊申二月，爲同玄高士畫。予時客許氏補處堂，與唐氏只隔一舍，因得飽觀，又得手臨，至於年月，同在戊申二月，奇也。

墨井詩鈔有戊申三月昆陵唐宇昭序，亦提及青嶼，石渠寶笈卷卅五有漁山雲白山青圖，款爲戊申九月六日，予從昆陵歸虞山，八日晚晴，喜而圖此，是戊申爲吳許結交之始。自後頻有往還，直至漁山往澳時，猶音問不絕，惟入會修道以後，形跡遂疏。墨井畫跋有雪圖一則云：

山居臘候，雪霽皎如，有懷許侍御，在補處堂消寒，酒爐活火，不共二三年矣，呵凍擬李營丘雪圖以寄。

跋無年月，既云雪霽，必非在澳時作，其爲未往澳前可知。擊壤紀年箋有青嶼自記一則云：

憶往歲己酉夏，吳子漁山偕遊廣陵，畫士高生寫余小影，弗克肖也，漁山爲仿唐解元剪菖蒲圖綴其上，遂以景勝。同時寓公葉侍郎方靄，方侍御亨咸，共爲讚詠，逮今歲在丙寅，屈指十有八年矣，葉方兩公，墓田木拱，漁山罕過雀羅，老人感慨係之矣。

己酉爲康熙八年，丙寅爲康熙廿五年，漁山正在澳門修道，晉鐸後是否仍有往來，書闕有間矣。

擊壤紀年箋所紀，係許之漸康熙廿五年丙寅至三十年辛未，凡六年之詩，前三年漁山在澳，自無從唱和，惟廿八年後，漁山已還上海，而箋中亦竟無一詩相及，至可異也。

五　吳漁山之禪友

王奉常題跋題吳漁山雪圖云：漁山雪圖，簡淡高寒，真得右丞遺意，默公孤情絕照，氣韻相同，宜有殉知之合。初不知默公爲何人，後讀虛齋名畫録卷十四漁山仿古山水諸跋，始知默公爲興福庵默容和尚，固漁山最密之禪友也。

虛齋名畫録漁山仿古山水册，漁山爲默容作，題跋甚多。即此一册，足見漁山與默容交誼，而漁山與許青嶼之接近，每以興福爲緣，亦可於此册見之，故此册爲研究漁山禪友之唯一史料。漁山自題云：

予從苕霅歸，過吳門訪默公，默公留於興福精舍，不覺兩月，以去春索畫素册，早晚戲弄筆墨，遂得十幀，丙午清和上澣。

丙午爲康熙五年，從苕霅歸，與陳安道年譜語合。此册過雲樓亦著録，惟不載署款年月及諸家題跋，無可考證，虛齋則諸跋並載，中有徐增跋云：

漁山行履高潔，爲陳確庵先生高足，性好畫，胸中既藏萬卷，每到佳山水處，則累日忘返。兹爲默公寫此册，每幅倣古一人，無不得其神髓。夫古人止擅一人之長，而漁山則兼衆人而有之，倘所稱畫之大成者乎。默公亦善畫，與漁山有水乳之合，故畫妙至此，寄語默公，須寶藏之。丁未孟秋，而庵徐增識。

丁未爲康熙六年，時漁山不過三十六，而其畫已爲人傾倒若此。又有史爾祉跋，無年月，然由此可知默容與漁山之密，其畫且以漁山爲師也。跋云：

漁山蓋有道者流，與福默上人常懸榻以待，得漁山筆墨獨多。余每過訪，輒索其所存畫，一再展觀，見其畫如見其人，其畫可思，其人更可思也。默公重其人，兼師其畫，默公之能自得師，並可賀。 霽庵史爾祉題。

默容爲極崇拜漁山畫之一人，漁山亦極推重之，康熙十一年壬子，默容卒，其徒聖予，仍舊招致漁山，故康熙十四年乙卯漁山曾重題此册曰：

吾禪友默容，從余繪事，有志於詩，使其早得三昧，當以弘秀名聞，不幸挂履高巖，其命矣夫。壬子年來，每過興福，輒爲隕涕。其徒聖予，喜其復修家學，一燈耿然，默容爲不亡矣。此册往予爲默容所作，今潤色并及之。乙卯年九月十七日。

此外尚有許之漸跋，知之漸亦常至興福，與默容師弟爲方外交。跋云：

漁山過吴門，必止興福默容精舍，閉户簡出，一日之跡，頗有流傳。默容既逝，漁山人琴之痛，如過西州門者，且經三歲，其徒聖予，能繼厥師之志，恒復致之。予之至止，亦輒相同。聖予出其所藏，欲裝潢成册，以志不朽。漁山畫在天壤，默公一點靈光，亦與此册並存，聖予其寶之。康熙乙卯，嘉平臘日。

墨井詩鈔有「次韻許侍御仲冬六日，集同人於興福精舍，聽王渭春説書，時聖公客松陵，有寄懷之句，余嘉平七日至，聖公已歸，賦此」一首，聖公即聖予，默容徒弟也。此詩不記年，疑與許之漸此跋同時，一在嘉平七日，一在嘉平臘日也。自此以後，不復見漁山有到興福之跡。虚齋名畫録卷五又有漁山澗壑蒼松圖卷，壽興福證公者，亦在此年。款云：

興福證公，於乙卯小春，六十初度，寫澗壑蒼松，喜有虬龍之勢，飽百千年冰霜也。

證公與默容同一伽藍，亦漁山禪友之一，自怡悦齋書畫録卷五有漁山仿倪高士山水，款云，甲寅嘉平廿日，與諸同人再訪燈公于拈笑齋，即限韻五言以贈。

燈公是否即證公，且證燈孰是，未見原跡，未便懸擬。惟拈笑齋詩並載墨井詩鈔，詞句小有異同，甲寅爲乙卯之前一年，燈證爲迻録之譌，宜若可能也。

六　吳漁山之入教與入耶穌會

入教與入會不同，入教不過爲教徒，入會則爲會士。鷗陂漁話因上海南門外漁山墓碑，有康熙廿一年入耶穌會語，遂謂漁山是年才入教，非也。漁山以康熙廿一年西一六八二入耶穌會爲修士，則其入教必在康熙廿一年以前，然在何年，何人爲施洗，記載闕如，以余考之，當在康熙十四年後。

康熙十一年，漁山同邑何世貞著崇正必辨前後集，其後集上卷題吳歷漁山閱，可證其時已有教友往來，然不能證其時已入教。前文言漁山常至興福庵，自康熙十四年後，即不復見漁山有至興福庵之跡，此大可注意也。張譯墨井書畫集有湖天春色圖軸，漁山自題云：

幬函有道先生，僑居隱於婁水，予久懷相訪而未遂，於辰春從遊遠西魯先生，得登君子之堂，詩酒累日，蓋北海風致，不甚過矣。旦起冒雨而歸，今不覺中元之後三日也，而先生殷勤念我，惠寄香茗酒錢於山中，漫賦七言二絶，并圖趙大年湖天春色以志謝。

此圖並見虚齋名畫録卷九，幬函當爲一天主教友。辰春，康熙十五年西一六七六丙辰之春。遠西魯先生，張譯墨井書畫集以爲魯日孟，字裕齋。魯日孟以康熙十七年至中國，故張譯謂此辰春爲康熙二十七年西一六八八戊辰，然此時漁山正在澳門，何能又至婁水。魯先生蓋魯日滿，字謙受，拂覽第亞國人，順治十六年至中國，傳教江南，康熙十五年九月二十九日，卒於太倉州，墓在常熟北門外鐵拐亭北。漁山與西士往還之見於漢文記載者，以此爲最早。

至漁山從何人領洗，本有魯日滿司鐸之可能，惟魯日滿康熙十五年九月卒，漁山即在此年領洗否，頗不敢斷。漁山之往澳，本與柏應理司鐸同行，柏應理即撰許母徐太夫人傳之人，謂漁山之領洗由柏司鐸，亦有可能。惟李輯三巴集有頌先師周鐸一首，是漁山之天學師尚有周司鐸，然費氏會士傳略無周鐸其人，何也。詩云：

茸城晦跡仰奇人，秉鐸遐方教澤新。鴨水夜凝初入國，鷺沙晝暗已成城。五旬勳業輝東土，七載慈祥感下民。何日天朝重聚首，依稀函丈笑言親。

茸城當指華亭，爲許纘曾之故鄉。康熙初年教案之興，西士受許母徐太夫人庇護接濟者不少，周鐸之晦跡茸城，當亦其中之一。曰「五旬勳業輝東土」，此人在中國，當有五十年，卒時當有七十歲，崇禎順治間到中國。曰「七載慈祥感下民」，則漁山之親炙，當有七年。漁山以康熙二十年往澳，然則初識周鐸，當在康熙十四年也。天朝謂天國。三巴集澳中雜詠注，有到大西之羅先生，徐匯藏抄本三餘集注又有羅文藻主教臨卒時委託之西士余先生，均不見會士傳略，則或以其非耶穌會士也。

至漁山之入耶穌會，在康熙廿一年西一六八二，無異説，惟漁山往澳，李撰行狀謂在康熙廿年，李輯墨井集附柏應理傳則謂康熙十九年奉檄回羅馬，偕吴漁山先生首途，至澳先生不果行，「偕」上應有「二十年」三字，因十九年奉檄，廿年首途，較於事實爲近。會士傳略載柏司鐸以康熙二十年十月二十六日離澳，而無到澳之期。過雲樓書畫記卷六有漁山湖山春曉圖軸，贈松厓先生新居，末署辛酉上元，則康熙二十年正月，漁山尚未往澳也。

吴越所見書畫録卷六有漁山袖珍册，云予學道山中，久不作雨淋牆頭畫法，梅雨新晴，爲蒼竹表妹丈寫此，末署辛酉五月，則康熙二十年五月，漁山已在澳也。

虚齋名畫録卷五之白傅湓江圖卷，題辛酉七月，古緣萃録卷八亦有白傅湓江圖卷，云予在澳中第二層樓上，師古得此，辛酉冬十月廿八日。二卷年同月異，尺寸亦殊，當另爲一卷，辛酉十月二十八，則柏司鐸離澳往大西之後二日也。

余輯漁山年譜，以畫爲主要史料，本名吴畫編年，惟辛酉以後凡八年，不見漁山有一卷一軸傳世，則其學道之篤可知也。無益有益齋讀畫詩有秋山紅葉圖，自署寫於澳門聖公會樓上，無年月。墨井畫跋末則云，墨井道人，年垂五十，學道三巴，眠食二層樓上，已五閱月於兹，皆康熙二十年到澳未入會時語，自康熙廿一年入會後，即不復爲此。左庵一得録有漁山山水立軸，款題庚午七月，則晉鐸後二年矣。澳中雜詠第廿八首云：

老去誰能補壯時，工夫日用恐遲遲。思將舊習先焚硯，且斷塗鴉並廢詩。

謂此也。蓋垂老學外國文經典，不得不勤苦如此，不能用辣丁語舉行大祭，不得升司鐸也。三餘集有西燈五言律一首云：

燈自遠方異，火從寒食分。試觀羅瑪景，横讀辣丁文。蛾繞光難近，鼠窺影不羣。擎看西札到，事事聞未聞。

漁山傳教三十年，與羅馬應有通信，此等函札，若能搜集迻譯，必有聞所未聞者也。

七　吳漁山之宗教生活

漁山祖居子游巷，其鄰爲天主堂，已見前篇。相傳常熟開教始自艾儒略，由利瑪竇故人瞿太素之子瞿式穀所招致，時爲天啓三年西一六二三。艾駐常熟未久，而播種極深，其後九年崇禎五年，大畫家吳司鐸即生於此地，不可謂偶然也。吳司鐸在世凡八十七年，其從魯日滿司鐸游，年四十五，適爲有生之一半。人徒稱其晉鐸後傳教三十年，而不注意其晉鐸前修道已七載，修道前從西士游者又已六七載，當其未從西士前，與禪友契合者又十載，未結禪友之先，又從道學大師陳瑚講改過遷善之學，陳先生卒時，漁山四十四，至是始轉而研求西方聖人之教，蓋不知經幾許審慎迴翔，而後終集於此也。徐光啓李之藻諸人，號稱教中柱石，漁山乃修道爲司鐸，視徐李更進一步矣。漁山天性高逸，固與隱修一派爲近，無惑乎舊志謂其晚年絶人逃世，不知所之也。

欲考漁山宗教生活，有口鐸一卷，附李輯墨井集末，爲嘉定教友趙侖所記康熙三十五年七月至三十六年八月漁山言行，蓋仿閩人李九標兄弟記艾儒略言行爲口鐸日抄之意，本名續口鐸日抄。漁山亦極矜式艾儒略，常勸人熟讀日抄，及徐光啓闢妄。惜所記者僅二年，然合李輯三巴集及三餘集各家著録畫跋，亦可見漁山宗教生活之一斑。漁山出任司鐸之初，正值浙江巡撫張鵬翮禁傳天主教，上海嘉定，與浙爲鄰，教務時受影響。漁山嘗對趙侖曰，教皇命我爲司鐸何意乎，恐大西人在中國，或有致命之日，則中國行教無人也。其時江蘇巡撫宋犖，不與浙撫一致，雖未援助教會，亦未故意摧殘，漁山猶得行其職志。然宋犖巡撫江蘇，駐蘇州者十四年，號稱振拔名流，總持風雅，一時詩人畫客，奔湊其門，漁山則一鐸泠然，青氈自守，風蕭雨晦，牧我羣羊，其七十詩有云：

甲子重來又十年，破堂如磬尚空懸。蟲秋四壁鳴還歇，漏雨三間斷復連。不願人扶迎貴客，久衰我夢見前賢。牀頭囊橐都消盡，求舍艱難莫問田。

破堂，嘉定東城教堂也。當時教堂，不比今日。李輯墨井集有破堂吟，中有句云：四壁漏痕如篆草，屋角風潮半傾倒。庭飄亂瓦同落葉，樹連蘿薜牆欲壓。其艱困至此，枉尺直尋，宜若可爲，然漁山夷然，不願人扶迎貴客也。故張雲章題陸上游所臨宋元名畫縮本有云：

石谷交滿天下，名人鉅公，與夫仕宦商賈，莫不寶其一紙，重若珠貝，漁山則晦影滅跡，求之者尤難，但隱然名與之埒而已。樸村文集廿三

上游陸道淮，嘉定人，善山水，師事石谷、漁山，墨井詩鈔即其所刻。鎮洋畢瀧題漁山農村喜雨圖卷亦云：

漁山潔清自好，於世俗多不屑意，人購其畫甚難，非財與勢可以致之也。虛齋名畫録五

故不獨對宋犖如此，亦不獨修道後如此，其未修道前已如此，許之漸題其仿古山水册云：

漁山以筆墨妙天下，每有所得，如山中白雲，自堪怡悦，間亦持贈二三知己，若侯門

大家，羶薌所集，往往去之如遺，不復隨羣趍走。虛齋名畫録十四

墨井畫跋亦自言「古人能文，不求薦舉，善畫，不求知賞，曰文以達吾心，畫以適吾意，草衣藿食，不肯向人，蓋王公貴戚，無能招使，知其不可榮辱也。筆墨之道，非有道者不能。」嗚呼，此其所以爲漁山歟。蓋高逸一派，自與供奉一派殊科，非故爲傲慢也。

嘉定善人陸培遠，闢陶圃於南翔莊橋北，有園林之勝，士夫恒觴詠其間。其子陸廷燦，字扶照，幼從王士禎、宋犖遊，深得作詩之趣，漁山忘年友也，著南村隨筆，曰：

漁山人品高逸，欲其畫者不可以利動，不可以力得，貴官大賈，求其寸楮尺幅，莫能致也。嘗爲余畫山水大幅，累月而就，題曰陶圃松菊，筆墨奇逸，實出耕煙散人之上。卷三

陶圃松菊圖，今藏蒼梧關氏，三秋閣書畫録漁山題云：

陶圃先生長君扶照，索寫叔明，幾四載，不以迫促，蓋知繪事之難，而念予修道之少暇也。雪窗畫成，託上游寄去，時康熙甲申正月。

甲申康熙四十三年，宋犖猶在蘇撫任。覩此知漁山修道少暇，並非故爲傲慢。蓋是時上海嘉定，教友數千，司鐸極少，教事極忙。三餘集中渡浦之詩凡數見，渡浦撫視教友也，今録其一：

潮初來，客滿渡船不敢開，勢若雨衝萬騎過，海魚擲起鳥驚墮，我因顧病向浦東，欲往正值秋潮大……須臾潮平落照濕，兩三舟子沙間立，招我登舟不及停，却恐病轉人危急，渡浦渡浦莫遲誤，來朝顧病浦西路。

浦西浦東，日夕奔馳，豈復有餘日爲畫。張九上，教友也，其名見口鐸，三餘集有畫債一首，即爲張九上作，序云：九上張仲，於二十年間，以高麗紙素屬予畫，予竟茫然不知所有，蓋學道以來，筆墨諸廢，兼老病交侵，記司日鈍矣。然則宋犖駐蘇十四年，不得漁山一畫，不足異也。

今由各家著録畫跋，猶可見其奔走上洋嘉定之跡，如三秋閣載仿古山水跋云，半厓先生於庚辰秋同惠于、綏吉二子訪予疁城，予適以往上洋失值。沈惠于，金綏吉，皆教友，名見三餘集。虚齋録卷九載靜深秋曉圖跋云：王叔明靜深秋曉，往在京邸所見，寤寐不忘，乙亥在上洋，追憶其著色之法，携來練川，民譽見而好之。民譽金造士，工山水，善鑒賞，亦嘉定教友，名見口鐸。虚齋録卷十四又有仿古山水册，曰從上洋歸，寫於東樓。虚齋續録卷三有澗壑秋聲圖，曰此圖予在姑蘇之半寄亭寫就，帶至上洋設色。綜上種種，漁山之宗教生活，可以二字括之，曰窮與忙而已，既窮且忙，何樂爲此，此中必有美者焉，誰謂荼苦，其甘如薺，惟嗜者自知之，故其壽石谷六十也，曰「年來癡絶君輸我，筆底神來應讓君」，蓋有人笑其癡也。其七十自詠也，曰「兩兒如願隨修業，却愛傳家道氣全」，蓋並欲兩兒修道也。漁山原有兩兒，費氏會士傳略謂爲二女，誤。漁山聖名西滿沙勿略，極崇拜沙勿略之爲人，蓋受魯日滿提示，因魯亦極崇拜沙勿略，且常勸人奉沙勿略爲模範。李輯三巴集，有沙勿略讚，曰辭樂迓艱，就貧棄富，隨救世主，擔荷劇苦，非止本會之棟梁，實乃亞西亞之慈父。沙勿略之辭樂就苦，固漁山所願效法者也。三巴集又有詠沙勿略絶句云：

聖會光埋利藪中，可憐前聖創基功，三洲舊穴今猶在，望裏悲天午夜風。

沙勿略墓在廣東台山縣南之上川島，離澳門六十海里，一六八八年，澳門葡督曾與耶穌會司鐸渡海至墓所，將墓前仆碑扶植，舉行彌撒而還，是年即漁山晉鐸之年，余頗疑當時同往者有漁山司鐸也。

八　墨井詩鈔與三巴集

墨井詩鈔，通行有道光間顧氏小石山房本，分上下別外四卷，上卷古今詩六十三首，下卷六十九首，別卷三巴集絶句三十首，外卷畫跋六十六則，實六十九則，中有雜記，不本刊刻也。

盡畫跋也，卷首有唐宇昭、陳玉堪、陳瑚、余懷四序，三巴集另有宋實穎序，初不知其據何本刊刻也。

光緒末上海土山灣印書館有李杕司鐸輯墨井集五卷，卷一傳記，爲李撰漁山行狀，及張雲章墨井道人傳。卷二墨井詩鈔，合上下爲一卷。卷三三巴集，比顧本增過半，又有尤侗序，蓋採自艮齋倦稿者。卷四墨井題跋，與顧本同，惟顧本每行廿二字，李本廿三字，故顧本畫跋每則末行到底者，李本悉誤連爲一則，知其出自顧本也。卷五漁山口鐸，爲顧本所無，蓋得自徐匯書樓鈔本，卷首有馬相伯先生及李司鐸叙。李本比顧本爲詳，兼略有考證，凡顧本所有者，李本悉有之，惟李本所加注，有與原注混者，可以顧本校之也。

余藏有康熙季年飛霞閣精刻本墨井詩鈔，題曰嘉定戴䇲雲機又校，受業陸道淮上游編，分卷與顧本同，蓋即顧本所據也。惟卷首比顧本多墨井道人傳，及錢陸燦送漁山歸城南序，錢謙益桃溪詩稿序，卷末有張鵬翀、陸道淮跋，陸跋云：

墨井詩鈔二卷，畫跋一卷，吾師在上洋時舉以付淮者也。吾師繪事，海內所共寶，然不知其詩中之畫，安能知其畫中之詩乎。敬爲刻而傳之，庶他日騷壇一幟，不爲繪事所掩也。己亥仲夏，受業陸道淮拜識。

己亥爲康熙五十八年，漁山卒後之一年，據此跋，則漁山詩前此未刻，至是始由陸氏刻之也。集中有懷上游在日本詩，又有漢昭上游二子過虞山郊居詩，漢昭張覲光，亦嘉定人，又有與陸子上游論元季畫詩，三餘集則以此爲與沈子冷論元人畫，是此集之刻，曾經道淮點竄者也。陸本各序，均有集名，如：

唐宇昭桃溪集序。陳瑚從游集序。陳玉璂墨井草堂詩序。余懷寫憂集序。

知此本係由各集彙編，顧本删去集名，統稱原序，李撰行狀遂謂尚有桃溪集，寫憂集，已不可得，不知此即桃溪等集也。

順治十六年，陳瑚輯門人詩爲從遊集，是時漁山及門未久，故今峭帆樓本從遊集無漁山詩。此之所謂從遊集，則康熙三年漁山從陳瑚遊吳興之作，今墨井詩鈔同確庵師遊道場山諸什，確庵詩鈔均有和作，可爲證也。惟此序不見確庵文稿，錢陸燦序亦不見調運齋集，而陳玉璂序則見學文堂集，錢謙益序則見有學集，陳玉璂許之漸女夫，錢陸燦則擊壤紀年箋倡和最多之人也。吾初以墨井詩鈔爲漁山未往澳時作，三巴集爲往澳後作，後知不然，詩鈔中亦有晚年及奉教後作，如漢昭上游二子過虞山郊居有云：

常從物外作斯民，每念高懷道不貧。鐸化未離海上客，夢歸長過練川濱。

此當然爲傳教上洋嘉定時作。又有送友二首云：

征帆出海渺無津，但見長天不見塵。一日風波十二險，要須珍重遠歸身。

春風日日送行旌，誰送天涯九萬程。自古無情是楊柳，今朝欲折昨朝生。

此必爲送友往西洋作，不然，何得有九萬程之說也。

至三巴集聖學詩之删除，吾初以爲顧本如此，後得陸刻本亦如此，乃函詢徐匯所藏抄本，知徐匯三巴集有二本，一本題三巴集稿，澳中雜詠三十首後，有漁父吟，歎庭樹等十四首，即李本以附於口鐸之末者，其題鳳阿山房圖一首，則詩鈔已載之，其七十自詠四首，李輯以附三巴集末。又一本與李輯本同，惟無七十自詠四首，題嘉定戴雲機又校，受業陸上游編，「雲」上脱「笵」字，其人名笵雲，字機又也。讚聖若瑟二首，澳中有感三首，李本各删其一，蓋因前者有「浄配瞻依慰自倍」之句，後者有「沾巾何事爲亡妻」之句也，漁山半路出家，自與童貞修道者不同，不足爲病。

據此抄本，則陸氏所編三巴集，應有聖學諸詩，然何以刻本删除，嘗求其故，疑出張鵬翀之意，鵬翀嘉定人，雍正五年進士，有詩名，其跋墨井詩鈔云：

漁山先生嘗遊吾疁者數年，余幼未之見也，既而見其畫，見其詩，如見其人，余始恨不獲見漁山，而漁山已老且死矣。今其弟子陸上游將刻其詩鈔，而請論定於予，余以十年想慕之誠，幸得與校讐之末，以自託於知先生者，蓋不禁欣慨交懷也。

論定云云，聖學諸詩遂被删汰矣。漁山嘗對趙侖曰，「作聖學詩最難，比不得他詩」，所謂難者，必須與尋常頌禱詩歌有別，今李本三巴集聖學詩，時有佳句，如誦聖會源流云：一人血注五傷盡，萬國心傾十字奇。創靈飫飲耶穌爵，躍體傾聽達味琴。人間今有全燔胙，天上恒存日用糧。殘篇昔識誠明善，奥義今知父子神之類，造語甚新，獨闢境界，尤侗序稱爲欲執化人之袪，宜矣。澳中雜詠云：夜半蜑船來泊此，齋厨午飯有鮮魚。漁父吟云：晚知天學到城府，買魚喜有守齋户。畫跋云：四旬清齋，海鮮蔬果，供幾殆盡。以魚與海鮮爲齋，意亦甚新，爲前此所未有。

三巴集外，徐匯尚藏有三餘集抄本，與同時太倉十子之王撰集同名，承徐潤農司鐸録副相示，凡九十首，皆漁山晉鐸後作，有已見李輯者九首。其與教史最有關者爲哭司教羅先生二十韻，德禮賢著中華本國主教，謂有何天章司鐸，疑亦由羅主教祝聖，今此詩云，勳榮超世主教尊，所傳鐸品只三子，則何天章似不在内。又云嗚道辛勤各遠方，惟我追隨久於此，則漁山與羅主教關係獨深。又有題王氏聽松堂一首，詞旨淵永，爲聖學詩中上乘，詩云：

天風起澗壑，堂上滿松聲。樹老來何壯，卑枝疏且鳴。初疑鄧尉雨，常護輞川晴。堂開會佳客，聽者心自傾。丘墳在樹下，撫樹淚縱横。感念先人志，登閣瞻雲生。

驟然讀之，不知其爲聖學詩也，此詩並見虚齋續録卷三題澗壑秋聲圖，可謂能以詩畫傳道者矣。又有歲暮逢友人寫梅以贈絶句云：

歲暮相逢雪尚遲，超言未盡日斜時。舊囊西物今無有，聊寫梅花贈一枝。

亦得雅人深致。寶迂閣書畫録有溪山雨後軸，漁山題云：

余將往上洋，舟過槎溪石橋之南，與師尹友兄話别，依依顧戀，謂其有向道之誠，蓋有志者天必成之矣，擬癡翁一紙爲贈，以朂别後能守於道。康熙甲申二月。

師尹，王者佐，學畫於漁山，見光緒嘉定志藝術傳。康熙四十三年甲申，漁山七十三歲。以詩畫傳道，與利瑪竇諸人之以曆法傳道，同一效力。傳道而能有神學以外之學問，易與社會接近，天學初函所以有理器二編也。

三餘集外，各家畫録存墨井集外詩不少，畫跋亦然，余嘗輯詩鈔補、畫跋補各一卷，其與李輯墨井集有異同者，參以陸刻，另爲墨井集校記一卷，墨井集頗有譌誤，即卷首道人傳已比陸刻譌脱至數十字也。

論曰，漁山明之遺民也，生瞿式耜之鄉，永曆之亡，漁山年三十矣。墨井詩鈔託始於無端，曰：「十年萍跡總無端，慟哭西臺淚未乾。到處荒涼新第宅，幾人惆悵舊衣冠。」漁山蓋有隱痛也。晚乃超世，究心天人，陸編三巴集絶筆於贈前輩道友，亦必漁山本意，曰：「出世襟懷絶世姿，翩翩儒雅亦吾師，何時一句銘心語，化我堅頑骨肉皮。」克己省躬，老而不懈，漁山敻乎不可及矣。民國廿五年十一月二十六日。

〔原名吳漁山晉鐸二百五十年紀念，載於輔仁學誌第五卷第一、二合期（一九三六年十二月）。一九六二年擬收入吳漁山年譜單行本時，改今名。據校訂本校訂。〕

吳漁山入京之酬酢

吳漁山本山人，宜與朝士不相近，然因其工詩善畫，則易與文士爲緣，續口鐸日抄所以有諸名公贈言之輯也。今贈言輯本不可得，尚可於各家文集中窺見一斑，如錢謙益有學集有三篇，王奉常題跋有五篇，陳瑚確庵文稿有九篇是也。假令漁山久客京師，各方贈言，更不止此。

本年八月爲漁山晉升司鐸二百五十年紀念，余屢爲文論及之，或問漁山生平曾入京否？曰漁山曾入京。入京在何年？在康熙九年庚戌，時漁山年三十九也。入京與誰同行？主誰家？與許之漸同行，或即同住。入京目的何在？在遊覽。入京久暫？不滿二年。在京曾見何人？大約不多見人，而畫則不斷寫也。今爲一一證明如後。

漁山入京，在墨井集中無明確之證據，惟虚齋名畫録載漁山靜深秋曉圖跋，有王叔明靜深秋曉，往予在京邸所見，寤寐不忘等語，此漁山曾入京之證也。

王士禎漁洋山人續集辛亥稿，有題吳歷畫二首，又有吳歷修竹吾廬圖爲汪季角舍人題一首，季角爲汪蛟門懋麟，康熙六年進士，官内閣中書，辛亥爲康熙十年，時漁山正在京也。

宋琬安雅堂未刻稿有爲胡怡齋題吳漁山畫山水二首，未記何年，然未刻稿又有胡怡齋詩序云，余以順治甲午備兵隴右，時平西親王駐軍漢中，王之貴壻怡齋胡公高列陝西鄉薦，著作已膾炙人口，今歲辛亥，始見怡齋於京邸云云。王，吳三桂也，胡怡齋名國柱，康熙二十年，死於雲龍州之難。胡怡齋詩序作於辛亥，則爲胡怡齋題吳漁山畫，亦可在辛亥。

辛亥在京，何以知其入京在庚戌？墨井詩鈔有庚戌夏，青嶼侍御同予北行，舟過廣陵，許師六孝廉招遊潯園，雨不果行，聊用顧庵韻一首。所謂北行，即入京也，青嶼爲許之漸，康熙九年，湯若望案既白，凡因湯案牽連者皆起復，故許之漸入京謝恩也。顧庵爲曹爾堪，嘉善人，翰林院侍講學士，是年亦入京，顧庵詩選有庚戌立夏前三日同友人集許師六園亭即席限魚字一首，即漁山所用之韻也。許師六名承家，江都人，康熙二十四年進士。

因此知墨井詩鈔高郵道中用梅邨太史韻三首，南陽道中見紅蓮綠柳賦此一首，客久倦程暑灼煩甚一首，皆入京時道中作。何以知之？以其次在庚戌北行詩後知之。

不獨此也，客久倦程後有題畫贈何蕤音侍御一首，亦在京作也。蕤音名元英，順治十二年進士，康熙七年選廣東道御史，工書，所寓古藤書屋，頗著名，漁山詩云：「遠峰簇簇樹亭亭，落日啼烏繞畫屏，諫草避人焚却後，紫藤花下寫黃庭」，指此也。

何以謂其在京與許之漸同住，及不滿二年？ 則以施愚山集有許侍御詩序云：「青嶼爲侍御，以細故奪官，其卧而復出也，日與其友吴漁山用文酒相娱，放浪公卿耆舊間，棲遲浹歲，適予需次京邸，逾月先返，相約冬春待予於蘭陵之别墅。」據施愚山年譜，康熙十年夏入都，八月即爲蘇門嵩少之遊，許之入都，在施之前一年，而出都則在施稍後，漁山既與許同入都，則在都與許同住，或同出都，皆有可能，王奉常題吴漁山苦雨詩圖後云：「漁山與青嶼侍御，訂文章筆墨之交，相視莫逆，每遊覽名勝，巾車棹舟，未嘗不共。」據選學齋書畫寓目筆記，此圖作於康熙十三年甲寅，跋中所謂舟車與共者，正指其入京時事也。

既云「放浪公卿耆舊間」矣，何以又謂其不多見人？ 則以程可則海日堂集有云：「吴漁山爲余作營丘早雪圖，歌以贈之，曰漁山山人不出山，堨來燕市仍鍵關，松枝麈柄自怡悦，爲我泚筆開心顔」，以是知其不多見人，而畫則不斷寫也。程詩不記年，何以知爲辛亥作？ 則以此詩在送族孫禹門成進士歸雲間之後，而在爲施愚山作賣船行之前，愚山辛亥入都，禹門爲程化龍，則康熙庚戌進士也。

施愚山集又有謝吴漁山作畫絶句云：「茅屋谿山古木疏，看來真是老夫居，延陵高士如相訪，緑竹潭邊釣白魚。」此詩亦不記年，而編在過鄴城，次蘇門，登嵩山諸作之前，以是知爲辛亥出都時謝漁山作也。

漁洋山人自撰年譜云：「康熙九年冬還京師，十年遷户部郎中，時程周量可則以員外郎爲同舍，朝夕相倡和，而宋荔裳琬，曹顧庵爾堪，施愚山閏章皆在京師，與山人兄弟爲文酒之會，盛有倡和」，今考施宋程王諸家題漁山畫詩，皆庚戌辛亥間作，知漁山在京年餘，酬酢不少也。

安雅堂未刻稿又有題吳漁山倣吳仲圭畫一首，亦不記年，而編在送許鶴沙臬長之任滇南後。許鶴沙名纘曾，爲徐光啓外曾孫，康熙四年因湯若望案波連，與許之漸同罷官。康熙九年湯案既白，與許之漸同起用，十月放雲南按察使，宋詩之作，即在此時，而其題漁山畫有云：「吳生大雅人，清姿如野鶴，毫端走鬼神，古人庶無怍，持贈萬里行，披圖儼酬酢，誦君遠遊詩，不減謝康樂，征鴻去悠悠，相望何寥廓。」則此畫似爲漁山庚戌到京後贈許纘曾之任滇南作。漁山雖山人，既遊京師，即不免與朝士接近，適逢其會，施宋程王，同集都門，極一時之盛。吳之振八家詩選，即輯於此時，施愚山所謂「放浪公卿耆舊間」者此也，此漁山在京酬酢之大略也。

民國二十六年復活節後一日陳垣

〔載於一九三七年四月二日天津益世報人文週刊第十三期。據校訂本校訂。〕

清代學者象傳之吴漁山

清代學者象傳四册,凡百七十餘象,爲吾粤葉蘭臺先生衍蘭所纂集,象必有據,傳皆手寫,精美絶倫。惟此書爲蘭臺先生未定之本,今所影印者,由其文孫譽虎總長輯出,冠以今名,傳中間有譌誤,以係先生手稿,未便改易,又未暇一一爲之校正,附刊卷末,故美猶有憾。余近撰吴漁山年譜,偶參考是書,覺漁山傳之誤,多沿自前人,無足異,惟其中天池石壁一段,乃本書所獨誤,謹條辨之如後,庶覽者不至復循其誤焉。

吴漁山象在本書第一册,象出練川名人畫象附卷。練川象戴笠,此亦戴笠,練川象携杖,此亦携杖,此其所同也。練川象半身,此全身,練川象古裝,此清裝,此其所異也。至於面目部位,完全無異,知其出自練川也。

練川象稱漁山爲常熟文學生,此嘉定人之誤也,常熟人無是説。國朝虞陽科名録順治康熙生員中亦無吴歷名,此書稱漁山爲常熟諸生,循練川象之誤也。區區生員,何足爲漁山輕重,然史實所在,不可不辨者一也。

練川象,漁山無卒年,此書引或云卒年八十有六,此王應奎海虞詩苑之説也。據漁山墓碑，漁山卒年實八十七，此不可不辨者二也。

至謂漁山初與石谷爲畫友，後假去石谷所橅大癡陡壑密林圖不還，因之隙末，此循畫徵録之誤也，練川象無是說。近年姚儷桓大榮已力辨其非，見東方雜誌廿三卷廿一號，此不可不辨者三也。

天池石壁，爲吳山十六景之一。石壁上鐫「華山鳥道」四大字，爲明趙宧光所書，山半有池，横浸山腹，逾數十丈，名天池，景奇勝，漁山曾爲天池石壁圖，藏華山寺，乾隆二十二年丁丑南巡，至其地，有賦得華山鳥道一首，又有題吳歷天池石壁圖一首，見今高宗御製詩二集卷六十九，道光蘇州志宸翰門亦載之，題吳歷詩云：

我登鳥道華山巔，一泓天池乃俯視，設從山下望石壁，虚無應在雲端擬，乃知居高見自廣，遊於物内迷惡美，漁山寫照即境披，評圖莫若評其理。

練川象謂漁山所畫天池石壁，曾蒙睿賞者，此也。練川象徒言睿賞，未云何帝，誠爲疏略，此傳於睿賞之上，加入「仁廟」二字，反爲譌誤，此不可不辨者四也。

民國廿六年穀雨前二日陳垣

〔載於一九三七年五月六日天津大公報圖書副刊第一八〇期。據原稿核對。〕

吴漁山年譜重印後記

吴漁山年譜成於一九三七年，距今已二十餘年，當時所據材料除吴漁山遺詩及其同時人文集外，以各家畫録爲多。近年收藏家所藏吴畫，漸公諸世，各地博物館徵購及私人捐獻吴畫者，亦復不少，則可補年譜之材料必多。今此書重印，仍按原稿，拾遺補缺，以俟來者。

一九六二年五月陳垣

〔一九六二年，計劃將吴漁山年譜排印出版，後没有實現。這是作者當時寫的重印後記。〕

吴漁山年譜内容提要

吴漁山是清初傑出的畫家，生於明末，未參加過清朝考試，未作過清朝的官，晚年學道，奉天主教，後晉升爲司鐸。他生平性孤介，淡泊自守，故事跡流傳頗少。作者根據吴漁山遺詩及各家畫録，并同時人詩文集，輯其有關事跡，訂正過去傳聞譌誤，編爲年譜，漁山一生經歷，遂可考見。今重印出版，并將作者所著吴漁山生平、墨井集源流考二文附後，藉供讀者參考。

〔此爲一九六二年援庵爲排印本起草的内容提要〕

切韻與鮮卑

切韻五卷，陸法言撰於隋仁壽元年西六〇一，至唐儀鳳二年西六七七，長孫訥言爲之注，各見本序。今廣韻雖非切韻之舊，然卷首仍署「陸法言撰本，長孫訥言箋注」，紀其朔也。顧切韻隋志不著録，而兩唐志所著録之切韻則題陸慈撰。嚴可均全隋文陸法言小傳云：

法言名慈，以字行，魏郡臨漳人，開皇中爲承奉郎。父爽，嘗奏更皇太子諸子名字，及太子廢，而爽先卒，文帝追案，坐除名。有切韻五卷。

此小傳雖未明著所本，然可知其糅雜兩唐志，及宋本廣韻，並隋書陸爽傳而成。至慈與法言是否一人，尚有疑問。因法言切韻自序，法言之名凡三見，序稱法言，何以書題慈撰？或以倭名類聚鈔所引有陸詞切韻，「詞」與「言」正相應，但法言弟名正言，見元和姓纂，「詞」與「法」並不相應。則「以字行」一節，亦推想之詞，須俟其他確證。

至法言之陸，本出鮮卑，亦見姓纂，前人多不注意。姓纂河南陸氏條云：

河南洛陽陸氏，出自代北，代爲部長大人，號步六孤氏。後魏孝文遷洛，改爲陸氏。

與穆、奚、于、賀、劉、婁爲北人八族。征西大將軍東平王陸俟，生麗、馛、歸、騏驎……騏

孫隋中書舍人，生法言、正言。法言，隋承奉郎，撰切韻。正言孫大同，遂州刺史。

今本姓纂，輯自永樂大典，恒有脱誤。據魏書官氏志，太和十九年西四九五詔八姓有樓、嵇、尉，無奚、婁，據魏書陸俟傳，俟子有騏驎，無騏驥；據通典職官典，隋有内書舍人，無中書舍人。此字句之脱誤者也。曰正言孫大同，則與大唐新語合，大唐新語陸大同條云：

大同闔門雍睦，四從同居，法言即大同伯祖也。

據隋書陸爽傳：「爽，魏郡臨漳人，祖順宗，父槩之，子法言。」郡望先世，均與姓纂不同，又不言其撰切韻，何以知此即爲撰切韻之法言。據魏書陸俟傳：「俟，代人，季子騏驎，騏驎子順宗，順宗子槩之。」槩之即法言之祖，騏驎即法言之高祖。今本姓纂，「騏」下脱「驎」字，復脱中間一代，故謂騏孫生法言、正言耳，非先世有異也。

據北史陸俟傳：「騏驎子孟遠，孟遠子槩之，槩之子爽，爽子法言。」更爲明晰，但孟遠與順宗不同，則一人二名耳。

至於郡望，魏書於鮮卑例稱代人，遷洛以後，則稱河南洛陽人。今隋書爽傳，不稱河南洛陽人，而稱魏郡臨漳人，蓋爽父仕北齊，此從北齊遷鄴以後之稱，非郡望有異也。北史

以陸爽附陸俟傳末，宜矣。

然正爲隋書陸爽傳不稱河南洛陽人，而稱魏郡臨漳人，故人莫知爲鮮卑。且陸本漢姓，非據姓纂，莫由知爲鮮卑之陸。非參考北史，莫由知爲鮮卑陸俟之子孫也。

唐時即有誤法言爲吳人者。李涪刊誤切韻條云：

陸法言切韻，吳音乖舛……夫吳民之言，如病瘖風而噤，啓口則語淚喎吶，隨聲下筆，竟不自悟。

是以法言爲吳人也。趙璘因話録曰：

有人檢陸法言切韻，見其音字，遂云此吳兒真是翻字太僻，不知法言是河南陸，非吳郡也。

蘇鶚演義亦曰：

陸法言著切韻，時俗不曉其韻之清濁，皆以法言爲吳人……此大誤也，法言本代北人，號步陸孤氏。

清俞正燮癸巳存稿書廣韻後，因唐宰相陸氏皆吳郡，猶疑法言爲吳郡陸。今欲明法言一家統系，應合魏，齊，周，隋，北，五史，及姓纂，成鮮卑陸氏世系表，則法言之爲鮮卑瞭然矣。

周嘉猷南北史世系表有河南陸氏世系，然僅據北史，未爲完備。另譜如下：

鮮卑陸氏世系表

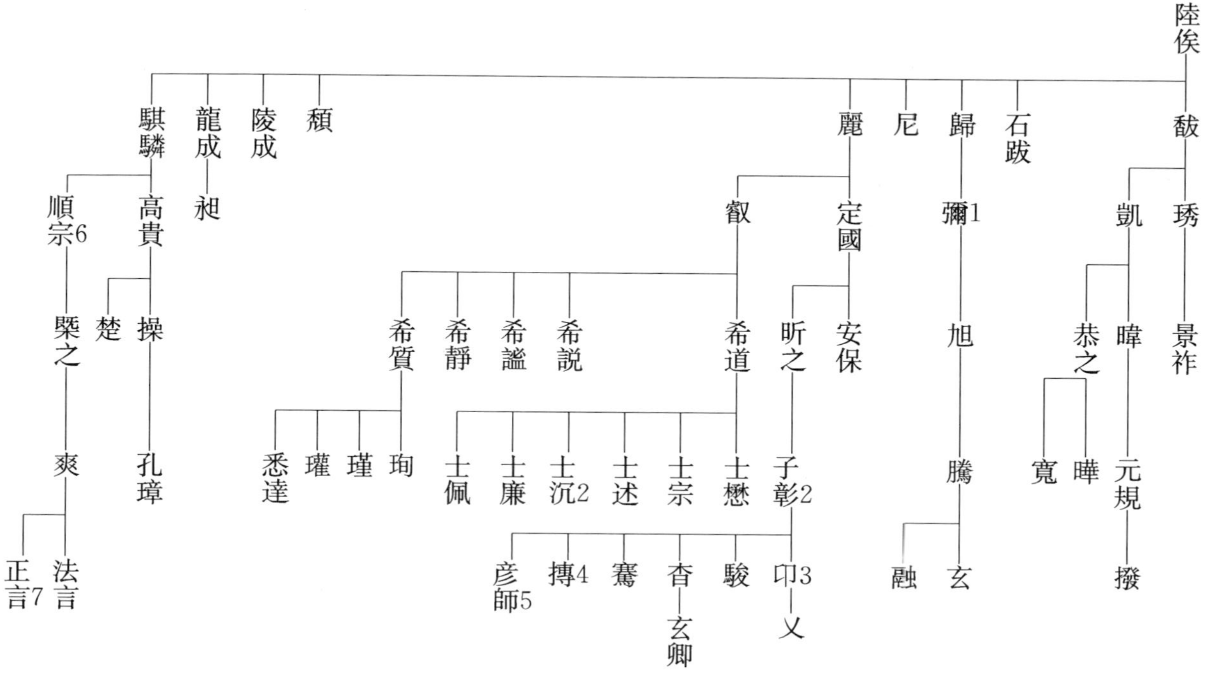
陸俟
馛
石跋
歸
尼
麗
頹
陵成
龍成
騏驎
琇
凱
彌1
定國
叡
袒
高貴
順宗6
景祚
暐
恭之
旭
安保
昕之
希道
希説
希謐
希靜
希質
操
楚
槩之
元規
曄
寬
騰
子彰2
士懋
士宗
士述
士沉2
士廉
士佩
珣
瑾
瓘
悉達
孔璋
爽
撥
玄
融
卬3
駿
杳
騫
摶4
彥師5
乂
玄卿
法言
正言7

附注

1. 「彌」，北史作「珍」，此據周書騰傳。
2. 子彰即士沉，希道子，入嗣昕之。
3. 「卬」，殿本魏書作「昂」，此據北齊書本傳及隋書彦師傳。
4. 「摶」，殿本北史作「搏」，此據元大德本北史卬傳。
5. 彦師，隋書孝義傳亦作魏郡臨漳人。
6. 順宗，北史作孟遠，此據魏書俟傳、隋書爽傳。
7. 正言，據元和姓纂。

據表，陸俟至法言凡六世。雖系出鮮卑，以武功世其家，然再傳至琇，史即稱其雅好讀書。三傳至暐，已有述作，嘗擬急就篇爲悟蒙章，及七誘，十醉，章表數十篇。弟恭之，所著文章詩賦，亦千餘篇，見魏書各本傳。從弟旭，好老易緯候之學，撰五星要訣，及兩儀真圖。隱太行山，屢徵不起，見周書騰傳。四傳至元規，常從北齊文宣征討，著皇帝實録，見史通正史篇。

從弟曄，篤志文學，齊律序即曄之詞，見北史恭之傳。從弟爽，爲太兒洗馬，與宇文愷等撰東宮典記七十卷。爽即法言之父。宇文愷亦鮮卑也，見隋書爽傳。

五傳至撥，通陰陽律曆，見北史瑋傳。從弟卬，博覽羣書，善屬文，甚爲河間邢邵所賞，所著文章十四卷行世，齊郊廟諸歌，多卬所制，見北齊書卬傳。卬子乂，五經精熟，時人謂之「石經」，見北史乂傳。此皆鮮卑陸氏之家學。偃武修文，曾不數世，純然華化。法言生於其間，濡染既深，握筆記述，遂爲韻書不祧之祖。觀孫愐唐韻序，知天寶間西七五一音韻之書，惟陸氏切韻盛行於世，但人不注意其出於鮮卑耳。

當陸俟再傳至叡時，孝文猶未改代人氏姓。故魏書叡傳云：

叡襲平原王，娶博陵崔鑒女，鑒謂所親曰：「平原王才度不惡，但恨姓名殊爲重複。」

蓋其時仍稱步六孤也。今魏書不稱步六孤俟，而稱陸俟者，魏收修史，例用新姓，不用舊姓耳。由此可見鮮卑種人華化之速矣。

不獨此也，箋注切韻之長孫訥言，亦鮮卑也。訥言事跡不多見，僅由故宮王仁昫本切韻知其曾爲德州司户參軍。又由姓纂長孫氏條，知「敦生師，黄門侍郎，師生訥言」。姓纂殘闕不全，不敢信其無脱誤。惟長孫氏之爲鮮卑，較陸氏爲易識。周書長孫儉傳云：

儉，河南洛陽人，其先魏之枝族，姓托拔氏，孝文遷洛，改長孫氏……儉容貌魁偉，音聲如鐘，大爲鮮卑語。

訥言其裔也。舊唐書長孫無忌傳云：

無忌，河南洛陽人，其先出自後魏獻文帝第三兄，初爲拓跋氏，宣力魏室，功最多，世襲大人之號，後更跋氏爲宗室之長，改姓長孫氏。

今傳唐律疏義三十卷，即長孫無忌等奉勅撰，訥言其同族也。切韻之撰者注者，均屬鮮卑，不可謂不奇。故特表而出之，以供研究音韻者之參考。

〔作於一九三五年。英譯本先發表於華裔學誌第一卷第二期（一九三五年），中文原本發表於北平圖書館圖書季刊第三卷第三期（一九三六年九月）。〕

藝舟雙楫與人海

教育科學研究會歡送畢業同學，要我說幾句話，我想不出新鮮題目來，今年我看見候補學士們的畢業論文，寫作俱佳者很多，五光十色，精彩奪目，尤其是女學士們，有的裝潢異常講究，我就想到愛美是人類的天性，利用這天性去學一樣東西，沒有學不好的。諸君今日學成而歸，快要到社會上去了，我除了向諸君道喜外，想同諸君說說人海中的藝舟雙楫。

第一楫就是文。孔子說：「言之無文，行之不遠。」左襄廿五。文的重要，人人皆知。但是老先生說，學校興後，經書無人讀了，學生皆作白話文，古文無人能作了。長嗟短歎，都以爲今不如古。其實社會是進化的，那有今不如古的道理。不過現在所流傳的古文，都是當時選手所作的，拿現在的尋常人同古時選手比較，自然是不如；拿現在的選手同古時選手比較，又何多讓？且時代關係，各有所長，古不如今的恒有。我們固然不可傲慢古人，亦不必妄自菲薄。我們今日有種種科學要學，不能如老輩單學作文；但老輩所學的，多半是應科舉的八股文，費去無謂心力亦不少，我輩今日無此等縛束限制，放手爲文，如果真能用功，應比從前事半功倍。諸君今日畢業了，畢業後正好學文。學文只有一法，曰：

擇選本、專書各一，先求可解，後求爛熟。

何謂選本？如文選、古文辭類篹之屬，各家文、各體文都有，讀之可得各家各體及各朝代的大概。專書，經如易經、禮記、孟子、左傳，史如國策、前四史，子如莊子、荀子，集如唐宋八大家；就其性之所近、所好，任擇一種讀之，可得專家一生之抱負，及其文之胎息氣味。好擇定之後，有暇則誦讀，作爲消遣，作爲娛樂，讀之爛熟，積一二年，那有不能文之理？好些人誤會，以爲孟子等我已讀過，可以不讀；不知飯是我們天天食的，何以還要食。蘇東坡詩説：好書不厭百回讀，熟讀深思子自知。這是個最簡便之法，如果不熟讀，一個字一個字去講文法，去講文言翻白話，總是不得要領，毋怪老先生看不起了。願諸君一雪此耻，毋使人謂學校出身的，文多不亨。這就是藝舟雙楫的第一楫。

第二楫就是字。字，古時爲六藝之一。「子以四教，文行忠信」，文是第一；「子所雅言，詩書執禮」，書是第二。這個書是「書同文」的書，「子張書諸紳」的書，不是指書經。孔子平日所雅言的，就是教學生寫字。俗語説得好，字乃文之衣冠，又説先敬羅衣後敬人，可知一文到手，字先入眼，字好是最要緊的。老先生又説，近日學生寫字，都用鉛筆鋼筆，將來没有人會寫字了。其實大大不然，琉璃廠各項買賣不如前，唯筆鋪有增無減，且忙到了不得，尤其是二三毫錢小學生所用的小筆，常常缺貨。這是甚麽緣故？就是讀書寫字人多的緣故。你看今年畢業的同學便知了，從前念書的只是男子，女子是裹了脚不許出門的，那有許多女學士？今日男子讀書既比從前多，又添上女子一半，因此雖有鉛筆鋼筆，毛筆仍然是不够用的。

況且近來學字的機會，比從前大進步了。從前要得一個好法帖，多麽費力；今日有石印，有珂羅版，什麽好帖，都可以見着。從前法帖是刻石的，剥落漫漶，翻刻又翻刻，找一本定武蘭亭，就了不得；今日有唐摹本蘭亭好幾種，影印出來，去真跡只是一間，其他唐宋人真跡墨跡，不知凡幾。從前認爲無上之寶的，今日可以數元錢得到，真是千古所無的機會了，如果要學好字，那有學不好的。

但是寫字與作文有些不同，作文只是要「可解後多讀」，寫字就要「多看多臨」。單是多寫是不够的，有時多寫反爲有害，因爲字不怕幼稚，至怕惡俗。幼稚如樹木未長成，將來可望長成；惡俗是樹已枯槁生蟲，不易挽救了。好在諸君皆是青年，不會有惡俗的毛病；如果有這毛病，要矯正過來，就很費事了。古人所以有「十年不寫字，使忘其本領，然後從新再學」的法子。今人不用這樣，只要變换過原來執筆的習慣，多看名跡，就可以從新再學了。

我見今日學生，不論男女，好字的很多，劣字的，只係未得名師指授，且見名跡太少，須知今日出版的名跡，到處皆有，費數十元就可看之無盡。字體之外，應注意行款，我見學生寫信，或行僅一字，或頁僅一行，或署款太低，都是不合格式的。我考試監場時候，常注意同學寫字的工具，往往有墨盒太大或太小，用筆太硬或太軟的。又如俗字減筆字，可以不用，就不要用，如果貪圖省時便利，應學行書，不應用減筆俗字。能寫得一手好字，就是藝舟雙楫的第二楫了。

「藝舟雙楫」四個字，是百年前包慎伯先生論文論字的書名。今天的題目，本想叫做「文字與人生」，因爲今天語文學會同時開會，「文字」兩字容易相混，就拿包慎伯先生的書名來替代這「文字」兩個字，既然叫做藝舟雙楫，就一氣把人生改爲人海。諸君畢業後，要進人海裏去，如果有此雙楫，就不怕有風浪了。

但我末了要聲明一句，諸君是學教育、學哲學、學心理學的，各有各的專門，我今天所論，並不是要諸君爲文學家、爲書家，不過愛美既爲人類的天性，我希望我們的文與字，都能與畢業論文的裝潢同一樣美。孔子曰：「行有餘力，則以學文」，又曰「游於藝」，我們只是以餘力作爲游藝就是最好的娛樂了。今日市上有專論寫字的書，名書鏡，是五十年前康長素先生所著的，當初本名廣藝舟雙楫，有人問曰：還有一楫那裏去了？先生笑曰：單楫就可作雙楫用了。這雖是一時的戲言，但在人海中，有時字比文更爲切用，你看包康兩家共同推許的鄧完白山人，他就是一生以字遨遊人海了。請諸君多多注意。完了。

〔一九四二年六月十三日在輔仁大學教育科學研究會上的講話。此爲作者的講話稿。〕

關於讀史作史

每一書到手，須先觀其出於何時——時代；出於何地——地位；出於何人——性情、道德、學問各各不同。

又須觀其爲官書，抑爲私書？官書患其懾於勢力，多所忌諱；私書患其惑於感情，多所恩怨。

古人論史有三長，曰才、學、識。才具貴周密，學問貴淵博，見識貴遠大。

孟子論春秋有三要素：事、文、義。事實要確實，文章要優美，意義要深遠。

〔約作於一九四三年，標題爲編者所加。〕

如何作中國史

或問現在中國史應如何作法？答曰：一方面要發揮本民族偉大之精神，一方面要指摘歷朝政治之闕點。處處說明社會進化之原理，及國民與國家之關係。目的在造成現代式的國家，與各國享平等之幸福。此現代本國史之作法也。

〔約作於一九四三年，標題爲編者所加。〕

廣東光華醫學院故校長鄭君紀念碑

鄭君名豪，字傑臣，粤之中山人。幼隨叔父往檀香山，弱冠入美國加省大學醫科，一九〇四年畢業，開業於三藩市者二年。歸國後任南京中西醫院院長，旋代表中國政府出席菲律賓萬國醫學會。返廣州，任陸軍軍醫學校教務長。一九〇八年應留學生考試，授醫科舉人、内閣中書。於時廣州適有光華醫學院之倡，乃共推君爲校長。光華醫學院者，合全粤醫師之力而成，謀「學術自立」之先鋒隊也。學術貴自立，不能恒賴於人。廣州瀕海，得風氣最先。近代醫學之入廣州百年矣，然迄無一粤人自辦之醫事教育機關，有之自光華始。君既長校，擘畫經營，不遺餘力。一九〇九年，出席挪威萬國痳瘋會議，更感學術自立之必要，而吾國富於疾病礦，待學人之發掘及發明者無限，固大有可爲之地也。卒以扼於物力，未能盡如其志，此君終身之恨也。然君主持光華二十餘年，中間復任中山大學内科主任、教授，又被推爲廣州醫學會及中西醫學會會長，培植人材甚衆。今粤中名醫，大半出君門下，此君稍可自慰者也。一九四二年六月十九日，以避寇，卒於廣西貴縣，得年六十有五。越三年余始聞其訃，慟哭者久之。君性篤厚，和易近人，熱心社會事業。光華之成，余忝爲創辦人之一，復從而就學焉，故余於光華諸師，皆先友而後師，君又余在校時之校長也。同人爲君立紀念碑，不擯余於校友之外，屬爲之辭，因述其所知所感者如此。願同人善繼君志，毋忘學術自立之本旨也。

中華民國三十七年十一月新會陳垣撰

〔據原稿〕

亂世與學術

我們今天在炮火聲中作學術的講演，真像梁武帝在困城中講經，陸秀夫在厓山舟中講大學了。他們當國破家亡的時候，不忘學術的講演，世人莫不笑他迂闊，駡他不知時務，他何嘗不知。但國破家亡的因素很多，並不因爲講經講大學，國家若要破亡的時候，雖不講經、講大學，也一樣破亡的。我們今天當然與梁武帝、陸秀夫的時候不同，但不能不算是亂世了。

今天我講的題目是亂世與學術，係從中國歷史講起的。中國歷史有記載的約三千年，這三千年中，一治一亂，相間下來，多者數百年，少者數十年。

怎樣叫做治亂？照中國歷史習慣説，一個政府能够統治全國，而不致有人反抗、或被外國侵侮的時候，就叫做治世；一個政府失丢他統治的能力，或分立兩個以上的政府，或被外國侵略的時候，就叫做亂世。

亂不一定是一個壞名詞。不有亂，那有治，治之極就會亂，亂之極就會治，不過治亂如寒暑的迭更，晝夜的運轉，是自然的，是不能避免的，是不必害怕的。

人類的本能，有應付亂的適宜性，猶如有應付寒暑的適宜性。在動亂社會中，人類進化，並不停止。因爲學術係人類嗜好的一種，很像飲食男女不能禁止的，也不用提倡的，自然而然就會向上。有時在這一方面看是退步，但在另一方面看，仍是進步。況且在所謂亂的時候，統治的權力失了，專制的勢力薄了，人民思想正可以自由，學術自然進步。

中國歷史上，戰國時算是亂世了，但戰國時學術最盛，所謂百家競起，異説爭鳴。在儒家一方面説，自然覺得不好，所以孟子要闢異端，距楊、墨。但在整個社會來説，萬物並育而不相害，道並行而不相悖，又何嘗不好，何必要統於一尊。

漢武帝時，儒術曾一度統一了，但只養成一班儒生，替少數有勢力的人捧捧場，粉飾一些太平景象便了，也未見得有甚麽意思。

到三國時天下又大亂了，乾綱解紐，思想自然解放。三國人材之盛，人所共知的。在後南北分裂，二三百年，五胡十六國，不斷打仗，在歷史上都稱他是亂世，但南北朝學術，並不落後。他們不能統一，就因爲他勢均力敵，誰都不能打倒誰的原故。

説到梁、唐、晉、漢、周五代，更是人看不起的朝代，都以爲他無文化學術的可言，但印刷術就起於五代。更從另一方面看，禪宗有所謂五家宗派，什麽臨濟宗、曹洞宗、雲門宗等等，都成立在五代紛亂的時候。唐末雖曾禁止佛教，焚燬經典，沙汰僧尼，但禪宗初起時，並不靠經典來做他學術的工具，徒衆往往數千人，深山窮谷，無不有他的廟宇。北宋時有一部書叫做景德傳燈録，專載唐末五代時禪宗的活動，可惜普通歷史對此等事並未注意。

又五代時有一個住在漢中的和尚，名叫可洪，撰一部藏經音義隨函，從唐長興二年西九三一起，至晉天祐五年西九四〇止，總共十個年頭，將一千七十六部五千四十八卷的藏經所有難字，都替他造成音義。這是學術上多麽大的工作，但他的成就即在所謂紛亂之時。因普通歷史上没有提到，這等工作遂爲人所忽略。

我從前曾根據開元釋教録的記載，製成一表，從漢明帝永平十年西六七起，至唐開元十八年西七三〇止，凡六百六十四年，中間包括三國、東西晉、十六國、南北朝，共十九個朝代，所譯佛經的詳細數目，都記載很清楚。每朝代註明他的年數，譯經人數，譯經部數及卷數，中間除後漢、西晉、隋、唐四朝算係統一的朝代以外，其他十五朝都是分立的朝代。結果統一的年數三百五十七年，譯經的部數，九百九十部，卷數三千四百五十六卷；分立的年數三百零七年，譯經的部數一千二百八十八部，卷數三千五百九十卷。這個明白的數字，足以證明分立時代的譯經事業，並不減於統一時代，而且超過。這雖然是單指翻譯佛經一事，但因爲別樣的學術，難得有確實的數字可以比較，現在單從這一點來説，這麽多的外國經典，能够在紛亂中從容翻譯，其他的學術，自然也可以在紛亂中從容研究。這個表裏頭最可驚異的就是姚秦、西秦兩個朝代，他得國不過數十年，且僻在西北一隅，邊境不時有事，乃所譯經典六個人中，平均每個人都在百卷以上，照尋常想像，這豈是亂世的事情，但亂世竟然有此成績，豈非奇事。我現在就拿這個比例證明亂世學術並未停止，或更有特殊的進步。古人說：「風雨如晦，鷄鳴不已。」又說：「長安雖亂，吾國晏然。」也是這個意思。

帶來漢魏南北朝隋唐譯經數目表，諸君可以取閱，完了。

漢魏南北朝隋唐譯經數目表

朝代	年數	譯人	部數	卷數
▲後漢	一五四	一二	二九二	三九五
曹魏	四六	五	一二	一八
孫吳	五九	五	一八九	四一七
▲西晉	五二	一二	三三三	五九〇
東晉	一〇四	一六	一六八	四六八
苻秦	四四	六	一五	一九七
姚秦	三四	五	九四	六二四
西秦	四七	一	五六	一一〇

前涼	七六	一	四	六
北涼	三九	九	八二	三一一
劉宋	六〇	二二	四六五	七一七
蕭齊	二四	七	一二	三三
蕭梁	五六	八	四六	二〇一
元魏	一五五	一二	八三	二七四
高齊	二八	二	八	五二
周	二五	四	一四	二九
陳	三三	三	四〇	一三三
▲隋	三八	九	六四	三〇一
▲唐	一一三	三七	三〇一	二一七〇

此表係根據開元釋教録製成，自漢明帝永平十年西六七起，至唐開元十八年西七三〇止，凡六百六十四年，中間除後漢、西晉、隋、唐四朝爲統一時代外，餘十五朝皆分立時代。

統一年數　三五七　　譯經部數　九九〇　　卷數　三四五六

分立年數　三〇七　　譯經部數　一二八八　　卷數　三五九〇

一九二二年撰元西域人華化考，末了總論元文化，有這樣的話：

須知文化是一事，政治又是一事。政治之紛擾，孰甚於戰國、六朝，而學術思想之自由，亦惟戰國、六朝爲最。漢唐號稱盛世，然學術思想，輒統於一尊，其成績未必即優於亂世。「風雨如晦，鷄鳴不已」，吾人亦行其素焉耳。

〔原擬在一九四八年十二月十六日北大五十周年紀念講演，後未講，此爲講稿。〕

商朝與殷朝

商朝又稱殷朝，「殷商」二字本可連用，像詩經大雅：「文王曰咨，咨汝殷商。」又：「殷商之旅，其會如林。」「殷」「商」二號，又可通用，像詩經大雅「商之孫子」和「殷士膚敏」同在一章，詩經商頌「降而生商」和「宅殷土茫茫」也同在一章。

但是在孔子孟子的書中已經專用「殷」字了，如

論語：

殷因於夏禮　　周因於殷禮

殷禮吾能言之　　殷人以柏

以服事殷　　乘殷之輅

殷有三仁

孟子：

天下歸殷久矣　　夏后殷周之盛

周公使管叔監殷，管叔以殷畔

殷人七十而助　殷曰序

殷鑒不遠　殷士膚敏

伊尹之於殷也　夏后殷周繼

殷受夏周受殷　武王之伐殷也

大學：

殷之未喪師　儀監於殷

中庸：

吾學殷禮

全部論語、孟子連大學、中庸，除孟子引詩經「商之孫子」一句用「商」字外，其餘都用「殷」字。據禮記檀弓孔子自稱殷人，司馬遷作史記，也稱殷本紀，蕭梁時周興嗣作千字文，也稱「周發殷湯」，至趙宋時，因趙匡胤的父親名弘殷，宋人避諱，對「殷」字有時缺寫末筆，有時就直改爲「商」，如千字文就改爲「周發商湯」。

通鑑周赧王元年條「管叔監商」，胡三省的注説：「古殷商通稱，孟子只云監殷，今通鑑云監商，避宋廟諱也。」

翟灝四書考異，殷因於夏禮條云：「宋高宗石經『殷』字避宣祖諱作『商』，殷禮吾能言之，殷人以柏，宋石經皆作『商』，而中庸吾學殷禮之『殷』，但闕筆爲『殷』。」

朱子注四書，遇到「殷」字，注中都有意迴避，全部集注裏，只有「吾學殷禮」，「殷禮吾能言之」兩處的「殷」字沒有改，其他注裏一律改「殷」爲「商」，如「乘殷之輅」改稱「商輅」，「殷士膚敏」改稱「商士」，「殷人七十而助」改稱「商人」，這是最顯著的。

計殷朝名號：

1. 最初稱「商」，
2. 遷殷後稱「殷」，
3. 其後「殷」「商」並用，
4. 孔子孟子時專稱「殷」，
5. 趙宋時因避諱改稱「商」。

今人習慣於「夏殷周」的，則以稱殷爲順。習慣於「夏商周」的，則以稱商爲順。都是先入爲主。

然則我們今日應該用商朝還是用殷朝呢？我以爲都可以。但是說到「商人」「殷人」的時候，稱商人就不如稱殷人了，因爲商人容易與做買賣的商人相混，如果稱殷代又稱商人，就好像說殷代做買賣的人一樣，因此我主張我們的歷史課本將稱商代商人的地方，一律改爲殷代殷人，免得後一代的讀者先入爲主，受了宋朝人避諱的拘束而不自覺，其實我們又何必替宋朝人避趙匡胤父親的諱呢？

一九五六年五月卅一日

〔載於人民教育出版社編輯工作第十八期（一九五六年八月）。據原稿校核。〕

柬埔寨始通中國問題

第八八期史學登載柬埔寨與我國友好聯繫一文，把柬埔寨與我國交往從三國提到前漢，照尋常說法早了幾百年。其論證是引梁書海南諸國傳等，有「海南諸國自漢武以來皆朝貢」等語，就斷定：「柬埔寨和我國在地理上那樣靠近，當時也必定已經發生關係。」這樣斷定，頗與昆曲十五貫過于執縣令的審判方法相類，過縣令說：「看她艷如桃李，豈能無人勾引；年正青春，怎會冷若冰霜」，就判定蘇戍娟和熊友蘭一定有奸情了。這種判法是不能令人滿意的。

文中又引漢王褒的四子講德論，說其中有一個燋齒之國，「據考證，他指的就是柬埔寨」。又引後漢楊孚的異物志，說「狼𦑅民，便是柬埔寨人民」。按左思吳都賦的提法，是：「烏滸、狼𦑅、夫南、西屠、儋耳、黑齒之酋」。這明是六個不同國別的排列，照作者所說，這六個國別除了烏滸、儋耳外，其他四個都是指柬埔寨，似不可信。且黑齒不止一國，狼𦑅更是罵人，作者之意，本是要拉相好，拉世交，今這樣說，柬埔寨人民肯承認嗎？兩國國交的好壞，不僅在於年代的長短，勉强的把關係提早幾百年，未見有甚麼作用。

文中又引飛燕外傳，有「真臘獻萬年蛤」等語。真臘即今柬埔寨，無問題。但真臘之名，隋唐以來，始見於史，漢時何得有真臘之名。飛燕外傳是漢時人撰，還是後人僞撰，久已成爲問題，故四庫不著於録。今作者舉出其中有「真臘獻萬年蛤」之語，可爲辨僞者增加一有力證據。此語雖不能證明柬埔寨漢時已通中國，但能證明飛燕外傳非漢人撰，實是一種意外收獲。

文中又説飛燕外傳，「大史學家荀勗爲其刊刻行世」。荀勗是魏晉間人，何能有刊刻書籍之事。這一動筆，又將歷史事實提早了好幾百年，事關常識，當是偶誤。就整篇文章來説，作者確曾費過一番工夫，如果再虚心，再鑽研，實事求是，像況鍾那樣，定能作出更精密的結論，我們正期待着。

〔載於一九五六年八月十六日光明日報史學副刊第八九期〕

陸棠介紹

宋建炎四年至紹興二年之間一一三〇—一一三二,建州范汝爲憤政府之無能,痛官吏之貪暴,據建州起義。建士如歐陽潁士、施逵、吳琮、謝嚮、陸棠等,或善文章、多材藝,或已登科,望風從之。失敗後,施逵逃脱入金,改名宜生,爲著名漢奸,此知識分子之敗類,不足道,今特介紹一以學者面貌出現的陸棠。

陸棠字敬思,建州建安縣人。爲大儒楊龜山門壻,從龜山遊者幾三十年一一〇四—一一三二。知識分子參加農民革命失敗後,其生平事跡,每爲人所湮没,陸棠參加范汝爲組織失敗後,胡寅爲作長傳,見斐然集三十,陽抑而陰傳之。陸棠未參加革命前,陳淵爲作定交篇,稱爲「君子人」,又作定交篇跋,既失敗後,陳淵仍留此二文在默堂集二十,不肯削去。朱子語類一三三盜賊門不諱陸棠爲楊龜山壻,且稱其人極端重,似有德器者。此等對所謂「盜賊」的批評,在歷史文獻中實爲罕見,故特拈出之。

據胡寅所作陸棠傳,棠參加革命時,龜山年已八十,曾爲三書招之,棠復書悲痛。棠平日必有一套革命道理,可於此往復書中見之,惜此書不傳。據傳,棠父及妻皆支持棠所爲,死而不悔，其革命主張，必有極精處能動人，故傳又稱「士大夫爲所籠惑者比跡而是」，則斷非龜山翁之綱常大義論所能説服者也。

范汝爲事，見宋史三六四韓世忠傳及建炎以來繫年要録。

楊龜山，爲二程門人，宋元學案二五有龜山學案。

胡寅爲龜山門人，宋元學案四一有衡麓學案。

陳淵爲龜山門人，與陸棠爲僚壻，宋元學案三八有默堂學案。

陸棠如果不參加范汝爲組織，亦可占宋元學案一卷，但棠不願以彼易此。

〔作於一九五九年三月。作者在一九五九年三月三十一日有一短函覆歷史博物館負責同志：「承三月廿八日示詢歷史人物名單擬增加陸棠，並關於陸棠的評價，謹爲介紹如另紙，應增加與否仍請高明酌定」。〕

關於寫字作文

你寫的字想人易明白，還是想人難明白？想人快曉得，還是想人慢曉得？

如果想人慢慢才曉得，那就浪費人的時間了。如果一見就明白，同一個字要十幾廿分鐘才明白，就差得遠了。

只管自己寫時省事，不管人家看時費事。不論是字是詞句，都應該明白清楚，令人看下去易懂，不要猜想不要推測才好。

不必一定要工工整整，但起碼要清楚，要令人易識、易認、易明白。

〔約作於二十世紀六〇年代，標題爲編者所加。〕

周書序例審查意見

著者欲將周代歷史，包羅於一書，其志甚大。以未見原書，不能有所論列，僅就目録所載，略抒個人見解，以備參考。

一、此書就序例觀之，意在搜羅古籍材料，歌頌封建帝王諸侯及其制度，並非研究古代歷史，要求解決問題，費力雖多，於史學未見有益。

二、司馬遷去古未遠，史記所載周史材料有限，此書列「志」目凡二十四，分門别類，安得如許材料，可以懷疑。至於古器物之出土，考古學之發現，反無章節，不知能否採用。

三、此書體例，不離舊史範圍，而名目繁多，如既有食貨志，又有地政志、賦貢志，似並古代史家立食貨志之意義亦未了解。又如雜入列傳、理學志皆不妥，至四裔列傳稱「蠻夷戎狄，愚同豕鹿，性似豺狼」，將置少數民族於何地？

據上所述，此書恐無出版必要。至著者另有中文字體一書，郭院長應否作序，最好請文字學專家審定。

〔此爲作者受科學院委託審查胡吉甫周書序例文稿的意見，約作於一九五三年十一月。〕

中國歷史要籍介紹及選讀一書審查意見

此稿編排取捨，尚稱謹慎，所用材料，亦較得當，選讀的文章，皆曾費過一番心思，並不苟且。所介紹各書，大半採自四庫提要及幾家目録書，處處有根據，這固然是好的一面；但只拘泥於提要所引用書，或只根據四庫的論斷，不敢提出自己的意見，不肯道出自己的心得，甚至提要有錯誤，經人指出，猶不敢改正如東都事略，見另條，未免過於謹慎。也正因爲謹慎，所以此稿尚能作到平穩，無甚差池。

下册緒言裏説：「由於舊史一般出自地主階級的知識分子，爲提醒青年注意，在上册裏每篇都加按語，下册則將按語取消。」今按上册一共有按語五處，其中三篇皆爲「需要我們批判的來理解」，「需要我們批判的來領會」，究竟如何批判，並未具體指出。其實所介紹的歷史要籍除幾種工具書外，何一不應當批判的理解，亦並不僅限於作者所加按語的幾篇文章，如果想加上，在緒言裏，總説一回就可以，有時有，有時無，還要聲明，似可不必。

選讀文章，均注明出自某書，這是必要的，但何不一併注明卷數，使同學要參考原書時，不至浪費找尋時間。

通鑑紀事本末，内容全出自通鑑，它本身並無可選讀之文，今於介紹紀事本末後，忽然選了「翟讓」一段，注云出自通鑑紀事本末，此自是通鑑卷一八三之文，紀事本末卷二十七採此文一字不改，僅「二京」作「三京」，「旦夕」作「日夕」，乃字之偶誤，如果要選此文，亦應與「赤壁之戰」一樣，同注出自通鑑，何能説出自紀事本末，這是常識，應讓同學知道。

撰東都事略者名王稱，因明朝有著名的永樂大典副總裁王偁，故明人每誤以撰東都事略之王稱寫作王偁，四庫提要别史類因之，但傳記類存目張邦昌事略，載記類存目西夏事略，仍作王稱，不誤。偁爲宋孝宗父秀王之名，南宋人何得以此爲名。且説文禾部之「稱」，解作銓，故宋王稱字季平，人部之「偁」，解作揚，故明王偁字孟敭，二字不同，經人指出，仍不敢改正，實爲過信四庫提要。四庫提要成書倉卒，錯誤恒有，在前清時以「欽定」二字嚇人，在今日作要籍介紹時，應對同學説明此點，不僅僅一王偁錯誤而已。

介紹到遼金元史，應向同學聲明此書有原本，有清乾隆時改譯本，乾隆時，因這些書譯名字眼不雅，遂命將全書譯名改譯，改得一塌糊塗，當時因係「欽定」無人説話，清末編教科書的又均用改譯本，因此凡受過清末教科書教育的，都先入爲主，以乾隆改譯的爲正。如「托克托」、「忽必賚」之類，不知道原本實作「脱脱」、「忽必烈」了。此稿介紹宋遼金史時，亦作托克托撰，經人指出，改正爲「脱脱」，對了，但仍注云「亦作托克托」，似係當時異譯，不對。因此等異名係後人改譯，不是當時異譯，如果要注，應注云「乾隆時改譯托克托」才對。

陳垣　五月十二日

〔作於一九五六年五月。這是作者爲高等教育出版社審查山西師範學院中國歷史要籍介紹及選讀書稿的意見。〕

三國志集解審查意見

是書用功甚深，搜羅甚力，足與近代王氏之兩漢、吳氏之晉書相比美，詢是有益學人之作，可以付印。

惟卷首應補兩目録：

一、應加上採用各家校本姓名。二、應列舉引用各家書目。所以必需舉出書目者，因一人所著書不止一種，單舉人名不够。舉出書名，更便讀者。

又書有注解，爲是使人明白易曉。但單有注解，而無標點，工作只算做得一半。必要將全書加上標點，才算功德圓滿，才合現代需要。

又聞著者本年八十一歲，仍在天津居住，凡著作「得失寸心知」，應詢徵本人對本書尚有何意見，有甚麽缺憾，我們是否可以替他彌補。

〔作於一九五六年五月。三國志集解，盧弼著。此據原稿。〕

柬埔寨史跡叢考一文審查意見

此文確曾用過一番功夫，分析細緻，態度詳穩，門路也找對了，應參考的書也大概參考到了。這是值得稱贊的。

惟第三篇古筐國後半截，因天下郡國利病書「古莨國則真臘也」一句話，就認爲真臘就是古莨國，因此牽涉到史記、華陽國志等秦司馬錯伐蜀取莨一大段，支離突兀，似應删去，免爲佳文之累。天下郡國利病書係亭林的史料叢鈔，隨手紀録，不能據爲定論。

第七篇將兩史互勘是對的，但説他「史源同一」，則有點語病。南史這方面的材料是抄自梁書，北史這方面的材料是抄自隋書，間有增、删、改易，又有傳寫刻版不同，他們的行輩，是父子，不是兄弟。可以改爲校勘表形式，兩相對勘，不必每句都提到兩個書名，閲之較爲簡便。

第十篇引曾釗輯楊孚異物志欲證明柬埔寨一、二世紀時情況。楊孚是後漢人，但他所著異物志，亦名交州異物志，見隋志。或稱南裔異物志，或稱交趾異物志，與柬埔寨無關，不能指交州爲柬埔寨。

且曾剑所輯明著爲楊孚書者，不過二十餘條。楊孚以後，著書名異物志者好幾家，其單稱異物志者，即不能指定爲楊孚書。既不能指定爲楊孚書，更不能指定其所説者爲一二世紀時情況了。爲令人徵信起見，此篇似應割愛。

一九五六年十二月二十日

備考：此文經修改後，可以發表。但以質量論在歷史研究不如在其他雜誌發表，較為合適。

〔這是作者爲歷史研究雜誌審查王新民東埔寨史跡叢考一文的意見〕

論科學的考據與舊考據的不同一文審查意見

此文作者叙述本人考據方法轉變的過程，把自己從前的考據方法批評一番，說是不科學的考據，這種謙虚自訟的精神，是值得欽佩的。

但將自己從前的考據稱爲「舊考據」，一若前人的考據方法都同作者一樣，這是不妥的。

舊考據有不科學的，但也有科學的，不能一筆抹煞。故此文題目只能說科學的考據與不科學的考據不同，不能說「科學的考據與舊考據不同」。

文中第二章標題甲：只能說片面地孤立地看問題不是科學考據方法，不能說「舊考據方法都是片面地孤立地看問題」。

乙：只能說從現象看問題不是科學考據方法，不能說「舊考據方法都是從現象看問題」。

丙丁戊己準此。總而言之，因爲作者的努力及進步，發見自己的考據不科學，也只能說作者自己從前的考據方法不是科學方法，不能說舊考據不是科學方法。

前人的考據有不科學的，也只能説某人某文或某書的考據方法不是科學方法，不能説舊考據不是科學方法。

誠如此文所標誌，容易令人誤會，以爲舊考據都是要不得的。引言中又提到「顧炎武的日知録完全爲封建統治者服務；趙翼的廿二史劄記罵農民革命爲盜爲賊」，這都是時代關係，無可苛求。如果説這些都是要不得的，那麽我們就無歷史可看，更無前人文化遺産可繼承。恐怕作者意思不是如此，不過標題不妥而已。故愚見以爲文中標題所有「舊考據」字樣最好不用或改易，庶免人誤會。

至於文中所謂「科學的考據」，是否都能符合科學，亦最好再檢查一次。

又此文三萬餘言，如能精簡一些，更爲妥善。以上愚見，是否有當，請卓裁。

一九五七年一月四日

〔這是作者爲歷史研究雜誌審查羅爾綱論科學的考據與舊考據的不同一文的意見〕

南美共和政治之評論標目及序

卷一　此卷論歐種輸入南美與主國脱離關係獨立爲無數新民族

一論西班牙之殖民地一裂而爲十六民族

二論民族之定義

三論南美新民族勃興之程序

四論南美各共和國之疆域即舊日西班牙之殖民地行政區域

五論南美地理上産生新民族之勢力

六論南美氣候上産生新民族之勢力

七論南美土種及混種於新民族内之重要

八論戰爭與内亂足以助長新民族之感情然亦能增其殘酷性

九論南美最近經濟之發展及移民

十論南美諸國中何國方可以成一民族

十一論唯墨西哥智利巴西阿根廷祕魯烏拉圭六國有民族資格

十二論加笠濱海沿岸及中美洲各國無民族之資格
十三論西班牙種有地方感情無國家觀念
十四論南美之西班牙種其種族間之共同感情極爲薄弱
十五論現在南美各國國界恐不能永久保持
十六論南美諸國和平之希望

卷二　此卷論南美歐種土種與混種相混之關係

一論南美土種之蕃殖及其位置之重要
二論歐種侵入南美及土種之殘存
三論南美現存土種人口之約數
四論祕魯與玻利斐亞之土種
五論現在南美土人社會及宗教之狀態
六論烏路華氏關於南美土人奉教情形之報告
七論南美土人之蒙昧
八論南美土人民事之狀態
九論南美土人之政治能力

卷三　此卷論南北美洲之異同及南美與歐洲之關係

八論兩美洲殖民時代政治之不同
九論兩美洲獨立戰爭久暫之不同
十論英人殖民地之團結與西班牙殖民地之分離不同
十一論條頓美洲與拉丁美洲之相同者
十二論兩美洲重要不相同之點
十三論拉丁美人對於條頓美人之態度
十四論拉丁美人之性質混同於歐人
十五論拉丁美人對於西班牙人之感情亦不甚洽
十六論拉丁美人對於英法意之關係
十七論拉丁美人親法之傾向
十八論南美人民將來果能成一民族否

卷四　此卷論南美諸共和國政治生活之地位及其運用政治之能力

一論論南美政治者不能取例於歐洲與北美
二論南美獨立後歐人之評論
三論南美地理之影響於政治

四論南美種族之影響於政治
五論南美經濟及社會之影響於政治
六論南美殖民歷史之影響於政治
七論南美獨立歷史之影響於政治
八論南美人無政治上之經驗
九論南美之革命領袖亦承認其國之不適於共和政治
十論南美能採用王政與少數政治亦良於共和政治
十一論南美共和政治之腐敗及專制
十二論南美諸國中亦有少數之真正共和政治
十三論治安之可以令政治進步
十四論歐人對於南美共和政治之嚴格判斷

卷五　此卷論南美人種及政治之將來並預料其所生之影響

一論世界可耕之地多已開墾
二論南美尚有可以開墾之地
三論南美温帶之地適於白人移居

四論亞馬遜河流域之膏腴未闢
五論假定歐人移民南美拓植此膏腴區域之辦法
六論將來南美移民之增加
七論南美三大種族之混合
八論南美混合種族之狀況
九論南美混合種族不能有其本族所賦特優之性
十論南美共和政治之誤在無美人自治之習慣而學步美國
十一論南美以九十年之喪亂試驗共和
十二論南美往日不與文明諸國交通所以政治不能進步
十三論南美西班牙種長於實用而無思辨之能力
十四論南美地方上之鄙陋蒙昧除首都外均無足觀
十五論南美宗教道德之墮落
十六論南美人民勇敢之特性
十七論南美吸引歐洲物質之文明能助其國力將來之發展
附中南美洲各國疆域圖

稿既譯成，余任校刊之役。一二卷竟，而莫得其要領，廢然曰：余何暇爲此南美歷史地理之考究爲哉？至第三卷，而知南北美共和之異趣矣。其素養不同，其徵象自不能一揆。非其人而效顰學步，其受厭惡而顛蹶也必矣。至第四卷，而南美之情狀畢露，闡發無遺。其所謂共和，乃至有不能不返諸少數政治之勢。其初之受治於西班牙政府，與吾國之統治於滿洲同也，其繼受西班牙人之壓制，與吾國昔年滿漢之不得平等同也。其終紛紛脱離西班牙而獨立，建設共和政府，與吾國辛亥之役，武漢一呼，各省紛紛獨立脱離滿洲政府，抑又同也。所不同者，彼分十數行政區域，爲十數共和國，吾則猶能聯合十數省爲一共和國。彼各行政區域獨立先後不一，或遲至十數年，吾則數月之間，而各省先後獨立一致耳。彼其人受法美共和之影響而共和，吾亦受法美共和之影響而共和。彼其人曾受歐化之薰陶，吾人亦曾受古國文明之沾被，而其無運用共和政治之能力，則一也。校閲至此，吾愈信吾之不可不臨崖勒馬，及早回頭，緬彼前車，當爲殷鑒矣。是編之菁華，全在三四卷以後，吾願閲者之終其卷，而與吾一較其同異也。原書本不分章節，因便檢閲，故特爲標目如右，並附管見於此。中華民國四年十月爰公。

〔南美共和政治之評論，（英）勃拉斯原著，南溟譯，作者以「爰公」作筆名，爲校閲兼發行者，一九一五年十月發行。〕

楊太師母樂太夫人八十壽序

垣家新會石頭鄉之西北有白雲書樓，中有李大崖碑記。垣幼時嬉戲其下，即識之。大崖，楚人也，博綜墳典。家貧，徒步走新會，遊於白沙。以母在，往返嘉魚、新會者凡四次。與兄東嶠同舉孝廉，將上公車，母歎曰：「今夕二子在，明夕當何如？」大崖即棄公車不赴，勗兄就道。兄成進士，而大崖則以白沙之學傳江漢間。吾師沔陽楊少麓先生近大崖之居，境遇多與大崖相若。起家貧約若，昆仲若，科名若，太夫人在堂若，昆仲之或出或處爲奉母也若。新會爲大崖舊遊之地，先生適宰是邦，亦無不若。先生之宰新會也，值戊戌政變、庚子拳亂之後，官吏咸避黨禍，噤口不敢講學。先生甫下車，即詔士以舊學植根柢，以新學通時變，屏頑固守舊之論，黜空疏無本之習，新會士氣爲之復振。垣以爲先生有得於白沙、大崖之訓，而未知其得於節母之教與白沙同也。比居京師，與楚人士遊，詢大崖遺澤並先生起居，始知沔陽楊氏有賢母，令聞播閭里，楚人士類能言其大略，且有爲先生昆仲自述所未及者。可見太夫人節義感人之深，而先生昆仲之力學成名又足以顯之也。昔白沙先生之母二十四而寡，遺腹生白沙，貧賤無聊，卒撫白沙兄弟以至成立，壽九十餘。吳康齋先生爲白沙書孝思之碑曰：「番禺陳生獻章，方娠而嚴親棄世，賴三遷之教，中戊辰乙榜進士，復淹吾館。每痛鯉庭之永隔，感孟機之多違，余爲大書孝思，題其白沙之堂曰慈顔無恙。伯氏綜家，正自求多福之日也。伯氏爲我申其説於定省之餘，亦足少慰倚門之況。」由此觀之，先生所遇，不獨與大崖若，其孤而苦也，尤與白沙若。先生仲氏久宦於康齋之鄉，亦嘗迎養太夫人於粤贛之間，讀康齋此文，應有無窮之感哉！今太夫人年登大耋，宗族里鄗特爲稱觴，所以慶大年兼以慰苦節也。垣曩以文字所知門下，遭兹嘉會，豈可無詞？顧聞大崖之在新會，曾爲白沙母壽。其壽白沙六十詩序有曰：「太夫人進壽八十有四，箕嘗再拜爲禮，太夫人不以其疏遠而拒我也。諸孫肅然衣冠，長者在前，少者在後，輕清紓徐，抑抑揚揚，歌古之詩以侑觴。先生喜形於色，太夫人在高堂，康健和悦，氣静而志閒。子孫皆恂恂寡過。懿歟休哉！」此大崖壽白沙母時所見之景象也，今楊氏之堂亦當同此景象。垣雖不敢儗於大崖，而太夫人之苦節高壽正與白沙母相若，敢即以大崖所稱道爲太夫人壽。十年後將更登貞節之堂爲期頤之祝，固可以白沙母比例而得之也。

門下晚學生新會陳垣頓首拜撰　中華民國八年十月穀旦

〔此據原稿〕

毛革雜誌緣起

毛革之用，其來遠矣，大抵起於人獸競爭之世。禮運曰：「昔者先王未有火化，食鳥獸之肉，飲其血，茹其毛；未有麻絲，衣其羽皮。」此毛革之用之最古者。堯典定四時成歲，取準則於鳥獸之希革及鳥獸之毛毨。正義曰：夏時毛羽希少，秋則毛羽復生，歲一周而皮脱毛謂之革。故革有更革改革變革之義。易曰「天地革而四時成」，又曰「革君子以治曆明時」是也。越仲秋而毛更生謂之毨，毨讀曰選。説文曰「仲秋鳥獸毛盛，可選取以爲器用」是也。此毛革之義之最古者。自時厥後，毛革之用愈宏。禹貢揚州、荆州之貢，有羽毛齒革，梁州之貢，有熊羆狐貍織皮。周禮春官，更有專掌：「司裘」掌爲大裘，並掌邦之皮事；「掌皮」掌秋斂皮，冬斂革，以式法頒皮革於百工，供其毳毛爲氈。此皮革制度之最古者。考工記有攻皮之工五，曰函、鞄、韗、韋、裘。韋氏、裘氏佚矣，然函人、鞄人之事，其文尚詳。曰：「革欲其荼白也。進而握之，欲其柔而滑也；卷而摶之，欲其無迆也。卷而摶之而不迆，則厚薄序也。察其線欲其藏，則雖敝不甐；引而伸之欲其直，則取材正。伸之而枉，則是一方緩一方急也。苟一方緩一方急，則必自急者先裂。」此皮革工業之最古者。

凡此皆足爲吾國古代毛革事業發達之左證。洎乎漢世，外國交通漸盛，毛革製品之輸入，亦漸頻繁。史記安息之俗，畫革旁行，以爲書記。後漢書天竺國有好㲪㲪毛席，哀牢夷知染采罽㲲，烏桓婦人能刺韋織㲪㲪，冉駹夷能作旄氈班罽𣰆㲲羊羧之屬。異物志：大秦國氍毹，以羣獸五色毛雜之，爲鳥獸人物，草木雲氣，千奇萬變。此毛革製品輸入之最古者。夫以吾國毛革事業發達之早，加以外國毛革製品輸入之衆，觀摩倣效，垂二千年，其進步當不可以道里計。而夷考其實，古代之毛革製品，今雖不可得見，然二千年來無大進步，可斷言也。何者？毛革事業，技術與牧畜並重，而吾國工業向無專書，農家者流，亦寥寥可數。以言技術，僅後魏齊民要術有作氈法；以言牧畜，僅宋陳敷有養牛論，其他均委之不學之農工，聽其自生自滅。如是雖再二千年，豈能望其進步哉！本會有鑒乎此，特以同人研究所及，形之楮墨，爲海内有志者先引。冀直接間接，傳播編民，以厚生而利用，亦猶周禮掌皮之司云爾。

〔載毛革雜誌創刊號，一九二〇年六月。〕

黄鈞選先生暨羅夫人七十雙壽序

垣遊京師十年，父事者二人，曰丹徒馬先生相伯，曰梅縣黄先生鈞選。二先生者皆不以垣爲不敏，而樂與爲忘年之交者也。馬先生不常居京師，或往或來，來則談讌竟日。黄先生居京師久，與垣居比鄰，晨夕過從，較馬先生爲密。今年夏曆八月，爲黄先生夫婦七十雙壽，知舊均摛辭摛藻，以祝無疆。垣誼不能無言，謹序平日所以傾服先生者爲先生壽。京師，勢利藪、徵逐埸也。以垣寡陋，學行無似，孑身處此，而無嚴師益友，提撕警覺，其不爲此等環境所薰染者幾希。今之少年，喜謗前輩者，謬也。崑山朱氏有曰：「屈志老成，急則可相依。」竊取斯義，故垣之於先生，有疑則問，有不知則問，凡所莫決，輒以先生一言爲斷，不啻父兄師保之在目前也。雖然，方今世變日亟，學術思想，焕然一新。老成之人，苟無容納此潮流之識量，則亦無以饫青年之望。先生深識世變，目光如炬，愛知之念，逾於青年。居則手不釋卷，出則必以報章雜誌相隨。有所得則提要鈎玄，丹鉛滿紙。垣從先生治事久，深歎其精力絶倫也。用能學隨年進，識與時俱，口無陳腐之談，行無夸毗之習。然且宅心仁厚，襟度沖遠，栽植後進，日昃不遑，宏奬風流，後生翕服。生平不吸煙，不飲酒，博弈之遊，一無所好。日入而息，日出而作。自奉甚約，而交遊之費必豐；處家極廉，而賙郵之金不吝。是雖小德，求之今日，亦足爲青年勸。若羅夫人者，則又與先生志同道合，夫唱婦隨。米鹽之細，必躬必親；井臼之勞，無間寒暑。垣每晨出，輒見夫人自菜市歸。曷澣曷否，猶是嫁時之衣；采蘩采蘋，不忘田家之苦。此則女儀可法，足以挽薄俗而息澆風者矣。宜其同享大年，爲國人（超按：末數字殘。）

〔約作於一九二三年。此據原稿。〕

瞿宣穎北京歷史風土叢書序

瞿子撰北京歷史風土叢書，徵序於余。余於此無專門研究，何足以益瞿子。顧有一事爲自來言都門掌故者所未注意，或亦瞿子所樂聞也。清宫城之制沿於明，明沿於元。今人徒歎北京宫闕之宏麗，而不知其始建築者阿剌伯回回教徒也黑迭兒也。也黑迭兒爲建築學專家。元至元三年定都燕京，詔張柔、段天祐、也黑迭兒同行工部，修築宫城。元制，工部尚書三員。張柔，武人，爲鐫功奇石張弘範之父，翌年即卒，未與其謀；段天祐，亦武人，不諳工事，曾任大都留守，其職掌猶衛戍司令；而也黑迭兒則兼領茶迭兒局。茶迭兒，華言廬帳，猶土木工程局也。此事詳載歐陽圭齋集馬合馬沙碑。而元史世祖紀書修築宫城事，獨遺也黑迭兒之名，僅言其中統、至元間修瓊花島而已。陶宗儀輟耕録言元宫闕制度甚備，亦不言計畫建築者爲誰。孫承澤、朱彝尊諸書更無論矣。此吾國士夫從來輕視異教徒及工程學者之過也。願因瞿子書一表彰之。

民國十四年二月新會陳垣書於北京西安門外勵耘書屋。

〔載瞿宣穎北京歷史風土叢書，一九二五年春北京廣業書社出版。〕

日本文學博士那珂通世傳序

日本文學博士那珂通世，生明治維新之際，爲日本教育界及學術界鉅子，歿後八年，民國四年。其老友三宅米吉博士爲作一傳，載那珂通世遺書卷首。傳甚詳密，吾人讀此，可知那珂氏一生之學術功績，其犖犖者約有十端，即那珂氏爲日本女子教育之振興者，爲日本小學教科書假名注音之先覺者，爲日語文法之始作者，爲英文日譯法之修正者，爲日本歷史編纂體裁之革新者，爲日本上古年代考證之啓發者，爲日本之支那史教科書改造者，爲日本之東洋史學科創設者，爲日本之元史研究倡導者，爲日本之蒙古文翻譯前驅者，那珂氏之學術功績如是，宜乎日人至今尚追慕而樂道之也。予讀其傳，輒服其刻苦專精，而對於東洋史學科之創設與蒙古文之翻譯，尤有感焉。吾國自古與東洋諸國，關係至密，史不絶書，然從來學者多僅守一隅，罕聞有東洋史學科之綜合研究，乃那珂氏獨創設之，其説明此科之要領有曰：「東洋歷史應以支那爲中心，而並述東洋諸國之治亂興亡，以及支那種、突厥種、女真種、蒙古種之盛衰消長。」諒哉言乎！自是之後，日人對吾國歷史研究之進步，一日千里，然吾人對於日本歷史，尚多漠然視之，奇也！又清代以來，專攻元史者輩出，然能以漢文翻譯蒙古史籍者，殆不數見。今那珂氏乃以日文譯蒙古史籍，成績卓著，因蒙古文屬阿勒泰語系，與日本文法相同，一語一語直譯，無須增減，即可成文，此祕自那珂氏發之，故日人研究蒙古文者漸多。吾人若不急起直追，將來勢必藉日文以考蒙古文獻，寧非學界之恥？今北平師範大學有志史學諸子，將發行史學叢刊，徵文於予，予以那珂氏東洋史學成績之鉅，而又從事師範教育垂二十年，特介紹吾友黃君孝可所譯此傳，俾資觀感。此傳著者三宅博士前年冬間已化去，老成彫謝，益用愴然！中華民國二十年二月新會陳垣序。

（載於北平師範大學史學叢刊第一卷第一期（一九三一年六月））

廣韻聲系序

此書之編纂，經始於民國二十二年之秋，初以廣韻之字分韻排比，凡同從一聲者皆依次系聯之，然後綜合參校，併其所同，以聲爲綱，而依四十一聲類之次第敘列之。稿凡三易，歷時十載，始克成編。蓋雖爲排比之作，然磨礱切磋，考訂是非，旁衍周洽，非融貫全書不足以爲之。今觀此書，於古今文字蕃衍變易之跡，均已彰示無遺，即形聲音義相關之理，亦可緣類而求，其有功於小學者匪淺。好學深思之士，當能明其用心之所在，進而追琢其章，恢弘其義，則善矣。是編殺青既竟，久未印就，今方幸覩厥成，且將流布宇内，故喜而爲之序。

中華民國三十三年八月新會陳垣

〔廣韻聲系，一九四五年輔仁大學出版。〕

馬相伯先生文集序

民國丙寅冬，杭州有天主教修士方杰人函索新刻明末清初教會遺書，余以修院之戒綦嚴，不敢與屢通欵曲，而心實喜其英年好學也。杭州昔有元也里可温寺，且爲明季金四表、陽演西輩遺墓所在，鄉賢李我存、楊淇園又爲教中柱石，余因以勗修士。其後修士果以格於成規，不通音問者凡十載。迨乙亥秋，修士以晉陞司鐸聞矣，又時時來函質疑問難；未幾漸見其爲文披露於報章雜誌，且見稱於並世學人矣。及浙西淪敵，司鐸走滇南，先後應浙江、復旦二大學之聘，馳驅黔、蜀間，與長兒樂素亦有共難共事之雅。維時余方困居故都，繫念西南諸友，嘗撰明季滇黔佛教考以寄意。自勝利初奠，司鐸忽由南京北上，長上智編譯館，應田聘三樞機邀也，乃亟約其講學輔仁大學。逾半載，一日以馬相伯先生文集輯成告余，並索一言爲序，謂並世可作序者莫余若也。余悚然久之！蓋相伯先生長余四十，余又長司鐸三十，而司鐸所獲先生遺文，頗多曩所未見，其用力之勤，實足驚人！雖然，余有不能已於言者，凡人爲文，逾若干時，輒不愜於衷，此求進之心則然。故凡生前所爲文，未經最後訂定，卒後由他人代爲裒集者，未必悉符本人之意。

惟相伯先生集稍異乎是，余曾略讀一過，知杰人司鐸於凡先生已刊諸稿，必擇其曾經先生手校者收之；未刊稿必擇其親筆者傳之；其爲先生口述，他人筆録者，必注明之。司鐸之意，蓋謂先生畢生研精中西學術，興辦高等教育，復躬與遜清及民國兩代大政，一身繫中國近百年文教者至鉅。況去世之歲，壽臻期頤，閲世之久，世罕其儔，故其論議，雖吉光片羽，亦足資後人圭臬。且先生遺文散佚已多，若並此劫餘僅存者，而不爲之珍惜，不將雲消煙散乎？顧余樂見此集之刊行，其意實別有所在。蓋余自民元北上，即與先生暨英斂之先生過從甚密。余素主信仰自由，而獨服膺基督，英、馬二先生則固篤信天主教者。惟自雍、乾以後，教會文風凌替，外國教士中，求如利西泰、艾思及之能與士大夫晉接自如者，固不可多得；即中國教徒教士求能如徐玄扈、李我存或吳漁山之以學術見稱於世者，亦不可多得。二先生目擊心傷，久以文藝復興爲己任，乃先有香山輔仁社之創設，繼復聯名上書教廷，聲請辦學。時則二先生有所計議，余往往得首先聞之；二先生有所刊佈，余亦得先覩爲快。乃公教大學（輔仁大學舊名）甫成國學一部，而英先生下世矣！國土未復，勝利在望，而馬先生又以卒於南交聞矣！悲夫！惟茲編收相伯先生致斂之先生手札數十通，二公素志，當益爲世人所察見。況馬公一生行誼，在教會則其治學從政之成績，每爲衛道譯經之功所掩；在教外則其敬德修持之精詣，亦每爲其雄辯閎論所蔽。兹集一出，庶幾蓄道德能文章，兩可充分見之矣。是爲序。

中華民國三十六年一月新會陳垣識於北平興化寺街勵耘書屋

〔據原稿〕

漢醫學新義序

尚博世兄承其尊翁慎餘先生之緒，于中山大學醫學院卒業後，繼續爲漢醫學研究者凡十餘年，頗多新義。近以其所得，撮要成是書，以科學爲根據，對漢醫學作有系統的整理，辨其與西醫學之異同，不特爲研究漢醫學者所需，亦足供西醫之參考也。

是書于名醫古籍篇證明靈樞優于素問；經絡藏府篇引證「脾」實西醫學之「脺臟」；望聞問切篇以西醫學理分析二十七脈象，别切診有按脈捫循兩法；病因病由篇推重内因，言治病以内因爲本；病及證候篇解釋張仲景傷寒論所論何病，其原來編次如何，並從新訂定傷寒論編次，説明「傷寒」即今西醫學之流行性肺炎。六經證乃常見病狀之六大分類，方劑本草篇分中國草藥爲汗吐下利寒温補静濇滑和專劑十二大類，俱有獨到之處。

余與慎餘先生凡五十年交誼，重之以婚姻，今春遽爾作古，感愴無限。夏間南行，覩此佳構，知故人之足以慰矣。

民國三十六年九月新會陳垣序于北平

〔據原稿〕

余嘉錫論學雜著序

中華書局編輯余季豫先生論文集，既成，先生哲嗣讓之世兄要我爲文集寫一篇序文；作爲季豫先生的老友，我是義不容辭的。

季豫先生湖南常德人。一九二七年入京，不久他就來看我，我們談起彼此治學的經過，各有甘苦，頗能契合。後來他到輔仁大學中文系任教，見面的機會較多，研史論學，互有啓發，每談至深夜，不知疲倦。

抗日戰爭期間，論學諸友紛紛離京南下，能談者漸少。余與先生同在一校工作，又同住一街爲鄰，早晚相見，來往就更多了一些。這時先生以種種關係，未能離京，雖然當時生活比較艱苦，仍能不虧操守，淡泊自持，惟以讀書教學爲事。

今觀集中所收的論文，很多都是抗戰前後我們曾經商討過的，今天重讀，記憶猶新，看到他散在雜誌報章的文章，得以編輯出版，非常高興，同時也不能不增加對老友的懷念。

先生以目録學著稱，在輔仁的時候，曾講過「目録學」、「古籍校讀法」、「世説新語研究」等課程，並編寫過講義，前二種都有排印。他曾經和我説過，他的學問是從書目答問入手。

他十七歲時開始讀四庫提要，後來繼續鑽研了五十多年，著有四庫提要辨證二十四卷，一九五八年科學出版社印行。他在這部書的序録裏説：「余之略知學問門徑，實受提要之賜。」可以看出他學術的淵源，實得力於目録學；而他終生所從事的學問，也是以目録學爲主，幾十年以考索四庫提要爲恒業。他並不僅僅限於鑑别版本，校讎文字，而是由提要上溯目録學的源流，旁及校勘學的方法，並且能研討學術發展過程，熟悉歷代官制、地理和史學。他平日博覽羣籍，爲文則取精用宏，非清代目録學家之專治版本、校勘者所能及。

季豫先生的治學精神有很多值得學習的地方：

他治學的特點之一，就是讀書博，經史子集無不瀏覽，從提要辨證一書就可以證明。子部圖書衆多，内容複雜，他對這方面很感興趣，他從醫書裏找出資料，從小説中發現問題，如寒食散考、楊家將故事考信録、宋江三十六人考實等文章，都是證據充足，實事求是，有許多新的論斷。他記憶力很强，讀書又多，並且能運用目録學的知識，善於辨别書籍的好壞真僞。他曾自題書齋名爲「讀已見書齋」，因爲有些人專以讀人間未見書相標榜，人間未見之書雖然有些是珍貴的，但這樣的書究竟是極少數，如果專以壟斷奇書相誇耀，而對普通常見常用的書反不讀不知，這是捨本逐末，無根之學。他針對這個情況，所以用「讀已見書」爲自己的書齋名。但是讀已見書又談何容易，汗牛充棟的書，既要多讀善記，又要懂得讀書的門徑，如果不知門徑亂讀，或讀過便忘，雖博何用！季豫先生能博學約取，這是他成功的一個方面。

其次，他用功勤。數十年間手不釋卷，有些書是他很熟的，但他還是經常閱讀。他在提要辨證序録裏引用董遇「讀書百徧，而義自見」的話，説「百徧縱或未能，三復必不可少」，這話也正是他自己的諾言。凡讀書博的人，常常不能深入；凡記憶力强的人，往往不肯勤查書。季豫先生讀書博，而又能用功勤。看他每天在書齋中搬書查書，不厭其煩，因甲書而牽涉乙書，因一句話而檢查大部頭的書，他總是樂此不疲，持之以恒。他還有一種很好的習慣，凡是讀過查過的書，馬上歸還書架，因此他的案頭從不見有零亂堆積的現象，進入他的書齋，一架一架的書籍都是整整齊齊，而且都是他手寫的書根，這也是很多人做不到的。

此外，他作學問下筆不苟，這也是他的一種嚴格的鍛鍊。他引用史料一定要窮源竟委，找到可靠的根據，才寫在論文裏。引書一定注明卷數，核對文字，凡是他所引用的材料，總是比較精確的。他平生不作草書，無論是著作手稿，友朋函札，一律楷書。我曾看見過他手録的各家批校本書目答問，用四五種顔色的墨，密密麻麻，寫滿了書頭，每個字都是一筆一畫，端端正正。儘管我們今天並不一定要提倡人人寫楷書，可是他這種絲毫不苟的認真精神，還是值得學習的。

不幸季豫先生在一九五五年春節因病逝世，現已將近八年，但是他留下的這些學術論文，對學術界來説，是可寶貴的。學術文化事業，後勝於前，尤其是生長在新時代的人，超過前人，更無問題。不過，要繼承前輩學者的成績，還要學習前輩學者踏踏實實的治學精神，並吸取其精華，發揚光大。我想這部論文集的出版，對於學術研究必然會有一定的影響。

一九六二年十一月陳垣

〔余嘉錫論學雜著，一九六三年一月中華書局出版。〕

景教三威蒙度讚跋

右唐人手寫大秦景教讚一卷，又尊經及法王名號、諸經目録並案語共一卷，出甘肅敦煌縣東南三十里之鳴沙山石室中，爲前清兩江總督端方氏所得，上海存古學會用珂羅板印於石室祕寶乙集者。卷中譯聖父爲阿羅訶，譯聖子爲彌施訶，與景教碑同。案語言貞觀九年六三五年阿羅本至中夏傳經，宣譯者爲房玄齡，亦與碑同。末言本教大德僧景某，字殘闕不可辨，疑即述景教碑之僧景浄也。

瑜罕難法王疑即約翰，盧伽疑即路加，摩矩辭疑即馬可，明泰疑即馬太，牟世疑即摩西，多惠疑即大衛，寶路疑即保羅，此則景教碑所未曾有者也。

聞此種寫經係西夏兵革時所藏，千百年來莫有知者。光緒庚子，壁破書見，始漸流播人間。丁未冬，法人伯希和遊安西，得一帙，審知爲唐寫本，先後購去約全藏三分之一，移庋巴黎圖書館，餘則由甘肅大吏賫送京師，即今京師圖書館所藏之八千卷是也。未識巴黎所藏其中有景教經否？據今京師所藏之八千卷中，則絶無一景教經，僅有摩尼教經一卷，首尾亦不完具，餘悉佛經而已。然則此二卷殆希世之品，可與景教碑同其寶貴者矣。謹以就正於紹禹會長。

一九一七年二月後學陳垣跋

〔此據原稿〕

跋何其厚重修晏公神廟碑記

余居廣州外城之晏公街數世矣。去年夏間里人以晏公廟來歷郵書相質，因憶陔餘叢考曾有晏公考證，然與吾里之晏公廟歷史無關。求之廣州及南海志中，無所獲也。近在嶺南文獻發見有何其厚重修晏公神廟碑記，此乃吾里晏公廟之碑記，大足供吾人之考究。原碑猶存在否，須在粵就近調查。今即碑文研究之，亦可推知數事也。一，碑稱廟建於省城西南隅水滸，可知此廟本在水旁，南向，與今絕異。二，著者何其厚，南海人，明嘉靖十九年舉人，官户部郎中，碑稱稚年即見此廟，又云歲代殊遠，可知此廟之建當在嘉靖以前。三，碑稱廟貌巍焉，可知嘉靖以前，廟極宏偉。四，廣州外城之築，在嘉靖四十二年，碑稱城郭變遷，廟鞠於荒煙茂草，可知嘉靖築城後，廟遂零落，廟前且爲城牆所堵也。五，碑稱著者領薦北上，見凡江河禱賽者，莫不有晏公，此語誠然。今所知者，上海周涇有晏公廟，見上海志；常州白雲渡有晏公廟，見陔餘叢考；江西清江鎮有晏公廟，見續通考。六，碑所引晏公救舟掣鼉二事，見七修類稿。惟明一統志及重增搜神記，亦有關於晏公之記載。晏公名戍仔，宋元間江西清江縣人。七，碑稱重修之役，始於癸酉，成於甲戌，癸酉甲戊，爲萬曆元二年，即建築新城後之十年也。八，碑稱重修之後，丹青炳煥，燈燭熒煌，可知萬曆元年之修，廟亦宏偉。九，碑稱初以此爲鄉民漫設，又云耆英聯集，里社祈禳，宜有一定之所，又云動無妨衆，財不費公，可知此廟爲里人所公建，既非私有，亦非官有。凡此皆萬曆以前此廟之歷史也，萬曆以後之變遷，應俟考。抑有言者，碑稱本鄉父老常稱其俗能相友助扶持，可封比屋，然則四百年前吾里風俗之厚，可見一斑矣。嶺南文獻三十二卷，萬曆四十四年廣東按察司僉事蘄陽張邦翼輯。今所據者，萬曆原本也，因録碑文一通寄里中父老，並爲跋之如右。

民國九年五月里人陳垣寄自北京

何作附後

廣省會城西南隅水滸之際，舟楫輻湊，商賈鱗萃，誠闤闠一要區。舊有廟貌巍焉，訊是晏公棲神之所。余自稚年以爲鄉民漫設耳，比領薦北上，率由川途，凡江瀆河渚，長年三老之禱賽者，莫不列有晏公，乃知夫風濤之險惡，波瀾之湍急，磯瀨之迴岨，要皆有神以司之，而其墊危履安，以出諸顛沛之中者，即陰扶默祐，徼惠於冥冥不淺也。兹而祠宇重修，意晏公之神，必聰明正直，以宰滄溟，由是拱護天使，維扶善類，神所素蓄積，足以根諸人心，自有不容以弭忘者，此祠宇所以既圮而復興歟？余歷稽前聞，神嘗懾伏蛙精，鎮寧颶母，不特宋宣和間於路允迪高麗之使，護持乘船，回立興濟宫額而已。自是迄於國朝，當太祖攻取毘陵，則拖舟轉救，湯和平治友定，則引助陷城，至於炙猪施釣，掣鼉成岸，遂膺神霄玉府都督大元帥之封，洪武間復褒稱爲九江八河平浪王。迨至永樂中官張源欽差暹羅，回至東莞之赤灣，狂飈迅發，亦以遥禱輒應，遂獲逆流登岸焉。夫其福國庇民，持危安傾，此靈感異常，英烈彪著，素根諸人心，已非一日之積，寧以祠宇之興廢爲神重輕耶。顧妥侑無方，瞻依靡據，嚮善修果，何自以告虔，懷奸挾詐，罔緣而質誓，至如英耆之聯集，里社之祈禳，所以萃涣而合漠者，尤宜有一定之所。第歲代殊遠，城郭變遷，而甓植黝堊，盡鞠於茂草荒煙之場，曾謂神之體物不遺，能使人齋明承祭，且洋洋於上下左右之間，乃於其所謂根諸人心者，顧不能使人翼厥廟貌也，故根諸心而成形爲像塑莊嚴焉，根諸心而成聲爲鐘鼓鏗訇焉，根諸心而成色爲丹青炳焕焉，諸如棟梁之結搆，燈燭之熒煌，肸蠁之芬苾，疇非根心不容忘者爲之也。矧以本鄉父老，常稱其俗能相友助扶持，可封比屋，即此結社與神相依焉，則其春秋有事於壇壝，未有不望廟貌以獻恭，對神明而起敬，由此而狡僞潛消，詐諼頓革，以登諸淳龐沕穆之盛，爲民俗一補助，不徒顯靈於舟楫間也。兹於重修之功，其將無攸賴乎。夫根諸心而祗奉乎神，質諸神而表正乎人，君子謂神人一理，交感而互發，亦於是舉乎可考矣。是舉也，始工於癸酉孟秋，落成於甲戌孟夏，動無妨衆，財不費公，諸父老以爲當鐫珉以衍無疆，懇予紀諸碑陰。予方奔走之暇，因得展謁而聊述焉。若夫稽神於有廟之假，則固當質諸人心之不忘者已矣。

〔據油印稿〕

跋文淵閣四庫全書排架圖

閣倣明范氏天一閣制，外觀如二層，其下層内又分一中層。上下各六楹，其西小楹爲登樓處。蓋取天一生水，地六成之之義。下層中三楹兩旁儲圖書集成十二架，左右二楹儲經部二十架。中層儲史部三十三架，其第十七架正對閣門。上層中儲子部二十二架，兩旁儲集部二十八架。經、史架高七尺四寸，廣四尺，深二尺，每架十二函，四格四十八函。子、集架上增加半截，多二格，高十尺八寸，六格七十二函。全書百有三架，六千一百四十四函。

民國十年四月陳垣識

〔録自新會陳氏摹文淵閣四庫全書排架圖〕

跋魏建功家書

賈人子弟，自昔爲文士所輕，其能奮自磨濯者，亦多諱其所出。起家寒素，寧託之農，而不願承之商，亦中國社會一怪現象也。唯施國祁以布舖掌櫃，專門金史，楊守敬以米店少東，精研水經，而施爲自序，楊自爲年譜，對此並未嘗少諱。近年風氣大變，學者兼營商業，尤爲故常。吾友魏公子建功，英年卓犖，博學能文。日者以家書一卷相眎，君固商之孫子也。有此賢父兄，有此資力，且生當今世，其所成就，何止施楊，公子勉之矣。

中華民國十四年十一月六日新會陳垣謹跋

〔據原稿〕

蹇齋賸墨跋

燕市有高士曰英先生，其爲人也，不戚戚於貧賤，不役役於富貴，海内賢豪長者無不識也。然未嘗與俗浮沈，一介不以取諸人，而賙卹窮乏則恒視其所有。其爲學也，博聞强記，貫穿四部，能見其大，不流於破碎，躬行實踐，不涉於迂談。其爲文也，浩瀚汪洋，滔滔而不竭，所謂氣盛，則言之長短，聲之高下，皆宜也。生平服膺基利斯督，好利西泰、湯道未之言，慕徐子先、李振之之風，慨雍乾以後，教學陵替，隱然以文藝復興爲己任。曾於香山静宜園倡輔仁社，四方來遊者衆。猶以爲日尚淺，成效未大睹，乃復著書勸學，名曰罪言。卒之誠動教廷，聲聞鄰國，於時有公教大學之設。公教大學者，以闡發文明，保存舊學爲標幟，造端弘大，未能即成，今甫成國學一部，而先生已賫志以没矣，悲夫！十年前，余識先生，得讀萬松野人言善録，以爲其命名所在言善，則千里之外應之也。近先生病廢，爲余言曩録名言善，已自謂將死，今又十年，復何憾哉。嗚呼！生死久置先生度外矣。蹇齋賸墨一卷，爲先生病廢時所口述，街談巷議，必有可觀，小説巵言，猶賢乎已。蓋山居新語、萍洲可談之屬，非先生精意所在也，先生精意所在，仍爲言善録。

一九二六年一月三十日新會陳垣謹跋

〔寒齋牘墨單行本（一九二六年）〕

跋元萇振興温泉頌

元萇振興温泉頌，在臨潼縣靈泉觀。水經注渭水條下，渭水右逕新豐縣故城北，東與魚池水會，水出麗山東北，水之西南有温泉，世以療疾，即此泉也。注又引三秦記云：麗山西北有温泉，祭則得入，不祭則爛人肉。俗云始皇與神女游而忤其旨，神女唾之生瘡，始皇謝之，神女爲出泉水，後人因以洗瘡云。碑所以有高唐巫山雲雨句也。碑無年月，關中金石記謂當作於宣武時，金石萃編則以此碑附於世宗之末。考水經注比水條下曾述延昌四年事，延昌四年爲世宗宣武帝最後之一年；沭水條下並述正光中事，是水經注之成在正光以後。而渭水條下不載此碑，又不言泉側有元萇新建館宇，是此碑之立，必在水經注既成後，至早亦在正光末。今金石萃編乃列此碑於熙平、神龜、正光之前，實爲未考。頌末「控鵠來思，俟我於堂而」，而與思爲韻，語意已完，嚴可均輯後魏文，注曰「下闕」，亦未考。

碑立後一千四百有餘年，丙寅元月，新會陳垣跋

〔作於一九二六年〕

跋胡金竹草書千字文

中華民國十八年一月，余獲此册於北平，以告里中父老，爭先快睹，因影印數百本以傳之。

里後學陳垣謹跋

〔據原書〕

跋楊昀谷手寫詩稿

近得癭公遺書，中夾楊昀谷先生庚戌詩稿數帋。事隔兩朝，時經廿載，不可謂非古物。石公與昀谷知好，因以貽之。

己巳七月十六日雨陳垣

〔據包敬第録文〕

壽尹文書札跋

庚午冬，碩公先生生日，同人謀所以壽之。適有客以傅青主手札求壽，問何以知爲青主，曰有傅山印。審之，則王如金與碩公書，而青主所收藏者也。如金字子堅。碩公，曹偉號。皆晉人，與青主同出袁袁山繼咸之門。袁山崇禎七年提學山西，後總督江西湖廣軍務。九江陷，被執至北，不屈，時順治二年三月也。書中云云，殆即作於是年。如金事跡見青主撰汾二子傳。二子者，其一薛宗周，字文伯。霜紅龕集有雪夜同文伯子堅木公伯渾驢背偶成詩，又有碩公五十生日詩，又有碩公六十壽序。諸子皆青主摯友也。又一通爲申涵光書，無上款。中稱及寧人、公他、伯巖。公他，青主別號。伯巖，殷宗山岳，聰山集有殷宗山行狀。此書蓋申凫盟寄戴楓仲廷栻。自稱年五十八，則康熙十五年作也。楓仲亦袁山門人。康熙十四年寧人至山西，即主於其家。書中所謂寧人兄有卜鄰之約，即指此也。余曰異哉！吾友尹碩公名與寧人同，而此二札，一則隱藏碩公之姓與名，一則明著碩公之號，是非還之碩公不可。乃重付裝池，以爲碩公壽，因青主固嘗數壽碩公也。

小雪日新會陳垣

〔據原稿影印件〕

跋王南陔先生遺札

頡剛先生新得王南陔遺札一通，蠹蝕數處，可據重論文齋筆録補之。其行間小注，均爲重論文齋所未録，至可寶也。

壬申秋分後一日新會陳垣識

〔據原稿〕

王西莊窺園圖記跋

史記儒林傳言董仲舒爲博士，三年不觀於舍園；又言仲舒相膠西王，疾免居家，至卒不治産業。漢書因之。不窺園與不治産本是二事。法言言董仲舒之才之邵，李軌以拔園葵、不窺園分注之，未嘗以不窺園爲不治産也。潛夫論言董仲舒家富，終身不問家事，未嘗言董仲舒家富故能不窺園也。章先生混而一之，偶未檢耳。余舊藏有錢竹汀先生隸書題費君窺園圖三絶句，與西莊此記同時作。其一、二首已見潛研堂詩續集，其三云：「古易家風溯漢儒，九師祕旨啓榛蕪，元亭寂寞書成後，曾有侯芭問字無。」時竹汀主講紫陽書院，西莊瞽目復明，亦是年秋初事也。附識於此，以報兼士先生。

壬申大雪前三日。新會陳垣

〔據原件録。現藏啓功先生處。〕

跋汪容甫陳慶笙手札卷子

陳慶笙與梁星海論昏禮書，去年粤中刻慶笙集，曾録寄憬吾老伯，刻入補遺。頃希文學長函示吉期，並索一言爲贈，因憶前事，成一聯云：敢效慶笙談古禮，喜聞容甫續昏書。汪容甫續昏在乾隆卅八年癸巳。其致大賓啓，垣曩得之寶應劉氏，珍藏篋衍者久之。啓中仿魏，劉端臨父；步辛，端臨伯父也。今謹與陳書合裝一卷，寄贈希文學長吉席。

甲戌冬至前二日新會陳垣識於舊都勵耘書屋

〔作於一九三四年，據影印件。汪希文爲作者光華醫學校同班同學。〕

跋徐光啓海虹先生文集序

張五典海虹集十三卷，千頃堂書目卷廿五著録。五典字和衷，沁水人，萬曆二十年進士，明史二九一附其子忠義張銓傳。銓天啓元年出按遼東死節，贈兵部尚書，謚忠烈。五典歷官南京大理卿，今自稱大司馬者，以銓所贈官加之也。序無年月，署銜禮部尚書兼文淵閣大學士，當是崇禎六年七月以後撰。銓子道濬，錦衣指揮僉事，明史亦附張銓傳。

〔據原稿〕

跋魏源元史新編稿

此魏源元史新編稿也，今改爲自序而上冠以龔橙，又凡例第四葉海國圖志上加入「前高郵知州魏源撰」云云，是否橙欲據爲己有乎？

（此稿現歸國家圖書館）

陳垣

胡身之跋宋高宗書徽宗文集序墨跡跋

跋無年月，而云書於袁桷清容齋。宋亡，袁桷才十歲，此跋當在宋亡以後。又，清容集師友淵源録，言身之乙酉歲留袁氏塾，此跋當作於是時。時清容年十九，身之年五十六，即撰通鑑注序之年也。説詳鑑注表微解釋篇。此墨跡曾刻入玉虹鑒真帖，此照片則苑北草堂主人所贈也。並此誌謝。

後第十一乙酉陳垣

〔作於一九四五年。據原稿。〕

跋張孟劬遺札

人各有所好，不能强同。憶民國廿三年拙著元典章校補釋例刻成，適之先生爲之序。一日，於某宴會中，孟劬先生語予曰：「君新出書極佳，何爲冠以某序，吾一見即撕之矣！」余愕然曰：「書甫刻成，似未送君，何由得此？」孟劬曰：「此吾所自購者。」余曰：「君購之，君撕之，乃君之自由，他人何能干預。」孟劬默然。丁亥冬于役南京，檠庵宗兄出示孟劬遺札，屬爲一言，因記其事如此，固不勝人琴之感也。

新會陳垣

〔作於一九四七年。據影印件。孟劬，張爾田。檠庵，陳檠。〕

跋黎二樵僞書畫卷

承示秋江讀易圖卷，細勘題與畫均非二樵筆跡，且圖末有磨擦痕。蓋一小名家畫，估人磨去其名而改題二樵者也。畫本可存，何必作此狡獪技倆，幸值不貴，可留以示僞畫挖欵補欵之例，亦鑒藏家絶好之教材也。高明以爲何如！此上詠沂先生閣下。

陳垣　六月十四日

〔據原稿。詠沂，陸懋德字。〕

跋胡高望圖卷

胡高望，浙江仁和人，乾隆二十六年王杰榜榜眼。久值上書房，予嘗得其評改諸皇子詩文卷，不聞其以畫名也。然此圖明云「我寫新圖寄琴鶴」，則圖固高望所寫也。庚戌乾隆五十五年，時高望正提督江蘇學政，七月授兵部右侍郎。圖題於重九前一日，蓋授兵部侍郎後，故李賡芸詩有「鉅卿寫作圖相贈」之句。江廬名庠業，江西新建人，禮部尚書曹秀先族子，高望詩「宗伯門風識子姓」，陳衵詩「西江宗伯門風大」，皆指此。庚戌庠業以舉人署錢塘縣，圖成之後，李賡芸、吳嵩梁題於辛亥，袁子才題於壬子，王夢樓亦當題於壬子，今作壬午，乃道光二年，時夢樓卒二十年矣，蓋偶誤也。梁山舟將「江廬」倒作「廬江」，亦偶誤。民國三十七年端午，張生持圖請題，並云遍閱畫傳無高望名，乃爲跋之如右。新會陳垣。

右跋胡高望寫曹江廬奉母柳浦讌遊圖卷初稿。後閱道光新建志，庠業曹秀先姪孫，乾隆四十二年丁酉拔貢。光緒杭州府志作舉人者誤也。垣又識。

〔此據原稿照片〕

跋鈔本申范

一八九二年光緒壬辰，廣州菊坡精舍刻東塾集，其封面題曰「東塾集六卷坿申范一卷」，是申范與集同時刻成者也。然其後所印之東塾集則往往只有集而無申范。民國初元上海國粹學報社排印古學彙刊，曾將申范收入第二集，目稱「稿本未刊」，蓋未見菊坡精舍本耳。一九五七年歲暮，尹石公先生北來訪書，求東塾集坿刻此卷，一時不可得，乃取余所藏菊坡本照原行款重寫一帙爲贈。此本卷首有同治六年東塾自序，亦古學彙刊本所無也。

新會陳垣

〔約作於一九五八年。據原稿。〕

跋王羲之小楷曹娥碑真跡

余童年在粵，見筠清館法帖中有晉人小楷曹娥碑，吳榮光不定爲王羲之書，僅附右軍之末。但黄伯思東觀餘論有跋逸少昇平帖後，謂：「此帖爲逸少暮年跡，非遇真賞，未易遽識。」伯思精鑒别，見魏晉人書至夥，其言當可信據。此帖在宋代摹刻，有兩種本子，一爲羣玉堂有楣題本，一爲越州石氏無楣題本，各家集帖重刻，不絶于世，於是刻本之肥瘦，拓本之早晚，點畫之同異，辨論紛如。今此帖絹本墨跡復出人間，如太陽麗空，羣霧消失，一切刻本均可束之高閣矣。

考孝女曹娥碑事，當時傳播甚速而又甚廣。唐以後載籍無論，最早虞預會稽典録載之，袁宏後漢紀載之，項原列女傳載之，范曄後漢書列女傳又載之，劉義慶世説新語、劉敬叔異苑均載之，皆晉宋間人也。酈道元水經注浦陽江條亦載之，則已傳播到北土矣。邯鄲淳所撰碑文雖佳，究其原因，非有蔡邕題字稱揚，恐不能傳播如是之速，所以王羲之重寫此碑時，並將蔡邕題字寫入。至於原碑在會稽，魏武未嘗過江一節，劉孝標注世説時已提出疑問，後來三國演義改爲壁間懸一碑文，遂將世説注文輕輕解答，著者可謂聰明。宋史後得見此碑也。

卷四二五謝枋得傳：枋得被繫北來，因病遷憫忠寺，猶見壁間有曹娥碑，則又何必過江然

此帖寫於升平二年三五八，時羲之年五十六，故黄伯思以爲暮年，據錢竹汀疑年録，則羲之當時才三十八歲。晉書卷八十王羲之傳，只云年五十九卒，而不著何年。陶弘景真誥卷十六、張懷瓘書斷卷中，均云逸少升平五年辛酉歲卒。東觀餘論卷下因之，云：王逸少以晉惠帝太安二年三〇三癸亥歲生，至穆帝升平五年三六一辛酉歲卒。據此，則永和九年書蘭亭序時，羲之年正五十一，錢先生乃信王羲之三十三歲書蘭亭序之説，斷定羲之生大興四年三二一，卒太元四年三七九，而反謂東觀餘論爲誤。此錢先生之誤也。

此卷最有趣者，題記中名字不乏少數民族，如巎巎、邊魯、偰玉立、忽都魯彌實、紇石烈希元、雅琥等，皆少數民族而並有書名，此至可寶貴者。巎號子山，康里人，元史一四三有傳，稱「其書得晉人筆意，單牘片紙，人爭寶之，不翅金玉」，陶宗儀書史會要謂「國朝以書名世者，自趙魏公後便及公」，故有北巎南趙之目。今觀康里巎、邊魯曾同觀於柯氏玉文堂一行，足與懷素藏真草字一行相媲美，而三希堂法帖竟未刻入，蓋不識其可貴也。

此卷屢入内府，爲統治者所佔據。元時曾在郭天錫家，趙孟頫爲跋之，天錫又轉録東觀餘論中跋逸少昇平帖一段以爲重，其後展轉歸柯九思，泰定五年一三二八正月虞集有長

跋。二月改元致和，九月文宗改元天曆，故普通年表泰定無五年，天曆元年即泰定五年也。天曆二年一三二九二月，立奎章閣學士院，此卷又入內府，四月又以賜柯九思，仍命虞集記之，此次在內府僅月餘。天曆三年一三三〇正月，又賜九思以子敬鴨頭丸帖真跡，亦命虞集記之。董其昌題云：「元文宗命柯九思鑒定法書名畫，賜以鴨頭丸帖與曹娥碑真跡，曹娥碑卷有趙孟頫跋，此卷止虞集記耳。二卷右軍父子烜赫有名之跡也。」今鴨頭丸帖私有已變爲公有，由上海人民美術出版社精印傳世，曹娥碑帖幾淪異域，竟得遼鶴歸來，最近亦由文物出版社影印出版。摩挲雙璧，老眼增明，乃考鏡羣書，欣然爲書其後。

一九六一年七月，陳垣識於北京

〔載於文物菁華第二集（一九六三年四月）。據原稿校核。〕

跋陳鵬年自書詩卷

湖南省博物館王同志寄來陳鵬年自書詩卷。按陳鵬年，湘潭人，是有清一代清官，善化唐鑑輯學案小識，平江李元度輯先正事略，敍鵬年學行治跡甚詳，湘陰李桓輯耆獻類徵載鵬年傳狀凡十二篇，諸書著者皆湘人，湘人之於鵬年，宜倍熟悉。

鵬年爲人剛直不阿，爲治務抑豪强、伸民隱，有包龍圖、海忠介之風，故亦有「陳青天」之目。康熙四十九年一七一〇兩江總督噶禮與江蘇巡撫張伯行不睦，互相參訐，鵬年以蘇州知府署理江蘇布政，站在張伯行一邊，大爲噶禮所忌，因劾罷之，並曲解其詩詞，謂鵬年「得民無君必反」，欲置之死地。

鵬年善書能詩，有詩集傳世，惟書法不多見。此卷作於辛卯初冬，辛卯爲康熙五十年，即鵬年被劾第二次罷官之明年，故詩有「投閒經匝歲」之句，印章又自號「楚南田舍翁」，田用古文，舍用籀文，不易識。詩見滄州詩鈔卷五及補遺，字句稍有不同，大體無異。封建時代，清官難得，近日人民文學出版社出版不怕鬼的故事，中有袁枚撰「陳鵬年吹氣退縊鬼」一則，可見鵬年剛直之氣在當時已傳爲神話，其遺墨至足珍貴，自當好好保存。

〔載於一九六二年三月二十六日人民日報。據原稿校核。〕

跋西涼户籍殘卷

西涼户籍殘卷，出自敦煌，今藏英倫博物館。一九六一年中華書局出版敦煌資料第一輯，第一篇即此卷。卷首尾中間均有殘闕，計得户十，皆建初十二年四一六正月籍。漢章帝及姚萇均嘗改元建初，然均只有八年，改元建初而有十二年者惟西涼李暠，故定此爲西涼户籍。

古來户籍傳世者極少，隋書經籍志有晉元康六年二九六户口簿記三卷，强置史部地理類，亦以同類書少故也。今此輯所載敦煌户籍，乃有數十卷，至可寶貴。數十卷中關於地畝者多，關於户口者寡，屬於唐代者多，屬於唐以前者只二卷，則此卷尤可寶貴。

據西涼録，建初元年四〇五李暠遷都酒泉，以宋繇爲右將軍，領敦煌護軍，以次子讓爲敦煌太守鎮敦煌。建初三年，暠奉表於晉，猶稱讓爲敦煌太守，是建初初年治敦煌者讓也。讓以何年去職，其治敦煌政績若何，無可考。

嘉興四年四二〇李歆爲沮渠蒙遜所殺，時爲敦煌太守者暠第六子恂。恂以何年繼讓，亦莫可考。惟嘉興四年去建初十二年甚近，則建初末年治敦煌者恂也。後涼録稱恂在郡有惠政，疑此户籍爲恂在郡時所爲。

宋繇初領敦煌護軍，至李歆立，始以繇爲廣夏太守，是建初末年宋繇亦在敦煌。魏書繇傳稱繇雅好儒學，雖在兵難，講誦不廢。疑此户籍爲恂與繇同在郡時所爲，故能條理若此。

自漢以來，敦煌文化極盛，其地爲西域與京洛出入必經之孔道，實中西文化交流之樞紐。其人民又多由中州所移徙，故後漢、晉、魏三書敦煌人士實繁有徒。據此殘卷，十户五姓，又有婦女之姓七，皆中州舊姓，或宦於此，或戍於此，或避亂於此者也。

裴氏，二户。裴本河東巨族，唐書宰相世系表言：光武時有裴遵者曾爲敦煌太守；又有裴岑者，亦後漢永和間敦煌太守，今所傳裴岑紀功刻石，即其人也。舊唐書經籍志有裴守貞撰裴氏家牒二十卷。唐書宰相世系表並言裴氏有五房，其一曰西眷裴。西眷裴者，出自後漢末陽吉平侯茂，以其子孫多仕西涼，故號西眷，此二户應爲其族。

陰氏，一户。陰爲敦煌著姓，晉書載記：張軌威著西州，以陰克、陰澹爲謀主，又有陰濬、陰預、陰鑒等爲其將，又有陰據者爲其從事。索襲索紞傳言：張茂時陰澹爲敦煌太守。後涼録言：軌保涼州，陰澹之力，及駿嗣位，澹弟鑒爲鎮軍將軍，駿以陰氏宗門强盛，遂忌害之。晉書宋纖傳：纖敦煌人，明究經緯，與陰顒、齊好友善。西涼録：李暠始據涼州，以陰亮爲西安太守。魏書劉昞傳：昞敦煌人，李暠徵爲儒林祭酒，時同郡索敞、陰興爲助教，並以文學見舉。索敞傳：敞在州之日，與鄉人陰世隆文才相友。據此，則敦煌陰氏，材備文武，盛極一時。

吕氏，二户。當爲吕光族姓，後涼録：光僭位之前年，羣議以高昌雖在西垂，地居形勢，易生翻覆，宜遣子弟鎮之。光以子覆爲使持節鎮西將軍，都督玉門已西諸軍事，鎮高昌，命大臣子弟隨之。吕氏據河右凡十三年，其族姓之留遺敦煌已西者，當必不少。

隨氏，二户。隨氏爲晉大夫隨武子之後。晉有隨會仕於秦，漢有隨何説九江王黥布歸漢。隨氏不甚著，此殘卷竟有二隨，是古姓之僅存者。自隋文帝去「辵」爲隋，後世遂只有隋氏無隨氏矣。

唐氏，一户。李暠之霸西涼，實由於北涼晉昌太守唐瑶（魏書作繇）之推戴。西涼録言：李氏亡後，瑶子和與兄契攜外甥李寶避難伊吾，後歸於魏。寶，李暠少子翻之子也。唐書宰相世系表：唐彬子熙娶涼州刺史張軌女，永嘉末（三一二）遂居涼州，熙子輝仕前涼陵江將軍，弘西涼武興太守。涼土之有唐氏，其來遠矣。此卷唐有娶吕氏，吕亦有娶唐氏者，可見當時里鄙中，固互爲婚娶也。

五姓外尚有趙、馮、高、袁、張、蘇、曹等七姓，趙三人，張二人。唐書宰相世系表有敦煌趙氏。李暠大夏太守有趙開。前涼録有敦煌人張諮，仕軌爲著作郎，撰涼記八卷；張斌作蒲萄酒賦，文致甚美；張沖家財巨萬，悉以濟貧。北涼録有敦煌人張穆，博通經史，才藻清贍，蒙遜擢爲中書侍郎。魏書有敦煌人張湛，好學能文，仕蒙遜爲兵部尚書。舊唐書經籍志有張太素撰敦煌張氏家傳二十卷。北涼録又有吕紹美人張氏，敦煌人，姿色莊嚴，清辨有操行。後漢書張奂傳：奂子芝與弟昶，並善草書，世稱草聖，亦敦煌人也。

卷首一户户主姓名均闕，然其人子三，孫一，命名爲道、德、仙、宫，實受道教之影響。其他各户命名，如魄、如金、如嵩、如壽等，亦輒有修煉長生之意。自敦煌石室發見寫經，釋典而外，道經亦不少，老子化胡經其最著者。化胡經爲晉道士王浮所著，當時已流佈敦煌，可見河西道教之盛。又觀其女子命名，如華、如媚、如皇。華通作花，皇通作凰，其寄託亦有深致。由此又可見當時敦煌文化之一斑。

晉書食貨志：武帝平吴之後，制户調之式，男女年十六已上至六十爲正丁；十五已下至十三，六十一已上至六十五爲次丁；十二已下六十六已上爲老小不事。本卷陰懷年十五，照晉武之制應爲次男，而此已稱丁男；裴保年六十六，照晉武之制應爲老男，而此仍稱次男。可見當時户制已與晉初不同，其不得不多用民力者，户口稀少也。

敦煌户口何以稀少？則以李暠東遷之際，曾徙二萬餘户于酒泉。晉書涼武昭王傳：

苻堅建元之末三八四，徙江漢之人萬餘户於敦煌，中州之人有田疇不闢者亦徙七千餘户。郭麐之寇武威，武威、張掖已東人西奔敦煌、晉昌者數千户。及暠東遷，皆徙之於酒泉，分南人五千户，中州人五千户，餘萬三千户，分置三郡，築城於敦煌南子亭，以威南虜。敦煌户口之稀少，此實原因之一。

此卷著籍者兵三户，大府吏一户，散四户。大府即太府，掌財賦之所，太府吏者給事財賦所者也。散者，無常職，周禮所謂「閒民無常職，轉移執事」者也。謂此爲散居非土著者，非是。各户均注居趙羽塢。塢，備戰守之地，後漢書安帝紀「元初元年一一四遣兵屯河内衝要皆作塢壁」，是也。晉書沮渠蒙遜載記「蒙遜之叛，段業先壁於侯塢，傉檀來伐，蒙遜敗之於若原塢北」，其類也。

始余得見此卷顯微膠片在一九一九年，與今中華書局印本頗有異文。如開卷第一行「驛子」，係當時力士之稱，北齊書神武紀有「梗楊驛子，以力聞」，是也。户口簿附注驛子者，係預備有力役時調用，今印本作「釋子」，則是和尚矣。又吕沾一户，今印本作吕沾石，據全卷體例，人名無二字者，猶是漢以來舊俗，以常識判斷，印本「石」字當是衍文。又裴保一户，隆妻年廿二，隆才四歲，據余所見膠片「四」上原有一字模糊，不是「廿」即是「卅」，今印本「四」字，上並不空格，亦可以常識判其有誤。其他異文不備舉。謹附録吾所見原文於篇末，可以與印本相對證。

一九六三年三月

附西涼户籍殘卷原文

□

道男弟德　年廿一　驛子

□

仙妻趙　年十七

仙息女宫　年一

□

建初十二年正月籍

敦煌郡敦煌縣西宕鄉高昌里　兵　裴晟　年六十五

息男魄　年廿九　丁男二

魄男弟溱　年廿五　次男一

溱妻馮　年廿九　女口一

凡口四
居趙羽塢
建初十二年正月籍

敦煌郡敦煌縣西宕鄉高昌里　散　陰懷　年十五
母高　年六十三　　丁男一
女口一
凡口二
居趙羽塢
建初十二年正月籍

敦煌郡敦煌縣西宕鄉高昌里　兵　裴保　年六十六
妻袁　年六十三　　丁男二
息男金　年卅九　　次男一
金男弟隆　年□四　　小男一
金妻張　年卅六　　女口三
隆妻蘇　年廿二　　凡口七

金息男養　年二　　居趙羽塢

□

敦煌郡敦煌縣西宕鄉高昌里　散　呂沾　年五十六
妻趙　年卌三　　丁男二
息男元　年十七　　小男一
元男弟騰　年七　本名臈　　女口二
騰女妹華　年二　　凡口五
居趙羽塢
建初十二年正月籍

敦煌郡敦煌縣西宕鄉高昌里　兵　呂德　年卌五
妻唐　年卌一　　丁男二
息男瞏　年十七　　小男二
瞏男弟愛　年十　　女口二
愛女妹媚　年六　　凡口六
媚男弟興　年二　　居趙羽塢

建初十二年正月籍
敦煌郡敦煌縣西宕鄉高昌里　大府吏　隨嵩　年五十
妻曹　年五十　　丁男二
息男壽　年廿四　　女口三
壽妻趙　年廿五　　凡口五
姊皇　年七十四　附籍　　居趙羽塢

建初十二年正月籍
敦煌郡敦煌縣西宕鄉高昌里　散　隨楊　年廿六
母張　年五十四　　丁男一
女口一
凡口二
居趙羽塢

□
女口一
凡口二

居趙羽塢
建初十二年正月籍
敦煌郡敦煌縣西宕鄉高昌里　散　唐黄　年廿四
妻吕　年廿六　丁男一
息女皇　年六　女口二
□

〔載於北京師範大學學報（社會科學版）一九六三年第二期（七月出版）。據原稿校核。〕

跋董述夫自書詩

董述夫自書詩一册，十五首，十四開。末署「萬曆己丑仲夏吳門董良史漫稿」，有董良史述夫印。述夫名良史，能詩工書，其行跡不概見。先是洪武間有董紀者，字良史，上海人，詞翰兼美，有西郊笑端集，清四庫著録。兩人相距二百餘年，明詩綜混爲一人，而云「董紀字良史，以字行，更字述夫」，檇李詩繫亦混爲一人，而云「董良史名紀，以字行，初字述夫」，列朝詩集董紀傳實無是説。

余初得此册，愛其書法有林泉之致，以爲述夫即董紀，既而見其自署萬曆紀年，始恍然明詩綜等有誤。董紀根本不字述夫，字述夫者萬曆間之董良史也。四庫西郊笑端集提要乃不調查研究，遽襲明詩綜之説，混二人爲一人，明詩紀事復因之，衆喙一詞，萬曆間之董良史遂爲洪武間之董良史所掩。使無此册之發見，又孰證其誤哉！

「董狐古之良史也」語出左傳宣二年，故董姓恒易以良史爲名字。四庫總目藝術類有書録三卷，云：「宋董史撰。史字更良，不詳其里貫，自稱閒中老叟，蓋未登仕版者也。」然粵刻聚珍版叢書四庫總目書録提要乃作「宋董更撰，更字良史」，此又在董紀之前字良史者，並録之以待深考。

一九六三年十一月

〔載於文物一九六四年第二期。據原稿校核。〕

跋陳鵬年書秋泛洞庭詩册

此陳鵬年録其祖父郭金臺之詩也。金臺本姓陳，幼避難中表郭氏，遂從郭姓。明崇禎副貢，隆武舉人，以氣節文章著。沅湘耆舊集二編卷廿七録其詩，有和郭些庵洞庭秋三首，即此册三十首中之三首也。些庵郭都賢，益陽人，明天啓壬戌進士，國變後爲僧，號頑石。沅湘耆舊集二編卷廿九録其詩，有洞庭秋卅五首，即郭金臺所和原韻也。耆舊集稱鵬年爲金臺家孫，初金臺無子，曾以從弟之子式穀爲子，復陳姓，式穀即鵬年父，故鵬年家傳及行狀均稱金臺爲鵬年祖也。

一九六五年三月新會陳垣

李大厓陳氏承先裕後堂記識語

碑在新會石頭鄉富山書院。院爲余十世祖伯謙公與白沙及湛甘泉、李大厓諸先生講學處。大厓書法險峻，與白沙相類。白沙書所在多有，大厓書世不概見，余特分搨數十本以傳之。

宣統二年六月陳垣謹識

〔據原文〕

題黎秫坡先生釣臺

先生生於元季，從孫蕡學詩古文詞，開白沙之先。洪武既光復漢室，先生以學者戍遼陽十三年，多所策畫。歸呼酒先登釣臺，書二絶於壁，云：「十年戎馬不離鞍，沙漠長城萬里寒，今日歸來渾未老，青山還許白頭看。憶昔邊城夜未歸，臂懸弓劍趁鵰肥，殺心今覺消磨盡，鷗鷺從教自在飛。」其豪邁灑落如此。舊俗以戍邊爲苦事，乃以此爲不得志者之所爲，烏知得萬里從軍實男兒壯志哉！北望蒙古風雲，近跡鄉先輩釣遊所在，不禁低徊久之也。壬子十二月十九夕，後學陳垣援庵書於是城之紫水義學。邑志循諸家著述，以先生戍遼陽爲在艱危困阨中，故藉二絶糾正之。並誌。

〔據原稿〕

題厓門奇石

厓門奇石，迄立海中，張弘範既滅宋，曾於其上鎸「鎮國大將軍張弘範滅宋於此」十二字。成化間，御史徐瑁惡之，乃命工削去，遂令後起者不可得見，至爲可惜。趙德用有句云：「忍奪中華與外夷，乾坤回首重堪悲，鎸功奇石張弘範，不是胡兒是漢兒。」今慈元殿兩廡有登厓山觀奇石碑，草書二絶，其一即趙德用句，末注「晉江趙瑶」云云；其二則白沙句，剥蝕不可卒讀。今人多以「鎸功奇石」句爲出自白沙，或因兩詩同在一石而誤，特表之。壬子十二月十九夕，陳垣援庵識於邑之紫水義學。

〔據原稿〕

厓門

厓山與湯屏山對峙海口如門，故謂之厓門，即張世傑瓣香祝天、巨風覆舟而死之處也。門闊僅里許，每大南風起，水從海外排闥而入，怒濤奔突，浪湧如山，復爲門所扼，其勢益大，故厓門春浪最稱奇觀。海水有時分清濁二色。見邑志。白沙厓門弔古詩：「天王舟楫浮南海，大將旌旗仆北風，義重君臣終死節，時來胡虜亦成功。身爲左衽皆劉豫，志復中原有謝公，人衆勝天非一日，西湖雲掩岳王宮。」蓋言明太祖光復之功，不勝感慨繫之矣。

〔據原稿〕

論登厓山觀奇石詩

廣州真光雜誌廿四卷第三號，有醉眠山人詩話一則，謂「鐫功奇石張弘範，不是胡兒是漢兒」，係白沙先生弔壐詩，殆傳聞之説也。此詩實晉江趙瑶作。瑶字德用，成化丙戌進士，曾爲粵東提學僉事，訪白沙先生於江門，登厓山觀奇石作，今原刻在厓山慈元殿兩廡，與白沙詩同刻一石，前二句爲「忍奪中華與外夷，乾坤回首重堪悲」，與醉眠山人所聞少異。白沙詩云：「長年碑讀洗殘潮，□□還□野火燒，來往不知亡國恨，只看□石□□□。」字已剥落不復成句，白沙本集亦未載，僅見於道光新會縣志金石編。趙詩所以誤爲白沙詩者，因白沙名較高耳。趙爲白沙諍友，白沙集有與趙提學論學三書，又有和趙提學詩，云：「昨宵共對厓山雨，如此乾坤那得知。」疑即答趙前作也。趙作見於閩書，亦見全閩詩話。乾隆泉州府志亦稱趙嘗登厓山，有斥張弘範詩，當即指此。醉眠山人又以弘範爲宋大將，亦誤。弘範爲易州定興人，定興久隸於金，本非宋地。其父柔，仕元以功封蔡國公，父子元史均有傳。謂爲漢兒則可，謂爲宋大將，則彼固元世家也。幼學於郝經，郝經者，嘗使宋，被留，不屈，元人比之蘇武。弘範年少倜儻，恒以韓信、李廣自許。予曾得其所著淮陽集，有南征二首，亦可見其意氣之豪，好大喜功，不復知有胡兒漢兒之别矣！詩云：

百戰歸來氣未鬆，紫泥又起作元戎。樓船萬艓三山外，塞馬千羣百粤中。舉目山川渾各異，傷心風景不相同。明年事了朝天去，銅柱東邊第一功。

離多會少古皆然，惟我平生苦太偏。已是十年驅戰馬，又還萬里駕征船。相思回首南天角，獨許傾心北闕邊。寄話故人知道否，戮鯨沈海在來年。

〔約作於二十年代〕

然則由閩至廣，平宋於海隅，弘範胸中固早有成竹矣！趙瑶閩人，白沙粤人，對於亡宋，寄慨獨深，有以哉！

趙映乘試卷識語

趙映乘爲開封一賜樂業教人，見康熙二年劉昌所撰清真寺記。數年前余曾著開封一賜樂業教考詳其事。今年春得此卷於北京，大喜，與英斂之諸君共賞之。頃因南返省親，道出滬上，特訪馬相伯先生於徐滙，並以此爲贈。

民國十一年十月二日嶺南陳垣敬識

〔據原稿〕

舍希德墓碑識語

民國十一年秋，予南返省親，順道訪廣州回教遺跡。所有斡歌思墓及懷聖塔、濠畔、南勝諸寺，均往焉，盡録其有關考證之碑記以返，惟舍希德墓以事未及往。歸京後乃貽書摯友蘇醫生心愉代訪之。蘇君精細人也，不逾月即得其廣州來書，並碑記二，附以路徑圖。兹特移録如下。

〔作於一九二二年底〕

王國維藏唐九姓回鶻可汗碑圖識語

癸亥小雪前三日，訪靜安先生於京邸，假得此圖，陳彬和爲余録其副，時小雪後一日也。

〔一九二三年十一月〕

雲岡第七窟造象記識語

右觀音勢至文殊三菩薩造象記，在雲岡石窟寺第七窟高三丈餘之東壁間，顏曰「佛光普照」。戊午秋余遊大同尚未發現，翌年九月始有人用遠鏡搜得之。石質鬆泐，不易拓。同院梁君善濟覓京工往拓之。太和七年爲太武毁佛之三十七年，復興佛法之三十年，遷洛之前十一年也。

甲子一月二十日新會陳垣識

〔據抄稿〕

題釣磯詩集

釣磯詩集四卷，宋遺民泉州邱葵撰。葵爲呂大圭弟子。大圭死於蒲壽庚之難，而本集卷三有與壽庚兄心泉倡和詩二首，卷四又有挽心泉居士詩，是葵對於心泉始終無異詞。然則「水聲禽語皆時事，莫道山翁總不知」之説何自來乎？疑亦春秋責備賢者之意云爾。敢以質諸桑原隲藏先生。

甲子一月陳垣敬贈

〔録自竺沙雅章陳垣與桑原隲藏文所附影印墨跡，載陳垣教授誕生百一十周年紀念文集，暨南大學出版社一九九四年出版。〕

哈珊碑拓本識語

哈珊元史無傳，據碑，其大父爲寫云赤篤忽璘，父八儋，知其爲元史小雲石脱忽憐傳之阿散八丹第四子也。常山貞石志考之甚詳，不復贅。碑之撰書人爲贍思，贍思何許人，大食國人也。哈珊墓右有善衆寺，寺有創建方丈記，亦贍思撰，記末猶自署大食贍思也。贍思行誼撰述具元史儒學傳，元時西域人漢文著述之衆未有若贍思者也。去年夏余獲善衆寺方丈記拓本，如獲瑰寶，然仍以未得見贍思法書爲憾。今蔚西丈以哈珊碑拓本相示，乃知贍思非獨能文而已，其書法用力亦至深也。陶宗儀書史會要述元代西域書家至二十餘人而不及贍思，可知元時西域人善書者尚不止書史會要所載也。

民國十三年五月新會陳垣識

關於諺語趙老送燈臺

「趙老送燈臺」一語，北宋初已流行，歐陽修歸田録卷二云：

俚諺云：「趙老送燈臺，一去更不來。」學津本「不」作「乃」，今據歐集。不知是何等語，雖士大夫亦往往道之。天聖中，有尚書郎趙世長者，常以滑稽自負。其老也，求為西京留臺御史，有輕薄子送以詩云：「此回真是送燈臺。」世長深惡之，亦以不能酬酢為恨，其後竟卒於留臺也。

據此，則天聖中西一〇二三——一〇三二已有以此語爲謔者，可知此語早流行於北宋以前，至歐公時已不知所出。元楊文奎兒女團圓雜劇有云：「每日家問春梅無信息，哎，他也恰便似趙杲送曾哀。」翟晴江謂「趙杲送曾哀」爲「趙老送燈臺」音之譌。通俗編卷二六然安知「趙老送燈臺」非「趙杲送曾哀」之譌耶？則趙杲、曾哀何人，正可一併研究也。

陳垣　九月廿四日

（作於一九二五年，載於北京大學研究所國學門週刊第一期（一九二五年十一月）。據原稿校訂。本篇爲答鄭賓于而作。鄭發見元曲中有「趙老送燈臺」之語，並詢其出處。週刊編者將兩文同時發表，並冠以一句成語在元曲中之發見並質疑之標題，今改。）

題新刊吴評唐詩鼓吹

元遺山唐詩鼓吹本爲其弟子郝天挺所傳，今所存趙、姚各序皆郝注序也。郝出朵魯别族，父名和尚拔都魯。朵魯别，輟耕録作秃魯八歹，爲色目三十一種之一。拔都魯，清譯巴圖魯，勇武之稱也。姚序見牧庵集，謂「公將種也，父兄數世皆長萬夫，於鼓吹軍樂似已飫聞。晚乃同文人詞士」云云。即謂其父兄以武力佐元平中國，而彼乃篤嗜中國文學也。郝注唐詩鼓吹外，尚修有雲南實録五卷。其詩傳者僅有元風雅、元文類數篇。唯與郝經之祖同名，雖經池北偶談、元詩選之辨正，然全金詩及新元史猶混而爲一。豈知其一漢人、一色目人耶！溥泉先生出示邢氏新刊吴評鼓吹，爲語其事如此。溥泉喜談民族，屬書其語於卷端。

民國十五年二月五日新會陳垣

〔據原稿〕

奉軍炸彈螺蓋題記

丙寅寒食，有飛機擲炸彈於故宫南三所前，余與莊思緘、沈兼士、俞星樞、李玄伯、馬叔平、胡文玉、吴稼農、吴景洲、李春圃諸君往觀。拾銅螺蓋、鐵碎片各一。翌日植柏於其處。新會陳垣記。

〔一九二六年四月〕

寫本集古梅花詩識語

余家舊藏寫本集古梅花詩二卷，七言絶、律各五十首。書法秀美，有晉人筆意，先君子殊寶愛之，然不知爲何人所書。前年在廠肆見有拓本集古梅花詩，爲康熙五十三年羅景臨王右軍書，字體與此本全同，知爲此本所自出，然仍不知其詩爲何人所集。今年見一刻本，題曰「漁洋集古梅花詩」，卷末又題曰「重訂集古梅花詩」。五七律及七絶各百首，專詠紅梅七律十首，共分四卷。卷首有姚葵霖序。以羅景所書校其七言絶律，十之九相同，唯次第不一，然均未有在五十首以後者，知原本只五十首也。羅書行草相間，初學不易認識，乃爲楷書一本，以作釋文，而以姚刻次第注題下，中惟七律第十三首爲姚刻所無。其字句有異者，大抵姚刻爲工，疑羅書在前，姚刻在後也。惜姚刻無年月，「玄」字亦不缺末筆，奇也。並録姚序於前，以備參考。

中華民國十九年二月十二日圓庵居士識

〔據原本録〕

張星烺中西交通史料彙編題詞

余與君尊甫蔚西先生相文交近二十年，與君交亦十二年。今君年僅四十餘，而白髮紅顏，與蔚西先生相若。蔚西爲地理學專家，中國地學會會長。君本留學德京柏林，習化學，得碩士學士。然君承家學，好史地，初治馬可孛羅遊記，專言元時一代中西交通，成馬可孛羅遊記譯注若干卷。繼更推演自元以前至上古，元以後至近代，成中西交通史長編，凡數十萬言，集中西交通史料之大成，爲前此言中西交通者所未有，真可謂百二十國寶書矣。

道咸以來，學者喜言西北地理，然自徐松漢書西域傳注、張穆蒙古遊牧記、魏源海國圖志、何秋濤朔方備乘，乃至吾鄉之二李光廷漢西域圖考、文田元祕史注，並近代之丁謙諸史西域傳考證，皆不諳西文。洪鈞著元史譯文證補，屠寄著蒙兀兒史記，號稱採譯西書，然仍賴舌人，非能自譯。西方學者又苦漢文難治，不能盡閱華書。以故不通西文者，既不能引西以證中；而不通中文者，又不能引中以證西：均爲遺憾。張君乃合一鑪以治之，故能成其大。

君居青島三年，厦門一年，常以書來問元朝事。余就所知告之，自謂無裨百一，而君自叙乃極稱得余之助者爲最多，殊令人愧赧也。

憶民國六年丁巳，君養病於香山靜宜園之見心齋，余亦時遊香山。香山主人爲輔仁社社長萬松野人英斂之，介余與君相見。月夜無燈，相與攀談於巖石湖邊之下，甚樂也。今萬松作古，而萬松手創之輔仁社已展拓爲輔仁大學，余與君亦共事其中。晨夕相依，商量舊學，不可謂偶然也。

〔約作於一九二九年。據底稿。中西交通史料彙編一九三〇年五月初版。〕

陳恭尹贈王煐入蜀卷識語

王煐，字子千，一字南區，又號紫詮，寶坻人。康熙間以貢授光禄丞，晉刑部郎。廿八年出守惠州，卅四年觀察永寧，以憂歸，久之再補温處副使。著有憶雪樓詩集，朱竹垞爲之序，極稱之。

此卷爲陳獨漉贈子千入蜀之作，而憶雪樓集有别陳處士詩，中有句云：「兹當西行入巴蜀，襆被幾日催行裝。微言片語奉拱璧，宏篇結構羅珪璋。秦章漢隸逼李蔡，草書行楷追鍾王。客途有此壯行色，誰云薄宦無私囊。」即指此卷，此卷之寶貴可知也。今爲晦聞先生所得，令人健羡不置。

癸酉一月小寒後二日陳垣謹識

〔作於一九三三年。晦聞，黄節。此據原稿。〕

爲方豪題詞

以通方之識，運豪雋之才，發爲鴻文，遂成實録。

陳垣題

〔影印件〕

通鑑胡注表微校稿題記

余印通鑑胡注表微，乃和爲余任校讎之役甚勤，殊可感也。今彙訂其校稿示余，欲余爲一言。余惟校書雖小技，可以悟道。古人言校書如掃落葉，掃後又有。人每自以爲無過，然過恒不能無。蘧伯玉言欲寡其過而未能，孔子言五十以學易可以無大過，皆此意。校書之道亦如是，一校二校三校仍恐不能無誤，則惟有多校幾次而已。

丙戌冬日陳垣

〔一九四六年十二月〕

爲柴德賡師友墨緣册題詞

利西泰著友論言，視其人之友如林，則知其德之盛；視其人之友落落如晨星，則知其德之薄。吾嘗誦其言而深羡青峰交遊之盛也。

戊子驚蟄新會陳垣

〔原件〕

書曾南豐徐孺子祠堂記後

曾南豐徐孺子祠堂記引圖記言：「晉永安中於孺子墓碑旁立思賢亭，至拓跋魏時謂之聘君亭。」孺子墓在江南，與拓跋氏何涉！南豐蓋以此語出水經注，元文「至今」，故改爲「至拓跋魏時」。然水經注文本引自雷次宗豫章記，所謂「今」者，指宋元嘉間也。南豐文有語病，不能爲之諱。

〔據原件照片〕

題卞孝萱節母事略

節母可敬，孝子尤可敬。節孝萃於一門，是謂義門。願孝子始終保其令名，俾節母老而益安，斯爲大孝。

戊子十月題卞孝萱節母事略。新會陳垣。

〔一九四八年十月〕

爲馬松亭蘭州之行書

「天下之治方術者多矣，皆以其有爲不可加矣。」吾則以爲萬物並育而不相害，道並行而不相悖，天下學術不必同出於一途也。

松亭阿衡不見十年，近又有蘭州之行，束裝待發，屬爲一言，書此以應。

卅七年十一月一夕陳垣

〔據原稿〕

爲樹聲題詞

樹聲同志遠道北來，敏而好學，相見甚歡，惜余衰陋不足以塞其望也。謹檢舊作數種爲贈，皆解放前所作，及今觀之，殊多可笑，姑以誌舊日之我而已。語曰：「正朝夕者視北辰，正嫌疑者視聖人。」孔孟古聖，馬列今聖也。生今之世，宜先讀馬列主義之書，然後以馬列主義衡量古籍，庶幾不迷於方向。吾樹聲其勉之。

一九五〇年大暑陳垣

〔據原件影印件〕

西長安街慶壽寺雙塔下金元遺物展覽會題詞

海雲卒年，據塔中小碑作「丁巳年閏四月」。續燈正統卷八及五燈全書卷五十六都説是「仁宗延祐丁巳」一三一七，這是錯誤的，因延祐丁巳不閏四月。今諸君考定爲元憲宗丁巳一二五七是正確的。

一九五五年十月陳垣

〔據原稿〕

唐興福寺殘碑識語

段季展，唐大曆間人，嘗書重修禹廟碑，最有名，見書史會要卷五。此帖作段季，而將「展」字錯簡於下文，蓋摹鈎上石時所亂也。

〔約題於二十世紀六〇年代〕

黄生借書説句讀有誤

編輯同志：

看了一月二十三日人民日報從借書談起，甚有趣，報紙能多刊載這樣的短文，可以省時省紙，對讀者大有利益。惟所附袁枚黄生借書説原文，句讀有誤，因之譯意亦誤。「故有所覽，輒省記通籍。後俸去書來……」應改爲：「故有所覽，輒省記。通籍後，俸去書來……」省記猶言記得，「通籍後，俸去書來」，是説通籍後有俸可以買書。過去中了進士的，他的名字就上通到朝廷了，所以叫通籍，這是個小錯誤。

又譯意注裏説四庫全書館編書十六萬八千餘册，亦有問題。據我所知，四庫全書原有七部，每部三萬六千餘册，今藏北京圖書館者係文津閣本，凡三萬六千二百七十七册。

陳垣

〔載於一九六一年一月三十日人民日報。從借書談起，鄧拓所作。〕

題河北永年趙廿二年刻石拓本

康生同志出示河北省永年縣刻石拓本，文曰「趙廿二年八月丙寅羣臣上疇此石北」，篆書。趙之謙補寰宇訪碑録著録。大興劉位坦考爲西漢文帝後元六年，其説可信。據史記漢興以來諸侯年表，王子封趙而有廿二年者二。一爲高祖孫趙王遂，其元年當文帝之前元年，其廿二年當文帝之後六年。據通鑑目録劉羲叟長曆，是年八月癸卯朔，丙寅廿四日，即此刻石之廿二年也。一爲景帝子趙敬肅王彭祖，初立爲廣川王，其元年當景帝之二年，其四年當景帝之五年，是年徙趙。其廿二年當武帝之元光元年，是年八月乙酉朔，無丙寅，非此刻石之廿二年也。吳重熹跋據漢書諸侯王表，以彭祖立爲廣川王四年徙趙，誤認爲彭祖景帝四年徙趙，因推算其廿二年爲武帝元光三年。是年八月壬寅朔，有丙寅矣，而年實不對，故其説不能成立。四年徙趙，吳跋又誤作四月，此則筆誤耳。

一九六三年十一月廿五日陳垣

〔據原件照片〕

題贈啓功董述夫自書詩册

此册舊藏紐祜禄氏，又藏索佳氏，又藏宗室慶錫秋泉氏，皆旗籍。余友啓功，系出愛新覺羅氏，工書能畫，而特愛此册，愛其無市朝習氣而純然山人風格邪！物聚於所好，余因以貽之。

一九六四年三月陳垣

〔據原稿〕

題冼玉清扇面

此扇面曾遵屬於丁亥後十八年寄玉清三家一閱，以稱雅意。

乙巳二月陳垣

〔據原稿。冼玉清原題扇面爲：「民國庚午，謁援庵先生於故都，寫箑持贈。今夏先生南旋，以舊扇相示，忽忽十八年矣。喪亂餘生，視此真同隔世，而老輩珍重之意，感人尤深，因再寫蘭花扇面贈行，望十八年後先生復以此相示也。丁亥七夕前十日西樵冼玉清。」庚午爲一九二〇年，丁亥爲一九四七年，乙巳爲一九六五年。〕

汪中臨聖教序卷題詞

昔柴、啟、周、余，人稱「陳門四翰林」。今柴、啟、周三人皆有題詞，獨闕余，蓋余遜讓之也。〔一〕

一九六六年五月

〔一〕援庵原藏汪中（容甫）臨聖教序卷，有柴德賡、啟功、周祖謨於一九六四年至六六年題記。此卷現藏首都博物館。